U0921149

阿瓦提年鉴

AWATI NIANJIAN

2020

中共阿瓦提县委员会史志办公室 编

图书在版编目（CIP）数据

阿瓦提年鉴.2020/中共阿瓦提县委员会史志办公室编.--北京：方志出版社，2020.12
ISBN 978-7-5144-4729-3

Ⅰ.①阿… Ⅱ.①中… Ⅲ.①阿瓦提县-2020-年鉴 Ⅵ.①Z524.54
中国版本图书馆CIP数据核字（2021）第016395号

阿瓦提年鉴（2020）

编　　者：中共阿瓦提县委员会史志办公室
责任编辑：刘　珊
出 版 者：方志出版社
地址　北京市朝阳区潘家园东里9号（国家方志馆4层）
邮编　100021
网址　http://www.zgfzcb.cn
发　　行：方志出版社图书经销中心
电话　（010）67110500
经　　销：各地新华书店
印　　刷：阿克苏飞达印务有限责任公司
开　　本：889×1194　1/16
印　　张：16.25
字　　数：422千字
版　　次：2020年12月第1版　2020年12月第1次印刷
印　　数：001~300 册
ISBN 978-7-5144-4729-3　定价：200.00元

· 版权所有　翻印必究 ·

《阿瓦提年鉴（2020）》编纂委员会

主　任　李承刚

副主任　吾布力喀斯木·买吐送　桂美军　艾则孜·买买提
　　　　黄建霞　付长山　易昭勇

委　员　杨修仕　刘彦龙　王小明　吴小勤　李曙亮　蔡金兰
　　　　王　艺　张卫东　蒋　康　陈　香　陈应忠　刘新玉
　　　　陈　刚　周正仁　张武宜　李万荣　吐尔逊·吐尼亚孜
　　　　魏百庆　黄振林　艾尼瓦尔·阿布拉　田　强　李　扬
　　　　宋建阁　许　滨　吴建峰　郭　超　董志安

《阿瓦提年鉴（2020）》编辑人员

主　　编　陈应忠

编　　辑　吴倪妮　曾先成　崔怡帆　张关阳

《阿瓦提年鉴（2020）》撰（组）稿人员名单

（按入编先后顺序排列）

樊　舟　张卫星　宗金星　沈　桥　王　程　周小燕　张　博

牟晓霞　姜维花　高　波　贾江丰　鲜　丽　董志伟　徐熙佩

董小红　殷金明　王　婵　陈　莉　杨丽萍　陶　飞　白丰烨

孟志强　任新华　罗文玲　席　燕　龙海燕　石国良　李　位

赵建兵　韦利刚　魏江凌　唐云云　沈　丽　杨新秀　陈江花

王国纯　赵　帆　张　蕾　廖成杰　宋西奎　王乾州　董耀辉

海　玲　冉彦湖　闫韦佳　任　强　赵　鑫　袁崇江　王可新

王　婷　于　宁　刘　燕　苑松梅　马木提　阿孜古丽·吾斯曼

阿依吐热木　阿丽米热　麦尔哈巴　艾合买提·买提吐尔地

2019年2月19日，刀郎文化广场举行社火活动，县委书记李承刚（右一）为舞狮点睛

2019年2月19日，刀郎文化广场举行社火活动

2019年3月18日，阿瓦提县举行2019年重大项目集中开（复）工仪式

2019年3月18日，阿瓦提县举行2019年重大项目集中开（复）工仪式

2019年4月3日，阿瓦提县举行为烈属、军属和退役军人等家庭悬挂光荣牌启动仪式

2019年5月1日，阿瓦提县全疆赛马邀请赛暨第五届刀郎人捕鱼节民俗文化旅游节开幕

2019年5月11日，阿瓦提县举办庆祝新中国成立70周年“我是宣讲能手”选拔赛

2019年6月1日，阿瓦提县举办庆祝新中国成立70周年暨庆“六一”儿童节文艺汇演

2019年6月12日，阿瓦提县举办庆祝新中国成立70周年暨“舞动阿瓦提·奋进新时代”广场舞大赛

2019年6月13日，阿克苏地区浙阿农民画创作培训班开班仪式在阿瓦提县举行

2019年7月9日，绍兴市史志办赴阿瓦提县对史志工作进行调研

2019年10月25日，阿克苏地区第十五届多浪·龟兹文化旅游节暨阿瓦提县第六届慕萨莱思文化旅游节盛大开幕

2019年10月25日，阿瓦提县举办为期三天的慕萨莱思文化旅游节

醇美穆萨莱斯 金旭/摄

刀郎木卡姆 魏志义/摄

美食节 郭沙/摄

刀郎部落景区　　刀郎部落提供

刀郎故里景区　　阿瓦提镇提供

编辑说明

一、《阿瓦提年鉴》以马克思列宁主义、毛泽东思想、邓小平理论、“三个代表”重要思想、科学发展观、习近平新时代中国特色社会主义思想为指导，坚持辩证唯物主义和历史唯物主义的立场、观点和方法。

二、《阿瓦提年鉴》是地方综合年鉴，2020 年刊收载的是 2019 年阿瓦提县政治、经济、文化及各项事业的基本情况、重大事件和主要活动，并有自然地理简介，可为社会各界提供翔实的信息，为各级党政机关、领导部提供科学决策的依据和历史借鉴，为编史修志积累历史资料。

三、《阿瓦提年鉴(2020)》结构层次分类目、分目、条目三个层次，条目为载体，条目标题为黑体字加【】。

四、《阿瓦提年鉴(2020)》中的综合性资料数据，一般截至 2019 年底，数字用法、标点符号用法分别采用国家标准《出版物上数字用法》(GB/T 15835—2011)、《标点符号用法》(GB/T 15834—2011)，计量单位采用国家技术监督局 1993 年 12 月发布的《量和单位》系列国家标准。考虑到社会使用习惯，全书中亩不统一换算。

五、《阿瓦提年鉴(2020)》由县史志办公室设计框架和条目，由各相关单位、部门及企业提供资料，个别缺漏，系供稿不全所致。个别单位拒不提供资料，故未记述。所有资料均经有关部门审核，具有权威性。

编辑说明

目　录

特　载

专　记

阿瓦提县社会发展

大事记

县情概览

基本情况

国民经济和社会发展

政 党

中共阿瓦提县委员会

·综述·

·县委办公室·

·督查考评·

·组织工作·

·宣传工作·

·精神文明建设·

·信访工作·

政协阿瓦提县委员会

纪检　监察

群众团体

县总工会

县妇联

共青团阿瓦提县委

县工商联

县科协

县残联

县红十字会

法　治

政法委及综治

公　安

检　察

法　院

司法行政

农　业

综　述

种植业

林果业

农技推广

种子管理

畜牧　兽医

生活资料购销

商务贸易和工业信息化

物价管理

供销合作经济

石油经营

粮食经营

烟草专卖

服务·旅游

服务业

旅游业

交通·信息

公路交通

邮　政

中国移动通信集团新疆有限公司阿克苏地区阿瓦提营业部

中国联通阿瓦提分公司

中国电信阿瓦提分公司

金　融

银行监管

·中国人民银行阿瓦提县支行·

·中国农业银行股份有限公司阿瓦提县支行·

环境保护

财政·税务

财　政

税务管理和服务

综合管理与监督

发展计划管理

应急管理

审计管理

工商管理

统　计

自然资源管理

行政服务

军　事

人民武装

公安消防

科技·教育

科　技

气　象

教　育

文化·体育

文　化

·文联工作·

体　育

卫　生

妇幼保健

疾病防治

人民医院

维吾尔医医院

爱国卫生工作

医疗保障

社会生活

民　政

人口和计划生育

劳动和社会保障

乡镇·企业

阿瓦提镇

乌鲁却勒镇

拜什艾日克镇

英艾日克镇

塔木托格拉克镇

阿依巴格乡

巴格托格拉克乡

多浪乡

阿克切克力片区管委会

丰收片区管委会

上游水库片区管委会

叶尔羌河南岸片区管理委员会

国能阿瓦提生物发电有限公司

附　录

特　载

践行初心担使命　苦干实干抓落实
奋力夺取决胜全面建成小康社会伟大胜利

——中共阿瓦提县委十三届三十次全委(扩大)会议主题报告(摘要)

李承刚

(2019 年 12 月 29 日)

一、2019 年工作回顾和实践体验

2019 年是极不平凡的一年,面对稳定发展两个“三期叠加”的严峻形势和艰巨繁重的脱贫任务,县委团结带领各族干部群众,坚持以习近平新时代中国特色社会主义思想为指导,认真贯彻落实新时代党的治疆方略、特别是社会稳定和长治久安总目标,坚定坚决落实自治区党委“1+3+3+改革开放”工作部署和地委各项工作要求,在社会稳定、经济发展、民生改善、党的建设等方面均取得了新的进步。

主题教育扎实开展。把“不忘初心、牢记使命”主题教育作为重大政治任务,县四套班子领导以上率下、示范引领,带头守初心、悟初心、践初心,全县 458 个党组织、10696 名党员干部全覆盖参与,紧紧围绕“12 字总要求”和“五句话目标任务”,聚焦主题主线,坚持把学习教育、调查研究、检视问题、整改落实贯穿始终,着力抓好“8+2”专项整治、“1+3+3”为民办实事,城乡道路出行不畅、丰收片区安全饮水等一批群众牵肠挂肚的实际问题得到有效解决,广大党员干部信仰之基更坚实、思想之舵更稳固,切实把主题教育的实际成效转化为干事创业的不竭动力,推动全县稳定发展各项事业行稳致远。

经济发展稳中向好。经济运行保持在合理区间,三次产业结构优化取得一定成效,发展质量和效益不断提升。预计实现地区生产总值增长 8.51%;完成全社会固定资产投资 25.59 亿元,增长 16.8%;实现一般公共预算收入 2.68 亿元,增长 13%;完成全社会消费品零售总额 6.52 亿元,增长 9.6%;城镇居民人均可支配收入 32000 元,增长 8%;农牧民人均纯收入 17315 元,增长 8%。“三大攻坚战”取得关键进展,实现 4 个深度贫困村退出、1197 户 3978 名贫困人口脱贫,全县整体脱贫;政府隐性债务有序化解;生态环境质量明显改善,荣获“中国生态魅力县”称号。“三项重点工作”扎实开展,园区基础设施不断完善、承载能力大幅提升,完成招商引资到位资金 17.6 亿元;粮棉果畜设施农业五大产业效益初显,产销带动能力不断提升;旅游产业提质增效,实现旅游收入6.32亿元,增长70.63%,英艾日克镇恰其村入选首批全国旅游重点村。全面深化改革持续推进,258项年度改革任务全部完成。对口援疆工作精准全面,实施援疆项目18个,到位资金1.25亿元。

民生福祉持续改善。城镇新增就业3505人,农村富余劳动力转移就业2.7万人次,城镇登记失业率2.7%。第二中学顺利完成迁建,第四中学被评为首批地区级优质高中,国家通用语言文字教学实现全覆盖,幼小中职一体化育人体系初步形成。城乡居民养老、医疗等五项社会保险参保达36.2万人次,特殊困难群体社会救助应纳尽纳,退役军人服务保障体系基本建立,荣获自治区级"双拥模范县"称号。基本药物制度和药品"零差率"销售全面实施,异地就医直接结算、大病保险举措有效落实,全民免费健康体检顺利完成。农村两孩政策全面推行,人口出生率在5.51‰。群众生产生活条件不断改善,完成道路建设328.79千米,棚户区改造1200户,新建公租房531套、安居富民房2936户,新(改)建卫生厕所1.6万余座。安全生产形势持续稳定好转。

意识形态安全稳固。习近平新时代中国特色社会主义思想、党的十九大和十九届四中全会精神、社会主义核心价值观、"三本白皮书"宣传教育扎实开展,发声亮剑持续深化,媒体融合稳步推进,正面宣传引导鲜明有力,各族群众感党恩、听党话、跟党走的信念更加坚定。意识形态领域反分裂斗争纵深推进,宣传思想文化阵地管理不断加强。庆祝新中国成立70周年等重大主题宣传活动成果显著,群众精神文化生活更加丰富。公民道德建设、精神文明创建卓有成效,荣获"自治区文明县城"称号,向上向善的精神力量充分彰显。

党的建设坚强有力。"党支部建设落实年""干部素质提升年"活动创新开展,党组织建设进一步规范,党员干部政治理论素养和履职能力明显提升。一批在稳定发展一线、脱贫攻坚一线和乡(镇)基层的干部得到提拔重用,选人用人导向更加鲜明。农村、社区、机关、新兴领域党建工作统筹推进,软弱涣散基层党组织有效整顿,打造地区级精品党建示范点6个,社区党建"七联"工作法在全地区推广,基层组织基础不断夯实。党建带团建成效显著,拜什艾日克镇依提帕克村团支部荣获"全国五四红旗团支部"称号。"访惠聚"驻村工作常态推进。基层减负工作扎实开展,形式主义、官僚主义等作风顽疾有效整治。纪检监察体制改革深入推进,巡视巡察问题全面整改,党风廉政建设和反腐败斗争取得新成效。人大、政府、政协履职尽责,群团组织积极发挥作用,爱国统一战线巩固发展,民主政治建设全面加强。

二、2020年指导思想、奋斗目标和基本要求

2020年,是全面建成小康社会和"十三五"规划收官之年,是实现第一个百年奋斗目标的决胜之年,做好全年工作,意义重大、使命光荣。我们要客观分析当前面临的新形势、新任务、新要求,不忘初心、牢记使命,保持定力、主动作为,奋力推动阿瓦提县稳定发展各项事业再上新台阶。

指导思想:坚持以习近平新时代中国特色社会主义思想为指导,深入贯彻落实党的十九大和十九届二中、三中、四中全会精神和自治

区党委九届七次、八次全会精神、地委（扩大）会议各项决策部署，全面贯彻落实新时代党的治疆方略和自治区党委“1+3+3+改革开放”工作要求，紧紧围绕社会稳定和长治久安总目标，以推进治理体系和治理能力现代化为引领，坚持依法治疆、团结稳疆、长期建疆，扎实做好“13551”工作，建设平安和谐幸福美丽阿瓦提，奋力夺取决胜全面建成小康社会伟大胜利。

“13551”具体为：“1”就是聚焦社会稳定和长治久安总目标；“3”就是坚决打好精准脱贫、污染防治、防范化解重大风险“三大攻坚战”；第一个“5”就是加快建设阿瓦提县棉纺织造产业园、慕萨莱思产业园、光伏产业园、幸福创业园、商贸物流园“五个园区”；第二个“5”就是发展壮大棉纺服装家纺、农副产品精深加工、刀郎文化旅游、畜牧养殖及深加工、现代装备制造“五大产业”；“1”就是将阿瓦提县打造成阿克苏地区乃至南疆优质棉花良繁基地。

奋斗目标：力争地区生产总值增长6.5%以上，全社会固定资产投资增长15%以上，社会消费品零售总额增长7.9%以上，公共财政预算收入增长6%以上，城镇居民人均可支配收入增长8%以上，农牧民人均纯收入增长8.5%以上。社会大局持续稳定，脱贫攻坚决胜收官，经济发展更具活力，民生建设保障有力，意识形态领域绝对安全，党的建设全面加强。

三、重点工作和主要措施

坚持稳字当头、务实创新，奋力开创经济发展新局面

坚定坚决贯彻新发展理念，坚持稳中求进工作总基调，紧扣“巩固、增强、提升、畅通”八字方针，以供给侧结构性改革为主线，扎实做好“六稳”工作，推动经济高质量发展。

——增收节支，坚决防控金融风险。坚持量力而行、尽力而为，宁可经济发展慢一点，也决不违规举债。加强违规举债责任追究，严禁新增隐形债务上项目、铺摊子，坚决做到隐形债务只减不增，严守债务风险红线底线。强化征收管理，动态监管重点税源、潜在税源和零散税源，严防跑冒滴漏。树牢“过紧日子”思想，继续压缩“三公经费”等一般性行政支出，做好保工资、保运转、保基本民生，调整优化支出结构，确保有限财力最大限度用于“刀刃”上。健全国资监管体系，规范国有企业运营，促进国有资产保值增值，推动国有资本做强做优做大，为“反哺”社会公益和民生事业发展提供物质保障。

——绿色发展，共同守护美丽家园。牢固树立“绿水青山就是金山银山”理念，坚决打好蓝天、碧水、净土保卫战。加强源头防控，实行最严格的环境保护制度和水资源管理制度，严禁“三高”项目进入我县，全面落实河（湖）长制，坚决守住生态保护红线、环境质量底线、自然资源利用上线。加大污染防治，重点加强燃煤污染治理和废旧地膜、秸秆回收，持续抓好国能生物发电厂、阳光热力公司等重点用能单位减排监管，逐步拆除工业园区及城区周边燃煤锅炉，有序推进“煤改气”“煤改电”工程。传承发扬“柯柯牙精神”，全面完成生态林工程建设三年规划，抓好退牧还草、退耕还林还草、防沙治沙，推动生态环境整体保护、系统修复、综合治理，不断满足人民日益增长的优美生态环境需要。

——项目引领，做大做强实体经济。坚持

"抓项目就是抓发展、谋项目就是谋未来"理念,用好用活"点线面"机制,为经济发展注入强劲动力。围绕投资导向,建立完善动态项目储备机制、项目争取体系,做好项目资金保障,着力抓好圣欣2000万米坯布、新疆伟力得储能等项目建设,配合做好阿克苏—阿瓦提—阿拉尔铁路和阿克苏—阿瓦提一级公路项目建设。立足资源优势,引进和培育一批棉纺服装家纺龙头企业,构建棉纺服装家纺全产业链。积极发展现代装备制造,推动湖北十堰世纪安途装备制造项目落地投产。把招商引资作为"一号工程",落实"一个企业、一名县领导包联、一个部门服务"工作机制,营造全民亲商安商抚商的氛围,使企业愿意来、留得住、发展壮大,实现招商引资到位资金18.5亿元以上。完善"五个园区"基础设施建设,力促阿瓦提县产业园争创自治区级园区。加大与石油企业对接,力争"乌鲁2"风险探井落地。

——*资源整合,全力打响旅游品牌*。大力实施旅游兴疆战略,把旅游业作为全县战略性支柱产业来培育发展。优化旅游景区布局、完善旅游配套服务设施,着力解决"三难两不畅"问题。充分吸引区内外社会资本,加快推进沙漠公园、刀郎农业公园、刀郎故里二期、刀郎文旅夜市、葡萄村景区、索克曼休闲公社等项目建设,建成国家3A级旅游景区2个,争创自治区全域旅游示范区。加快旅游资源开发,以"旅游+"模式,打造一批刀郎文化体验游、生态农业观光游、慕萨莱思风情游等特色旅游项目,全力打响"刀郎劲歌舞·情醉阿瓦提"品牌,力争全年接待游客突破150万人次,实现旅游总收入7.5亿元。

——*破立并举,持续深化改革开放*。紧扣党的十九届四中全会部署的各项任务,统筹制度改革和制度运行,切实把制度优势转化为治理效能。巩固党政机构改革成果,完善"六型政府"建设,推进事业单位改革,不断优化机构职能、实现协调高效。大力推进"放管服"改革,构建县乡村三级政务服务平台体系,逐步实行"一窗受理、集成服务",实现群众、企业办事"一门、一网、一次"。深化财税金融体制改革,实施更大规模"减税降费",降低各类营商成本。认真贯彻第七次全国对口援疆工作会议精神,全方位推进援疆工作,实施援疆项目18个,落实资金1.4亿元。树牢"兵地一盘棋"思想,整合兵地资源,大力推动兵地融合发展。

坚持优化调整、补齐短板,奋力开创乡村振兴新局面

坚定坚决按照产业兴旺、生态宜居、乡风文明、治理有效、生活富裕的总要求,紧紧围绕"五大振兴",聚焦打好脱贫攻坚战,加快推进农业农村现代化。

——*再接再厉,巩固提升脱贫攻坚成果*。坚决把提升脱贫质量、防止返贫放在首位,严格落实"四个不摘"要求,做到人员力量、资金投入、政策支持、帮扶力度只增不减,切实提高脱贫攻坚质量与成色。建立返贫监测预警机制,加强扶贫大数据分析研判,对建档立卡贫困户动态管理,着力抓好954户4068名"边缘户"、418户1640名"脱贫监测户"巩固提升,确保已脱贫人口不返贫、非贫困人口不致贫。持续推进以转移就业、发展产业为重点的精准脱贫措施,抓好国家通用语言和技能培训,加大整建制转移就业,实施以种植、养殖和林果为主的产业扶持项目,形成稳定脱贫长效机制。规范扶贫项目管理,严格落实"两上两下"扶贫项目申报程序，采取集中办公、集中管理方式，建立“一个项目、一套班子、一抓到底”推进机制，提升资金使用效益。认真抓好中央脱贫攻坚第六巡视组专项巡视“回头看”、国家扶贫开发成效考核及各类督查考核反馈问题整改，坚决防止问题变异反弹，巩固整改成效。坚持扶贫扶志扶智相结合，加强教育引导，选树典型示范引领，激发群众增收致富内生动力。

——*合理布局，着力推动农业转型升级。*坚持“稳粮、优棉、促畜、强果、兴特色”发展目标，稳步提升农业农村发展质量。严把粮食安全战略关，粮食面积稳定在20万亩。优化棉花产业布局，建设阿瓦提县棉花良繁基地，按照区域“一主两辅”种植结构，打造“棉花产业联盟”，棉花面积稳定在140万亩。加快林果提质增效，重点在塔木托格拉克镇、阿依巴格乡建设“阿瓦提红”葡萄种植基地，林果总面积稳定在30.29万亩。推动畜牧业发展，建立“两基地两中心”，提升优质畜产品和饲草料供给能力，力争牲畜存栏达到53.56万头(只)。壮大特色订单农业，积极发展辣椒、西甜瓜等特色农作物及设施农业。加大农业产业化企业引进培育力度，推动红枣、核桃等农副产品精深加工，提升农产品附加值。深化“百十一”“十城百店”“十仓百企”工程建设，推进农产品绿色认证，创建全国绿色食品原料标准化生产基地30万亩，拓宽线上线下销售渠道。加大土地平整力度，实施农业高效节水项目12万亩，建设高标准农田5万亩，不断提高农业综合机械化水平。

——*改革撬动，不断激发农村发展活力。*坚定不移把深化农业农村改革作为深入实施乡村振兴战略重要举措，坚决破除体制机制弊端，不断释放农业农村发展新动能。巩固完善农村基本经营制度，全面推进农村集体产权制度改革，维护农民合法权益，增加农民财产性收入。深入推进农民合作社(组)建设，健全责任与利益联结机制，整合组建“三农”技术服务队伍，切实把合作社(组)培育成推进乡村振兴的中坚力量。加快农业水价综合改革，深化林业林权制度改革。落实中央、自治区第二轮土地承包到期后延包的具体办法，健全土地流转规范管理制度。稳步推进农村宅基地制度改革，年内基本完成宅基地使用权确权登记颁证。完善农业支撑保护制度和农业保险政策，提升金融服务“三农”水平。

——*除旧布新，大力推进乡风文明建设。*扎实推进农村人居环境整治，重点做好院内院外“六件事”，建设美丽宜居乡村。加快改厕进度，新(改)建农村卫生厕所1.5万座，推进农村污水、生活垃圾有效治理，实现资源化再利用。突出乡土特色，实施村庄“四旁”绿化，不断提升村容村貌。全面推进庭院“三区”分离，大力发展庭院经济，改善居住环境，提高农民收入。倡导乡村文明生活方式，培养农牧民群众健康卫生习惯，健全农村人居环境管护长效机制，努力为各族群众营造舒心舒适的生活环境。

坚持民生为本、扩面提标，奋力开创社会事业新局面

坚定坚决贯彻以人民为中心的发展思想，坚持稳定、发展、民生三位一体，持续推进“九项惠民工程”，不断满足人民日益增长的美好生活需要。

——*注重服务引导，实现更充分的就业增收。*坚持就业是最大的民生，落实稳定就业总量、改善就业结构、提升就业质量工作要求，重点引导城乡富余劳动力向县内产业园区、重大建设项目转移就业，突出抓好高校毕业生、退役军人、就业困难人员等群体就业，力争全年实现农村富余劳动力转移就业1.4万人次、城镇新增就业2700人，让群众有事干、有业就、有钱赚、有希望。充分发挥技工学校等培训机构作用，力争全年开展各类职业技能培训3000人次，让每个富余劳动力都有一技之长，掌握一项安家立业的本领。

——突出公平优质，构建更健全的教育体系。以教育整体发展达到地区中上水平为目标，强化"为党育人、为国育才"的使命担当，努力办好人民满意的教育。落实立德树人根本任务，深化"阳光五育"德育模式，培养德智体美劳全面发展的社会主义建设者和接班人。实施教师素质提升工程，强化教师培训，完善师德师风考评体系，建设高素质专业化的教师队伍。巩固地区优质高中创建成果，发展高中体艺特色教育，推动普通高中提质增效。坚持产教融合、校企合作，完成职业技术学校新校区建设并投入使用，为县域经济发展提供人才支撑。加大教育投入，优化资源配置，确保2020年顺利通过国家义务教育均衡发展认定，让每个孩子享有公平而有质量的教育。

——立足全面精准，完善更可靠的保障机制。全面实施全民参保计划，完善城乡居民养老、医疗保险制度，扩大社会保险覆盖面。深化异地就医直接结算、大病保险等举措，有力解决"看病难、看病贵"问题。落实社会救助制度，及时将符合条件的城乡困难群众纳入最低生活保障范围，扎实开展"双集中"工作，适度推进养老服务社会化，全面做好流浪乞讨人员、流浪未成年人临时救助，健全农村留守儿童和困境儿童关爱服务体系，加强残疾人康复服务工作，做到应扶尽扶、应帮尽帮，让各族群众老有所养、弱有所扶。

——聚焦普惠高效，推进更暖心的健康服务。深化医药卫生体制改革，落实基本药品、医疗耗材"零差率"销售和定点医疗机构住院"先诊疗后付费"政策，提高家庭医生签约率，让医疗服务更贴心。常态做好全民健康体检，实施传染性疾病筛查防治和慢性疾病健康管理服务，重点做好肺结核、艾滋病防治，推动中医特色专科联盟试点建设，加快乡村全科医生培养配备，让群众就医更放心。全面完成县人民医院整体搬迁，正式启动医疗园区打造工程，让就医环境更舒心。提升遗传疾病防控、妇幼保健和计生服务能力，稳步提高出生人口素质，让生育保障更安心。

——着眼宜居宜业，建设更满意的生活环境。坚持"城在林中、水在城中、人在园中"理念，实施解放路、建设路等城区主干道美化绿化，开展花园小区、阳光小区等老旧小区基础设施改造，启动城北中心绿地、和平路以北延伸段改(扩)建工程、光明路延伸路段工程项目建设，建成县中心客运站并投入运营，完成棚户区改造1000户，建设公租房1860套，努力打造生态宜居公园城镇。加快城乡基础设施互联互通，新(改)建农村道路100千米，建设农村安居富民房1988户，改造农村自来水管网26.82千米、农村电网118.74千米，推动公共服务向农村延伸，让农村成为安居乐业的家园。

坚持举旗定向、融合提升，奋力开创宣传思想工作新局面

坚定坚决落实举旗帜、聚民心、育新人、兴

文化、展形象的使命任务，坚持党对意识形态工作的领导权，严格落实意识形态工作责任制，不断增强意识形态领域主导权和话语权。

——凝心聚力举旗帜，坚决筑牢思想根基。坚持把学习贯彻习近平新时代中国特色社会主义思想作为首要政治任务，抓好理论学习中心组学习和党员干部政治学习，用好“学习强国”平台，常态开展大学习、大培训、大讨论，深入推进党的十九大和十九届二中、三中、四中全会精神入脑入心，切实将新思想融入血脉、化为精神、引领方向、指导实践。学好用好《新疆的若干历史问题》等系列白皮书，纠偏正向、激浊扬清，筑牢各族干部群众维护稳定、团结奋斗的思想根基。

——正向引领聚民心，巩固壮大主流思想。坚持宣传群众与服务群众相结合，深入田间地头、坐到百姓炕头，分层分类开展主题宣传、政策宣传、典型宣传，不断增强各族群众坚定不移跟党走的信心和决心。持续深化发声亮剑，旗帜鲜明坚持真理，立场坚定批驳谬误，切实统一思想、凝聚共识。深入推进意识形态领域反分裂斗争，扎实做好各类精神文化产品审读和问题出版物清理，坚决封堵有害信息传播渠道，彻底肃清流毒、筑牢防线。

——立德铸魂育新人，着力弘扬文明新风。坚持培育和践行社会主义核心价值观，深化中国特色社会主义和中国梦宣传教育，加强党史、国史、改革开放史教育，引导各族干部群众特别是青少年坚定理想信念、筑牢信仰之魂。综合利用各类阵地资源，加快完成县乡村三级新时代文明实践中心（站、所）建设，积极做好典型选树引领，不断深化移风易俗、弘扬新风正气、培育时代新人。深入开展群众性精神文明创建活动，建立健全文明创建长效机制，巩固提升文明县城创建成果，提高公民素养，提升城市形象。

——激发活力兴文化，不断丰富精神食粮。坚持中国特色社会主义文化发展道路，扎实开展传统节日文化活动，大力弘扬和发展中华优秀传统文化。深入挖掘文化历史内涵，加快“刀郎文化”核心聚集区建设，建成阿瓦提县博物馆和刀郎木卡姆传承中心，推动非遗文化在传承创新中焕发活力。深入实施文化惠民工程，不断提升“三馆一站”文化服务效能，推进基本公共文化服务标准化均等化。加强文艺创作引导，促进高质量文艺作品供给，不断满足各族干部群众精神文化生活新期待。

——立体全面展形象，积极营造良好氛围。坚持党管媒体原则不动摇，建强主流媒体阵地，加快完成融媒体中心建设，推动传统媒体与新兴媒体深度融合，构建舆论引导新格局。筹办好刀郎美食节、慕萨莱思文化旅游节等重大主题活动，开展好“说成就、谈变化、展未来”系列外宣活动，自治区级以上媒体刊稿1000条以上，全方位传播阿瓦提好声音、广视角展示阿瓦提好形象。强化重大舆情和突发事件舆论引导，做好网上正面宣传，确保主旋律更加响亮、正能量更加强劲。

四、全面加强党的领导，为决胜全面建成小康社会提供坚强政治保证

坚持党要管党、全面从严治党，全面推进党的政治建设、思想建设、组织建设、作风建设、纪律建设，不断提高党的建设质量和党在基层的执政能力。

（一）强化政治建设，锤炼绝对忠诚的政治品格。坚持把“不忘初心、牢记使命”作为加强党的建设永恒课题和全体党员干部终身课题，推动建立“不忘初心、牢记使命”学习教育长效机制，推进“两学一做”学习教育常态化制度化，巩固深化“党支部建设落实年”“干部素质提升年”成果，健全完善科级干部考学制度，持之以恒加强理论武装、强化自身建设、坚定理想信念，时刻保持共产党人的政治本色。始终严守党的政治纪律和政治规矩，严肃党内政治生活，严格执行请示报告制度，引导党员干部树牢“四个意识”、坚定“四个自信”、做到“两个维护”，切实增强贯彻新时代党的治疆方略、特别是社会稳定和长治久安总目标的思想自觉和行动自觉。

（二）聚力基层一线，建强严实坚固的战斗堡垒。坚持把抓基层、打基础作为稳疆安疆的长远之计和固本之举，以提升组织力为重点，健全基层党建考核评价、激励约束等制度，构建严密的组织体系。优化提升村“两委”队伍，深入实施村干部培养“三大工程”，有序推进内招生、留疆战士进村工作，管好用好行政村科技副职，发展壮大农牧民党员队伍，逐步实现村干部由党员担任，建强基层骨干力量。严抓村级“星级化”创建，着力打造党建示范点，集中整顿软弱涣散基层党组织，推动基层党组织全面进步、全面过硬。规范社区“大党委”运行机制，加强社区“四化”建设，做优社区、做活治理，构建城市基层党建新格局。抓实机关党建基本组织生活制度，提升机关党的建设质量。压实新兴领域党建工作责任，实行归口管理、属地管理、兜底管理，不断扩大党的组织覆盖和工作覆盖。深化“访惠聚”驻村工作，充分发挥“第一书记”作用，统筹用好各支力量，高质量推动“1+2+5”目标任务落地见效。

（三）坚持育管并重，锻造坚强有力的干部队伍。坚持“20字”好干部标准和民族地区“三个特别”政治标准，注重在稳定发展、脱贫攻坚和基层一线考察识别干部，大力培养选拔优秀年轻干部，重视培养选拔女干部、少数民族干部和党外干部，打造一支忠诚干净担当的干部队伍。坚持“少而精、备则用”，推进干部队伍梯次化建设，建立80名正科级和150名副科级干部人选库。稳步推进公务员职务与职级并行，完善干部容错纠错机制，旗帜鲜明为敢于担当、踏实做事、不谋私利的干部撑腰鼓劲，激发干事创业活力。常态举办党性教育暨召回培训班，及时纠正干部身上的“小毛病”，做到保护和挽救干部。进一步强化党员干部关心关爱，营造拴心留人的引才聚才用才环境。全面加强老干部和关心下一代工作。

（四）持续正风肃纪，发扬担当实干的优良作风。坚持力度不减、标准不降、尺度不松，以刮骨疗毒的勇气和决心打好作风建设持久战。扎实开展“学党纪法规、强能力素质、做新时代合格党员干部”专项活动，教育引导广大党员干部知敬畏、存戒惧、守底线。健全完善监督体系，强化党委主体责任和纪委监督责任，充分运用监督执纪“四种形态”，特别是“第一种形态”，让红脸出汗成为常态。把力戒形式主义、官僚主义作为作风建设的重要任务，坚决贯彻落实中央八项规定精神及实施细则，持续发力纠治“四风”“四气”，推动作风持续向好转变。深入推进基层减负工作，着力解决文山会海、督查检查考核过多、过度留痕等问题，持续为基层松绑减负。

（五）高悬反腐利剑，营造风清气正的政治生态。坚持无禁区、全覆盖、零容忍，持续重遏制、强高压、长震慑，有力削减存量、有效遏制增量。强化政治巡察，建立巡察干部库，加强巡察业务培训，力争2020年底完成巡察工作5年计划的90%以上。深化扶贫领域腐败和作风问题专项治理，严肃查处违纪违法案件，继续推进农村“三资”清理，规范村务监督、村级财务管理，坚决惩治吃拿卡要、慵懒散拖、不作为、慢作为以及漠视侵害群众利益等不正之风。持续深化纪检监察体制改革，充分发挥派驻（出）机构作用，做实做细日常监督，不断提高依规依纪依法履职水平。坚持惩前毖后、治病救人，常态开展党风廉政教育，深化警示教育，推进以案促改，加快构建不敢腐、不能腐、不想腐长效机制，不断巩固反腐败斗争压倒性胜利。

（六）加强民主共治，凝聚团结奋进的发展合力。坚持党对一切工作的领导，发挥县委总揽全局、协调各方的作用，统筹协调人大、政府、政协和司法机关工作。坚持民主集中制，发挥集体智慧、发扬民主作风，促使各项决策更加科学民主，更加符合人民意志。坚持不断巩固和发展最广泛的爱国统一战线，促进各党派、各民族、各团体和社会各界人士的大团结、大联合，不断提高政治协商、民主监督、参政议政水平。坚持深化群团改革，增强群团组织的政治性、先进性、群众性，更好地发挥工会、共青团、妇联等群团组织作用，实现党的建设协调发展。

同志们，初心不改，矢志不渝。让我们更加紧密地团结在以习近平同志为核心的党中央周围，始终坚持以习近平新时代中国特色社会主义思想为指导，深入贯彻落实党的十九大和十九届二中、三中、四中全会精神，坚定坚决贯彻落实新时代党的治疆方略、特别是社会稳定和长治久安总目标，在自治区党委、地委的坚强领导下，不忘初心、牢记使命，真抓实干、务求实效，奋力夺取决胜全面建成小康社会伟大胜利。

阿瓦提县人民政府工作报告

——在阿瓦提县第十六届人民代表大会第五次会议上报告(摘要)

吾布力喀斯木·买吐送

(2020 年 1 月)

2019 年工作回顾

过去的一年,县人民政府在地委、行署和县委的坚强领导下,在县人大、政协的监督支持下,深入贯彻落实习近平新时代中国特色社会主义思想、党的十九大和十九届二中、三中、四中全会精神,坚定不移贯彻落实新时代党的治疆方略、特别是社会稳定和长治久安总目标,坚定坚决贯彻落实"1 +3 +3 +改革开放"工作要求,团结带领全县各族干部群众担当实干、锐意进取、攻坚克难,全面完成了县第十六届人大四次会议确定的各项目标任务。

经济发展稳中向好。预计实现地区生产总值增长 8.51%;完成全社会固定资产投资 25.59 亿元,增长 16.8%;实现一般公共预算收入 2.68 亿元,增长 13%;完成全社会消费品零售总额 6.52 亿元,增长 9.6%;城镇居民人均可支配收入 32000 元,增长 8%;农牧民人均纯收入 17315 元,增长 8%。实现 4 个深度贫困村退出、1197 户 3978 名贫困人口脱贫,全县整体脱贫。严守政府债务风险底线,全面理清政府隐性债务,有效化解隐性债务 1.71 亿元。完成植树造林 6 万亩,开展巡河(湖)3900 余次,拆除燃煤锅炉 12 台,综合治理"散乱污"企业 19 家,节能减排、"双控""双降"稳步推进,全年空气质量明显改善,荣获"全国生态魅力县"称号。累计投入 5.42 亿元推动园区标准化厂房、道路、供排水管网等设施建设,园区承载能力大幅提升。落实招商引资项目 29 个,到位资金 17.6 亿元。农业产业结构不断优化,种植小麦 18.68 万亩,总产 8.75 万吨;棉花 147.08 万亩,总产 17.88 万吨;优质林果基地 30.29 万亩,总产 12.81 万吨;牲畜存栏 53.13 万头(只)、出栏 48.13 万头(只)。种植黑木耳、辣椒、西甜瓜等特色果蔬 5.56 万亩。农村集体产权制度改革稳步推进,完成 120 个村集体资产清产核资、32066 户农村土地确权登记。高标准农田水利建设有序推进,实施土地平整 9.04 万亩,完成高效节水 12 万亩,农机总动力达 40.8 万千瓦以上。"十城百店"工程建设有力推进,15 家企业加入"十仓百企",建设"百十一"特色林果基地 9.8 万亩、粮食基地 2.07 万亩、畜牧基地 6 个;在其他省市新建特色农产品旗舰店、直营店、加盟店 74 家,销售网点总数达 300 家,销售额达 1480 万元。自治区全域旅游示范区创建有序推进,刀郎文化传承体验区、刀郎故里景区一期相继建成,旅游基础设施进一步完善,英艾日克镇恰其村入选全国乡村旅游重点村,全年接待游客 117.42 万人(次),实现旅游收入 6.05 亿元,比上年分别增长 56.56% 和 63.51%。全面深化改革持续推进,

258项年度改革任务全部完成。对口援疆工作精准全面，投入援疆资金1.25亿元，实施援疆项目18个。

保障体系日趋完善。就业创业成效显著，开展技能培训4737人次，城镇新增就业3505人，城镇登记失业率2.7%，农村富余劳动力转移就业2.7万人次，其中建档立卡贫困劳动力就业6516人次，整建制向其他省市转移611人，我县有组织劳务输出荣获第二届全国就业创业优秀服务项目奖。第二中学顺利迁建，第四中学被评为首批“地区级优质高中”，国家通用语言文字教学实现全覆盖，幼小中职一体化育人体系初步形成。基本药物制度和药品“零差率”销售全面实施，异地就医直接结算、大病保险举措有效落实，全民免费健康体检顺利完成。“农村两孩”政策全面推行，人口出生率控制在5.51‰。城乡居民养老、医疗等五项社会保险参保达36.2万人次。特殊困难群体社会救助应纳尽纳，累计发放城乡低保14490人5360.92万元。退役军人服务保障体系基本建立，双拥共建工作成效显著，荣获自治区级“双拥模范县”称号。群众生产生活条件不断改善，完成道路建设328.79千米，棚户区改造1200户，新建公租房531套、安居富民房2936户，解决建档立卡贫困户安全饮水121户，新（改）建卫生厕所1.6万余座。建成区绿地面积182公顷，城区绿化覆盖率达42%。城乡面貌不断改善，群众素质明显增强，荣获“自治区文明县城”荣誉称号。安全生产形势持续稳定。

民族团结不断巩固。“民族团结一家亲”和民族团结联谊活动持续深入，各级党员干部与1.7万余户群众结对认亲，开展各类联谊活动3000余次，党群干群关系更加密切。“五个嵌入”“一十百千”等工作扎实有序推进，打造嵌入式居住示范点35个、民族团结联谊示范点11个、民族团结教育基地2个。民族团结进步创建活动持续深化，民族团结宣传教育实现全覆盖，选树民族团结先进集体24个、先进个人84名，示范引领作用更加凸显，各族群众交往交流交融基础进一步夯实。

自身建设持续加强。扎实开展“不忘初心、牢记使命”主题教育，聚焦深入学习贯彻习近平新时代中国特色社会主义思想，坚持把学习教育、调查研究、检视问题、整改落实贯穿始终，各级公职人员政治理论水平和政治素养进一步提高。自觉接受人大、政协和社会各界监督，及时办理人大代表建议23件，办结率95%，办理政协委员提案26件，办复率100%。畅通“县长信箱”等群众诉求渠道，办结来信78件，做到件件有回音、事事有着落。政府法律顾问作用发挥明显，公共法律服务体系不断健全，依法行政和依法治县持续加强。“互联网+政务服务”持续推进，群众办事更加便捷高效。严格落实中央八项规定，全面履行政府系统党风廉政建设主体责任，强化审计监督，对一批违规违纪违法案件进行了严肃处理，党风廉政和作风建设取得显著成效。

2020年主要任务及保障措施

主要任务及保障措施：

一、坚持新发展理念，稳增长、调结构，有效激发经济发展新活力

紧紧围绕总目标，牢固树立抓项目就是抓发展的理念，多措并举强要素、优服务、稳增长，坚决打好“三大攻坚战”，持续抓好“三项重点工作”，打造经济高质量发展新引擎。

——全面巩固脱贫成效。坚决把提升脱贫质量、防止返贫放在首位，严格落实“四个不摘”要求，做到人员力量、资金投入、政策支持、帮扶力度只增不减，切实提高脱贫攻坚质量与成色。建立返贫监测预警机制，加强扶贫大数据分析研判，对建档立卡贫困户动态管理，着力抓好954户4068名“边缘户”、418户1640名“脱贫监测户”巩固提升，确保已脱贫人口不返贫、非贫困人口不致贫。持续推进以转移就业、发展产业为重点的精准脱贫措施，抓好国家通用语言和技能培训，加大整建制转移就业，实施以种植、养殖和林果为主的产业扶持项目，形成稳定脱贫长效机制。规范扶贫项目管理，严格落实“两上两下”扶贫项目申报程序，采取集中办公、集中管理方式，建立“一个项目、一套班子、一抓到底”推进机制，提升资金使用效益。认真抓好中央脱贫攻坚第六巡视组专项巡视“回头看”、国家扶贫开发成效考核及各类督查考核反馈问题整改，坚决防止问题变异反弹，巩固整改成效。坚持扶贫扶志扶智相结合，加强教育引导，选树典型示范引领，激发群众致富增收内生动力。细化深化帮扶措施，做到因人因户施策，健全脱贫攻坚跟踪问效和精准帮扶长效机制，有效巩固提升脱贫攻坚成果。

——防范化解重大风险。坚持量力而行，尽力而为原则，突出加强对政府债务风险和金融风险防控，严守风险底线。有效化解政府债务存量，完成中小企业账款清欠计划。坚决杜绝违规举债增量，防止变相违规举债。加强对重点税源、潜在税源、零散税源的管理，加大税收专项检查力度，严防跑冒滴漏，做到应收尽收。坚持“花钱必问效、无效必问责”，调整优化支出结构，进一步压缩“三公经费”等一般性行政支出，全力“保基本、保运转、保民生”，确保有限财力最大限度用在“刀刃”上。健全国资监管体系，深化国有企业改革，规范国有企业运营，加大资产资源盘活力度，推动国有资本做大做强做优，确保国有资产保值增效。

——全力做好污染防治。牢固树立“绿水青山就是金山银山”理念，完成国土空间规划及区域空间生态环境评价“三线一单”规划编制工作，严守生态保护红线、环境质量底线和资源利用上线，坚决打好蓝天、碧水、净土保卫战。深入推进第一轮中央环保督察整改，确保2020年全部销号。严禁“三高”项目进驻，加强能耗“双控”管理，抓好国能生物发电、阳光热力等重点用能单位减排监管；加快推进“煤改气”、“煤改电”工程，逐步拆除工业园区及周边燃煤锅炉。严格执行水资源管理制度，全年用水总量控制在9.026亿立方米以内。深入落实河(湖)长制，常态开展巡河工作。大力实施荒漠化治理、退耕还林还草、防沙治沙系列工程，全面完成生态林建设任务；大力实施土壤污染治理与修复，不断提高农作物秸秆综合利用率，确保农田废旧地膜回收率达85%。

——大力发展实体经济。始终坚持“抓项目就是抓发展，谋项目就是谋未来”的理念，围绕“点线面”工作机制，充分撬动民间资本，大力发展实体经济，推动县域经济高质量发展。扎实做好项目谋划和储备，力促更多项目列入中央、自治区大盘。加快推进刀郎印象小区、中央水利高效节水补助、新疆伟力得储能等项目建设，重点抓好乡村道路、标准厂房、园区配套基础设施、优质棉示范工程等项目实施，全力配合做好阿克苏—阿瓦提—阿拉尔铁路、阿克苏—阿瓦提一级公路建设。不断完善“五个园区”建设，壮大棉纺服装家纺、农副产品精深加工、刀郎文化旅游、畜牧养殖及深加工、现代装备制造“五大产业”，加快浙江泰坦3万头（30万锭）气流纺纱等项目建设，推动湖北十堰世纪安途装备制造项目落地投产。强力推进招商引资“一号工程”，严格落实“一个企业、一个县领导包联、一个部门服务”工作机制，大力营造全民安商、抚商良好氛围，促进以商招商，确保企业引得进、落得下、安得住，力争完成招商引资到位资金19.36亿元以上。加强企业运行监测，确保规上企业不掉规，僵尸企业快清理。深化对口援疆，实施援疆项目19个，落实资金1.5亿元。加大与石油企业对接力度，力争“乌鲁2”风险探井落地。

——稳步推进乡村振兴。按照“稳粮、优棉、促畜、强果、兴特色”发展目标，不断优化产业结构，夯实农业生产基础。严格落实粮食安全，粮食面积稳定在20万亩。优化棉花种植布局，按照区域“一主两辅”种植结构，推进“棉花产业联盟”建设，实施“企业+合作社+农户”为主的订单生产经营模式，构建棉花产业利益共同体，打造阿克苏地区乃至南疆棉花良繁基地，棉花种植稳定在140万亩。促进林果提质增效，加大林果管理、专业技术服务指导和林果保险力度，重点在乌鲁却勒镇、塔木托格拉克镇、阿依巴格乡建设“阿瓦提红”葡萄种植基地，打造集中连片生态林及果树育苗基地1300亩，发展胡安娜杏、桃子等小宗果品，林果总面积稳定在30.29万亩。推动现代化畜牧发展，推广牛性控冻精冷配繁育技术，建立“两基地两中心”，做好重大动物疫病防控，种植复播玉米16万亩、苜蓿1万亩，提供饲草保障，力争2020年牲畜存栏达53.56万头（只）。优化壮大特色订单农业，积极发展纳西甘、黄瓤西瓜等特色农作物及设施农业。深化农业产业化发展，加快“百十一”基地、“十仓百企”产销联盟和“十城百店”工程建设，推进农产品绿色认证，创建全国绿色食品原料标准化生产基地30万亩，拓宽销售渠道，增加销售网点，提高产品效益。整合组建“三农”技术服务队伍，深入推行合作社（组）建设，确保95%以上农民加入合作社（组）。加快推进农村集体产权制度、农业综合水价、林权等改革，落实中央、自治区第二轮土地承包到期后延包的具体办法，实施农业高效节水工程12万亩、高标准农田5万亩。建立农村人居环境管护长效机制，持续抓好院内院外“六件事”，实施村庄“四旁”绿化，实现村容村貌干净整洁，倡导乡村文明生活方式，培养农牧民群众健康卫生习惯，建设生态宜居美丽乡村。

——倾力打造全域旅游。坚持将旅游业作为全县战略性支柱产业来培育发展，全方位提升“刀郎劲歌舞 情醉阿瓦提”旅游品牌影响力。推进《阿瓦提县全域旅游总体发展规划》实施，以提升“刀郎文化”内涵为核心，全力推进国家农业公园、沙漠公园、特色文化旅游夜市、刀郎故里景区二期等项目建设进程，加快刀郎部落景区刀郎文化博物馆、刀郎麦西来普传承中心等场馆建设并投入运营，整合周边沿线特色乡村旅游资源，形成县城、刀郎部落、沙漠公园“三核引领、点线面串联、整体联动”的全域旅游新格局。做大做强慕萨莱思产业，打造“旅游+产业”融合经济体。大力发展乡村旅游，重点打造葡萄村景区、索克满休闲公社等特色乡村旅游点，力争2020年创3A景区。

广泛运用抖音、网红直播等新媒体，唱响“刀郎劲歌舞·情醉阿瓦提”旅游宣传口号。重点举办以“刀郎文化旅游节”为品牌的民俗、体育赛事和旅游节庆活动。继续加大对旅游产业投入力度，持续完善旅游基础设施，着力解决“三难两不畅”问题，不断提升游客满意度和体验感。力争2020年接待游客150万人(次)，旅游收入7.5亿元。

——持续深化改革开放。紧扣党的十九届四中全会部署的各项任务，统筹制度改革和制度运行，切实把制度优势转化为治理效能。巩固党政机构改革成果，扎实推进事业单位改革，不断优化机构职能、实现协调高效。大力推进“放管服”改革，构建县乡村三级政务服务平台体系，逐步试行“一窗受理、集成服务”，实现群众、企业办事“一门、一网、一次”。深化财税金融体制改革，实施更大规模“减税降费”，降低各类营商成本。稳步推进农村宅基地制度改革，逐步完成宅基地使用权确权登记颁证工作。树牢“兵地一盘棋”思想，大力推动兵地融合发展。

二、坚持以人为本，惠民生、增福祉，着力开创社会事业新局面

坚持在发展中保障和改善民生，从解决人民群众普遍关心的问题入手，持续实施惠民工程，把本级财政支出的70%用于保障改善民生，让各族群众获得感、幸福感、安全感更加充实，更有保障，更可持续。

——扎实做好就业服务工作。坚持就业是最大的民生，落实稳定就业总量、改善就业结构、提升就业质量工作要求，重点引导劳动力向县内产业园区、重大建设项目转移就业，确保建档立卡贫困家庭劳动力、“零就业”家庭、就业困难群体及时充分就业，全年实现农村劳动力转移就业1.4万人(次)以上，城镇新增就业2700人，城镇失业率控制在4%以内。整合县技工学校师资及教学资源，全年开展各类技能培训3000人(次)以上。借助自治区就业培训信息化管理平台，加强乡村(社区)劳动保障站(所)建设，提升公共就业服务水平，为县域经济发展储备充足高质的人力资源。

——努力办好人民满意教育。落实立德树人根本任务，深化“阳光五育”德育模式，培养德智体美劳全面发展的社会主义建设者和接班人。实施教师素质提升工程，强化教师培训，完善师德师风考评体系，建设高素质专业化的教师队伍。不断优化整合教育资源，增加教育投入，确保2020年顺利通过义务教育均衡发展国家认定。巩固地区优质高中创建成果，发展高中体艺特色教育，推动普通高中提质增效。坚持“产教融合”“校企合作”办学模式，完成职业技术学校新校区建设并投入使用。推行“一校一品牌、一区一特色”机制，集中力量打造一批精品中小学校，让每个孩子享有公平而有质量的教育，争取教育整体发展达到地区中上水平。

——健全完善社会保障体系。持续实施全民参保计划，扩大社会保险覆盖面，实现城乡居民医疗、养老保险应保尽保。深化异地就医直接结算、大病保险等各项举措，切实解决“看病难、看病贵”的问题。完善社会救助体系，及时将符合条件的城乡困难群众纳入最低生活保障范围，扎实做好孤儿集中收养和有意愿的“五保老人”集中供养，适度推进养老服务社会化，全面做好流浪乞讨人员临时救助。健全农村留守儿童和困境儿童关爱服务体系，加快推进未成年人保护中心及困境儿童救助中心项目建设。强化妇联、残联工作落实，切实保障妇女儿童、残疾人权益。统筹做好退役军人服务管理，切实维护退役军人合法权益。

——持续提升医疗卫生水平。深化医药卫生体制改革，持续落实基本药品、医疗耗材“零差率”销售和定点医疗机构住院“先诊疗后付费”政策，推进“紧密型”医共体建设，提高家庭医生履约率。加强医疗队伍建设，狠抓医德医风，提升医技水平，全面改善医疗服务质量。不断提升基本公共卫生服务能力，常态做好全民健康体检，强化体检结果运用，加大地方病及肺结核、艾滋病等重大传染病防治力度；严格落实母婴安全行动计划，加大妇幼健康知识普及，营造全社会关注母婴安全、健康良好氛围，提高妇幼健康服务能力，确保孕产妇零死亡，切实降低婴儿及5岁以下儿童死亡率。坚持中西医并重，积极推动中医特色专科联盟试点建设。完成县人民医院整体搬迁，推进医疗园区建设，全面满足各族群众多样化的就医需求。严格落实计划生育政策，稳步提高出生人口素质。

——积极打造宜居生活环境。加快城乡人居环境改善步伐，年内新建公租房1860套、棚户区改造1000户、农村安居富民房1988户，新(改)建卫生厕所1.3万余座，让群众居住环境更加舒适。持续推进城区“五化”工程，实施花园、阳光等老旧小区附属设施改造，启动城北中心绿地、和平路以北延伸段改(扩)建工程、光明路延伸段工程项目建设，新增绿地面积60公顷，持续改善城市风貌，全力巩固“自治区文明县城”创建成果。大力开展路域环境综合整治，推进城乡交通畅行，年内新(改)建农村公路100千米，建成县中心客运站并投入运营，让群众出行条件更加便利。改造农村自来水管网26.82千米、农村电网118.74千米，不断提高人民群众生活水平和质量。

——大力实施文化惠民工程。不断完善县域公共文化、体育设施，力争年内实现行政村(社区)综合文化服务中心全覆盖。整合广播、电视传统媒体资源，加快推进公共数字文化服务，完成融媒体中心建设并投入使用。提高公共文化服务质量和水平，依托“三馆一站”资源优势，加强中华优秀传统文化及民族非遗文化传承传播，深入实施文化名家暨“四个一批”重大人才培养工程，大力开展广场舞、刀郎木卡姆大赛等群众性全民健身活动。持续开展“净网、固边、护苗、清源、秋风”五个专项行动，净化文化市场空间，为群众提供优质可靠的精神食粮。

——坚决筑牢安全生产防线。按照“党政同责、一岗双责、齐抓共管、失职追责”和“三个必须”要求，全面落实安全生产责任制，实现企业“五落实五到位”100%。加强安全基础能力建设，提升隐患排查和风险隐患辨识能力，实施风险分级分类监管，制定长效工作机制，有效遏制较大及以上事故发生。实现乡(镇)、片区管委会“两站”建设达标率100%、“消防安全社区”创建全覆盖。深入推进安全文化建设“七进”活动，加强质量监管，实施最严格的食品、药品监督管理机制，扎实推进自治区食品安全城市创建工作，坚决守住群众安全、健康底线。

三、坚持履职尽责，守初心、担使命，全面树立人民政府新形象

坚持党对一切工作的领导，坚持以人民为中心，牢记职责使命，强化责任担当，狠抓自身建设,不断提升服务能力和水平。

——加强政治建设忠诚履职。始终把政治建设摆在首位,坚决执行党的政治路线,严格遵守政治纪律和政治规矩,在政治立场、政治方向、政治原则、政治道路上同以习近平同志为核心的党中央保持高度一致。坚持用习近平新时代中国特色社会主义思想武装头脑、指导实践、推动工作。巩固"不忘初心、牢记使命"主题教育成果,形成常态长效机制。持续推进"两学一做"学习教育常态化制度化,坚持不懈锤炼党员干部忠诚干净担当的政治品格。

——强化法治思维依法履职。始终把依法治县、依法行政作为政府工作的第一准则。坚持依法、民主、科学决策,落实重大行政决策事项公众参与、专家论证、风险评估、合法性审查和集体讨论规定。自觉接受县人大法律监督、政协民主监督、党内纪律监督,主动接受社会公众和新闻媒体舆论监督。落实重大事项向县人大及其常委会报告、向政协通报制度。依法加强政务公开,提升政府公信力。

——敢于破旧立新高效履职。始终把创新作为政府工作和推进高质量发展的第一动力,大力推动政府治理理念、服务模式和体制机制改革创新。激励政府系统党员领导干部勇于革新、探索实践,在工作实践中不断研究新情况、探索新方法、总结新经验、解决新问题。充分运用政府常务会、经济工作季度运行分析会等工作制度,及时把握工作动态,分析研判发展形势,适时强化要素协调,研究解决突出问题,建立健全部门内部督促落实制度,做到每项工作、每件事情、每个细节有部署、有落实、有督促,提高执行力和落实力。

——勇于担当作为尽责履职。始终把抓执行力、行动力作为政府工作的生命线,敢于直面和解决工作中的矛盾和问题,积极作为、勇于担当,坚决纠治办事拖沓敷衍、懒政庸政怠政和为官不为现象。完善以首问责任制、限时办结制、责任追究制为重点的行政效能建设制度体系,全力推动工作提速、提质、提效。健全常态化指导机制,推动各项决策部署落实落地。

——牢记宗旨意识务实履职。始终把人民群众对美好生活的向往作为我们的奋斗目标,坚持问政于民、问需于民、问计于民,政府系统全面推行"一线工作法",各级党员领导干部带头深入基层、深入群众开展调查研究,听民声、办实事、解难题。始终把人民群众的安危冷暖放在重要位置,聚焦人民群众吃、穿、住、行、就业、就医、就学等涉及民生的保障工作,立足本职、尽职尽责,让群众在发展中感受到更多更公平的政府服务。

——筑牢廉洁底线干净履职。始终把廉洁建设作为政府工作的第一保障。坚定不移推进政府系统党风廉政建设,严格落实"一岗多责",持续推进正风肃纪。严格落实中央八项规定,大力纠治"四风"新问题。进一步规范政府采购、工程招投标和政府投资行为,加强行政监管和审计监督,织密规范权力运行的笼子。注重以案说法,以身边事教育身边人,做到知敬畏、存戒惧、守底线,确保干部清正、政府清廉、政治清明。

专　记

阿瓦提县社会发展

【党的建设】　2019年，阿瓦提县共有党组织458个，其中党（工）委20个，新增行业党工委13个，二级党委4个，党总支部19个，党支部402个，党员10696名（农民党员5296名，占比49.5%），流动党员361（流入58名，流出303名）。全年召开9次常委会议，研究审议党建工作重大事宜。先后5次组织召开推进会推广经验做法，选派12名县领导分别担任乡（镇）、片区第一书记、社区“大党委”第一书记，指派23名县领导包联38个重点村，以“联乡包村”“抓乡促村”强化基层党组织建设，突出大抓基层的鲜明导向。打造地区级精品党建示范点6个，社区党建“七联”工作法在全地区推广。截至年底，全县登记注册938个非公有制企业和社会组织，成立18个行业党工委，选派78名党建指导员，按照“六有”[有党建工作年度计划（计划的指导思想；计划的主要内容；计划的落实检查）有坚持民主集中制规定（支委班子自身建设好；支委班子民主决策机制好；支委班子密切联系群众好）有严格组织生活制度（组织生活做到“五个一”；组织生活内容丰富多彩；组织生活有记录本；党员活动室设施齐全）有党费收缴登记和公布（党员自觉按时按标准缴纳党费；严格执行党费收缴和登记制度；未出现无故半年以上不缴纳党费的党员）有入党积极分子的培养教育和考察（严格按规定程序发展党员；注重优化结构发展党员；积极完善发展党员工作制度）有党建工作检查总结（每半年向党支部大会报告一次工作；对全年党建工作情况进行自查和总结）]标准加强党组织活动场所建设，新兴领域党的组织和工作实现全覆盖。

全年举办25期科级干部周三“夜校”、50期业务骨干培训，培训科级干部达1.42万余人。坚持一月一主题理论考学测试，全面提升党员干部理论水平。县委党校组织举办村干部素质提升、国家通用语言强化等不同形式、不同类别的党员干部教育培训班25期，培训14700余人。

【脱贫攻坚】　2019年，全县共有建档立卡贫困户7662户30511人，有贫困村25个。截至2018年年底，累计实现6450户26359人脱贫，21个贫困村退出，贫困发生率由2014年的14.89%降至2.2%。2019年，实现1197户3978人脱贫，4个深度贫困村退出。全年组织召开县委理论学习中心组脱贫攻坚专题学习9次和政府、党组脱贫攻坚专题学习8次，累计组织召开脱贫攻坚专题会议30次。

坚持从选优配强村级领导班子入手，选派

19 名熟悉农村工作、会做群众工作、善抓脱贫攻坚的国家公职人员到贫困村担任党支部书记,配备 161 名汉族党员或群众担任村级科技副职。持续深化“访惠聚”驻村工作,选优配强 170 个驻村工作队、1050 名驻村干部,确保基层一线力量充足,先后提拔脱贫攻坚一线干部 17 人,并将 42 名从事扶贫工作干部纳入正(副)科级干部人选库。

开展各级干部培训 14 期,培训 1.04 万人次;开展各类贫困群众培训 241 期,培训 9.63 万人次;开展贫困群众政策宣讲 561 场次,受教育群众 18.5 万人次。

2019 年,实施产业扶贫项目 79 个,共安排资金 6205.68 万元,有效助力贫困户脱贫增收。2019 年以来,发放牛、羊等生产母畜 2087 头(只),受益贫困户 402 户,种植蔬菜 1170 亩,带动贫困户 1614 户,实现销售收入 250.54 万元;栽培黑木耳菌棒 114.1 万棒,带动贫困户 410 户,已实现销售收入 113.2 万元;林果业提质增效 3973.68 亩,受益贫困户 805 户,电商扶贫项目 3 个,覆盖村 3 个,受益贫困户数 177 户。转移就业 6271 人,其中跨省就业 199 人,省内就业 204 人,就地就近就业 5868 人。

2019 年,贫困户危房改造改造 42 户;解决贫困户安全饮水 121 户,改造管网 385 千米,解决生活用电 17 户,实现 7662 户贫困户安全住房、安全饮水、生活用电全覆盖。截至年底,161 个行政村全部通动力电,25 个贫困村全部通光纤、宽带、4G 网络,实现贫困村通村道路、动力电、宽带通信全覆盖。

【主题教育】 2019 年,阿瓦提县主题教育办公室先后筹备组织 5 次工作推进会,其中专项整治工作推进会 3 场次,县委分管领导分别汇报牵头任务工作进展,向县领导发送提醒函 5 次,提醒需完成事项及督促分管领域、包联乡镇、村(社区)主题教育工作开展,抓牢抓实主题教育,统筹同步推进。对乡(镇)、片区党委,六大议事口督促指导全覆盖 5 次,下发整改通知书 152 份。

全县 12 个乡(镇)、片区,六大议事口分为 6 组 42 个集中学习点,有序压茬、开展学习教育。围绕党的政治建设、全面从严治党、理想信念等 8 个方面,按照“三个摆进去”(各级领导干部自觉担当领导责任和示范责任,把自己摆进去、把思想摆进去、把工作摆进去)的要求,开展研讨交流 7 场次,切实提升思想认识。乡(镇)、片区,各议事口 23 个集中学习点由牵头单位组织科级及以上领导围绕学习内容、既定研讨题目、书记点评流程开展,县督导组全程跟学,严格考勤,保证学习纪律,引导领导干部探寻初心、牢记使命,达到学习预期效果。“访惠聚”驻村工作队按照临近的原则,分为 18 个片区开展学习,县处级领导 31 人(2 名援疆干部单独学习,2 名挂职干部在外地学习),科级领导 617 人按期完成学习(13 人因长期在外地、住院等原因采取送学方式),通过补学送学方式完成学习 137 人次,其中集中补学 76 人。

全县参加第二批主题教育学习党支部 402 个,党员干部 10696 人。分 3 个批次对 387 名党支部书记进行为期 3 天的集中培训,组织发言交流 6 场,现场发言 50 人次,县级领导讲专题党课 5 场次,对缺学缺课的 42 名党支部书记,按照缺多少补多少的要求,每晚利用 4 小时到组织部集中补学。

组织党员领导干部开展“重走万里长征路、再寻初心铸使命”、“传承红色基因　坚定理想信念”、重温入党誓词、过“政治生日”等主题党日活动，利用“三会一课”，国旗下“三宣誓”，参观也克力党史馆、廉政教育基地，观看《建国大业》《建党伟业》《我和我的祖国》等红色影片，前往阿拉尔市三五九旅屯垦纪念馆参观学习等不断丰富学习形式，增强主题教育的吸引力，调动党员学习的积极性。

县处级领导干部共有62个调研课题，形成调研报告31篇，深入基层开展调研93次，发现问题55个，现场解决问题32个，研究提出整改措施78条，召开调研成果交流会7场次。全县科级及以上领导干部调研课题648个，深入基层开展调研1292次，发现问题617个，现场解决问题312个，召开调研成果交流会72场次。全县共开展调研1292余次，覆盖173个村（社区），面对面接触群众11869人次，发现问题653条，办实事好事2989件。

利用广播、电视、阿瓦提“零距离”微信公众号开设专题专栏，每日更新主题教育进展情况和实际成效。截至年底，乡村（社区）广播、大喇叭播放1000余次，微信公众号转载1万余次，各级党组织在公示栏张贴主题教育成果200余次，制作23块整治成果展板在8个乡（镇）巡回展示，累计展示20天，让群众切实感受到主题教育带来的新变化、新成效。挖掘选树先进典型人物2人，积极刊发采用稿件96篇，被各类媒体平台采用316篇次（《人民日报》9篇、新华网4篇、《中国日报》5篇、改革网10篇、《阿克苏日报》34篇等），报送地区主题教育办各类信息96篇。开展“不忘初心、牢记使命”主题教育访谈23期，录制微党课作品10部。举办“不忘初心、牢记使命”主题教育活动、全民共享刀郎故里百日游活动。

【基础设施建设】　2019年，全县完成建筑业总产值127255.8万元，房屋建筑施工面积291799平方米，减少72930平方米；房屋竣工产值100719.4万元，增长21.3%。

2019年，落实招商引资项目29个，到位资金17.6亿元。“十城百店”（工程自2017年开始实施，是浙江产业援疆的重点工程，旨在充分发挥浙江市场优势，通多在浙江省内10个地市建设阿克苏特色产品公共仓，形成100家以上市场销售门店的模式，打通浙江和阿克苏地区之间农产品流通渠道，拓展阿克苏地区特色农产品销售渠道）工程建设有力推进，15家企业加入“十仓百企”（早在2017年，阿克苏地区推出“十仓百企”工程，即在阿克苏市建立1座2万吨的冷链公共总仓，在八县一市分别建立1座5000吨的冷链公共分仓，组建百家优质特色农产品精深加工企业联合体，形成“十仓百企”加工联盟），建设“百十一”（实施产业发展“百十一”工程，即培育一批百亿级产业、一批十亿级企业，建设一批亿元级项目）特色林果基地9.8万亩、粮食基地2.07万亩、畜牧基地6个；在其他省市新建特色农产品旗舰店、直营店、加盟店74家，销售网点总数达300家，销售额达1480万元。

完成道路建设328.79千米，棚户区改造1200户，新建公租房531套、安居富民房2936户，解决建档立卡贫困户安全饮水121户，新（改）建卫生厕所1.6万余座。建成区绿地面积182公顷，城区绿化覆盖率达42%。

【浙江省绍兴市对口援疆工作】　2019年，绍兴市援疆助力阿瓦提县21个深度贫困村退出、26359名贫困人口脱贫，助力4个深度贫困村退出、4579 名贫困人口脱贫。产业援疆上，协助当地规划建设纺织服装产业园、幸福创业园、卡迪丹服装工业园，签约落地企业 20 余家，总投资 8.7 亿元，就近吸纳 8000 人左右就业。产业招引时“县团联动”，阿瓦提县与兵团一师七团同步推介、同步踩点、同步跟踪。市场援疆上，在绍兴开办 75 家新疆特色农林产品直营店（加盟店）、超市专柜等，举办 17 场农产品展销活动，累计销售 3.5 万吨，销售额超 3.5 亿元。规划编制上，协助阿瓦提县编制乡村振兴规划、全域旅游发展规划、AAA 级旅游景区化建设 2 个特色村规划等。

援疆人才、支教老师签约“徒弟”141 人，全县面上帮带 950 余人，累计开展帮带活动 150 余次。县第四中学援疆教师团队“高一尖子生培养计划”“体艺立校项目”实现品牌成果，高考本科上线人数连年攀升；县鲁迅小学建立“朝花夕拾”学生书画社，结对帮扶的 1 所小学成功创建自治区双语教育示范性学校。援疆医生共接待门诊急诊病人 1.9 万余人次，施行各类手术 727 例，抢救危重病人 668 人次，开展新技术新项目 35 项。

【“访惠聚”驻村工作】 2019 年，阿瓦提县召开乡镇推进会 120 场次，县级现场会 5 场次，抽调 15 名有基层经验和驻村经历的干部充实到县“访惠聚”办，成立乡（镇）、县直派出单位“访惠聚”联络组 76 个，配备干部 88 名。累计更换驻村工作队员 148 名，实现骨干保留率达 78.4%。发放为民办实事经费 955 万元。组建心理咨询服务队 9 支，共计 36 人，解决驻村工作队工作、生活问题 386 个，协调解决驻村干部家属困难 52 件，彻底解决驻村干部后顾之忧，形成人人参与“访惠聚”、人人关注“访惠聚”的良好氛围。

实现全覆盖走访，累计走访 608254 户，收集有价值线索 6992 条。制定群众来访、矛盾化解、困难诉求等台账 516 本，记录各类情况 6524 条。以“算清两笔账、感恩共产党”专项活动为抓手，在 2012—2017 年的基础上将 2018 年享受的各类惠民补贴“算清楚、搞明白”，梳理涉及公共资产投资 12070.65 万元，享受各类惠民补贴 39567.01 万元，已张贴 47515 户，两榜公示率 100%。结合“民族团结一家亲”结亲联谊，向广大贫困群众宣传惠民政策，扶贫知识，切实激发内生动力，使全县 4 个深度贫困村，2019 年拟脱贫人员 1151 户 4059 人提高致富积极性。组织村民开展厨师、建筑、驾驶、缝纫、养殖、种植等就业、创业技能培训 3145 场次，参与人员 264398 人。帮助群众转移就业 22285 人，培养乡土农业技术人才 142 人。

开展国旗扬起歌儿唱、张灯结彩贴春联、走访慰问暖民心、看春晚吃年夜饭、民族团结一家亲、肉孜节、端午节文体活动搞起来等多项具体活动 5598 场次，参与群众 190.13 万人次。

用心用力做好 965 名村“两委”干部培养。结合“不忘初心、牢记使命”主题教育，集中整顿软弱涣散基层党组织 6 个。利用农牧民夜校等时机，开展全覆盖宣讲 560 场次，分类宣讲 1245 场次，调动年轻优秀村民递交入党申请书 587 份，发展入党积极分子 428 名；以“干部素质提升年”为契机，常态化开展党员、村干部培训 45 场次，有效提升党员干部综合素质，破解村级后备干部无人难题。

大 事 记

1 月

5 日　历时 7 天的“绍兴·阿瓦提文化旅游周”活动圆满结束。县委副书记、县长吾布力喀斯木·买吐送和绍兴市委常委、宣传部部长丁如兴签订宣传思想工作合作协议、文化旅游发展合作框架协议和优质特色农林产品购销协议。

△政协阿瓦提县第十六届四次委员会召开。会议应到委员 132 人,因事因病请假 15 人,实到委员 117 人。政协主席艾尔肯·斯迪克作了《中国人民政治协商会议阿瓦提县第十六届委员会常务委员会工作报告》。会议表决通过了政协阿瓦提县第十六届委员会第四次会议主席团和秘书长、副秘书长名单(草案),表决通过了提案审查委员会主任、副主任、委员名单(草案),表决通过了政协阿瓦提县第十六届委员会第四次会议议程(草案)。

6 日　阿瓦提县举办第十六届四次人民代表大会。大会应到正式代表 147 名,因事因病请假 13 名,实到代表 134 名。县委副书记、县长吾布力喀斯木·买吐送代表阿瓦提县第十六届人民政府作了《阿瓦提县人民政府工作报告》。会议听取《阿瓦提县人民政府关于第十六届人民代表大会第三次会议代表议案意见办理情况的报告》《阿瓦提县人民政府 2018 年国民经济和社会发展计划执行情况与 2019 年计划草案的报告》及《阿瓦提县 2018 年地方财政预算执行情况与 2019 年地方财政预算草案的报告》,表决通过《大会选举和通过决议的办法(草案)》。

10 日　阿瓦提县在塔木托格拉克镇召开脱贫攻坚“冬季攻势”推进会暨 2019 年脱贫攻坚领导小组第一次工作例会。与会代表赴托万克塞克孜奥塔克村、镇文化站,就贫困户实名制管理,“精准扶贫”手机 App 使用培训,土地流转培训及冬季林果业修剪培训,劳务输出前集中培训,卫星工厂建、管、用等情况进行实地观摩交流。

△阿瓦提县召开中共阿瓦提县委第一次常委(扩大)会议,审议了《阿瓦提县开展“学条例 守纪律 正作风”活动实施方案》《关于阿瓦提县 2018 年度村级组织“星级化”创造工作拟授星的通知》《阿瓦提县闲置校舍(村小学、幼儿园)盘活使用调研报告》《阿瓦提县医疗共同体建设工作实施方案》《阿瓦提县粮食生产功能区和重要农产品生产保护区划定与建设方案》等 11 个议题。

11 日　阿瓦提县委班子召开 2018 年度民主生活会征求意见座谈会。乡(镇)、管委会书记,县直党委(党工委)书记,部分离退休干部,“两代表一委员”参加会议。围绕推进基层党建、脱贫攻坚、乡村振兴、干部作风、环境治理、城市建设、非公经济发展等方面积极发言,重点就教育问题、生态环境保护与发展、城市建设管理、医疗卫生体制改革、打赢脱贫攻坚战、激励干部担当作为、全面从严治党等方面提出了意见和建议。

13 日　阿瓦提县“聚焦总目标 作风再整顿”第三期党性教育学习提高班在县委党校正式开班。本期党性教育学习提高班为期 13 天,共有 24 名科级干部参加培训。

15 日 阿瓦提县举办脱贫攻坚“冬季攻势”培训会，从抓好政策学习理解、把握考核验收要点、完善项目库的建设、如何实施好 2019 年的项目以及如何落实好“冬季攻势”工作等方面进行专题授课。

16 日 阿瓦提县召开 2018 年基层党（工）委书记抓基层党建述职评议考核会，共 86 名代表参加会议。

18 日 阿瓦提县第 29 批留疆战士初任培训结业典礼在县委党校举行。此次参加培训留疆战士共有 166 人，分别进行了为期 1 ~ 3 个月不等的培训。

19 日 阿瓦提县拜什艾日克镇玉斯屯克库木艾日克村白玉兰小学收到青岛市实验小学、爱心企业家及九江务工人员捐赠，分别有体育器材、学习文具及羽绒服等物品，共计价值 12 余万元。

22 日 上午 11 时许阿瓦提县迎来是年首场降雪天气，降雪量不大。

△阿瓦提县科级领导干部党纪党规知识培训班在县委党校开班，全县 180 名科级领导干部参加开班仪式，此次培训分三期进行，每期 3 天。

22 日至 2 月 2 日 阿瓦提县举办“冬季万人大宣讲”活动。阿瓦提县委宣传部组织志愿服务宣讲团分 5 个宣讲队，深入各乡镇、管委会、社区等地开展文化引领巡回宣讲。

23 日 阿瓦提县在县委党校举办第一期科级领导干部党纪法规知识培训班举行结业考试，180 名科级领导干部参加考试。

26 日 县委书记李承刚主持召开中共阿瓦提县委第二次常委（扩大）会议，审议通过《阿瓦提县党风廉政建设宣传考核制度（试行）》《阿瓦提县开展党支部建设落实年活动实施方案》《阿瓦提县 2019 年“美丽庭院”建设工作实施方案》《阿瓦提县全域旅游规划汇报》等 12 个议题。

27 日 新疆生产建设兵团第一师阿拉尔市人大常委会党组副书记姜元昆一行到阿瓦提县，开展春节慰问活动。

28 日 阿瓦提“访惠聚”驻村工作队迎新春联欢晚会在阿瓦提县文化艺术中心精彩上演。

31 日 县委书记李承刚主持召开中共阿瓦提县委第三次常委（扩大）会议，审议通过《关于成立县国源生态文旅公司招商引资项目协调领导小组的请示》《阿瓦提县老城区改造建设合同》2 个议题。

同月 阿瓦提县在县委党校举办基层妇联干部培训班。乡（镇）、妇联主席、专职副主席，村（社区）妇联主席 200 余人参加培训。

△阿瓦提县在红林子农庄举办冰雪旅游节活动，40 余名参赛选手参加冬泳、冬季垂钓、冰上滑梯、冰壶保龄球、冰上自行车、冰上“打老牛”等项目比赛。

△阿瓦提县在第六届中国生态年会上荣获“中国生态魅力县”称号，为南疆首获此项荣誉称号的县城。

△阿瓦提县第四中学部分贫困家庭孩子收到浙江省诸暨市 93 帮帮团、93 车友会捐赠的价值 10 余万元的棉衣、棉鞋、书包、字典等爱心物品。

△阿瓦提县举行“冬季送温暖”物资发放仪式。县环卫站负责人、总工会干部、环卫工人代表等共 240 余人参加活动。县总工会筹集资金 5.5 万

元，为全县230余名环卫工人每人发放了1双棉皮鞋和1个保温杯。

△阿瓦提县举行“绍阿同心 携手圆梦”——“微心愿”发放仪式。210名学生共收到了浙江绍兴爱心人士捐赠的价值20万元共1000个“微心愿”物品。

△阿瓦提县发放2018年农机购置补贴共2092.93万元，受益农民461户。

2月

1日　阿瓦提县开展春灌工作。春灌任务109万亩，日平均水量在50立方米/秒左右。

2日　阿瓦提县举行整建制赴其他省市转移就业员工工资集中发放仪式。首批返乡探亲的38名员工代表领取200万元工资。

6日　阿克苏第十五届“多浪·龟兹”文化旅游节暨阿瓦提县第五届“与刀郎人共度春节”文化旅游节在阿瓦提县刀郎部落景区开幕。活动在“阿克苏微动力”平台进行直播，当天浏览量超过百万人次。

8日　阿瓦提县召开2018年度县直机关工委基层党组织书记抓党建工作述职评议会议。会上，12个机关党组织书记进行述职发言。

11日　阿瓦提县召开第一次脱贫攻坚专题学习会议。会议要求开展中央、自治区联合督查巡查反馈的99条问题，地区交叉审计发现的28项问题“回头看”整改工作，县行政服务中心在28日前完成所有扶贫项目的招投标工作。

12日　阿瓦提县召开中共阿瓦提县委第四次常委（扩大）会议，审议通过《阿瓦提县“敢于担当 反思整改 践行忠诚”专项行动实施方案》《2019年阿瓦提县领导主抓重点项目实施方案》《阿瓦提县关于开展干部素质提升年活动实施方案》《阿瓦提县贯彻落实〈阿克苏地区关于扶持农民合作社发展办法〉的方案》等8个议题。

14日　阿瓦提县乡、村两级草根宣讲员第一轮培训班在塔木托格拉克镇开班。全镇各村的120余名草根宣讲员代表参加培训。此次培训共设6个会场，每个会场将分别开展为期2天的培训，共有1000余名乡、村两级草根宣讲员参加培训。

19日　阿瓦提县在刀郎文化广场举行“幸福刀郎人 喜闹元宵节”新春社火表演活动。20支社火方阵表演队1300余名演员参加。

20日　阿瓦提县举办“春风行动”企业用工专场招聘会，用工企业和城乡富余劳动力共1500余人参加开幕式。

23日　阿瓦提县召开贯彻落实中央脱贫攻坚专项巡视反馈意见整改动员大会。

25日　阿瓦提县开展交通安全教育活动，县第四小学1300余名师生参加。

28日　阿瓦提县召开人大代表、乡（镇）人大主席和人大业务干部培训班。培训班为期1天，共有100余名干部参加培训。

3月

3日　阿瓦提县委召开绍兴援疆“巩固提升年”动员大会。会上表彰2018年度援疆工作先进个人。

5日　阿瓦提县公安局交警大队联合县教科局、人保财险阿瓦提县支公司及全县5所中小学170余名师生开展为期3天的道路交通安全志愿服务活动。由学生们组成的“小红帽”志愿服务队与县公安局交警大队民警一同走上街头、十字路口共同执勤，切身体验文明交通与出行。

6 日 阿瓦提县召开春季林果业管理暨动物防疫现场推进会，就春季林业重点工作、动物防疫、人居环境改善等工作进行安排部署，邀请新疆农科院园艺所、地区林科所专家，就红枣及核桃修剪、果树疏密、春施基肥、庭院林果业种植、病虫害防治等当前林果管理重点工作进行现场培训。

7 日 阿瓦提县召开妇女工作会议，表彰奖励巾帼建功标兵、三八红旗手（集体）、“五好文明家庭”、巾帼文明岗、“最美母亲”及妇女工作先进个人，并为 8 名农村贫困母亲发放 8 万元“两癌”（乳腺癌、宫颈癌）救助资金。

8 日 阿瓦提县召开宣传思想工作暨宣传思想战线开展增强“四力”（脚力、脑力、眼力、笔力）教育实践工作会议，对 2018 年优秀通讯员和最美退伍军人进行表彰奖励。

13 日 阿瓦提县举行“干部素质提升年”科级干部夜校启动仪式。

14 日 阿瓦提县市场监督管理局在县垃圾处理厂焚烧销毁 2018 年度查获的假冒伪劣产品。假冒伪劣产品涉及食品、药品、化妆品等五大类，价值 18.4 万元，共计 280 多个品种。

15 日 阿瓦提县开展以“信用让消费更放心”为主题的消费者权益日宣传活动。县市场监督管理局、公安局、消防大队、环保局等 12 个成员单位参加活动，参与咨询服务人员 35 人，宣传车 2 辆，发放宣传单 9000 余份，接受近 600 人次咨询。

17 日 阿瓦提县举行新疆农业大学 2019 年“乡村振兴脱贫攻坚科技计划”项目启动仪式。新疆农业大学围绕实施乡村振兴战略、打赢脱贫攻坚战、绿色发展、现代种植业、现代畜牧业、基层党组织建设等方面申报的 17 个科技项目全部启动，其中落地阿瓦提县 15 项，落地于田县 2 项，总经费 152 万元。

18 日 阿瓦提县在拜什艾日克镇其浪巴格村举行春季义务植树活动启动仪式。此次植树活动为期 4 天，共完成 6963 亩春季植树造林任务。

△阿瓦提县举行固定资产投资项目集中开（复）工仪式。50 个固定资产投资项目集中开工，涉及工业经济、城市建设、民生保障等多个领域，总投资 40.51 亿元。

19 日 阿克苏地区农田残膜回收机械演示及选型现场会在阿瓦提县召开，新疆科神农业装备开发有限公司等新疆内外的 9 家农机生产企业，现场演示各自生产的残膜回收机械，并对生产的机具进行详细的讲解。

20 日 阿瓦提县委召开第六次常委（扩大）会议，审议通过《“刀郎传说之刀郎西游城”初步设计规划》《阿瓦提县 2019 年深化专项治理扶贫领域腐败和作风问题工作方案》《阿瓦提县常态化开展群众宣传教育工作方案》及《关于申请富民安居补贴的报告》《阿瓦提县建档立卡贫困户现住危旧房需建房的报告》《关于解决阿克切克力片区管委会困难户建设民族团结嵌入式住房所需资金的报告》6 项议题。

21 日 中国红十字基金会到阿瓦提县开展为期 5 天的新疆第三期天使之旅“一带一路”

先心病患儿筛查救治工作，为全县的 66 名先天性心脏病患儿义诊。

22 日　阿瓦提县举办为期 3 天的脱贫攻坚重点工作培训班，全县各乡（镇）扶贫分管领导、扶贫专干，25 个贫困村扶贫专干，15 个专项组牵头单位分管领导、扶贫专干等参加培训。

28 日　阿瓦提县召开十六届人大常委会第十六次会议。会议表决通过崔诗栋等 6 名干部、41 名法院人民陪审员的人事任免决议；表决通过王文等 18 名干部、96 名法院人民陪审员的任命事项，并颁发了任命书。审议通过《关于提请县人大常委会审议（一季度新增政府债券）的报告》《阿瓦提县人大常委会 2019 年度工作要点（草案）》《阿瓦提县人大常委会贯彻落实“聚焦总目标强化抓落实　奋力开创持续全面稳定新局面的工作方案”的实施方案》。

29 日　阿瓦提县召开交通运输行业安全生产工作推进会。

4 月

1 日　阿瓦提县直机关工委组织各单位党组织书记、党务干部共 80 余人，到莎吉木汗·莫明烈士陵园，通过集体宣誓、“发声亮剑”、祭扫墓地等形式缅怀先烈。

2 日　阿瓦提县党政代表团在绍兴市越城区就文化旅游、金融、酒产业等合作事宜进行接洽，双方初步达成打造绍阿“中华优秀传统文化示范点”、举办绍阿文化润疆“诗文棉城”、“印象棉城”摄影采风创作活动等方面的共建项目。

3 日　阿瓦提县在刀郎文化广场举办烈属、军属和退役军人等家庭悬挂光荣牌启动仪式。仪式上为 7 名烈属、军属和退役军人代表授光荣牌。

5 日　阿瓦提县举办农牧业相关知识专题讲座，特邀新疆农业大学老教授协会雒秋江、林成等 4 名教授，从肉羊产业与肉羊饲养管理、优质饲草料生产加工及调制、发展蔬菜生产提高农民收入和现代养鸡科学技术等方面进行专题授课。县、乡两级农牧业技术员、村级防疫员及养殖大户、种植大户等共 180 余人聆听讲座。

6 日　阿瓦提县第四届百花节在刀郎部落景区隆重开幕。此次百花节举办了“百花仙子海选”“品百花糕、喝百花蜜”“芊锦植物园猜花名”“踏青采摘”系列活动，布置 4370 平方米的芊锦植物园，引进来自非洲、东南亚各国以及海南、云南等地的 270 多种花草树木。刀郎景区日接待游客量超过 2000 人次。

10 日　阿瓦提县民俗文化旅游节暨首届梨花节在阿依巴格乡玉斯屯克柯坪村举行。旅游节设置民俗文化体育项目赛马、斗羊、摔跤活动。

13 日　阿瓦提县开展“干部素质提升年”活动集中考试。全县 500 余名科级干部在县第二中学考点参加集中考试，测试分 20 个考场。

△阿瓦提县在阿瓦提镇库木巴格社区启动 2019 年“巾帼心向党 礼赞新中国”群众性宣传教育活动。县、乡（镇）、片区妇联主席、副主席，各村妇联主席及社区妇女代表等 400 余人参加活动。

14 日　阿瓦提县举办电子商务培训班，县农业农村口、城市经济口、乡（镇）、管委会分管领导，大学生创业人员及农村创业群体，电子商务的企业负责人 150 余人参加培训。

18 日　阿瓦提县青年干部第一期培训班开班仪式在县委

党校举行。此次培训为期3天,全县各乡(镇)、片区76名青年干部人才参加培训。

20日　县委书记李承刚主持召开2019年中共阿瓦提县委第七次常委(扩大)会议,审议通过《阿瓦提县机关事业单位借调(跟班学习)工作人员管理办法(试行)》《阿瓦提县融媒体中心建设实施方案》《阿瓦提县项目推进管理办法(试行)》及《阿瓦提县“点线面”推进经济工作实施方案》《阿瓦提县交通出行便利化专项攻坚工作实施方案》等25项议题。

22日　阿瓦提县人民政府和新疆库苏姆纺织有限公司签订投资年产1000万米坯布项目合同。此次新建年产1000万米坯布签约项目,总投资5000万元,建设在阿瓦提纺织服装卫星产业园,配套100台喷气织机生产机械设备,分两期实施,产品主要用于出口,为阿瓦提县首家中外合资企业。

23日　阿瓦提县总工会联合县网约送餐、快递托运、商场信息等群体,共计217名新会员在县职工活动中心举行入会仪式。

25日　阿瓦提县在县委党校举办“聚焦总目标、传承好家风”家庭助廉座谈会,全县正科级领导干部家属共计70余人参加座谈。

26日　阿瓦提县召开纪念五四运动100周年大会。大会对100名优秀共青团员、54名优秀共青团干部进行表彰,举行160名新发展团员入团仪式。

27日　阿瓦提县在体育馆举办为期5天的迎中华人民共和国成立70周年暨庆“五一”“五四”文体活动,各乡(镇)、管委会、县直各单位20余支代表队,共300余名运动员参加。

△阿瓦提县召开阿克苏地区加快项目建设推动经济高质量发展观摩会暨2019年第二次固投项目集中开(复)工仪式。此次集中开工共计20个项目,涉及城市建设、基础设施、民生保障等多个领域。

30日　阿瓦提县召开2019年全民健康体检动员大会,各乡(镇)长、管委会主任、分管领导、县直各单位主要领导、各医疗卫生单位主要领导等共100余人参加会议。

5月

1日　阿克苏地区全疆赛马邀请赛暨第五届刀郎人捕鱼民俗文化旅游节在阿瓦提县刀郎部落景区开幕。此次旅游节为期3天,举行刀郎人捕鱼活动、斗鸡斗羊、高空轮转、鸵鸟观赏等活动,接待游客突破5万人次,创历年新高。

4日　阿瓦提县在县刀郎文化广场举办“信合杯”青春盛典文化节健美操、现代舞大赛。全县各单位的17支代表队参加比赛,最终评出了一等奖1名、二等奖2名、三等奖3名,2000余名干部群众观看比赛。

11日　阿瓦提县在县文化艺术中心举办庆祝“5·12”国际护士节文艺晚会,庆祝第108个国际护士节,为14名“最美护士”颁奖。

19日　阿瓦提县以“科技强国 科普惠民”为主题的“科技活动周”系列活动正式启动。此次活动为期7天,仅当天就设立科普展品、展板50余张,发放科普宣传资料300余份。

21日　自治区眼镜行业技术协会在阿瓦提县阿瓦提镇团结村小学开展“民族团结一家亲”捐赠活动,为阿瓦提镇团结村的354名学生发放价值5万元的爱心物品。

23日　阿瓦提县召开创建

自治区全域旅游示范区和自治区文明县动员大会。1—4月,全县接待游客29.23万人次,实现旅游收入1.51亿元,较2018年分别比上年增长44.83%和36.56%。

24日 第四次全国经济普查自治区数据检查组到阿瓦提县,就阿瓦提县第四次全国经济普查工作开展情况进行检查指导。通过赴阿瓦提镇努尔巴格社区辖区企业,核对企业的营业执照等资料,了解企业生产经营情况,检查普查登记阶段录入的各项数据真实性准确性,与相关企业负责人谈话等方式督导。

△阿瓦提县委第八次常委(扩大)会议召开,审议通过《阿瓦提县2019年度绩效综合考评办法修订情况说明》《阿瓦提县创建自治区全域旅游示范区实施方案》《关于阿瓦提县2019年"访惠聚"驻村工作队组建方案的报告》及《阿瓦提县义务教育阶段控辍保学工作实施方案》《"五化"魅力小城三年工作方案(2019—2021年)》等13项议题。

25日 阿瓦提县开展执法业务知识考试,全县680余名各行政执法单位党政主要领导及执法人员在县第二中学考点参加了集中考试,测试分28个考场。

30日 阿瓦提县特邀新疆农业大学专家在县委党校举办"2019年阿瓦提县畜牧养殖技术、动物疫病防治培训班"。各乡(镇)、管委会分管领导、畜牧兽医系统全体干部、村级防疫员以及养殖大户共200余人参加培训。

31日 浙江省嵊州市代表团一行11人到阿瓦提县,对对口支援工作进行考察交流,为阿瓦提县捐赠20万元"对口援助专项资金"。

同月 阿瓦提县电影放映管理中心在全县开展"我们的中国梦——电影进万家"主题放映活动,放映电影630余场次,观影人数超过20万人次。

6月

1日 阿瓦提县庆祝中华人民共和国成立70周年暨庆"六一"文艺会演在县科技文化艺术中心上演,全县700余名师生、家长等代表观看会演。

3日 阿瓦提县举办"防风险、除隐患、遏事故"主题演讲比赛。来自各乡(镇)、片区管委会、县直单位及各经营企业29支代表队的37名选手参加了比赛,评选出一等奖1名、二等奖2名、三等奖3名。

5日 绍兴市上虞区文联到阿瓦提县拜什艾日克镇玉斯屯克墩克什拉克村幼儿园开展"点亮一盏灯"南疆公益捐赠活动,捐赠小书桌、小台灯、《新华字典》等价值3万元的学习用品。

6日 阿瓦提县在第四中学举行高考欢送仪式,1545名考生和200余名教师及医护人员参加欢送仪式。

13日 浙阿农民画创作培训班在阿瓦提县慕萨莱思风情街正式开班,为期15天。自治区文化和旅游厅、地、县相关单位负责人及来自阿克苏地区八县一市和浙江省各市的50名学员参加开班仪式。

△浙阿农民画创作培训活动在阿瓦提县举行、浙江省派出11名农民画家交流学习,来自阿克苏地区八县一市和浙江省各市的50名学员参加培训。

15日 阿瓦提县第四届纳西甘甜瓜文化旅游节在塔木托格拉克镇刀郎沙漠游园举行。此次旅游节共设立7个大项、

14 个小项活动。

△阿瓦提县文明创建工作培训会在县委党校召开,全县各单位、企业、文明校园精神文明工作分管领导、业务干部等共 190 余人参加培训。

17 日　喀什地区歌舞团赴阿瓦提县开展“访惠聚”文化惠民演出活动。会演为期 5 天,共出演 5 天、10 场次。

19 日　阿瓦提县直机关入党积极分子和发展对象培训班在县委党校开班授课。此次培训为期 3 天,130 余名县直机关、国有企业、驻县金融单位、社会组织等行业系统入党积极分子和发展对象参加培训。

23 日　阿瓦提县文学艺术界联合会第一次代表大会在县委党校召开,全县文艺界代表 186 人参加会议。大会选举产生音乐家协会、舞蹈家协会、摄影家协会、书法家协会、广场舞协会、美术家协会、作家协会等 8 个协会主席、副主席、秘书长、副秘书长,县文学艺术界联合会正式成立。

△阿瓦提县开展“干部素质提升年”第二次科级干部政治理论集中测试。此次测试共设 22 个考场,县各乡(镇)、片区管委会、县直各单位 516 名科级干部参加测试。

△阿瓦提县农业农村局特邀自治区畜牧兽医局专家,在拜什艾日克镇举办自治区畜牧兽医局助力阿瓦提县脱贫攻坚培训班。全县畜牧业分管领导、畜牧兽医站站长、养殖大户及异地搬迁养殖大户共 100 余人参加培训。

25 日　阿瓦提县召开家庭矛盾纠纷调解培训会,县妇联、司法局、各乡(镇)、片区管委会妇联主席、村妇联主席等 250 余人参加培训。

26 日　阿瓦提县禁毒委员会成员单位在县刀郎文化广场开展国际禁毒日主题宣传活动,共展出禁毒宣传展板 12 张,发放禁毒宣传资料 360 余份,当天累计受教育群众达 1100 余人。

△阿瓦提县在县委党校召开庆祝中国共产党成立 98 周年离退休干部座谈会,40 余名离退休干部参加。

27 日　阿瓦提县委召开第九次常委(扩大)会议,审议通过《阿瓦提县 2019 年招商引资工作考评和激励办法(试行)》《阿瓦提县刀郎歌舞团体制改革细化方案》等 4 项议题。

29 日　阿瓦提县在县科技文化艺术中心举办“唱红歌、颂祖国、感党恩”纪念中国共产党成立 98 周年爱国歌曲大合唱比赛,全县各乡(镇)、各议事口的 14 支合唱代表队 1000 余名干部参加。

△阿瓦提县召开庆祝中国共产党成立 98 周年暨表彰大会,表彰 100 名先进基层党组织、优秀党务工作者和优秀共产党员。

30 日　阿瓦提县阿依巴格乡玉斯屯克阿依库勒村举办首届蔬果采摘节暨“夏荷兰生态休闲村寨”旅游推介会。

7 月

4 日　阿瓦提县总工会举办“夏送清凉·关爱相伴”活动,为便民警务站、建筑工地、环卫站、消防中队送去西瓜、矿泉水、遮阳帽等价值 3200 余元防暑降温物资。

8 日　阿瓦提县世界旅游小姐选拔大赛在县少年宫举行,来自各乡(镇)、片区管委会的 26 名佳丽参加比赛,评选出 3 名选手参加中国新疆赛区初赛。

19 日　阿瓦提县第七届刀

郎美食民俗文化旅游节开幕。此次旅游节为期4天，共有40家新疆内外的特色美食和60家阿瓦提本地特色美食商家参加，吸引数十家中央、自治区、地区等各级媒体前来采访报道，共设置177个展位，展出400余种美食和农副产品，旅游人数达8.7万人次，旅游总收入达1000余万元。

30日　农业农村部科技教育司副司长李波带领调研组一行到阿瓦提县，就当地农用地膜污染治理情况进行调研，在阿瓦提县塔木托格拉克镇阔维村、玉斯屯克塔木托格拉克村、多浪乡赛克孜奥塔克村等地，通过实地查看、听取汇报、座谈交流等方式，对秸秆资源化利用绿肥沤制情况、残膜回收加工以及不同厚度地膜试验情况等进行调研。

8月

5日　阿瓦提县基层宣讲骨干专题培训班在县委党校正式开班，来自全县各乡(镇)、片区管委会180余名基层宣讲骨干参加培训。

5—6日　浙江省绍兴市委书记马卫光率党政代表团一行到阿瓦提县考察，对接深化对口支援工作。分别向阿瓦提县捐赠专项资金100万元、兵团一师七团捐赠专项资金50万元，向并为阿瓦提县捐赠1辆文化大巴车和2辆救护车。

6日　阿瓦提县举行城乡供水工程纪念碑揭碑仪式，城乡供水工程总投资1.8亿元，其中绍兴市投入援疆资金0.46亿元。工程于2017年8月开工建设，设计日供水量4.7万立方米，以阿克苏第二水厂为取水起点的输水管线总长68581米，2018年10月正式通水试运行。

8日　绍兴市委党校向阿瓦提县委党校捐赠教学设备仪式在县委党校举行，捐赠价值30万元的LED电子屏、投影仪、音响、桌子等教学设备。

12日　阿瓦提县英艾日克镇苏亚依迪村举办首届刀郎麦西来甫舞蹈大赛。全村18支代表队参加比赛，评选一等奖1名、二等奖4名、三等奖6名。

27日　阿瓦提县召开县委第十次常委会(扩大)会议，审议通过《阿瓦提县委国安办国家情报工作规范》《阿瓦提县关于进一步加强和改进群众工作的指导意见》《阿瓦提县贯彻落实自治区党委、人民政府办公厅〈关于加快推进基层社会治理现代化努力开创平安新疆建设新局面的意见〉的实施方案》等15项议题。

28日　阿瓦提县在永鑫商贸城举办消防安全知识培训班。商贸城管理人员及各商户共计200余人参加培训。此次培训为期4天，共计12场次。

9月

1日　阿瓦提县首届业余篮球联赛在县体育馆闭幕。全县各行各业的10支代表队参加，历时23天，先后进行了45场次比赛。

2日　阿瓦提县在县多浪乡玉斯屯克多浪村文化大礼堂为首批通过卫生厕所验收的1135户村民代表发放农村卫生户厕建设财政奖补资金，户补助600元。

15日　绍兴市塔山街道商会新疆经贸考察团到阿瓦提县考察产业项目和投资环境。阿瓦提县与绍兴市宝和纺织有限公司投资100台喷气织机签约，双方分别签订《绍兴市塔山农作物管理有限公司农副产品产销合作备忘录》《绍兴市咸亨大酒店酒店管理合作备忘录》《纺织品销售合作备忘录》。

23日 第二届中国农民丰收节暨阿瓦提县阿依巴格乡首届葡萄丰收节活动在该乡托万克喀格木什村举办。

30日 阿瓦提县举办中国第六个烈士纪念日活动，四套班子领导、英艾日克镇干部、“访惠聚”驻村工作队代表、学生代表和群众代表共300余人，在烈士莎吉木汗·莫明墓前举行公祭活动。

10月

1日 自治区人民政府兼职督学、教育厅原副巡视员赵利民带领自治区义务教育均衡发展过程性督导检查组一行到阿瓦提县对全县义务教育均衡发展工作进行为期3天的过程性督导检查。

△阿瓦提县刀郎大酒店试营业。该酒店于2017年3月开工建设，总投资1.1亿元，占地面积6400平方米，酒店有客房146间，餐饮区有西餐、中餐厅等区域。

8日 阿瓦提县城至丰收三场公路建设项目完成，总里程28千米左右，投资4600万元，途经1个乡(镇)、2个片区管委会、18个行政村。该项目于2018年7月开工建设。

9日 阿瓦提县基层党支部书记“不忘初心、牢记使命”主题教育培训班在县委党校开班，全县各领域共计387名党支部书记参加。此次培训共分三批进行，每批培训为期3天。

10—12日 自治区总工会、自治区人社厅、自治区工信厅共同举办的新疆棉纺行业“鲁泰杯”细纱工职业技能大赛决赛在阿瓦提县新疆鲁泰丰收棉业有限责任公司举行。来自全疆22家纺织企业的36名操作尖兵参加比赛，评选出细纱操作工一等奖1名、二等奖2名、三等奖3名和优秀裁判员、优秀组织奖、团体优胜奖等奖项。

21日 阿瓦提召开县委第十一次常委(扩大)会议，审议通过《阿瓦提县关于进一步明确新兴领域党组织隶属关系的意见(试行)》《阿瓦提县新兴领域新成立党工委党组织书记拟推荐人员名单》《阿瓦提县事业单位领导干部兼任专业技术岗位管理办法(暂行)》《关于阿瓦提2017年交通固投项目清算情况的汇报》等6项议题。

22日 阿瓦提县举办为期2天的农民专业合作社经营管理能力提升培训班，邀请自治区和各地区的专家、教授和指导老师，就如何做一名新时代的农民创业者、农业合作社规范化建设、相关扶持政策、规范化管理、优质饲草料增产及加工贮藏技术、牛羊饲料配方及科学饲养管理技术等内容进行授课。全县各合作社负责人，林果、农畜产品初加工、销售经纪人、成规模经营的创业人、养殖经营者、家庭农场负责人、农民合作社骨干、种养殖大户以及有意愿履行带动贫困人口脱贫致富社会责任的本土人才等共计500余人参加培训。

23日 阿克苏地区“全国民族团结进步模范”先进事迹巡回宣讲团到阿瓦提县，为800余名各族干部群众进行宣讲。

25日 阿克苏地区第十五届多浪·龟兹文化旅游节暨阿瓦提县第六届慕萨莱思文化旅游节开幕，活动为期3天。在慕萨莱思文化广场举办慕萨莱思展、慕萨莱思传统制作工艺展示，共展出8家企业、20余种不同口味的慕萨莱思酒(瓶装或罐装)，西域秘奥慕萨莱思有限责任公司的“西域秘奥”现场拍卖成交金额达5万元。

26日 阿瓦提县在上游水

库片区开展秋季义务植树造林活动,全县已完成生态林建设23.3万余亩,义务植树380.5万株,落实国家公益林管护239.1万亩,高效节水60万余亩。

27日　新疆艺术剧院歌剧团专题文艺演出在阿瓦提县刀郎文化广场上演。

28日　中国少年先锋队阿瓦提县第四次代表大会召开,西部计划志愿者代表、各乡镇专职副书记等相关单位负责人与全县120名少先队员、少先队辅导员和少年儿童参加会议。

30日　阿克苏地区“不忘初心、牢记使命”主题教育报告会——《刘志丹故事会》巡回宣讲到阿瓦提县科技文化艺术中心宣讲,县各单位副科级以上领导及社会各界代表等800余人参加活动。

11月

8日　阿瓦提县召开农村直供水价格调整听证会,征求社会各方面农村直供水价格调整方案和建议。

10日　阿瓦提县第三期村干部国家通用语言文字培训班在县委党校开班。培训为期120天。

11日　阿瓦提县举办老年人健步走大联动活动,老年人协会、县直各单位离退休干部、阿瓦提镇各社区老年人代表等共1000余名老年人参加。

18日　阿瓦提县小麦收购工作结束。全县种植小麦面积18.4万亩,6月27日夏粮收购开秤,全县设立5处收购点,累计收购小麦2.4万余吨。

23日　阿瓦提县首个中型灌区节水改造项目——塔里木灌区防渗改建工程建成并投入使用。项目总长9.6千米,总投资1073.5万元,其中1071.5万元为中央财政专项资金。该项目建成后,县上游水库片区管委会流域的2.35万亩耕地实现节水灌溉,预计每年可以节约水资源60万立方米左右。

26日　阿瓦提县“不忘初心、牢记使命”主题教育,全民共享刀郎故里百日游活动在刀郎部落景区正式启动。

12月

1日　阿瓦提县在农贸市场、世纪广场等4个点同时举办“社区动员同防艾　健康中国我行动”主题宣传活动,45个成员单位和各医疗机构组织的志愿者开展宣讲,聆听宣讲人数1万余人,累计发放宣传资料5000余份。

△阿克苏地区慈善总会、浙江聚心公益“冬日捐赠”活动在阿瓦提县英艾日克镇恰其村举行,共向恰其村100户贫困家庭每户捐助米面油,捐赠3000件新旧衣物、100套足球和图书,共计价值约10万元。

2日　阿瓦提县公安局交警大队联合全县11家驾校及公司100余名各族群众开展以“守规则除隐患、安全文明出行”为主题的宣传活动,设置宣传展板30余块,累计发放宣传单1000余份。

4日　阿瓦提县举行学习贯彻中共十九届四中全会精神宣讲报告会暨冬季大培训启动仪式。

12日　阿瓦提县召开第十六届人大常委会第十九次会议,审议通过《阿瓦提县人民政府关于2019年调整部分财政预算的报告》《阿瓦提县人民政府办理县十六届人大四次会议代表议案、建议办理情况报告》《关于补选的25名县十六届人大代表的资格审查报告

(草案)》《阿瓦提县人大常委会关于对(自治区物业管理条例)进行执法检查的情况报告》;审议通过召开阿瓦提县十六届人民代表大会第五次会议有关事项、《阿瓦提县人大常委会工作报告(草案)》。

13 日 阿瓦提县公安局在县刀郎文化广场开展退赃大会暨安全生产防范宣传活动,向 51 名受害群众返还总计 331.9 万元的赃款赃物,摆放各类宣传展板 16 块,累计向各族群众发放宣传单、宣传册 500 余份。

19 日 中国农业银行乌鲁却勒镇分行开业揭牌。

△新疆急助志愿者基金阿克苏急助志愿者团队为塔木托格拉克镇吐格贝西村的 65 名学生赠送“壹基金温暖包”。包含棉衣、棉靴、帽子、围巾、美术套装、袋鼠玩偶、绘画本、儿童减灾读本等 13 件物品,价值 1.5 万元。

26 日 阿瓦提县召开 2019 年度基层党(工)委书记抓基层党建工作述职评议会。8 个乡、镇、片区管委会党委书记,县直机关工委书记,卫健党工委副书记就抓基层党建工作分别进行了述职。

△阿瓦提县委第十三次常委(扩大)会议,审议通过《中共阿瓦提县委十三届二十九次全委(扩大)会议主题报告》《阿瓦提县政法系统关于开展“严格依法办案、文明礼貌执勤、真情服务群众”活动方案》《阿瓦提县人民法院“规范执行行为、切实解决执行难”专项行动实施方案》等议题。

县情概览

基本情况

【自然地理】 阿瓦提县位于新疆维吾尔自治区中西部，塔里木盆地西北边缘，天山南麓，地处北纬 39°31′～40°51′，东经 79°45′～81°05′之间，东西最宽 100 千米，南北最长 150 千米。东、北与阿克苏市接壤，西与柯坪县毗邻，西南与巴楚县交界，南部深入塔克拉玛干大沙漠，边接洛浦、墨玉两县。境域面积 13018 平方千米，其中绿洲位于阿克苏河、喀什噶尔河、叶尔羌河、和田河下游冲积平原上，面积 4370 平方千米，占总面积的 33.57%；荒漠、半荒漠和森林、草原面积 2730 平方千米，占总面积的 20.97%；沙漠 5923 平方千米，占总面积的 45.5%。海拔 1028～1064 米。地势平坦，由西北向东南倾斜。北部为绿洲平原，南部为大沙漠。阿瓦提县全境均属平原，无山区，在戈壁碱湖里蕴藏有较为丰富的食盐和芒硝，其他矿物资源尚未发现。

阿瓦提县城距行署所在地阿克苏市公路里程 67 千米，距自治区首府乌鲁木齐市公路里程 1064 千米。

【历史沿革】 秦汉时期，县境北部绿洲位于西域姑墨、温宿两国边缘地带。汉宣帝神爵二年（前 60 年），西汉在西域设西域都护府，县境为其属地。唐代属安西都护府，南宋属西辽，元代位于别失八里西部。明正德九年（1514 年），赛德汗建立地方政权叶尔羌汗国（首府设于今莎车），县境属其统辖。境内绿洲长期是无人或人烟稀少的胡杨林、荒漠、河沼地带，故行政权属不甚明显。

清乾隆十三年（1748 年），准噶尔部吞并南疆，县境北部绿洲为准噶尔部属地。乾隆二十三年（1758 年），阿克苏地方头领向清军呈表归服后，县境受清政府任命的阿克苏办事侍郎、驻阿克苏城尚书管辖。乾隆四十七年（1782 年），清廷又改派办事大臣治理阿克苏，县境为其辖地。同治三年（1864 年），浩罕（今乌兹别克共和国境内）军官阿古柏带领侵略军占领阿克苏，成立“哲德沙尔”（意为七城国）反动殖民政权，县境为其役属。光绪三年（1877 年），清政府平定阿古柏侵略军和白彦虎叛军后，至光绪九年（1883 年），县境为温宿直隶州一部分，为阿克苏道所辖。光绪二十八年（1902 年），县境北部绿洲有人烟地方为温宿府属阿瓦提庄、拜什艾日克庄、依麻木帕夏庄、玉吉买庄和英艾日克庄。

民国 2 年（1913 年）4 月，温宿本府（含今阿克苏市、阿瓦提县）改为阿克苏县，阿瓦提为阿克苏县所辖第三、四、五区大部分地区。民国 11 年（1922 年）6 月，设阿克苏县属阿瓦提分县，县佐治理 3 个区。民国 19 年（1930 年）10 月 27 日，阿瓦提分县改为县，厘定为三等县，受阿克苏地区行政公署领辖。民国 33 年（1944 年）厘定为二等县，至 1949 年 9 月新疆和平解放。

中华人民共和国成立后，阿瓦提县隶属阿克苏专区专员公署管辖。1958 年，阿克苏县拜什艾日克公社和英艾日克公社划入阿瓦提县。1971 年，专区专员公署更名为行政公署，阿瓦提县隶属阿克苏地区行政公署管辖。

【行政区划】 2019 年，全县共有 5 个镇、3 个乡、3 个片区管委会、158 个行政村、17 个社区。

2019年阿瓦提县行政区划一览表

表1

乡、镇、农业企业名称	数量（个）	所辖村、社区名称
阿瓦提镇	村2	团结村、古勒巴格村
	社区12	文明社区、胜利社区、萨依巴格社区、博斯坦社区、库木巴格社区、努尔巴格社区、友好社区、锦绣社区、阳光社区、花园社区、拥军社区、河滨社区
阿依巴格乡	村18	托万克多浪村、玉斯屯克喀格木什村、托万克喀格木什村、玉斯屯克阿依库勒村、托万克阿依库勒村、玉斯屯克柯坪村、托万克柯坪村、幸福村、达康村、托万克库拉斯村、玉斯屯克库拉斯村、托万克伊来克村、玉斯屯克伊来克村、阔什科瑞克村、玉斯屯克库木巴什村、托万克库木巴什村、草原河新村、柯坪村
多浪乡	村5	托格拉克村、克其克拜什艾日克村、玉斯屯克多浪、赛克孜奥塔克村、协海尔买里斯村
	社区1	幸福社区
巴格托格拉克乡	村4	卡尔库杰克村、玉斯屯克巴格托格拉克村、墩买里村、托万克巴格托格拉克村
拜什艾日克镇	村27	玉斯屯克库木艾日克村、索克满村、托万克库木艾日克村、库木奥依拉村、玉斯屯克墩克什拉克村、托万克墩克什拉克村、玉斯屯克塔勒克村、苏格其村、昆其宋村、玉斯屯克拜什艾日克村、托万克拜什艾日克村、依提帕克村、恰特喀勒克村、喀什贝希村、托万克塔勒克村、光明村、祥和村、依尔玛村、苏格其喀拉塔勒村、托万克墩博依村、喀拉塔宋村、博斯坦村、仓村、其浪巴格村、代热亚博依村、阿布迪尔满村、夏喀勒村
塔木托格拉克镇	村19	玉斯屯克阿热勒村、阿克亚村、托万克阿热勒村、托格拉克勒克村、托万克赛克孜奥塔克村、塔木托格拉克村、拉帕村、托万克塔木托格拉克村、玉斯屯克塔木托格拉克村、英买里村、托万克玉吉买村、诺其宋村、库吾尔尕村、吐格贝希村、玉斯屯克玉吉买村、阔维村、巴格央塔克村、秋马克村、艾西曼村
乌鲁却勒镇	村29	多浪村、拜什艾日克村、柯坪村、也台格热木村、布苏格村、克亚克库都克村、库木艾日克村、红旗村、库木布拉克村、克迪木阿依玛克村、玉斯屯克协海尔村、托万克协海尔村、黄宫村、喀拉塔勒村、阿依库勒村、阿热买里村、玉斯屯克亚贝希村、托万克亚贝希村、木孜鲁克村、拉依当村、克孜勒墩村、托万克阿依赛克村、玉斯屯克阿依赛克村、木孜鲁克牧业村、阿热格热木村、黄宫巴扎村、托万克克亚克库都克村、英拜什艾日克村、玉斯屯克克迪木阿依玛克村
	社区2	红星社区、英买力社区
英艾日克镇	村26	恰其村、吐鲁瓦依村、吾斯塘阿热力格村、吐格曼贝希村、拉特勒克村、吐热村、也克力村、阿热阿依玛克村、拜什甫塔克村、托玛村、帕万拉村、苏盖提艾日克村、巴依拉村、玉斯屯克托格拉吾斯唐村、托万克托格拉吾斯唐村、夏库尔村、玉斯屯克兰干村、托万克兰干村、开克日布亚村、阔什库都克村、库吾尔尕村、苏亚依迪村、八连村、喀热库木村、玉斯屯克帕万拉村、玉斯屯克苏亚依迪村

续表1

乡、镇、农业企业名称	数量(个)	所辖村、社区名称
阿克切克力片区管委会	村7	巴格托格拉克乡英买力村、巴格托格拉克乡达克勒克村、巴格托格拉克乡古吉里尕尔村、巴格托格拉克乡托格拉克买力村、巴格托格拉克乡玉斯屯克墩买里村、巴格托格拉克乡草场村、巴格托格拉克乡玉满村
	社区1	巴格托格拉克乡阿克切克力社区
丰收片区管委会	村13	阿依巴格乡多浪阔太米斯村、阿依巴格乡宏宇村、阿依巴格乡振兴村、阿依巴格乡库木巴什库勒村、阿依巴格乡吉格代艾格日村、阿依巴格乡巴什库勒村、阿依巴格乡琼库尔艾肯村、阿依巴格乡艾买秋克村、阿依巴格乡库木格然木村、阿依巴格乡库太克库勒村、阿依巴格乡西萨依拉特村、阿依巴格乡东萨依拉特村、阿依巴格乡团结新村
	社区1	阿依巴格乡鲁丰社区
上游水库片区管委会	村4	乌鲁却勒镇喀尔达西村、乌鲁却勒镇博斯坦村、乌鲁却勒镇英买力村、乌鲁却勒镇耶克先拜巴扎村
叶尔羌河南岸片区管委会	村4	巴格托格拉克乡托斯木库力村、阿依巴格乡拜什喀特村、阿依巴格乡克依木塔拉村、阿依巴格乡塔拉库力村

【气候】 阿瓦提县属温带大陆性干旱气候区。气候干燥,降水量小,蒸发量大;夏季炎热,冬季寒冷;霜期短,日照长,热量丰富,昼夜温差大。年平均气温 10.4℃ ~ 11℃,降水量 46.7 ~ 61.2 毫米,年平均浮尘日 27 天,年平均大风日数 9 天,冬季最大冻土深度 64 厘米,年蒸发量 1616.1 ~ 2256.5 毫米,无霜期 206 天(30 年平均值)。

3—5 月为春季,6—8 月为夏季,9—11 月为秋季,12 月至次年 2 月为冬季。春季气温回升快,但不稳定,天气多变,气候干燥,多风沙、浮尘天气。夏季高温炎热,降水集中,多阵性降水。秋季晴朗少风,气温稳定,清爽宜人,降水减少,后期降温迅速,昼夜温差大,形成“早穿棉袄午穿纱”的天气。10 月 20 日左右出现初霜,11 月中旬开始冻土。冬季寒冷少雪,晴稳少风。

年平均太阳总辐射量为 137 ~ 145 千卡/平方厘米,仅次于青藏高原。全年光合有效辐射值为 68.6 ~ 72.5 千卡/平方厘米。全年日照 2493 ~ 2161 小时,年平均日照为 2807.5 小时,全县日照百分率平均 58% ~ 62%。年蒸发量为 1616.1 ~ 2256.5 毫米,5—7 月月平均蒸发量 289 ~ 297.6 毫米,12 月至次年 1 月仅为 20.7 ~ 22.1 毫米,最大月与最小月的蒸发量相差 14 倍左右。

一年中最热月和最冷月平均气温相差 32.5℃ ~ 34.2℃,5 月下旬较 2 月下旬气温高 21℃ ~ 22℃,9 月上旬和 11 月下旬气温相差 21℃ ~ 23℃。一日中最低气温出现在 6 时前后,最高气温在 15 时前后,平均日较差为 12℃ ~ 16℃,最大日较差 20℃ ~ 26℃。日平均气温大于或等于 0℃,积温为 4376.1℃ ~ 4615.9℃,可满足大多数农作物对积温的需要。

降水以阵发性为主,降水多集中在夏季,占全年降水量的 57%,7 月、8 月是全年降水最多的月份。降雪量很少,全年平均 3.5 毫米,无稳定积雪。自然降水对农业灌溉作用甚微,甚至还会加重土壤次生盐渍化。

全年平均风速 1.9 ~ 2.1

米/秒。春夏两季风速平均2.1～2.8米/秒，3—5月多扬沙、浮尘天气，6—8月多阵性大风。秋冬风速最小，12月风速1.1米/秒。

2019年，阿瓦提县年平均气温为11.0℃，较历年偏高0.3℃，年降水量为53.4毫米，较历年偏少2成。

【人口　民族】　阿瓦提县内有维吾尔族、汉族、回族、哈萨克族、柯尔克孜族、乌孜别克族、蒙古族、锡伯族、俄罗斯族、满族、壮族等民族。2019年年末总人口267928人（含三团），其中，非农业人口53966人，农业人口213962人，自然增长率为0.59‰；男性人口136163人，女性人口131765人，性别比为1∶1.03。出生人口1595人，出生率5.95‰；死亡人口1438人，死亡率5.36‰。

全县城镇居民人均可支配收入31964元，比上年增长7.9%。农民人均纯收入17315元，比上年增长8.0%。

2018—2019年阿瓦提县人口自然变动情况表

表2

年	总人口（人）	出生人数（人）	人口出生率（‰）	自然增长率（‰）
2018	268397	3692	5.95	0.59
2019	267928	1595	5.95	0.59

国民经济和社会发展

【概况】　2019年，阿瓦提县完成生产总值59.685亿元，比上年增长8.5%。其中，第一产业完成18.156亿元，比上年增长5.9%；第二产业完成9.92亿元，比上年增长4.5%，其中，工业增加值完成4.11亿元，比上年增长8.2%；第三产业完成31.61亿元，比上年增长11%。三次产业结构比例30.42∶16.62∶52.96。

【农业】　2019年，阿瓦提县实有耕地面积144.22万亩，全年农作物总播种面积196.84万亩，比上年增长2.1%。其中，粮食播种面积36.84万亩，增加8.85万亩，增长31.6%；棉花播种面积147.08万亩，减少11.02万亩，比上年下降7%，其中，长绒棉播种面积62.78万亩，细绒棉播种面积84.3万亩；小麦播种面积19.97万亩，比上年增加3.87万亩，增长24%；玉米播种面积为15.34万亩，增加4.04万亩，增长35.7%；瓜类播种面积2.09万亩，增加0.45万亩，增长27.5%；蔬菜播种面积3.45万亩，增加1.34万亩，增长63.2%；其他作物7.38万亩。

全年粮食产量172332吨，增加47704吨，增长38.3%；小麦产量93000吨，比上年增加22324吨；增长31.6%；玉米产量70761吨，增加19474吨，增长38%；瓜类产量48620吨；蔬菜播种产量72265吨；棉花产量178800吨，其中，长绒棉、细绒棉平均单产（皮棉）分别达85.51公斤和148.43公斤。

年末牲畜出栏48.38万头，增长2.85%，其中，小畜出栏43.45万头，增长2.59%；牛出栏2.57万头，增长9.4%。牲畜存栏53.13万头，增长1.3%，其中，羊存栏50.43万头，增长1.06%；牛存栏1.73万头，增长7.45%。肉类总产量26425.8吨，增长4.35%，其中，羊肉产量7998.8吨，增长3.5%；牛肉产量4047吨，增长1.05%；猪肉产量1593吨，增长0.25%。牛奶产量12522吨，增长7.7%；禽蛋产量4780吨，增长8.3%。水产品产量229吨。

【工业和建筑业】 2019年，阿瓦提县规模以上工业总产值76213.53万元，增长5.75%；工业销售产值76176.84万元，产销率99.95%；实现增加值26720.99万元，增长8.3%。

规模以上工业企业主营业务收入74426.6万元，利润总额2085万元。其中，纺织业主营业务收入55450.8万元，农副食品加工业主营业务收入2058.2万元，电力、热力生产和供应业主营业务收入14728万元，非金属矿物制品业主营业务收入2225.6万元。规模以上工业企业应缴增值税3947.9万元。

全县完成建筑业总产值127255.8万元，增长13.76%，建筑业企业签订合同总额为144461.6万元，增长11.93%，房屋建筑施工面积291799平方米，减少72930平方米；房屋竣工产值100719.4万元，增长21.3%。

【固定资产投资】 2019年，阿瓦提县全社会固定资产投资255943万元，比上年增长16.79%。第一产业投资33580万元，比上年下降0.3%；第二产业投资54708万元，比上年下降26.9%；第三产业投资167655万元，比上年增长51.76%。

全县房地产开发投资完成19867万元，比上年增长91.88%，商品房销售面积9320平方米，比上年增长36%，其中，住宅累计销售8326平方米，商业营用房累计销售994平方米，商品房累计销售额2660万元，比上年增长66.87%。

【国内贸易】 2019年，阿瓦提县全社会消费品零售总额64522.9万元，增长8.5%。按城乡分，城镇消费品零售额45892.7万元，增长8.2%；乡村消费品零售额18630.2万元，增长9.3%。全县限额以上批发和零售业中，机电产品及设备类零售额2850.1万元，比上年下降6.5%；石油及制品类零售额484.8万元，比上年下降14.7%。

全县贸易实现销售总额407761.2万元，比上年增长4%。按行业分，批发和零售业销售额382507.7万元，比上年增长3.8%；住宿餐饮业营业额25253.5万元，比上年增长6.9%。

【对外经济、招商和旅游】 2019年，阿瓦提县实施招商引资项目29个，累计招商实际到位资金17.6亿元，增长19%。引进新注册投资额5000万元以上企业8家，新签约项目履约率81%。

年末星级宾馆2个，客房106间，A级旅游景区1个，全年接待国内旅游人数117.42万人次，增长56.56%；旅游总收入60500万元，增长63.51%；旅游基础设施投资9532万元，下降0.71%。

【交通和邮电】 2019年，阿瓦提县民用车拥有量达50256辆，比2018年末增加4769辆，比上年增长10.48%。其中，民用汽车28292辆，增加3727辆，比上年增长15.17%；摩托车拥有量(在车管所挂牌上户)6741辆，增加64辆，比上年增长0.96%；拖拉机15223辆，增加978辆，比上年增长6.86%，报废332辆，新购买1203辆。

全年完成邮政业务总量842万元，电信业务总量13344.67万元。年末固定及移动电话用户总数达到22.09万户。其中：固定电话年末用户达7932户；移动电话212972户；互联网宽带接入用户26753万户；年末城乡电话普及率达82.44部/百人。

【财政、金融与保险】 2019年，阿瓦提县地方财政总收入35050万元，比上年增长32.1%。公共财政预算收入26805万元，增长13.4%，其中，税收收入18663万元，增长27.8%。全年财政支出409916万元，增长18.5%。公共财政预算支出384341万元，增长14.8%。其中，教育支出85157万元，增长10.9%；农林水事务支出90701万元，增长17.5%；卫生健康支出31193万元，增长19.8%，住房保障支出15967万元，下降29.1%；城乡社区事务支出22860万元，增长671.3%；文化旅游体育与传媒支出 3375 万元,增长 51.8%;社会保障和就业 30198 万元,增长 26.1%;商业服务支出 113 万元,下降 61.2%;交通运输支出 9708 万元,下降 26.8%;粮油物资储备支出 280 万元,增长 22.8%;债务付息支出 3904 万元,增长 85%。

年末,全县金融机构各项存款余额 753622 万元,比年初新增 43073 万元,比上年增长 6.06%。其中,个人储蓄存款余额 408639 万元,减少 8561 万元,下降 2.05%。年末,全县金融机构各项贷款余额 671690 万元,增加 117619 万元,增长 21.23%。其中,个人和企业贷款余额 341985 万元,增加 39201 万元,增长 12.95%;个人和企业中长期贷款余额 281292 万元,增长 35460 万元,增长 14.42%;涉农贷款余额 517323 万元,增加 83061 万元,增长 19.13%。

全县财产保险保费收入 23677.5 万元,增加 4476.67 万元,增长 23.31%,其中,农险保费收入 15487.84 万元,增长 24.42%;非农险保入 8179.66 万元,增长 21.28%。非农险和农险各项赔款和给付支出 19865.97 万元,增长 121.27%,其中农险给付金额 16030.84 万元,增长 153.83%,非农险赔付金额 3835113 万元,增长 44.05%。全县人寿保险保费收 1421.61 万元,增长 8.98%;各项赔款金额 403.33 万元,增长 60.46%。

【教育和科技】 2019 年,阿瓦提县有职业高中 1 所,全县普通中学 10 所(含 3 所九年一贯制学校),在校生 15656 人,其中,高中生 3018 人,初中生 12638 人;小学 70 所,在校生 32061 人;有幼儿园 139 所(含 6 所民办幼儿园),班级 569 个,幼儿 18485 人。

2019 年争取地区科技项目 1 个,落实项目经费 6 万元,全年申请专利 8 个。

【文化体育和卫生】 2019 年,阿瓦提县共有各类文化艺术机构 4 个,广播电视台 1 座,乡镇基层综合性文化服务站 8 座,村级基层综合性文化服务中心 145 个。广播人口覆盖率和电视综合人口覆盖率均达 100%。博物馆 1 个,文物保护单位 15 个,其中列入自治区级文物保护单位 6 个;非物质文化遗产代表性项目 20 个,其中列入国家级非物质文化遗产代表性项目名录 1 个,自治区级 6 个,地区级 3 个;多功能体育馆 1 个,在地区青少年各项体育赛事中,获得奖牌 34 枚,其中,金牌 9 枚、银牌 18 枚、铜牌 25 枚;放映电影 1800 场次,全年开展“百日广场文化”260 次、乡村“百日文体活动”70 次;公共图书馆图书总藏量(含电子图书)18 万册。

全县共有卫生机构 20 个,其中医院 7 个(4 个民营医院),卫生院 10 个,社区卫生服务中心 1 个,疾病预防控制中心 1 个,卫生监督所 1 个,卫生技术人员 1222 人(编制人数 667 人、聘用人数 555 人),医生(执业医师和助理医师)267 人。

医院、卫生院床位数 1301 张(编制床位 773 张)。全县产妇住院分娩比例达 100%,婴儿死亡率为 4.94‰,5 岁以下儿童死亡率 9.23‰。全年甲、乙、丙类法定报告传染病发病人数 1083 例(不包括肺结核病例),传染病死亡 9 例;报告传染病发病率 0.42%。

【资源、环境和安全生产】 2019 年,阿瓦提县境域总面积 1.3 万平方千米,其中沙地面积 680780.12 公顷,耕地面积 117788.5 公顷,水浇地 117684.02 公顷,林地面积 228172.52 公顷,森林面积 88910.39 公顷。全县当年完成造林面积 6 万亩,森林覆盖率 7.18%。

全县建成区绿化覆盖率达 30.58%,城镇供水普及率达 100%,污水处理率达 94.78%,垃圾处理率 89.69%,燃气普及率达 88.3%。工业烟(粉)尘排放量达 398.92 吨,比上年增加 13.9%。工业废水排放量 9.8 万吨,与 2018 年比上年下降 9.09%,二氧化硫排放量 560.52 吨,比上年减少 5.04%。工业氮氧化物排放量 269.79 吨,比上年增长

1.47%。全县自然保护区个数1个，自然保护区面积1928.08平方千米，污水处理厂1座，垃圾处理场1个。

全县共发生各类安全事故40起，比上年下降25.9%；死亡9人，比上年上升50%，直接经济损失36.53万元，上升37.57%；全年发生道路交通事故22起，比上年下降31.25%；直接经济损失9.07万元，下降19%。

政　党

中共阿瓦提县委员会

·综　述·

【县委十三届三十次全委(扩大)会议】 2019年12月29日中共阿瓦提县委十三届二十次全委(扩大)会议在县科技文化中心召开。会议的主要任务是:深入学习贯彻习近平新时代中国特色社会主义思想。中共十九大和十九届二中、三中、四中全会精神,贯彻落实自治区党委九届七次、八次全会精神和地委(扩大)会议各项决策部署,回顾总结2019年工作,科学谋划2020年任务,动员全县各级党组织和广大党员干部坚定不移贯彻落实新时代党的治疆方略,特别是社会稳定和长治久安总目标,践行初心、勇担使命,苦干实干、狠抓落实,奋力夺取决胜全面建成小康社会伟大胜利。县委书记李承刚作题为《践行初心担使命 苦干实干抓落实 奋力夺取决胜全面建成小康社会伟大胜利》的工作报告。

【第一次常委(扩大)会议】 1月10日,县委书记李承刚主持召开2019年中共阿瓦提县委第一次常委(扩大)会议,审议《阿瓦提县开展“学条例 守纪律 正作风”活动实施方案》《关于阿瓦提县2018年度村级组织“星级化”创建工作拟授星的通知》《关于阿瓦提县进一步加强新时代信访工作的实施方案》《关于提请审议取消教育系统分流、转岗教师教护津贴和职称工资的报告》《阿瓦提县闲置校舍(村小学、幼儿园)盘活使用调研报告》《阿瓦提县医疗体共同建设工作方案(试行)》《关于收回各乡(镇)水管站干部管理权限的报告》《阿瓦提县粮食生产功能区和重要农产品生产保护区划定与建设方案》《关于全县固定资产清查工作情况汇报》《关于阿瓦提县党政机关事业单位办公用房规范管理的情况汇报》《关于阿瓦提县规范公务用车管理的情况汇报》。

【第二次常委(扩大)会议】 1月26日,县委书记李承刚主持召开2019年中共阿瓦提县委第二次常委(扩大)会议,审议《阿瓦提县开展“党支部建设落实年”活动实施方案》《阿瓦提县2019年“美丽庭院”建设工作实施方案》《阿瓦提县关于深化律师制度改革的实施方案》《关于表彰2018年度阿瓦提县招商引资优秀单位及个人、优秀服务单位、以商招商优秀企业的决定》《关于申请实施阿瓦提县经济技术开发区道路、地下管网及公租房项目的报告》;通报《阿克苏至阿拉尔铁路阿瓦提县汇报及结合事宜》,审议《阿瓦提县全域旅游规划汇报》《阿瓦提县沙漠胡杨公园景区开发建设合同》等12个议题。

【第三次常委(扩大)会议】 1月31日,县委书记李承刚主持召开2019年中共阿瓦提县委第三次常委(扩大)会议,审议《关于成立县国源生态文旅公司招商引资项目协调领导小组的请示》《阿瓦提县老城区改造建设合同》。

【第四次常委(扩大)会议】 2月12日,县委书记李承刚主持召开2019年中共阿瓦提县委第四次常委(扩大)会议,审议《阿瓦提县“敢于担当 反思整改 践行忠诚”专项行动实施方案》《2019年阿瓦提县领导主抓重点项目实施方案》《阿瓦提县进一步推进社区“四化”建设实施方案》《阿瓦提县关于开展“干部素质提升年”活动实施方案》《阿瓦提县党政机关公务用车管理办法》《关于调整阿瓦提县脱贫攻坚工作领导小组的通知》《阿瓦提县贯彻落实〈阿克苏地区关于扶持农民专业合作社发展办法〉的方案》《关于阿瓦提县乡(镇)、管委会成立财务核算中心的方案》。

【第五次常委(扩大)会议】 3月8日,县委书记李承刚主持召开2019年中共阿瓦提县委第五次县委常委(扩大)会议,传达学习中央、国务院、自治区领导关于“大棚房”专项清理整治行动讲话精神,审议《阿瓦提县“喜事新办 丧事简办”倡议书》《关于玉斯屯克霍加巴斯喀克村等5个行政村及其43个地名更名的请示》《关于成立阿瓦提县扶贫农业产业化化发展人居环境整治工作专班的通知》。

【第六次常委(扩大)会议】 3月20日,县委书记李承刚主持召开2019年中共阿瓦提县委第六次常委(扩大)会议,审议《“刀郎传说之刀郎西游城”初步设计规划》《阿瓦提县2019年深化专项治理扶贫领域腐败和作风问题工作方案》《关于申请安居富民补贴的报告》《阿瓦提县建档立卡贫困户现住危旧房需建房的报告》《关于解决阿克切克力片区管委会困难户建设民族团结嵌入式住房所需资金的报告》。

【第八次常委(扩大)会议】 5月24日,县委书记李承刚主持召开2019年中共阿瓦提县委第八次常委(扩大)会议,审议通过《阿瓦提县2019年度绩效综合考评办法修订情况说明》《乡(镇)、片区,县直各目标责任单位工作目标》《阿瓦提县2019年度脱贫攻坚工作单项考评奖励办法》《阿瓦提县2019年度农业产业化工作单项考评奖励办法》《阿瓦提县2019年度农村人居环境整治行动单项考评奖励办法》《阿瓦提县2019年度旅游工作单项考评奖励办法》《阿瓦提县创建自治区全域旅游示范区实施方案》《阿瓦提县旅游发展奖励扶持办法(试行)》《关于阿瓦提县2019年“访惠聚”驻村工作队组建方案的报告》《关于将101名干部增补至“访惠聚”驻村工作队开展工作的报告》《阿瓦提县进一步加强国家通用语言文字培训学习实施方案的报告》《阿瓦提县义务教育阶段控辍保学工作实施方案》《阿瓦提县2019年度创建“自治区文明县”工作实施方案》《“五化”魅力小城三年工作方案(2019—2021年)》14个议题进行研究。

【第九次常委(扩大)会议】 6月27日,县委书记李承刚主持召开2019年中共阿瓦提县委员会第九次常委(扩大)会议,审议通过《阿瓦提县2013—2017年基层组织阵地建设项目还款方案》《阿瓦提县2019年度招商引资工作考评和激励办法(试行)》《阿瓦提县刀郎歌舞团体制改革细化方案》。

【第十一次常委(扩大)会议】 10月21日,县委书记李承刚主持召开2019年中共阿瓦提县委第十一次常委(扩大)会议,审议通过《关于阿瓦提县2017年交通固投项目清算的情况汇报》《关于实施阿瓦提县城北绿地建设项目的报告》《阿瓦提县关于进一步明确新兴领域组织隶属关系的意见(试行)》《阿瓦提县事业单位领导干部兼任专业技术岗位管理办法(暂行)》《阿瓦提县总工会关于组织职工(会员)观看电影活动实施方案》《阿瓦提县总工会关于组织开展劳动竞赛的实施方案》。

【第十三次常委(扩大)会议】 12月26日,县委书记李承刚主持召开2019年中共阿瓦提县委第十三次常委(扩大)会议,审议通过《中共阿瓦提县委十三届三十次全委(扩大)会议主题报告》《阿瓦提县关于创建

"枫桥式公安派出所"工作方案》《阿瓦提县人民法院"规范执行行为、切实解决执行难"专项行动实施方案》《关于开展"信访积案化解攻坚年"活动推进"最多访一次"工作实施方案》等。

·县委办公室·

【概况】 2019年2月,阿瓦提县深化党政机构改革领导小组根据县机构改革方案,将县档案局(馆)的行政职能和县委督查考评工作领导小组办公室的督查、绩效考评职责划入县委办公室;将全面深改革委员会办公室、县委国家安全委员会办公室和县委财经委员会办公室设在县委办。负责全县档案事业行政管理和县档案馆重要档案提供利用的审批工作;负责承办对中央、自治区党委、地委决策部署贯彻落实情况的督促检查和地委领导的指标批示、交办事项的催办落实;负责县委工作部署落实情况的督促检查和县委文件、县委领导同志指示批示的催办落实;组织实施全县各乡(镇)、片区管委会、县各单位绩效综合考评工作;负责县委全面深化改革委员会办公室、县委国家安全委员会办公室、财经委员会办公室日常工作。

县委办公室内设机构有行政办、秘书一室、秘书二室、机要室、信息室、督查考评室、档案监督管理室。行政编制20名,其中,科级领导职数3名,事业编制22名(含信息综合室2名)。现有在职干部21人。其中,行政人员9人,事业管理岗人员12人。

【文会工作】 2019年以来,阿瓦提县委办公室设立综合室,专门负责各项重大材料的收集和撰写工作,把好文稿政策关、内容关、文字关和格式关。坚持干部夜学制度,有效提升文秘写作水平,共撰写调研文章60余篇,审核县委和县委办文件500余份,高质量完成各类讲话、汇报材料440余篇。强化会务管理,完善服务机制。严格落实会议报备制度,细化保障水平,统筹做好全县性会议活动和工作安排,完成精文减会既定任务,确保了会务工作规范和安全。一年来,高标准完成全县性及上级各类会议200余次。截至年底,共印发"瓦党发"文件49个、"瓦党字"23个、"瓦党办发"文件108个、情况通报28期、"瓦党办通报"23个、"瓦党办发电"42个、会议纪要105个、"国安委发"1个、"国安办发"2个、"瓦考委发"4个。

【调查研究】 2019年,阿瓦提县委办公室坚持实事求是的态度,选取课题,对社会稳定、经济发展、民生建设、改革发展等相关重点工作的实际情况开展调查了解和分析研究,用理论联系实际,接地气、通下情,把事情的真相和全貌调查情况,把问题的本质和规律把握准确,把解决问题的思路和对策研究透彻,结合"不忘初心、牢记使命"主题教育,下基层开展"不忘初心、牢记使命"调研,形成有情况、有分析、有深度的高质量调研报告16篇。

【信息服务】 2019年,阿瓦提县委办公室坚持全员办信息制度,每周每名干部积极撰写两篇社会稳定、经济发展、民生建设、改革发展等相关重点工作有针对性、实效性的高质量信息,充分发挥信息工作纽带作用,为领导科学决策、掌握情况、指导工作、控制局势充分发挥参谋作用,成为领导决策的"千里眼"和"顺风耳"。同时,以信息工作打牢干部文字功底,提升干部能力水平,并积极向地委信息综合室上报信息。2019年,阿瓦提县向地委信息综合室上报党委信息473篇,地区刊稿52篇。

【深化改革】 2019年,阿瓦提县委全面深化改革委员会将全面深化改革工作列入县常态化指导组指导内容，督促指导各专项小组有序规范开展工作。持续加大改革宣传力度，印发《工作信息》32期，全年改革宣传稿件在自治区媒体报道400余篇，地区报道290篇，归纳总结改革经验，形成高质量改革典型案例6个。在“零距离”微信公众号、电视台、人民广播电台开通《全面深化改革进行时》专栏，广泛深度宣传报道改革政策以及阿瓦提县改革进展、成效和典型经验。全面承接地委改革工作要点，结合县域实际梳理确定5个领域258条改革要点、2个领域3项试点改革，逐一制定实施方案。全面深化改革稳健推进，改革红利持续释放。

【基层减负】 2019年，阿瓦提县按照阿克苏地区要求并报地区减负办审定，确定全年重点精简类文件减少目标为62%，会议减少目标为57%，督查检查事项减少目标为94.1%。为推动目标任务落实，县减负办牵头下发《关于解决形式主义突出问题推进基层减负工作方案》，同时成立思想政治建设和干部激励、文山会海整治、监督检查和问责监督、宣传通报4个专项组分工抓好减负工作落实。2019年，全县共制发重点精简类文件567份，比上年减少67.3%；召开会议243次，比上年减少57.4%；开展各类督查检查6项12次，比上年减少94.1%；组织召开推进会2次，调研3次；通报落实工作不力的县直单位16个，约谈主要领导14人，持续传导了解决形式主义、官僚主义突出问题。

【国家安全】 2019年2月16日，阿瓦提县成立由县委主要领导任主任的国家安全委员会，作为县委关于国家安全工作的议事协调机构，统筹推进全县维护国家安全工作。4月28日，县委国安委召开第一次全体会议，审议通过《阿瓦提县委贯彻落实党委(党组)国家安全责任制规定的实施办法》《县委国家安全委员会工作规则》等规范性文件，明确县委国安委及其办公室的机构性质和机构设置，确立县委国安委统筹，国家办具体组织协调、督促落实，各成员单位各司其职、各负其责，分工协作、齐抓共管、整体作战的工作体系。2019年组织开展集中学习3次。4月15日，从县级层面带头，以上率下，组织全县9个综合楼，12个乡(镇)、片区机关，173个村(社区)7000余名干部同步观看新疆卫视《今日聚焦》栏目播出的《坚持总体国家安全观、着力化解重大风险》主题节目，切实增强广大党员干部的国家安全责任感。

【财经工作】 2019年，阿瓦提县财经委员会明确工作目标任务，认真履行工作职责，下设办公室印发《关于阿瓦提县财经委员会组成人员任职的通知》《财经委员会议事规则》。县财经委员会定期听取财政运行情况，规范资金审批流程，强化研究分析，找差距、补短板，逐项抓落实，持续做好财政性项目申报，加强各项目、责任单位的协调和对上级相关部门的对接，保证项目有序推进，强化风险防范，优化资金使用，将资金效益发挥到最大，不断优化投融资环境，推动全县投融资工作持续健康发展。2019年以来，召开阿瓦提县财经委员会全体会议共4次，研究审议相关事项报告320余项。

·督查考评·

【督查工作】 2019年，阿瓦提县为进一步规范督查工作，切实减轻基层负担，印发《2019年督查检查计划的通知》《关于进一步规范督查检查考核和常态化指导工作的实施方案》，要求除自治区、地区统一组织的各项督查、督导外，按照地区审定的8项20次督查计划，县委、县政府不再安排其他督查，成立2个常态化指导组，对各阶段自治区党委、地委及县委安排的重点工作贯彻落实情况进行实时指导,帮助基层增强理解力、执行力、落实力,进一步规范各督查单位开展督查活动的程序及内容。2019 年,共开展督查检查考核 6 项 12 次,办理县领导批示件 104 件,自治区、地区督导及地区督办件 12 份。同时 2 个常态化指导组紧紧围绕县委中心工作,对社会稳定、群众工作、民族团结、重点民生工程、基层组织建设、脱贫攻坚、“不忘初心、牢记使命”主题教育等十余项重点工作开展专项指导检查 140 余天次,在重要节点查隐患、漏洞、补短板,紧紧聚焦总目标,确保各项工作落地生根。

【考评工作】 2019 年,阿瓦提县修订完善《阿瓦提县 2019 年度绩效综合考评办法》,对全县 8 个乡(镇)、4 个片区、52 个县直一级目标责任单位及 24 个县直二级目标责任单位落实县委、县政府重大决策部署、年度重点工作目标任务、满意度测评、领导评价及绩效综合考评工作开展情况等进行综合考评。最终评定优秀乡镇 2 个、片区 1 个、单位 27 个,优良乡镇 6 个、片区 3 个、单位 31 个,合格单位 17 个,不合格单位 1 个。

乡镇

优秀:英艾日克镇、阿瓦提镇;优良:阿依巴格乡、拜什艾日克镇、乌鲁却勒镇、多浪乡、塔木托格拉克镇、巴格托格拉克乡。

片区

优秀:叶南片区;优良:上游水库片区、丰收片区、阿克切克力片区。

县直一级目标责任单位

优秀:纪委监委、县委办(机要保密局、专用通信局、史志办、机关事务管理办、档案馆)、人大办、政府办(驻乌办)、政协办、组织部、宣传部、政法委、网信办、发改委、教科局、商工局、公安局、司法局、财政局、交通运输局、农业农村局、文旅局、税务局、消防大队。

优良:统战部、编委办、机关工委、巡察办、党校、检察院、民政局、人社局、自然资源局、住建局、水利局、卫健委、退役军人事务局、应急管理局、审计局、市场监管局、统计局、医疗保障局、信访局、气象局、行政服务中心。

合格:法院、生态环境局、林草局、供销社、总工会、团委、妇联、科协、残联、红十字会、工商联。

县直二级目标责任单位

优秀:水管总站、人工影响天气办公室、兽医站、畜禽改良站、林管站、文化馆、妇幼保健院。

优良:农技推广中心、动物卫生监督所、农业检测中心、胡杨林管理站、农村饮水安全办公室、电影放映管理中心、刀郎歌舞团、文化艺术中心、计划生育服务站、卫生监督所。

合格:农经局、种子管理站、农业产业化办公室、草原站、供水总站、图书馆。

不合格:疾病预防控制中心。

·组织工作·

【概况】 2019 年,阿瓦提县组织部共核定编制 45 名,其中组织部行政编制 16 名,事业编制 15 名,设部长 1 名,由县委领导同志兼任,副部长 3 名(不含兼职),部务委员 2 名,巡查专员 2 名。县委党员干部远程教育管理中心办公室参公编制 5 名,县老干、老年活动中心事业编制 3 名,县干部信息中心事业编制 5 名,机关工勤事业编制 1 名。

【公务员管理】 2019 年,阿瓦提县委组织部下发 1402 名公务员、参照公务员及七大机关事业单位一般干部考核结果通报,并制作考核结果汇编。同时完成 492 人优秀奖及三等功的申报、审批及奖励金发放工作。开展公务员登记,及时完成转正定级审批。制定《阿瓦提县内招干部跟班学习暂行办法》,新招录 67 名内招干部到

12个县直单位跟班锻炼3个月，帮助内招干部成长成才。举办留疆士兵培训班、乡镇年轻干部培训班，培训300余人次。

【干部任用】 2019年，阿瓦提县坚持好干部标准优先选用“三仗一战”（打好严打攻坚、群众工作、社会面防控“三场硬仗”，打赢边境防控的人民战争）受表彰和表现优秀的“访惠聚”、集中整治工作队成员和村（社区）第一书记、深度贫困村第一书记等工作在基层一线的干部。2019年，提拔重用干部121人。其中有乡镇基层工作经历干部86人，有“访惠聚”驻村工作经历干部20人，反分裂斗争一线干部43人，有村第一书记、村党支部书记经历干部15人。

【后备干部培养】 2019年，阿瓦提县注重在基层一线和条件艰苦的地方培养、锻炼和使用干部，分批次将表现优秀的少数民族干部、年轻干部和党外干部派往乡镇、村（社区）和县直单位重要岗位锻炼。全年提拔重用35岁以下年轻干部70名、女干部22名、少数民族干部26名。将10名县直单位干部提拔重用到乡镇领导班子岗位锻炼成长，6名乡镇干部提拔重用到县直单位。结合年底考核、日常干部调研，建立正科级85名、副科级219名优秀年轻干部库，按照三期分层次对干部进行培养，对现实表现较好、工作突出的63名正（副）科级干部人选给予提拔重用。

【严管厚爱干部】 2019年，阿瓦提县对长期在条件艰苦、复杂乡镇工作的干部，及时进行调整和安置，将24名长期在乡镇工作干部调整到县直单位工作。组织全县630名科级干部分批次进行体检。对标容错纠错机制，对照容错11种情形和6个方面条件，及时容错免责、纠错防错。为勇于担当、干事创业的干部撑腰鼓劲。先后启用6名处分期已满、工作表现优秀的干部。落实领导干部能上能下机制，将16名责任心、事业心不强，不适宜担任现职领导干部给予免职或改任非领导职务。

【思想政治建设】 2019年，阿瓦提县启动“党支部建设落实年”活动，突出规范党内政治生活，将党内重要法规条例作为县委理论中心组、党校各类培训班必学篇目，县委班子累计开展专项学习12次，举办专题培训班5期，引导各级干部增强“四个意识”、坚定“四个自信”、做到“两个维护”。围绕组织设置、工作机制、班子建设，对全县398个党支部逐一“体检”，督促34个党员超过50人的党支部对照反馈六大类问题，逐条自查整改。

【主题教育活动】 2019年，阿瓦提县全面启动“不忘初心、牢记使命”主题教育，成立县委主题教育领导小组，抽调业务骨干25人组成主题教育领导小组办公室，制定实施方案、推进表等9个方案，统筹推进学习教育、调查研究、检视问题、整改落实4项重点任务落实。学习教育。采取“表率学+牵头学+分片学”方式，扎实开展集中学习，截至年底，县处级领导31人，科级领导617人，通过补学送学方式完成学习137人次，后期将集中补学13人。深入调研。确定全县科级及以干部127名（科级干部13名，一般干部114名），同时对上半年召回培训62名返岗学员工作情况进行“回头看”，对思想认识不到位、作风转变不明显2名干部“回炉再造”。

结合在“不忘初心、牢记使命”主题教育中整顿软弱涣散基层党组织工作，先后2次选派17名县处级领导到161个行政村调研，研究制定“一村一策”，确定上报6个自治区级软弱涣散基层党组织，于11月中旬完成全面评估验收。

【反馈问题整改】 2019年，阿

瓦提县组织部面梳理各类督查反馈意见58条逐次列出目录清单逐条逐项“回头看”、查整改进度、查整改实效、查长效机制，扎实推进脱贫攻坚整改。在161个行政村设置扫黑除恶举报信箱及举报电话，规范扫黑除恶线索收集上报，不断推进扫黑除恶专项斗争纵深开展。在社区，将全县98个机关（部门）企事业单位分配到各社区履行共驻共建责任，坚持规范落实好社区大党委“月例会+月通报”制，探索社区党建“七联”工作法，不断夯实城市基层基础。

【新兴党工委建设】 2019年，阿瓦提县组织部召开全县新兴组织党建工作推进会，对全县所有登记注册的新兴组织进行调查摸底，摸排出全县共981个非公经济组织、社会组织和10557个“小个专”（小微企业、个体工商户、专业市场）。根据摸排结果，拟在14个行业主管部门成立新兴组织行业工作委员会，压实行业部门抓党建主体责任。在机关，加强组织部门与工、青、妇部门协调联系，推进组织部与机关工委合署办公，坚持“月联席例会+下发月重点工作动态”，形成机关党建+基层党建+城市党建+群团组织党建“一揽子”推进的大党建工作格局。

【“访惠聚”驻村】 2019年，阿瓦提县保留2018年驻村人员力量，对全县14个驻村工作队进行调整，对因退休、调动离职、重大疾病、家庭困难、工作调整等原因不能继续驻村的108人进行调整，稳定驻村工作队伍。

依托派出单位、驻村工作队、乡（镇）机关（站所）干部、村“两委”干部、入党积极分子等形成三级包联体系，动态管理，扎实开展实名制包联帮扶工作。采取“周例会+月评估会+每2月工作推进会+季度派出单位后盾作用”及常态反向抽查、实地指导等“组合拳”，压紧压实驻村工作责任。健全驻村干部谈心谈话和关心关爱制度，派出单位主要领导对全县683名驻村队员逐人谈话，全面掌握个人困难诉求255条，现场解决238条。组建县、乡两级心理咨询志愿服务队9个，开展心理辅导42场次，有效解决心理问题152个。

开展乡镇“访惠聚”联络员“跟班轮训+乡镇内部学+乡镇间交叉互学”，有效提升全县24个排名靠后的驻村工作队第一书记管理统筹能力。

开展遍访工作，乡镇遍访工作队2720场次，县遍访驻村工作队1020场次，派出单位遍访728场次。发现问题124个，解决困难诉求90个，推动“访惠聚”驻村工作持续开展。

【人事档案管理】 2019年，阿瓦提县把《干部人事档案工作条例》（以下简称《条例》）纳入中心组学习内容，县委组织部召开2次部务会，组织部机关全体干部认真学习《条例》内容。改造110平方米办公室作为档案室，县财政投入10万元经费，按照国家一级档案室标准建立“三室分离”（即档案库房，工作人员办公室和档案借阅室分开），配套设备设施，安装密集架、摄像头、存储设备、空调、灭火器、防护网、遮光窗帘等相关设备。

整理档案材料20632份，按照《干部档案工作条例》中第五章《档案材料收集、鉴别与归档》做到认真鉴别、分类准确、编号有序、目录清晰、装订整齐。

不定时对县人社局和县教科局档案进行审核，并对档案管理人员进行面对面培训、参加地区举办的培训班3次，选派专人到地委组织部跟班学习锻炼。共审核正本档案1715本；分类整理散材料29857份，接收第28、29批军转干部档案105册，新建档案283册，接收散材料3822份（查漏补缺材料1812份），协助查阅档案720余人次。

【干部教育】 2019年，阿瓦提县开展干部素质能力提升年活动。开办23期阿瓦提县科级干部夜校。邀请自治区、地区、援疆省市的业务解手、专家、教授对政治理论、业务知识等进行授课，培训科级干部13600余人次。组织集中政治理论测试2次，领导干部能力素质得到全面提升。选派8名县级领导、10名科级干部、71名一般干部参加自治区、地区党校培训。举办村党支部书记、村后备干部、扶贫干部培训班，党务干部等专题班47次，培训干部5116人。

【党员教育】 2019年，阿瓦提县开展乡镇管理员集中培训，印制下发《阿瓦提县党员教育培训审核标准》及《远程教育终端站点操作员基本技能规范示意图》。加大对156个站点300余名村级远程教育操作员业务能力培训力度，解决村级操作员业务能力问题。依托自治区党员教育管理平台功能，全年共组织培训19000余场，参训党员50余万人次。发挥县留存党费用于党员教育作用，出20余万元为44个因设备老化站点更换投影设备。

【干部监督】 2019年，阿瓦提县组织部根据2018年度县委管理科级干部考核情况，对年度考核评为一般班子和差班子的11名单位党政领导干部以及被评为基本称职的3名科级干部，进行诫勉谈话。召开党组织书记抓基层党建工作集体约谈会，对党组织书记抓基层党建工作测评满意度低于95%的23名党组织书记进行约谈。对2个县直单位、5个乡(镇)、1个片区分管个体工商户协会及党支部建设不力的领导进行集体约谈。常态运用监督执纪“第一种形态”，对工作拖拉散漫等情况给予提醒和批评教育，对干部人事档案工作不重视的4名分管领导进行约谈。对“访惠聚”工作不重视、责任心不强的5名单位分管领导进行提醒谈话，1名单位主要领导进行约谈，1名工作队队长进行提醒谈话。对“不忘初心、牢记使命”主题教育工作推动不力的17名单位主要领导或分管领导进行提醒谈话。

【干部作风整顿】 2019年，阿瓦提县举办党性教育暨召回培训班4期，党性教育召回培训干部127名，其中科级干部13名，一般干部114名。落实召回培训跟踪考核要求，对上半年召回培训62名返岗学员工作情况进行“回头看”，结合单位鉴定情况，采取实地走访、个别谈话等方式，对表现较差或一般的3名学员进一步核实情况，对思想认识不到位、作风转变不明显、单位领导和干部反映较差的2名干部再次召回培训。

【人才工作】 2019年，阿瓦提县组织部起草下发《阿瓦提县优秀人才开展服务基层活动的通知》，确定重点行业部门，摸清基层服务需求岗位185个，计划开展活动。开展“弘扬爱国奉献精神、建功立业新时代”活动，推选出先进知识分子3名、先进集体1个。并配合地区电视台做好种子管理站党支书记邢海业先进典型专题片的制作。做好人才工作站建设，成立技术服务队20支，开展技术服务活动32场次。举办农村实用人才培训班86期，培训农村实用人才11000余人次。组织农村实用人才带头人主体培训班2期，培训人员181人。依托与新疆师范大学人才培养帮扶协议，邀请新疆师大学前教育专家2名，对县88名学前教育教师开展5天培训。

【人才援疆工作】 2019年，阿瓦提县委组织部做好援疆干部人才节日慰问。向援疆干部人才送去慰问信并委托在浙江绍兴的县委领导走访慰问援疆干部人才家属。发函邀请援疆干部家属到县开展民族团结一家亲活动。举办5次联谊会活动、青年干部人才座谈交流会，协助解决关系干部切身利益的社保异地转移接续、配偶就业等事宜5个。确定援疆项目3类8个，争取援疆资金520万元。配合绍兴市委组织部做好11名第九批援疆干部进疆满两年考核工作。组织各乡镇党务副书记、组织干事共15名党务工作骨干赴绍兴进行为期10天的考察学习，同时选派教育、卫生系统管理人员和专业技术骨干35人赴绍兴分别挂职1个月、3个月，以干带学。

·宣传工作·

【中心组学习】 2019年，阿瓦提县委宣传部制定下发《2019年阿瓦提县党委（党组）理论学习中心组学习重点》《关于规范党委（党组）理论学习中心组学习的通知》，明确学习重点和学习方式，做好学习安排。全年，开展县委理论学习中心组学习11次，脱贫攻坚专题学习8次，习近平总书记系列重要讲话精神、扫黑除恶等专题学习5次；结合“不忘初心、牢记使命”主题教育，全县科级以上领导干部开展集中学习3次、专题学习2次，各级党委（党组）中心组学习均已达9次以上，有效提升领导干部政治素养。

【党员干部理论学习】 2019年，阿瓦提县通过开展“学习强国”App管理使用培训，创建学习组织22个，设立管理员190余人，添加学员7600余人，严格实施每日督促、每周对比、每月总结工作机制，对活跃度不高、平均积分较低的学习组织进行督促，让各级党员干部逐渐形成良好的学习习惯，营造浓厚的学习氛围，日均积分排名稳居地区前列。

【发声亮剑】 2019年，阿瓦提县召开全县发声亮剑活动推进会，印发《阿瓦提县持续开展主动发声亮剑宣讲活动实施方案》，常态化组织开展形式多样的发声亮剑活动，已开展活动6900余场次，受教人数137.4万余人次。不定期下发约稿通知，择优向各级主流媒体推送稿件176篇，已在地区级以上媒体刊发优秀发声亮剑署名文章41篇，排名第一。

【内外宣传】 2019年，阿瓦提县做好主题宣传。围绕中央、自治区重大安排部署和县委中心工作，在广播电视台、“零距离”微信公众号开设专栏，定期刊（转）发（播）相关内容和工作动态，持续做好“中华人民共和国成立70周年”“脱贫攻坚”“扫黑除恶”“乡村振兴”“文化旅游”等宣传报道。印发《关于下达2019年新闻外宣工作目标管理考核指标的通知》，将外宣工作纳入年终考核，扎实做好“一月一主题”宣传活动，各主流媒体记者在阿瓦提县开展“一月一主题”选题采访拍摄5次。全年，在纸媒和新媒体刊稿中央级545条，自治区级668条，地区级564条，合计1777条；广播电台上稿中央级10条，自治区级151条，地区级338条，合计499条，每月排名居地区前列。举办新闻通讯员培训班，邀请《新疆日报》资深记者到阿瓦提县对200余名通讯员进行新闻写作和摄影技巧培训。以刀郎文化旅游品牌为依托，将中华传统节日和民俗文化相结合，举办“与刀郎人共度春节”、第七届刀郎美食节、第六届慕萨莱思文化旅游节等大型主题外宣活动，《人民日报》、新华社、《经济日报》、中新社、《新疆日报》等各级媒体相继进行报道，起到了很好的宣传推介效果。印发《阿瓦提县庆祝中华人民共和国成立70周年暨“我和我的祖国”群众性主题宣传教育活动实施方案》，举办“庆祝中华人民共和国成立70周年大型文艺晚会”等各类节日主题活动21场，受益群众30余万人次。做好氛围营造工作，在全县规范升挂国旗10万余面、横幅标语6800余条，更新制作宣传版面1200余块，营造了良好的国庆氛围。

【融媒体建设】 2019年,阿瓦提县制定《阿瓦提县融媒体中心建设实施方案》,将融媒体中心建设列入全县宣传文化体制改革重点工作,整合县内广播、电视、"零距离"微信公众号、户外大屏等资源,将相关人员、资产、职能等一次性划归县融媒体中心,于5月18日正式挂牌,在现有广播电视办公楼基础上进行改造,完成融媒体指挥中心设备采购及大屏安装。围绕中华人民共和国成立70周年,先后策划活动10余场,拍摄短视频60余条,在电视节目、电子大屏、"零距离"微信公众号、"抖音"App、"今日头条"App同步发送,取得良好效果。

【群众宣教】 2019年,阿瓦提县采取县领导带头,开展"感党恩知党恩"、"民族团结一家亲"、增强"五个认同"、"健康知识进万家"、"我和我的祖国"、"打赢脱贫攻坚战"等各类主题示范宣讲4820余场次,受众148.38万余人次。召开基层"草根宣讲员"培训班1期,参训人员180人,对各乡(镇)、片区工作开展情况进行指导检查,下发通报2期。

【弘扬中华传统文化】 2019年,阿瓦提县委宣传部组织开展"我们的节日——元宵节、清明节、端午节、七夕节、中秋节"等主题活动,通过诵经典、青年联谊等活动,引导党员干部认识传统、尊重传统、弘扬传统。其中,以"清明春光好 植树正当时"为主题的清明节植树活动被《人民日报》、《光明日报》、新华社3家媒体采用报道;在刀郎部落,开展与游客共跳麦西来甫,"密林寻月"游戏,共同庆祝中秋佳节,活动开展情况在央视《朝闻天下》播出。

【典型选树和宣传】 2019年,阿瓦提县委宣传部做好模范典型选树和宣传学习,2019年度推选"新疆维吾尔自治区道德模范"1人、"最美阿克苏人"10人,评选县级"最美退伍军人"10人,先后评选十星级文明户3650户,好婆婆、好媳妇560人。并通过广播电视、"零距离"微信公众号、电子大屏等播放(发)"第六届新疆维吾尔自治区道德模范"骆晓梅先进事迹,在全县形成崇尚先进、学做先进的良好氛围。

【乡风文明建设】 2019年,阿瓦提县委宣传部联合妇联起草下发《阿瓦提县2019年"美丽庭院"建设工作实施方案》,召开全县"美丽庭院"创建工作现场推进会,深入推进乡村整治。制定发布《乡风文明行为规范24条》,修订完善村规民约、居民公约,引导各族群众开启现代文明新生活,组织农村妇女集中开展"美丽庭院"建设和乡风文明宣传宣讲活动6196场次,参与群众9.9万余人次。截至年底,评定11958户星级"美丽庭院"示范户,通过广泛动员、积极引导,全县乡村面貌得到有效提升。全年确定2个新时代文明实践所和2个新时代文明实践站,广泛动员党员干部群众积极参与到志愿服务队伍中,组建自己的志愿服务队伍,全县已成立志愿服务队伍22支,完成志愿者注册13019人。

【审读工作】 2019年,阿瓦提县委宣传部对县公安局、教科局、文化馆等单位报送的书籍、信件、歌词、服装、屋内装饰等187件进行审读,出具审读报告30期;通过对图书馆(室)进行问题书籍审读清理"回头看",清理问题书籍10万余册。

【"扫黄打非"行动】 2019年,阿瓦提县制定印发《阿瓦提县2019年"扫黄打非"行动方案》和《关于开展"扫黄打非2019"五大专项行动的实施方案》,推进"扫黄打非"基层站点建设,联合相关部门查办"扫黄打非"案件13起,涉案人员51人。

·精神文明建设·

【文明创建】 2019年,阿瓦提

县调整充实县精神文明指导委员会成员，抽调专人成立文明创建领导小组办公室，发动群众积极参与创建，向全社会发出文明创建倡议书，发放宣传单5万余份，4500余名志愿者投入创建工作。推荐新疆维吾尔自治区文明村镇7个、文明单位18个、文明校园6所，对不符合标准的5个单位进行降级，受到自治区文明县城验收组一致肯定，顺利通过自治区文明城验收。不断完善基础设施，更新路灯123盏，规划规范停车位2.3万个，新增城市休息椅360个。

【社会主义核心价值观落实】 2019年，阿瓦提县精神文明办注重教育引导，紧紧抓住媒体和社会宣传两大阵地，广泛营造宣传氛围，先后向公交站台、大街小巷、楼道墙体、建筑工地、公园广场等公共场所设施投放2320块“讲文明、树新风”公益广告牌，通过县广播电视、微信公众平台、户外LED大屏、手机彩铃等媒介载体，持续刊播公益广告，形成了“抬头可见、驻足可观”的宣传效果。制定发布农民日常准则《乡风文明行为规范24条》，持续开展“文明有礼阿瓦提人”志愿实践和“四大文明”活动，修订完善村规民约、行业规范、居民公约，使社会主义核心价值观与人们日常生产生活深度融合，成为全民日用而不觉的行为准则。先后曝光不文明交通行为1120起，播放网络安全宣传短片1860余次；围绕“文明用餐、节约消费”对餐饮服务人员开展“文明餐桌”专项培训，签订承诺书1347份；制定下发“文明旅游·你我同行”倡议书，发放“文明旅游”宣传单7600余份。

【典型示范引领】 2019年，阿瓦提县精神文明办依托道德讲堂平台，加强社会公德、职业道德、家庭美德和个人品德教育。全年推选出“新疆维吾尔自治区道德模范”1人，累积推荐“最美阿克苏人”12人、县级“最美退伍军人”10人。狠抓乡村精神文明建设工作，深入开展星级文明户、好婆婆、好媳妇、好邻居等评选表彰活动，宣传倡导“婚事新办、丧事简办”，先后表彰星级文明户2450户，好婆婆、好媳妇560人。

【新时代文明实践中心建设】 2019年，阿瓦提县整合现有资源，将原阿瓦提县青少年宫升级为阿瓦提县新时代文明实践中心，确定2个新时代文明实践所和2个新时代文明实践站，广泛动员党员干部群众积极参与志愿服务队伍，完成规范化志愿服务队伍21支7500人。各支志愿服务队伍配合“一月一主题”活动计划，在夜市、巴扎开展文化志愿服务活动，在马路上开展文明交通志愿活动，在乡村开展“婚事简办、丧事新办”、“美丽庭院”建设宣讲活动。

【群众文化活动】 2019年，阿瓦提县精神文明办先后举办“杏子节”、“刀郎文化美食旅游节”、“全民健身日”活动、农民丰收节、慕萨莱思文化旅游节等活动，开展送戏下乡和“书画下基层”活动；举办刀郎农民画培训班3期，培训学员120余人次；刀郎麦西来甫培训班4期，培训学员120人次。县电影放映管理中心挑选一批优秀红色影片赴各乡镇村巡演，电影放映860场次。精心打造15个优秀传统文化进基层示范点。开展“我们的中国梦——文化进万家”活动，发动、组织各级“访惠聚”驻村工作队、“走访”干部、文艺小分队、文艺骨干走访到村（社区）开展包饺子、送月饼、送春联等中华优秀传统文化进基层活动，培育传统节日习俗，引导群众进一步增强“五个认同”（1.认同伟大祖国。2.认同中华民族。3.认同中华文化。4.认同中国共产党。5.认同中国特色社会主义）意识。编排《礼仪之邦》《梨花颂》《花木兰》等传统节目进行巡演。组织开展“乡村百日文体竞赛活动”和“百日广场文化活动”。

·统战工作·

【概况】 县委统战部成立于1954年1月，为正科级行政单位；10个行政编制，实有干部10人。下属单位为阿瓦提县政治学校，为正科级全额事业单位，编制数6人，实有6人；阿瓦提县宗教管理工作执法大队，为副科级全额事业单位，编制数4人，实有4人；阿瓦提县民族团结创建办，为股级全额事业单位，编制数2人，实有2人；阿瓦提县伊斯兰教协会，为副科级全额事业单位，编制数3人，实有3人。

【民族团结巩固发展】 2019年，阿瓦提县“民族团结一家亲”和民族团结联谊活动常态化开展。全县各级党员干部与1.7万余名群众结对认亲、守望相助，各族干部群众交往交流交融日益密切。“五个嵌入”（1. 相邻共居，实现居住上嵌入。2. 氛围营造，实现文化上嵌入。3. 相互学习，实现源头上嵌入。4. 外出就业，实现生产上嵌入。5. 脱贫攻坚，实现经济上嵌入）稳步推进，“一十百千”（在市及区县相关部门的指导下，通过规划整合政策聚集力量，实现百村较快发展，并通过百村发展带动周边村、农户的发展，一十百千工程即十百千农民致富工程）工程全面实施，打造嵌入式居住示范点35个、民族团结联谊示范点11个、民族团结教育基地2个，各民族共同团结奋斗、共同繁荣发展的氛围更加浓厚。民族团结进步创建活动持续深化，民族团结宣传教育实现全覆盖，选树民族团结先进集体24个、先进个人84名，各族干部群众中华民族共同体意识进一步筑牢。

【宗教领域和睦和谐】 2019年，阿瓦提县委统战部全面贯彻落实党的宗教工作基本方针，宗教事务管理法治化水平全面提升。爱国宗教人士培训培养工作有序推进，政治素养和宗教学识水平稳步提高，“四险一保”（医疗保险、养老保险、大病保险、人身意外伤害保险，对符合条件的纳入城乡低保）关心关爱政策落到实处。“七进两有”（水、电、暖、路、通信、广播电视、文化书屋进清真寺，主麻寺有净身房、有水冲式厕所）措施扎实有效，宗教活动场所公共服务功能更加完善。

·机构编制工作·

【概况】 1988年5月成立阿瓦提县编制委员会，1992年5月更名为机构编制委员会，2002年6月成立机构编制委员会办公室（简称编办）。编办设立在县人民政府，正科级机构，2006年3月划归党委工作序列，主管全县行政管理体制、机构改革以及机构编制日常工作，2011年12月列入县委工作部门，2019年核定编制8名，实有人数8人，内设科室2个，即业务综合办公室、综合办公室。

【党政机构改革】 2019年，中共阿瓦提县委机构编制委员会办公室（以下简称县委编办）始终按照中共十九大提出的机构和行政体制改革总体思路和中央、自治区党委的安排部署，切实做好对相关部门的实地调研和机构编制调查摸底等机构改革各项前期工作，研究提出阿瓦提县党政机构改革方案。反复修改完善，最终确定将党委工作机关由15个整合为11个，将政府工作部门由27个整合为24个，按照地委要求，制定《关于〈阿瓦提县机构改革方案〉的实施意见》和《编制和领导职数分配方案》，经2019年1月26日县委常委会研究审定实施。2019年3月，各部门“三定”规定全部印发，标志着党政机构改革基本完成。

【机构编制管理】 2019年，县委编办严守机构编制纪律，严格做到“三个坚决”（坚决不允许借改革之机擅自提高机构规格或调整和增设内设机构、增加人员编制和领导职数；坚决不允许在编制数据上弄虚作假；坚决不允许违规干预下级机构编制和编制配备）。按照《阿瓦提县机构改革方案》的要求，改革期间，县委编办未受理和研究新增机构和人员编制事项。2019 年 8 月，圆满完成机构编制实名制大平台系统的更新和维护工作。共计为行政、事业单位考录、人员调动开具《编制使用通知单》1084 份。结合全县空编情况，协助组织人事部门上报公务员招录计划 37 名，事业单位招录计划 13 名、教育招录计划 330 名，引进人才计划 56 名。

【事业单位登记管理】 2019 年，县委编办按照《事业单位登记管理暂行条例》及《事业单位登记管理暂行条例实施细则》的规定，积极宣传部署，创新工作方法，规范网上操作，提升服务水平，积极采取有效措施，全县年度报告事业单位法人 137 个，年度报告合格单位 121 个，不合格单位 0 个，注销登记的 16 个，2019 年设立登记的单位 0 个，变更登记的事业单位 79 个，较好地完成了 2018 年度事业单位法人年度报告工作。

·县直机关党建工作·

【概况】 中共阿瓦提县委直属机关工作委员会是县委的派出机构，为正科级行政部门，2019 年核定编制数 4 人，其中行政编制 4 名，实有人员 3 名。

【党建工作目标责任制】 2019 年，阿瓦提县机关工委召开 2018 年度县直机关党组织书记抓党建述职考评会议、2019 年机关党的工作会议，与所属党组织签订《县直机关党建工作责任书》，形成一级抓一级、层层抓落实的工作机制。下发《2019 年机关党建工作要点》《机关党建规范化建设工作方案》《关于对近期党建重点工作情况的通报》，建立机关党建工作落实情况台账，完善倒逼推动机制，重点工作实行时间倒推制度；对落实迟缓以及不落实的党组织列入曝光名单，并作为年终考核依据；对所属 58 个党组织全覆盖指导 6 次，组织交叉指导 1 次，针对自治区党委组织部和地委组织部督查反馈问题细查细改，不留死角。县委常委、组织部部长黄建霞对 25 名职责不明确、整改进度缓慢、成效不明显的党支部书记专门约谈，确保党支部书记在今后的工作中扎实履行好党建“第一责任人”的职责。

【党组织和党员状况】 截至 2019 年年底，阿瓦提县机关工委所属 2 个机关基层党委［税务局（党支部 5 个）、农业农村局（党支部 6 个）］，2 个党总支［文旅局（党支部 2 个）、法院（党支部 2 个）］，直属党支部 43 个。机关工委直属党组织有党员 1117 名，其中，预备党员 22 名；妇女党员 368 名，占 32.94%；少数民族党员 558 名，占 49.95%；大专以上文化程度的党员 908 名，占 81.28%。党员队伍趋向知识化，机关党组织分布相对集中。

【党性教育活动】 2019 年，阿瓦提县机关各党组织开展清明节党性教育活动 20 场次，参与党员干部达 380 余人次；各级党组织举办“学党章、做表率、争先进”演讲比赛活动 43 场次，受教育党员达 983 人次；利用周一升国旗、党组会议、“三会一课”开展发声亮剑活动 746 场次。

【“不忘初心、牢记使命”主题教育】 2019 年，根据阿瓦提县委统一部署，机关工委所属 58 个党组织全面启动“不忘初心、牢记使命”主题教育活动。科级党员领导干部按照不少于 7 天集中学习的要求，进行集中学习；各党支部按照“干部素质提升年”每周半天政治学习的要求，党员全覆盖参与主题教育实践活动；各级党组织开展“不忘初心、牢记使命”主题教育演讲比赛、党性教育、学习先进典型事迹等活动，确保活动主题鲜明、形式多样。

【基层组织建设】 2019年，阿瓦提县新建16个党组织，改选18个基层党组织，补选18个党组织，各单位党政一把手均当选为党组织书记，做到应选尽选。转入、转出党员组织关系576人次。摸排组织关系不明确、长期不参加组织生活、逾期未缴纳党费党员8人。举办党建业务基础知识培训班4期、理论测试3次，共培训963人次，组织县直机关单位党政一把手、党支部书记对党支部换届改选、党费收缴、民主（组织）生活会、“三会一课”（定期召开支部党员大会，支委会，党小组会，党课）、“5＋X”（即开展一次主题党日活动、党员交纳一次党费、党支部书记听取一次党员思想汇报，党员互相谈心谈话一次，召开一次党员建言献词会，自选活动一次）主题党日等重点内容进行专题学习培训。按照“坚持标准、保证质量、改善结构、慎重发展”的方针，严把“入口关”，举办入党积极分子和发展对象培训班1期，共培训120人次。确定入党申请人52人、入党积极分子46人，审批预备党员转正12人，新发展预备党员23人。将每月最后一周周五确定为“主题党日”，结合“访惠聚”驻村工作、支教、驻村管寺、走访入户、扶贫攻坚等工作实际，开展重温入党誓词、交纳党费、谈心谈话、主题学习等“5＋X”主题党日活动419场次。

【创先争优】 2019年，阿瓦提县着力打造税务局、财政局、网信办、教科局4个党建示范点。向地委、县委推荐先进基层党组织8个，优秀党员22名，优秀党务工作者14名。

【关心关爱】 2019年，县直机关工委开展“夏日送清凉”活动，向基层一线干部送去1850元慰问品；关心关爱“访惠聚”驻村工作队员，送去1200元慰问品；关心关爱共驻共建社区干部，赞助1300余元。“七一”期间，走访慰问5名贫困党员，送去慰问金2500元。

·党校工作·

【概况】 中共阿瓦提县委党校位于阿瓦提县环城路以西，是财政全额拨款的事业单位，学校占地面积70余亩，建筑面积11410平方米。为整合全县培训资源，2017年10月县农广校与县委党校合署办公，学校承担起培训党员领导干部和新型职业农牧民的双重任务。县委党校（农广校）共有教职工23人，其中领导干部3人，专兼职教师13人，后勤保障人员3人。其中汉族5人，维吾尔族18人；高级讲师1人，讲师4人，助讲8人。

【党性教育暨召回班培训】 2019年，阿瓦提县委党校举办第二期、第三期党性教育暨召回班培训，开展中共十九大报告，《习近平治国理政》第一、二卷，《习近平新时代中国特色社会主义思想三十讲》，《中国共产党章程》，《中国共产党纪律处分条例》等25节政治理论课程，组织观看《周总理的四个昼夜》《榜样》等影片，组织参观反腐倡廉、莎吉木汗烈士陵园等教育基地，熟记入党誓词；每名学员结合自身成长经历进行发声亮剑。安排学员每晚轮流谈感想、谈体会、谈认识，探讨工作、交流经验；学员每天完成不少于3000字读书笔记、1000字心得体会。培训期间实行封闭式军事化管理，每天出早操，整理内务（内务评比），用餐队列行进唱歌。从严积分制管理，安排3名党校教师跟班管理，适时监督学员表现，每晚对学习现实表现进行研判、汇总积分。

【国家通用语言强化班】 2019

年，阿瓦提县委党校抓好4个村干部国家通用语言强化班（207人，分别举行4个月）培训，党校安排4名民族教师担任正副班主任；为强化纪律意识，开展为期一周的军训：使用地区统一教材，制订每周教学计划，每周五进行口语和笔试。

【青年干部培训班】 2019年，阿瓦提县委党校开展政治理论、党性教育研讨交流培训课程，培训后备干部近40名。做好乡镇青年干部培训，进行党性理论教育和基层工作交流，培训150余人次。举办今冬明春党务干部培训班、村党支部书记专题培训班、党建业务知识培训班、村科技副职专题培训班、水利系统干部职工业务培训班、乡（镇）司法所干部业务培训班、全县畜牧系统干部业务培训班、入党积极分子和发展对象培训班、县纪检监察干部业务培训班、基层团干部培训班、政协委员培训班、退休党支部建设培训、党支部书记培训等班次，全年累计举办各类培训58期，培训6000余人。

【送教下乡活动】 2019年，阿瓦提县委党校发挥民族教师宣讲优势，利用每周一升国旗仪式，深入到各社区、村进行习近平新时代中国特色社会主义思想、中共十九大和十九届四中全会精神、民族团结教育等内容宣讲。进乡村、社区和单位开展送课活动，累计12场次，受众4000余人次。

【交流培训】 2019年，阿瓦提县党校发挥绍兴援疆指挥部援助功能，对县委党校进行教学硬件更新，定期选派专家、学者到阿瓦提进行授课，帮助党校教师提升自身授课能力。绍兴市委党校派出4名教师到党校授课，邮寄优质教学光盘4张。成功举办第二期绍阿党校交流会，确立双方互派教师学习长效机制。

选派3名教师赴自治区党校参加学习培训，选派2名教师参加自治区党校习近平新时代中国特色社会主义思想专题培训班，2名教师参加地委党校举办的精品课比赛。开展周三科级干部夜校，聘请援疆省市、第一师党校、地直单位领导27人次授课。

【会务筹备】 2019年，阿瓦提县委党校协助县委、县政府及相关部门完成视频会议及全县大型会议的后勤服务工作，共完成220余场次的会场服务保障工作。

·史志工作·

【概况】 2019年，中共阿瓦提县委员会党史研究室（阿瓦提县地方志）办公室机构改革，更名为中共阿瓦提县委员会党史研究室暨阿瓦提县地方志办公室，核定编制6名，增设2名副主任。县委党史地方志办公室与总工会、科协隶属于总工会联合党支部，史志办核定编制6名。

【《阿瓦提年鉴（2018）》完稿】 2019年1月，县委办公室与政府办公室联合发文，正式启动《阿瓦提年鉴（2018）》编纂工作，县直属单位、各乡（镇）、驻县单位、驻县部队配合编辑部工作，提供资料。全书设23个类目、121个分目、1300余个条目，50万字，全面、系统地记述2017年阿瓦提县政治、经济、文化、社会诸方面的情况和开展的工作。

【对外供稿】 2019年，县史志办向《新疆年鉴》《阿克苏年鉴》供稿2万余字；向阿克苏地区供稿1万余字，补充《阿克苏地区志》中阿瓦提县部分资料。

【培训交流】 2019年，县史志办对各全县各单位资料员采取网络指导、电话培训、个别辅导等方式，进行业务培训。全年共派遣1名干部到绍兴市史志办培训学习；7月，县史志办积极和绍兴市史志办对接，邀请4名专家赴阿瓦提县授课，全县120余个单位240名干部行进县志编修理论交流。

·档案工作·

【概况】 2019年，阿瓦提县档案局（档案馆）机构改革，档案局并入阿瓦提县委办公室为一个机构挂两块牌子，档案馆隶属于阿瓦提县委办公室为二级部门，核定编制8名，领导职数2名。

【机构改革档案收集培训】 2019年，按照阿瓦提县档案馆机构改革各项工作要求，邀请地区档案专家对全县各单位档案工作人员就如何做好档案收集、整理和规范等方面进行专题授课，重点对党政机构改革相关单位档案中存在的问题和困难进行现场指导和问题解答，进一步提升了档案工作人员的业务水平。

【涉改单位档案指导】 2019年，阿瓦提县档案馆配合县编办，与相关单位组成联合指导组，对涉改单位机构改革工作进行督促，尤其是对档案管理工作方面存在的问题进行一对一的跟踪整改。

【涉改单位档案进馆工作】 2019年，阿瓦提县档案馆对县49个涉改单位（一级）档案按照进馆标准，逐一检查接收，履行接收相关手续，确保全部如期完成进馆工作。2019年共有68个机构改革单位的档案已全部移交进馆（49个一级部门、19个二级部门）。移交文书档案，永久15761件、155卷；长期18964件、319卷；业务档案，永久1051卷；长期1194卷、合计2245卷。共计移交档案，永久15761件、1206卷；长期18964件、1513卷。照片档案3819张，会计档案13749册。文书档案、业务档案和会计档案（工资表类组卷1070卷）已全部进行数字化。

·保密工作·

【保密措施落实】 2019年，阿瓦提县召开保密工作会议，传达学习地区保密工作会议精神以及全国泄密案例通报，要求各单位进一步强化保密工作领导责任制，认真落实保密各项规章制度，重点加强对涉密信息、涉密载体的管理，完善管理措施，加大保密宣传教育和监督检查。

在日常保密工作管理中，把党政机关要害部门作为管理重点，及时与各重点涉密单位、部门签订保密工作责任书，严格落实涉密人员资格审查，明确涉密人员责任，层层签订保密承诺书，规范涉密人员处理涉密载体的行为。建立全县各单位460名涉密人员审查档案，与34家重点涉密单位签订保密工作责任书。

对各单位涉密文件、电报起草、制作、分发、传递、使用、复制、保存等环节监管，严格规范清点、登记、编号、签收等手续。规范定密工作程序，加大对县委、县政府、县政法委等重点部门涉密文件清退、销毁环节的督察力度，确保涉密信息的安全保密。把涉密计算机、U盘、移动硬盘、光盘等作为移动存储介质管理的重点，建立健全涉密移动存储介质的领取、使用、清退、销毁等保密管理制度，严格规范清点、登记、编号、签字等手续。

为安装违规外联监控系统和涉密计算机信息管理系统（即“三合一”单向导入工具）的涉密计算机和涉密移动存储介质的单位建立台账，实行“户籍化”管理，按照“涉密信息不上网，上网信息不涉密”“谁上网，谁负责”的原则，实行全程监控，加大督察力度，严禁涉密计算机接入互联网、涉密移动存储介质交叉使用，防止泄密事件发生。全年安装“三合一”系统89个。

【保密宣传教育】 2019年，阿瓦提县机要保密局以“保密警示教育年”活动为契机，开展保密知识培训班5次。同时,结合“干部素质提升年”活动,在六大议事口相关单位开展保密宣讲8场次。加强对涉密人员的保密形势教育和保密警示教育,进一步重申涉密人员在岗、离岗离职、出国境等环节的保密管理,采取签订保密承诺书、岗前保密知识培训等措施,加强涉密人员保密管理,确保涉密人员政治可靠,符合涉密岗位工作要求。

4月19日至5月15日,以“五法”为主要内容,积极组织开展“依法保护军事措施,自觉维护国家安全”为主题网络知识竞赛活动,参加竞赛活动人数12403人。

【信息化工作】 2019年,县机要保密局定期做好电子公文安全传输系统管理和维护工作,累计解决各类故障150余次。强化各单位网络保密管理责任,严格落实电子政务内网日常巡检制度,对全县25家横向网使用单位开展监督检查5次。5月,完成全县78家自治区党委电子政务内网内部域建设部署工作,配发计算机终端及打印机78套。12月,完成全县24家单位25个点位横向网分级保护测评工作。

【专用电话网的巡查保障】 2019年,阿瓦提县委专用通信局做好机房设备的日常巡查维护工作,共检测专用话机20余次。完成重要接待任务的专用通信保障工作,实现事前、事后全程服务,全年共完成6次重要通信保障。

阿瓦提县人民代表大会

【民意收集】 2019年,县人大常委会紧紧围绕社会稳定和长治久安总目标,积极参与全县社会稳定、农业农村、民族宗教、扶贫攻坚等工作,经常深入基层一线,围绕事关全县稳定经济社会发展的重大问题进行走访,了解情况,收集民情民意,作为今后开展监督工作的线索。2019年,共召开人大常委会5次、主任会议14次,围绕事关全县稳定经济社会发展的重大问题听取和审议“一府一委两院”工作报告,作出相应决议决定。

【法律执行情况监督】 2019年,县人大常委会配合地区人大工委先后对《中华人民共和国水污染防治法》《物业管理条例》《新疆维吾尔自治区去极端化条例》《新疆维吾尔自治区民族团结进步工作条例》贯彻执行情况进行3次执法检查,对防范和化解地方政府性债务风险情况,3家退库企业和2家“僵尸”企业、社区矫正工作情况和“大农业”进行4次专题调研。结合阿瓦提县实际,组织代表对学前教育情况进行为期两天的专题调研。6月22日,自治区人大代表对阿瓦提县的社会稳定、民生建设、脱贫攻坚、重大项目、科教文卫等相关重点、亮点工程进行集中视察和专题调研,并指出不足,为推进政府工作、改善民生,有效发挥人大代表的监督起到了积极作用。

【财政预算执行情况监督】 2019年,县人大常委会把财政预算的执行情况作为工作重点,听取审议县人民政府《关于2018年财政决算(草案)及2019年1—5月份财政预算执行情况的报告》,依法作出决定,要求县政府按照批准调整后的年度计划指标和财政收支预算调整方案执行。分别听取审议《阿瓦提县2019年地方政府债务限额和预算调整方案(一季度新增政府债券)的报告》和《阿瓦提县2019年地方政府债务限额和预算调整方案(新增政府债券)的报告》,并依法作出了批复。

【依法任免干部】 2019年,县人大常委会对县委推荐、“一府一委两院”提请任免的干部人选，严格按照法律要求向宪法宣誓、表态发言等任免程序，体现了程序的庄严性和法律性。2019年以来，县十六届人大常委会共依法任免国家机关工作人员68名、人民陪审员147名，并庄严组织宪法宣誓，为推动全县各项工作开展提供了组织保障。特别是对组织需要紧急任命的干部，能够按照法律程序及时任命，保证党管干部与人大依法任免干部的有机统一。

【化解社会矛盾】 2019年，县人大常委会始终把热情接待和认真办理群众来信来访作为密切联系群众、拓宽监督渠道的一项重要工作来抓。为做好信访工作，县人大常委会配备兼职信访工作人员，重要信访案件由县人大常委会领导接待处理。2019年以来，主要妥善处理了包某某承包土地纠纷上访案，及时将30万元土地承包款全额退还给包某某。

【民族团结工作】 2019年，县人大常委会按照自治区、地区人大《关于在全疆各级人大代表中深入开展“民族团结一家亲”活动通知》要求，引导全县575名自治区、县、乡人大代表全部结亲交友，督促和支持阿瓦提县“一府一委两院”认真贯彻实施《自治区民族团结进步工作条例》，在全县开展民族团结宣传教育宣讲活动，教育引导群众认识到做好民族团结工作的极端重要性。常委会成员和机关干部职工根据工作实际，常态化开展“民族团结一家亲”结对认亲、扶贫帮困活动，机关全体工作人员与拜什艾日克镇玉斯屯克塔勒克村17户困难群众结亲，在春节、“三八”妇女节、肉孜节、端午节和民族团结教育月中，与结亲户广泛开展联谊活动。结合村里实际，帮助群众做好村庄整治，建设美丽乡村工作。

【议案建议办理】 2019年，县人大常委会将十六届人大四次会议收集到的意见进行分类梳理，对相同内容的议案意见进行合并，对事实不清、证据不足的议案意见进行调查补充完善。在县十六届人大常委会第十四次会议上，将23件代表建议转交县人民政府办理，并采取专人负责、跟踪督办、电话催办等方式，督促承办单位认真办理、及时答复，23件代表建议已全部办结。常委会听取和审议代表建议办理情况的报告，代表建议办理的落实率、满意率进一步提升。

【乡镇人大主席团】 2019年，县人大常委会探索和改进与乡镇人大的联系方式，邀请乡镇人大主席列席县人大常委会会议，采取以会代训的方式进行业务培训，提高了乡镇人大主席的业务能力和工作水平。4月10日，在乌鲁却勒镇召开2019年度乡镇人大工作推进会，实地观摩乌鲁却勒镇人大代表之家和多浪村、阿依库勒村人大代表活动室建设情况，推动乡镇人大代表之家和村人大代表活动小组规范化建设。

【人大代表培训】 2019年2月28日，县人大常委会在县委党校举办2019年度县级人大代表、乡镇人大主席和人大业务骨干培训班。邀请地区人大工委分管代表人事工作的领导给大家做如何规范乡镇人大工作、代表如何“聚焦总目标、争当排头兵”方面两场专题辅导讲座，对进一步规范阿瓦提县乡镇人大工作，提高人大代表履职水平，起到推动作用。全年，共派出6名乡镇人大主席参加自治区人大常委会举办的乡镇人大主席培训班。

【补选人大代表】 2019年，根据县、乡人大代表缺额的实际情况，县人大常委会就补选工作相关事宜向县委请示。10月18日，召开乡镇人大工作例会。11月25日，25名补选代表全部依法选举生产，顺利完成补选工作。

【扶贫攻坚】 2019年，县级

人大代表为实现群众富裕安康、企业稳步发展做贡献，解决64名困难群众的就业问题、解决近300个就业和创业岗位。

【加强人大常委会机关作风建设】 2019年，县人大常委会以“学条例守纪律强作风”和“干部素质提升年”活动为抓手，从9月开始，在为期三个月的“不忘初心、牢记使命”主题教育过程中，整改落实32个问题，建立健全长效机制。对习近平总书记关于坚持和完善人民代表大会制度的重要思想，习近平总书记关于新疆工作的重要讲话和重要指示批示，新时代党的治疆方略，特别是社会稳定和长治久安总目标，进行再学习、再领会、再对标，对贯彻落实情况再审视、再检查、再完善，不断加强和改进人大工作。

【深化人大社会治理体制改革】 2019年，县人大常委会明确各工委和办公室职责、目标任务，优化内设机构设置，规范工作流程，班子成员明确分工，部门各负其责，将工作目标任务量化分工，层层建立责任制。在十六届人大常委会第十八次会议上，通过《阿瓦提县人大常委会规范性文件备案审查办法》。

阿瓦提县人民政府

·综述·

【概况】 2019年，阿瓦提县政府办公室原所属事业部门为侨联、应急办、油区办和外侨事务办公室，按照机构改革要求，侨联合并到统战部，应急办与相关部门合并成立为应急管理局，油区办合并到发改委，外侨事务办公室成为政府办公室科室。

【办文、办会】 2019年，阿瓦提县政府办公室严格公文起草、审核、审批、签发、存档等程序，文秘人员文字驾驭能力和水平不断提高。公文流转及时高效，累计接收公文1748份，发送公文682份，所有文件均未出现积压、泄密、漏发、错发等现象。全年共起草领导讲话和各类材料160余篇，整理会议纪要30篇，保障服务各类会议及重大活动20余场次。

【人大、政协提案议案办理】 2019年，县人民政府受理人大代表交办的建议23件，办理政协委员提案26件，建议、提案内容涉及教科、住建、交通、水利、文旅、卫生、市场监管等诸多领域。政府办公室对建议、提案梳理后，对全县相关单位下发交办通知，并进行跟踪督办，办理效果实现群众满意，人大代表、政协委员满意。

【依法行政】 2019年，阿瓦提县把依法用权、依法办事贯穿于政府工作各方面，深入开展“七五”普法，着力提升法制教育成效。严格行政执法资格审查，全面清理行政执法人员队伍，组织全县680名行政执法人员业务知识测试，检验执法人员业务水平。推行行政执法岗位责任制、执法评议考核制和执法责任追究制，规范行政许可、行政处罚、行政强制、行政检查等执法行为，确保执法公正、文明、规范。

【政务公开】 2019年，阿瓦提县加大政府信息公开工作指导力度，定期督促各相关单位认真做好政府信息主动公开发布工作，自觉接受群众监督，方便群众查阅和办事。全年，政府本级政府信息主动公开42条，依申请公开129条；各乡（镇）、部门政府信息主动公开258条，依申请公开382条，公开率达100%。

【政务信息化建设】 2019年，阿瓦提县政府办公室认真抓好政务信息工作，编发政情、上报行署信息做到精、准、实。全年,共向地区行署上报信息600余条,被地区采用75条,政务信息工作在全地区名列前茅。

【电子政务】 2019年,阿瓦提县政府办公室强化政府门户网站内容更新,严格落实政府信息保密审查制度,确保政府网站公开事项真实、全面、不涉密。全年,阿瓦提县人民政府网发布文字、图片新闻4250余条,新闻视频80余期,被地区政府网站采用230条,发布政务动态、通知公告等410余条。

【政府信息公开】 2019年,阿瓦提县加大政府信息公开工作指导力度,定期督促各相关单位认真做好政府信息主动公开发布工作,自觉接受群众监督,方便群众查阅和办事。全年,政府本级政府信息主动公开42条,依申请公开129条;各乡(镇)、部门政府信息主动公开258条,依申请公开382条,公开率达100%。全年,共受理群众反映的热点难点问题69件,公开回复信件48件,电话回复15件,不符合规定信件6件,办结率达100%。努力提升政务公开服务力度,8月,对政府门户网站进行全面升级改版,着重突出便民功能,将用户需求有效转化为网站栏目体系,全面提升政府网络服务质量。

·信访工作·

【概况】 2019年,县信访局设群众来信来访联合接待中心、督查室和办公室。全年,各级信访部门累计接待群众来信来访457件651人次,与2018年同期相比,件次上升16.3%,人次下降30.3%。其中个人访449件462人次,集体访8批189人次。全部当场协调办结,办结率100%。从信访总量分析,农民工工资、土地开发利用与征地补偿问题、涉法涉诉问题、生活困难问题为热点难点问题。全年未发生越级进京访,未发生集体赴区上访案件,未发生50人以上集体到地区上访案件,顺利达到争创全国信访"三无"县(市)标准。

【领导包案】 2019年,阿瓦提县信访领导包案63件案件全部化解,化解62件,化解率99%;网上来信来访116件120人次(来访13件19人次,来信3件3人次,网上投诉58件58人次,领导信箱38件38人次),网上信访案件办结116件,化解116件,办结率100%,化解率100%,群众满意率98%。

【矛盾纠纷排查化解】 2019年,阿瓦提县按照"三个三"(开门迎访提升服务面对面;推门下访关门前移解民忧;敞门纳访24小时不断线)工作机制,对排查出的信访积案建档造册,及时层层上报,对历史遗留63件重点案件实行领导包案。全年,共排查出各类新发生的信访案件457件,已全部办结,办结率达100%。

【信访积案化解】 2019年,县信访局对信访积案按照"一个案子、一名领导、一个专班、一套方案、一包到底"的思路,实行包案调处机制。2019年,63件未息诉罢访案件已化解104件,1件未化解,化解率达99.04%。开展领导干部约访工作,对于重点疑难案件,及时约见上访人,召集涉案单位集中会办,促使积案的化解。截至年底,县领导约访82次。

【案件督察、督办】 2019年,阿瓦提县对于交办的信访案件采取信访督察专员"走下去"督察督办、"请上来"约谈等形式,对信访工作薄弱、矛盾突出的乡(镇)、县直单位进行督察落实,实现"信访积案化解年"工作整体推进。截至年底,信访督察专员下乡32人次,督察督办63案。

【上级交办案件办理】 2019年,阿瓦提县委、县政府主要领导针对上级交办的案件,亲自批示,并指定领导包案。是年,自治区、地区交办信访积案5

件 10 人次。截至年底,息诉罢访 5 件,息诉罢访率达 100%。

【县领导接访活动】 2019 年,阿瓦提县在总结积累以往书记大接访活动的经验基础上,制定下发《关于做好县委、政府领导信访接待日有关工作的通知》,确保每天都有一名县领导在信访联合接待大厅值班接访。截至年底,县领导接访 105 件,1 件未办结,办结率 99.05%。

【特殊疑难案件化解】 2019 年,县信访局将信访救助专项资金列入县财政预算,为解决"无头案""钉子案""骨头案"创造条件。截至年底,利用信访积案救助资金 12 万元化解 3 件重点疑难信访案件。

【信访形势分析研判】 2019 年,阿瓦提县委、县政府定期组织召开信访工作例会、信访联席会议,分析信访形势,通报接访情况,对存在的问题及时处理。全年召开 12 次信访联席会议,处突例会 6 次。

政协阿瓦提县委员会

【概况】 中国人民政治协商会议阿瓦提县委员会成立于 1954 年 3 月,已历经十六届。共有委员 130 名,分布在党政、教育、卫生、农口、政法、金融、非公有制经济、群团、科技、文化、民主人士、宗教、农牧民等 14 个界别。十六届县政协常务委员会由主席、副主席、常务委员等 25 人组成,2019 年政协机关编制数 21 个(行政 6 个、事业 10 个、工勤编 5 个),下设 5 个机构:政协办公室、政协委委员联络科、社会和法制委员会、经济环境委员会、教科文卫体委员会。县政协机关位于阿瓦提县光明中路 29 号。

【政协十六届五次会议提案情况】 2019 年,政协阿瓦提县委员会十六届五次会议共收集提案 119 件。经提案审查委员会初步审定,梳理出 57 件。会议闭会后,政协专委会受提案审查委员会委托,承担提案整理工作。经梳理、合并内容相同的、剔除反映问题与政策不符的、近期不具备办理条件和已按国家政策执行的提案,向主席会议提交提案 30 件。主席会议对 30 件提案逐一审核,剔除一年内县委、县政府已着手安排的项目、审核立案 30 件政协委员提案。其中社会事业类 20 件、农业农村工作类 5 件、社会稳定类 2 件、经济建设类 3 件。

【十六届政协第十次常委会】 2019 年,政协阿瓦提县第十六届委员会第十次常委会议暨提案交办会于 3 月 16 日上午召开。会议由政协主席主持。主要议题有十一项:协商讨论政协阿瓦提县第十六届委员会四次会议委员提案;协商讨论《阿瓦提县政协党组 2019 年工作要点》;协商讨论《政协阿瓦提县委员会 2019 年度协商计划》(草案);协商审议《政协阿瓦提县委员会 2019 年调研工作方案》;协商审议《政协阿瓦提县委员会 2019 年度民主监督工作方案》(草案);协商审议《政协阿瓦提县委员会履职管理办法》(草案);通报 2018 年政协委员履职情况报告;协商审议有关人事任免事项;县人民政府分管领导通报 2018 年提案办理情况,通报阿瓦提县重大项目建设情况;向县人民政府交办提案。

【十六届政协第十一次常委会】 2019 年,政协阿瓦提县第十六届委员会第十一次常委会议于 6 月 26 日下午召开。会议由政协主席主持。主要议题有七项:协商审议《政协阿瓦提县委员会主席、副主席、秘书长、常务委员督办提案工作实施办法》(草案);协商审议《政协阿瓦提县委员会常务委员履职建言点评制度》(草案);协商审议《阿瓦提县政协党组成员、常务委员联系界别委员、党员委员联系党外委员工作制度》(草案);协商审议《助力精准脱贫、规范发展农民合作经济组织调研报告》;协商审议《关于干部实名制包联的调研报告》;协商审议《围绕乡村振兴战略,加强农村人居环境整治的调研报告》;通报《政协委员参加2019年度县政协委员履职能力提升培训、视察调研情况》。

【调研工作】 2019年,阿瓦提县政协围绕县委重点工作,确定群众工作、精准扶贫、乡村振兴、全城旅游、医养结合等课题开展专题调研,完成《关于精准脱贫工作进展情况的调研报告》《围绕乡村振兴战略,加强农村人居环境整治的调研报告》等9个调研报告,相关建议被县委采纳。协助地区政协工委、自治区政协完成"优化营商环境加快民营经济发展""关于农副产品加工企业和文化旅游及手工业发展情况调研报告"等7个调研课题,为地区政协工委、自治区政协制定相关意见建议提供翔实的资料和可靠的依据。

【社情民意收集、信访工作】 2019年,阿瓦提县政协多渠道收集社情民意,发挥人民政协贴近群众、渠道畅通的优势,广泛收集各界群众的意见和建议,制定《政协委员联系群众实施意见》,通过委员联系群众登记表,记录委员为群众答疑解惑、解决困难等内容,更好地发挥政协委员联系群众作用。2019年征集社情民意20期,组织委员开展调研视察活动3次,收集意见建议30余条,全部向涉及的部门、单位进行反馈,推动相关工作的开展。

【完善协商议政规则】 2019年,阿瓦提县政协坚持重大决策部署由全体会议进行协商,坚持协商在决策之前和决策实施之中,强化协商前期准备,主席会议、常委会议确定的协商议题,由联系相关工作的副主席在协商前开展调查研究,提升协商议题的针对性和代表性。对重点协商议题,采取常委会议的方式进行协商;对某个领域、行业的专题问题,采取专题协商会的方式进行协商。全年,针对重点协商议题及专题协商议题,召开政协常委协商会议3次、专题协商会议2次。

搭建合作共事平台。发挥政协作为社会各阶层、各群体利益诉求表达的专门协商机构作用,通过参加全县重要会议、参与重要活动等方式,为政协委员搭建合作共事平台。全年政协领导应邀列席县委常委会议25次,参加县委常(扩大)会议13次、政府常务会议21次、年度满意度测评会190余个。

【监督评议】 2019年,阿瓦提县政协选派17名政协委员担任监督员,对窗口单位执行政策法规、勤政廉政、行风建设等事项进行民主监督,选派对口界别的政协委员参与县重大决策事项听证、法检两院旁听以及党政机关组织的廉政、执法、纠风等专项检查活动40余人次。对政府职能部门业务工作进行民主评议,2019年对县人社局、县卫健委2个单位进行民主监督,发现问题15个。截至年底,所有问题全部整改完毕,改进人社系统、卫生系统干部作风、工作效能,群众满意度不断提高。

【政协委员教育管理】 2019年,阿瓦提县政协组织政协委员深入学习习近平新时代中国特色社会主义思想,采取党课辅导、红色教育等多种形式,提升政治素质。开展委员"亮身份、明职责"活动,组织132名政协委员在所属界别、单位、行业领域亮明委员身份,讲清工作职责,增强政协委员履职荣誉感、责任感。举办宣讲报告会2次、专题讲座1次、履职能力提升培训班4期,让政协委员掌握新时期履行政协职责,提高政协委员的政治把握能力、调查研究能力、服务群众能力、合作共事能力。制定《政协常委履职建言点评制度》，将责任压力切实传导至每一名政协常委。制定《阿瓦提县政协党组成员、常务委员联系界别委员、党员委员联系党外委员工作制度》《政协委员管理办法》，加强对政协委员的日常管理。全年对履职不到位、作用发挥不明显的 5 名政协委员，按照政协章程，辞免委员职务；撤销 1 名涉嫌违法犯罪政协委员资格。

纪检　监察

【监督执纪运行】 2019 年，县纪律监察局准确有效运用“四种形态”，特别是第一种形态。2019 年以来，运用监督执纪四种形态处理 1080 人次，其中第一种、第二种形态占 89. 7% 。

【政治巡察工作】 2019 年，县纪律监察局巡察 70 个单位，发放调查问卷 8098 份，个别谈话 5382 人，群众来信来访 230 件，共发现问题 919 条，党员干部问题线索 465 条。

【严肃政治纪律】 2019 年，县纪律监察局开展“敢于担当、反思整改、践行忠诚”专项行动，教育引导全县党员干部知敬畏、存戒惧、守底线。2019 年以来，共有 5350 名党员干部主动交代，说清问题，其中，给予党纪政务处分 7 人，组织处理 94 人。

严厉查处反分裂斗争中的“两面人”，共查处 35 件在政治纪律中违反反分裂斗争纪律案件，给予党纪政务处分 35 人。严肃查处了一批典型“两面人”案件，取得了良好的政治、法律和社会效果。

保持惩治腐败高压态势，共立案 606 件，结案 562 件，给予党纪政务处分 562 人，组织处理 13 人，移送司法机关 6 人，追缴违纪款 690 万余元。

对全县 2000 年以来历任村“两委”正职开展“政治体检”，完成 141 个村“体检”，移交政法部门问题线索 150 条，涉及经济以及其他问题移交纪检监察机关 337 条，村干部政治免疫力进一步提高。

【纠治“四风”“四气”】 2019 年，县纪律监察局严格落实中央八项规定精神及其实施细则共立案查处违反中央八项规定精神案件 13 起，给予党纪政务处分 12 人，组织处理 1 人。共查处“四风”、(形式主义、官僚主义、享乐主义、奢靡之风)“四气”(“官油子”之气，不作为之气，漂浮之气，“两面人”之气)相关问题 102 起，给予党纪政务处分 55 人，组织处理 60 人。查处形式主义、官僚主义问题 55 起，给予党纪政务处分 6 人，组织处理 59 人，通报曝光 6 批 21 件 21 人。核查自治区、地区两级群众工作督导反馈问题线索 166 条，其中查处 82 条，给予党纪政务处分 5 人，组织处理 134 人，追缴资金 90 万余元。

【党风廉政宣传教育】 2019 年，县纪律监察局制定《阿瓦提县“抓教育、强党性、促廉洁”党风廉政宣传教育实施方案》，以县警示教育基地为抓手，持续抓好宣传教育。全年开展各类宣传教育活动 8 次，组织廉政测试 2 次。

利用县“零距离”微信公众号、“棉城清风”等媒介载体，转载廉政要闻 200 余条，发送廉政信息和短信共计 3200 余条，外宣稿件被自治区级以上网站采用 235 篇，被地区级网站采用 80 篇，外宣稿件排名居地区第 2。

【党风廉政宣传教育月活动】 2019 年，县纪律监察局结合第 21 个党风廉政宣传教育月和“学条例、守纪律、强作风”专项活动，开展党纪法规知识培训，共 3 批 500 余名副科级以上领导干部参加；召开全县受处分人员“回访教育”大会 2 次；并组织全县186名党政机关主要领导赴卡尔墩监狱“零距离”参加警示教育；开展节前和任前廉政谈话共计5次200余人。

【整治腐败】　2019年，县纪律监察局深化专项治理扶贫领域腐败和作风问题。全年，共立案查处19件，给予党纪政务处分19人，组织处理242人，追缴资金113万余元，通报曝光9批30件32人，下发督办通知39份、监察建议书12份。

开展民生领域和“大棚房”监督执纪问责工作。全年，共发现民生领域问题线索23条，给予党纪政务处分1人，组织处理13人；共梳理摸排“大棚房”问题线索4条，立案审查2件3人，给予组织处理9人。

【扫黑除恶工作】　2019年，县纪律监察局严格落实线索双向移送和结果反馈机制，按照“一案三查”要求，深挖彻查涉黑涉恶腐败问题及背后的“关系网”“保护伞”，共查处涉黑涉恶案件4起，给予党纪政务处分4人，并对主体责任和监管责任落实不到位的40名党员领导干部进行追责问责。

【纪检监察体制改革】　2019年，县纪律监察局根据党中央关于深化监察体制改革决策部署和地区关于监察体制改革工作要求，及时制定下发《阿瓦提县纪委监委派驻（派出）纪检监察机构改革方案》，统一派驻机构名称，统一管理，赋予监察职能，向县本级党和国家机关52家单位派驻（派出）6个纪检监察组和1个纪检监察工委，切实将监督关口前移，防患于未然，实现派驻监督全覆盖。

【纪检部队建设】　2019年，县纪律监察局开展“能力建设年”活动，采取大讲堂、学习研讨、专题培训等方式加强全员培训。全年，共组织各类政治专题学习23次、纪检监察业务培训26次。以“学纪法强本领提质量”大培训、纪检监察干部“大练兵”竞赛活动为契机，采取集中学习、干部自学、专题学习等方式，强化对党章党规党纪的学习，全面提高履职本领。2019年以来，共培训党员干部2200余人次，开展知识测试7次；参加地区纪委监委“纪法铭于心·廉洁伴我行”知识竞赛，获得第2名的好成绩。坚持“刀刃向内”，对执纪违纪、执法违法的坚决查处，对失职失责的严肃问责，坚决清除害群之马，防止“灯下黑”。全年共查处纪检监察干部违纪违法案件1件，给予政务处分1人。

群众团体

县总工会

【宣讲工作】 2019年,阿瓦提县总工会以《中华人民共和国宪法》、《中华人民共和国工会法》(以下简称《工会法》)、《新疆维吾尔自治区去极端化条例》和全国工会十七大精神以及“一反两讲一去”(反暴力、讲法制、讲秩序、去极端化)为主线,以涉及职工贴身利益的《中华人民共和国劳动法》(以下简称《劳动法》)、职工权益保护和困难职工帮扶政策等为具体内容。精选宣讲人员,确定工会干部、劳模、退休老党员等为宣讲人员,县总工会及时召集宣讲骨干提要求、划重点,制定宣讲台账,按照最佳组合安排宣讲队进企业、进基层、进社区,做到宣讲数据每日一统计、每日一上报,扎实展开宣讲工作。为确保宣讲效果,县总工会、各基层工会与所有宣讲员签订宣讲承诺书,为做好对企业从业人员的宣讲,县总工会与市场监督管理部门利用召集会议等时机,穿插宣讲内容。全县工会系统共计宣讲625场次。其中,各乡(镇)、片区管委会工会、企业工会共开展570场次,参与人数8620余人次。地区级劳动模范组织宣讲5场次,3200余人次参与宣讲活动;自治区级劳模、退休老党员带头宣讲45场次,聆听职工累计5470余人次。

【民主管理和民主监督】 2019年,阿瓦提县总工会完善以职代会为载体的厂务公开制度,保护职工群众的知情权、参与权,畅通利益诉求渠道,行使职工民主权力。在全县已改制的企业和事业单位中,全面巩固和完善职代会制度,全县非公有制企业已建立职代会85家。

【群众性业余文化体育活动】 2019年,阿瓦提县总工会联合县文广局开展庆“五一”体育竞赛活动,共有15支代表队、500余名运动员参赛。

开展“安康杯”竞赛及劳动技能竞赛活动。在“安康杯”竞赛及劳动技能竞赛活动中,全县22个单位、130个班组、2223名职工,通过参与“安康杯”竞赛活动提高职工的安全防范意识,安全生产的大环境得到改善。先后组织26家企(事)业单位、174个班组,5294名职工参加职业技能竞赛活动。

联合县委组织部、团县委、县妇女联合会成功举办“工会佳缘·同心圆梦”单身青年职工联谊交友活动,全县126名单身职工参加此项活动。

【“夏送清凉”维权关爱活动】 2019年,阿瓦提县总工会慰问在高温酷暑中辛勤工作的45个便民警务站民警、38个驻村(社区)工作队队员、建筑工地工人、环卫工人等一线职工1300余名,发放物资价值3.52万元。

【工会维权活动】 2019年,阿瓦提县总工会通过悬挂宣传横幅、标语,发放宣传资料,设置专题展板,义务法律咨询等形式对《中华人民共和国工会法》《全民所有制工业企业职工代表大会条例》《中华人民共和国劳动合同法》《中华人民共和国劳动法》《集体合同条例》等维权法规政策的宣传。先后发放各种宣传手册1000多本,工会知识问答资料2600多份,接受各族职工政策咨询117人次。开展企业工资集体协商邀约活动,会同人事劳动部门对19

家用工单位集体合同、劳动合同的签订履约情况进行大检查，把工资兑现、养老及工伤保险等作为必查内容，现场指导并帮助24家企业3361名职工与用人单位签订《劳动合同》，百人以上企业签订合同率100%。

【落实会员普惠制】 2019年，阿瓦提县总工会通过组织观看电影，让职工群众得到实惠、感受温暖。截至年底，机关、企事业单位共计20000余名参与免费观影。

【困难职工（农民工）帮扶】 2019年，阿瓦提县总工会生活救助164人，救助资金13.488万元。大病医疗救助1人，救助资金0.45万元。对全县18名困难职工（农民工）子女共发放7.3万元“金秋助学”帮扶资金。

【群众就业服务】 2019年，阿瓦提县总工会联合人社局开展“春风行动”，27家企业共提供各类就业岗位726个，参与求职者共3000余人次，其中农民工近170人次。现场发放宣传资料1174份，提供免费服务557人，达成初步就业意向356人，会同就业局开展技能培训159人，农村富余劳动力转移再就业143人。

【关心关爱妇女儿童】 2019年，由阿瓦提县总工会牵头，联合团委、妇联准备生日蛋糕，为阿瓦提县英艾日克镇第二小学的150名家庭困难（特殊）的学生过集体生日。

【关心关爱劳模】 2019年，阿瓦提县总工会对辖区内国家、自治区、地区三级劳动模范，全国五一劳动奖章获得者，开发建设新疆奖章获得者共24名劳动模范广泛开展大走访、大慰问，全面了解劳模工作、生活情况和困难状况，认真核对收入证明、政治思想状况、医疗诊断、住院资料等相关印证材料并开展“迎国庆、庆中秋、送温暖”慰问活动，慰问劳模24人，发放资金及物品18500元。组织劳动模范宣讲队进企业、社区进行宣讲。

【先进典型申报】 2019年，阿瓦提县总工会开展五一劳动奖状、五一劳动奖章、优秀工会工作者、工人先锋号等评选工作。拟提名3家五一劳动奖状（集体）单位、4名五一劳动奖章（个人）候选人、2名地区级优秀工会工作者及3个地区级工人先锋号班组。组织召开“五一”劳动节慰问劳模及劳模座谈会。

【新兴组织组建工会摸底调查】 2019年，阿瓦提县总工会对社区工会组织规范化建设工作进行指导，深入企业、园区、物流公司及社会组织，与企业负责人、职工“面对面、心贴心、实打实”的交流，宣传组建工会法律法规和相关政策，发放建会宣传单2200余份，组织“八大行业”207名新会员开展集体入会宣誓仪式，增强新入会会员的仪式感、荣誉感。全年组建工会9家，发展会员2646人，其中农民工2250人，占新发展会员的85%。

【督促落实职代会及厂务公开制度】 2019年，阿瓦提县总工会督促85家企（事）业、行政单位按时保质召开职代会。督促32家企业落实公开厂务，维护职工的合法权益，保证职工群众的知情权、参与权，畅通利益诉求渠道。开展职工志愿互助服务活动依托企业工会“一心为工”职工志愿服务队组建工作，有干部志愿者4名、职工志愿者32名，开展职工志愿互助服务活动59次。

【宣传教育】 2019年，阿瓦提县总工会联合市场监督管理局先后在市场、商场及超市等从业人员较为集中的地方，用通俗易懂的语言及发放宣传资料等方式向各族群众宣传党的民族宗教政策，普及宗教知识。利用商户的LED电子显示屏滚动播放宣传标语 6100 余条，在商场、超市、餐饮店等经营场所悬挂横幅 270 余条。发放宣传资料 34000 余份。

【信息宣传】 2019 年，阿瓦提县总工会完成外宣稿件 40 篇，其中《工人时报》1 篇，《新疆工运》1 篇，人民网 1 篇，阿克苏政府网 1 篇，地区工会微信公众平台采用 18 篇，职工 e 家 1 篇，阿瓦提“零距离”、“棉城清风”微信公众号共采用 10 篇，清风网 7 篇，圆满完成外宣任务。

县妇联

【概况】 2019 年，阿瓦提县共有基层妇联组织 185 个（乡镇、管委会妇联 12 个，村、社区妇联 173 个），非公有制企业妇委会 46 个；单位成立于 1950 年，自成立以来机构数为 1，属于行政单位，内设妇女儿童工作委员会办公室，单位属于党政群团口。阿瓦提县妇联编制 6 名，行政编制 4 名，现实有干部职工 4 人，其中：领导职数 3 名，2 名正科，1 名副主任科员，事业编制 2 名，事业管理岗 2 名。

【“美丽庭院”工作】 2019 年，阿瓦提县妇联广泛深入开展“大宣讲”活动，利用巾帼宣讲队、宣传栏、国旗下的宣讲等形式和组建宣讲小分队、开展面对面宣讲、张贴宣传标语等方式，共开展宣讲 763 场次，参与 138682 人次。组织召开县级“美丽庭院”创建现场推进会 2 次，乡级现场推进会 24 场次，村级现场推进会 68 场次，参与人数 28218 人次。对“美丽庭院”建设工作开展中期验收，验收完成 23504 户，验收率为 100%。

【“冬季万人大宣讲”活动】 2019 年，县妇联召集宣讲骨干撰写宣读材料，经县委宣传部审批后，共开展“幸福婚姻、爱在家庭”宣讲活动 173 场次，77300 余人次聆听宣讲；“乡风文明行为规范”专题宣讲教育活动 171 场次，77100 余人次聆听宣讲；阿瓦提县“喜事新办丧事简办”倡议书专题宣讲教育活动 169 场次，77000 余人次聆听宣讲。

【家庭矛盾纠纷调解】 2019 年，阿瓦提县妇联针对目前部分婚姻家庭中存在的现状。各级妇联采取点面结合的方式，全面启动全县 173 个村（社区）全覆盖、地毯式宣讲。全年共开展“幸福婚姻、爱在家庭”“我爱我家”“以家庭稳定促社会稳定”“怎样做一个合格的妻子”“怎样做一个合格的丈夫”等 7 个主题宣讲活动共 1078 场次，215600 人次聆听了宣讲。对 958 对家庭矛盾纠纷较突出的夫妻，通过开展各类婚姻家庭矛盾纠纷调解后，成功调解 411 个家庭的矛盾，婚姻家庭矛盾调解成功率为 42.9%。各乡（镇）、村（社区）妇联将持续开展家庭矛盾纠纷调解工作。

【“妇女之家”联动工作】 2019 年，阿瓦提县妇联以“妇女之家”为阵地，组织各族妇女和家庭开展“巾帼心向党 礼赞新中国”群众性宣传教育活动，全县妇联系统共开展活动 180 余场次，参与人数共计 36000 余人次。

【妇委会组建】 2019 年，县妇联组织开展在全县范围内摸排新兴组织中妇委会的组建。县妇联积极对全县新兴组织中妇委会的创建工作进行实地调研。截至年底，共摸排新兴组织中符合创建妇女组织的共 63 个，其中 53 个已经成立妇委会，10 个正在筹备组建的过程中。

【贫困妇女救助】 2019 年，县妇联开展为贫困妇女群众送温暖活动，经过详细的摸排统计，于国家扶贫日前夕，开展为全县397名贫困家庭的妇女儿童送温暖活动。共送去米面200袋，清油100桶，小学生桌椅110件，蒸锅100个，共计价值35800元。

共青团阿瓦提县委

【概况】 2019年，阿瓦提县共有团员8183人，其中教育系统2686人，乡（镇）领域的团员4559人，卫生系统团员64人，公安局系统团员467人，西部计划志愿者团员123人。

【思想理论教育】 2019年，阿瓦提县各级团组织利用周一升国旗宣讲、村民每日一学、团员学习日、参与网上主题团课等形式，在广大团员中广泛开展青年大学习行动。全年，共组织全8000余名新老团员参与网上主题团课5期。举办《新疆的若干历史问题》白皮书集中专题学习班，促进对团员青年的思想政治引领。

【“三宣誓”活动】 2019年，阿瓦提县在全县学校中按照统一宣誓场合、统一宣誓流程、统一宣誓誓词的原则，于每周一或重大节日常态化开展党员、团员、少先队员“三宣誓”活动，使党—团—队教育有序衔接起来。在村（社区）、机关单位常态化开展党员、团员、公民“三宣誓”活动，提升广大党员、团员、少先队员的荣誉感和使命感，增强各族干部群众的国家观念和中华民族共同体意识，基层党组织、团组织引领力不断提升。

【主题团日活动】 2019年，阿瓦县主题团日活动由自治区团委统一安排实施，村（社区）通过视频系统统一流程、统一时间、统一学习参加，学校等其他领域按照利用自治区团委统一下发的课件、讲稿、视频，按照规定流程开展活动，主题团日活动的仪式感增强，团员的参与度提高。全年，共开展主题团日活动6场次，累计3000余名团员青年参加。

【团务工作】 2019年，团县委“三会两制一课”有序开展，各级团组织规范团支部大会、支部委员会、团小组会议召开流程，按照时间节点和工作需要落实相关会议，过好团内组织生活。各级团组织书记均做到带头讲团课，团县委干部也积极深入到基层团组织讲团课。全年，全县共上团课380余场次，团员的党团知识有了较大的提高。落实“十步法”（政治标准放首位，基本条件要审核，推荐推优来确定，培养联系少不了，教育培养是关键，考察预审不能少，预审合格在发表，指导填写勿出错，集体研究要表决，存档录入莫遗忘）“九严禁”（严禁拉帮结派，严禁拉票贿选，严禁买官卖官，严禁跑官要官，严禁造假骗官，严禁说情打招呼，严禁违规用人，严禁跑风漏气，严禁干扰换届）要求，发展青年加入团组织。团费收缴积极主动，按照足额、按时的原则，各团支部做到按月收团费，并及时进行公示，团支部每月向基层团组织上缴团费，基层团组织每季度向团县委上缴团费，做到团费按实收、及时交。档案管理和组织关系转接规范运行，各村（社区）的团员档案由乡（镇）团委统一保管，落实专柜上锁保管制度，中学团员档案由校团委保管，安排专人负责，确保团员档案不丢失。在团组织关系转接方面，坚持先网下再网上的要求，在团组织关系转接信转接后，及时用智慧团建系统进行转接，做到有序衔接。

【宣教工作】 2019年，团县委在全县开展“美丽庭院”建设、婚育新风宣讲210余场次，受教育群众8000余人次。选送8名少先队员参加自治区、地区组织的民族团结一家亲夏令营活动。积极与新疆生产建设兵团第一师八团团委对接，分三批，组织阿瓦提县100余名少先队员开展兵地青少年“手拉手融情·心连心向党”交流交往活动。组织全县各级团组织、少先队组织积极开展“我与祖国合个影”主题教育活动。

【爱心生日】 2019年，团县委规范爱心生日活动，全年为700名孩子举行集体生日会，培育他们对党的感恩之心。

【西部志愿者工作】 2019年，团县委做好西部计划志愿者支教专项工作，为165名西部计划志愿者落实志愿者补贴、社保、住房等保障。利用节假日开展慰问2次，开展座谈会13场次，支教工作得到各学校领导的好评。

【基层团建】 2019年，团县委召开团干部培训班2期，加强团干部管理，提高工作能力，印发《阿瓦提县各级团干部、团员青年“学国语、说国语、用国语”2019年工作要点》，细化团员团干部学习进度，明确验收标准，各基层组织将网上共青团夜校作为国家通用语言学习的重要载体，效果较好。落实好团干部协管机制，各乡（镇）均由科级干部任团委书记，配备团委专职副书记，基本做到专职专用。印发《阿瓦提县加强教育系统党建带团（队）建实施意见》，各中学团委书记均按照学校中层正职进行配备，落实中层正职待遇。在基层团干部调整时，各基层团委均向县团委进行报备，使县团委能及时掌握基层团干部调整情况，做到工作的有序衔接。

【团组织整顿】 2019年，团县委召开阿瓦提县基层团组织规范化建设暨软弱涣散团组织整顿动员会、推进会，各村（社区）团组织按照评价指标，逐项进行自查对照，乡（镇）团委联合党建办，组成验收组，对村（社区）自评结果进行检验，并根据实地验收情况打分，由村（社区）党支部书记签字确认。根据验收评分情况，将29个75分以下团组织列为重点整顿对象。

【少先队工作】 2019年，团县委牵头各中小学校积极召开少代会，完成换届工作，规范学校召开少代会基本流程、少先队员入队仪式。按照《阿瓦提县贯彻落实〈新疆维吾尔自治区青年发展规划（2017—2020年）〉实施细则》工作要求，制定《阿瓦提县青年联席会议制度》，召开青年工作联席第一次全体会议。19家成员单位积极参与“我为青年发展献一计”工作，为青年发展工作贡献智慧和力量。

县工商联

【概况】 2019年，阿瓦提县有各类非公有制企业83家，个体工商户10101户，从业人员13200人，已建工会58家，会员3085人，涉及主要行业有建筑、纺织、建材制品、棉花加工、农副产品加工、商贸、种植、宾馆服务等。

【非公有制经济人士政治思想工作】 2019年，阿瓦提县引导非公有制经济人士深入学习中共十九届四中全会精神和习近平新时代中国特色社会主义思想，选派5名非公企业的党务工作者和3名民营企业家分别参加地区组织的新型组织党务工作者培训班和民营经济企业家人士培训班，进一步提升了阿瓦提县民营企业家的综合素质。

【民营企业文化建设】 2019年，阿瓦提县工商联开展光彩事业行动，与绍兴工商联加强交流，进行招商引资。吸引自治区眼镜技术行业协会、新疆明视达集团到阿瓦提县开展光彩事业行动，为阿瓦提镇团结小学600余名小学生和幼儿园小朋友捐助价值4.9万元的眼睛保健品和学习用品等。

【招商引资】 2019年,阿瓦提县工商联争取"全国百家商会千家企业走进阿克苏"大型招商引资活动走进阿瓦提,开展2批次招商引资活动,通过商会组织,来自其他省市各大商会和全疆各地的568名企业家到县考察投资项目。采取以商招商的方式,围绕棉纺、农副产品加工等支柱产业,广泛推介阿瓦提的优势项目产业。

县科协

【第三十届"科技之冬"活动】 2019年,阿瓦提县科学技术学会牵头,举办"科技之冬"活动、"冬季千人大宣讲"活动、"百千万培训行动计划——林果科技进万家"活动、今冬明春"健康防病知识进万家"宣传活动和"冬季攻势"贫困户技能培训活动。广泛组织动员社会各界科技工作者,深入基层,贴近群众,多形式、多渠道、分层次、分期分批对基层干部、农村党员、农村实用人才、信教群众和广大农牧民群众广泛开展形式多样、内容丰富的宣讲活动和科技培训工作。全县累计共举办各类科技培训班520期,培训96800人次,结合活动开展"去极端化"普法宣讲培训181期27331人次。

【科普宣传系列活动】 2019年,县科协组织开展"四下乡"(文化、卫生、科技和法律)、科普大篷车"五进"(进广场巴扎、进农村、进学校、进社区、进清真寺)、全国科普日、"3·23"世界气象日、全国科技活动周和全国科技工作者日等品牌活动。全年,开展科普大篷车"五进"活动21次28天,开展"3·23"世界气象日活动1次6天,牵头组织科技活动周1次6天,参与开展科技工作者日活动1天,开展系列科普和普法宣讲活动181场次。

【农村实用人才选拔推荐】 2019年,县科协根据2018年《阿瓦提县加强农村实用人才队伍建设实施意见》的要求,通过反复督促和指导,2019年,农村实用人才选拔推荐人数达3200人,累计完成人数达24200元。

【科普e站建设】 2019年,县科协在县远程办的支持下,137个村、86所学校和12个社区开通科普e站网络端口,使广大村民和群众能随时在村委会和社区远程教育室观看到《科普中国》栏目推送的科普节目,使科普宣传教育手段向科学化、现代化迈进了一步。

【校园科普示范基地】 2019年,阿瓦提县第四中学科普示范基地的航模队在自治区模拟飞行比赛中获得3个金牌、2个银牌、3个铜牌,一等奖5项、二等奖12项、3等奖5项。阿瓦提县第四中学获得优秀组织奖,2名老师获得优秀辅导员称号。

县残联

【概况】 2019年,阿瓦提县共有残疾人8821人,各类残疾人的比例分别为:视力残疾1314人,占总残疾人数的14.90%;听力残疾540人,占总残疾人数的6.12%;语言残疾162人,占总残疾人数的1.84%;肢体残疾4692人,占总残疾人数的53.19%;智力残疾775人,占总残疾人数的8.79%;精神病残疾454人,占总残疾人数的5.15%;多重残疾人884人,占总残疾人数的10.02%。其中一级1272人,二级2376人,三级3460人,四级1713人。

【残疾人摸牌办证】 2019年,阿瓦县残联会同维吾尔医院深入到各乡(镇)、村(社区)为8000余名残疾人开展残疾人评估、办证、换证、康复需求筛查、精准康复、数据动态更新等工作。共计节约残疾人交通费开支近20余万元。全年完成筛查出未办理残疾证的 330 名残疾人鉴定、信息录入和办证工作。对筛查出需康复救助的脑瘫儿童 35 名、6 名智力残疾儿童、孤独症儿童,4 名听力语言残疾儿童,3 名视力残疾儿童,620 名需精准康复残疾人,15 名成人肢体残疾人,50 名精神病康复(服药)残疾患者,60 名基本辅助器具适配人员,60 名贫困智力精神和重度残疾人评定补贴,22 名残疾人家庭无障碍改造,年底已全部进行项目实施,康复治疗和项目实施有序推进。

【残疾人康复工作】 2019 年,阿瓦县残联深入各乡(镇)村,对全县所有残疾人需求进行摸排,根据实际情况进行辅助器具适配。为 35 名听力残疾人配备助听器,为 213 人发放辅助器具,及时进行数据动态更新。

【残疾人业务干部培训】 2019 年,阿瓦县残联共选派 20 人次参加自治区 8 期、地区 4 期业务干部培训。选派 2 批 8 名残疾人参加自治区为期 2 个月和 1 个月盲人按摩培训,选派 6 名残疾人参加地区为期 2 个月的盲人按摩培训。全年共举办 4 期残疾人专委培训,对 20 名社区康复协调员进行全面培训。

【残疾人补助发放】 2019 年,阿瓦县残联配合县民政局完成社会保障兜底脱贫实名制管理工作,共完成 1603 名非低保残疾人核查,2950 名享受低保的残疾人实名制核查和享受两项补贴残疾人银行信息核查工作。1—6 月为 275 名残疾人,共发放燃油补贴 7150 元(每人每年 260 元),7—12 月为 180 名残疾人,共发放燃油补贴 46800 元(每人每年 260 元)。对各乡(镇)贫困残疾人家庭建房数据精准核实摸排,共摸排出残疾人家庭建房户 107 户,现已基本完工,确保入冬前 107 户残疾人家庭全部搬进新房。

【就业培训】 2019 年,阿瓦县残联依托“科技之冬”培训,乡(镇)、管委会开办的农村实用技术培训班,开展果树修剪、棉花种植、畜牧养殖技术培训,共培训人员 521 人。完成残疾人就业 132 人,其中比例就业 66 人、集中就业 29 人、个体就业和自主创业 21 人、其他形式就业 16 人,残疾人就业人数较上年增加 85 人。

【残疾儿童就学】 2019 年,阿瓦县残联对全县残疾人分年龄断进行重新鉴定,对全县 1062 名 0 ~ 18 岁残疾儿童进行重新鉴定。配合县教育局完成了 7 ~ 15 周岁残疾儿童入学调查工作,全县 7 ~ 15 周岁残疾儿童总数 148 人,已入学达 121 人,入学率达 81.76%。

【残疾人就业保障金收缴】 2019 年,阿瓦县残联以政府办公室文件下发了《2019 残疾人就业保障金征收通知》,与县税务、财政部门对接,落实全县企事业单位残疾人就业保障金征收工作,1—10 月共征收残疾人就业保障金 181 万元。

【宣传维权】 2019 年,阿瓦县残联在“全国爱耳日”期间,会同县卫生局、人民医院,维吾尔医医院等单位在县菜市场设立宣传咨询台,接受现场咨询 200 余人次,向来往群众发放宣传材料 600 余份,宣传“听见未来,从预防开始”的知识。5 月 19 日是第 29 个“全国助残日”阿瓦提县残联全体干部在乌鲁却勒镇开展“自强脱贫 助残共享”助残活动,向社会宣传助残日活动,对残疾人集中就业基地进行了走访,县残联向乌鲁却勒镇残疾人发放轮椅 13 辆、盲杖 2 个、座拐 2 个、腋拐 3 个、手杖 4 个。在第 24 个全国“爱眼日”来临之际,阿瓦提县残联紧紧围绕“共同呵护好孩子的眼睛、让他们拥有一个光明的未来”爱眼日主题,6 月 6 日上午残联干部职工在县菜市场门前举行眼病防治和眼保健知识宣传活动。

【项目资金】 2019年,阿瓦县残联共下达残疾人项目16个,资金共计81.664万元。

县红十字会

【概况】 阿瓦提县红十字会编制数2人,实有人数2人。截至2019年年底,县红十字会有团体会员数228个,个人会员数3906人。

【“红十字博爱送万家”活动】 2019年,县红十字会以“红十字博爱送万家”活动为契机,开展各种帮扶活动,对60户重大疾病患者、长期患病导致家庭贫困者、肢体残疾生活不能自理、无力接受治疗等人群进行慰问,共发放大米、清油、棉被、棉衣、糖等价值12830余元的物资和慰问金。

【“天使阳光基金”项目申报】 2019年,县红十字会为6名患有先天性心脏病且家庭困难的儿童申请“天使阳光基金”项目,并通过地区红十字会审核。自治区红十字会有6名患儿参加该项目,其中2019年6月“一带一路”先心病2名患儿在新疆心脑血管疾病医和新疆第三人民医院免费完成手术。

【“一带一路”人道救助计划】3月21日,中国红十字基金会天使之旅——“一带一路”人道救助计划新疆第三期先心病患儿筛查救助行动筛查工作在阿克苏地区阿瓦提县开展。中国红十字基金会、无锡明心心脏病救助基金、无锡明慈心血管病医院派专家医疗队在阿瓦提县人民医院体检中心进行筛查工作。对2018年救治的阿瓦提县患儿进行复查、回访,对2019年报名的18周岁以下先天性心脏病患儿进行筛查,并提供手术治疗服务。总计39名志愿者参与服务,筛查人数共计为66人,登记具有手术指征的心脏疾病患者16人,14名先天性心脏病患者在无锡明慈医院免费进行手术。

【“爱之天使基金”项目申报】 2019年,县红十字会根据自治区红十字会“爱之天使基金”项目申报要求,为6名家庭困难的宫颈癌患者申请该项目,其中3人通过地区、自治区红十字会审核。1—6月,3名宫颈癌患者在新疆第二人民医院和肿瘤医院免费进行手术。

【“5·8”博爱周宣传活动】 2019年,阿瓦提县红十字会协同地震局、科协、卫生局、妇联等部门在县胜利社区、努尔巴格社区、菜市场大门口开展“5·8”博爱周宣传活动,在巴扎人流较多的地方设立咨询点并悬挂横幅,向过往群众发放《中华人民共和国红十字会法》、《地震知识百问百答》、艾滋病预防宣传单、造血干细胞捐献相关知识宣传单及红十字会应急救护知识宣传材料,共接受群众咨询1100人次,发放宣传资料752余份。

【应急救护知识培训】 2019年,阿瓦提县红十字会为提高公民的自救、互救能力,举办应急救护培训进机关、进社区、进农村、进学校、进企业“五进”活动,将日常应急救护培训与“世界急救日”专题宣传日相结合,在全县各类场所共开展急救护培训11场,受益人数达3381人次。会同消防队、地震局,联合永鑫商贸城开展以“居安思危、防患未然”为主题的防震减灾应急拉动演练活动和商贸城微型消防站模拟火情实地拉动应急演练。

法　治

政法委及综治

【概况】 中共阿瓦提县委政法委员会内设阿瓦提县委政法委信息研判室(维稳办),阿瓦提县社会治安综合治理委员会办公室(以下简称综治办)。下设阿瓦提县法学会,阿瓦提县网格化服务中心。

【"点线片面"挖减铲专项行动】 2019年,阿瓦提县委政法委运用"点线片面""24字技战法"开展村"两委""政治体检",瞄准乡界薄弱区域,梳理乡界连片"挖减铲"区域15个,涉及32个村(社区),组建乡界连片"挖减铲"联合专班,对乡界及周边不放心区域进行地毯式过筛"体检",实施跨乡连片集成作战。通过以宗教极端思想传承脉络梳理为突破口、发力点,绘制图谱、挂图作战,全面、系统、精准、彻底打击暴恐分子。

【扫黑除恶专项行动】 2019年,阿瓦提县委政法委按照"黑恶积案清零、问题线索清零、涉黑犯罪零发生"和"一案三查"的要求,加大线索核查和案件侦办力度,突出"深挖根治",对重点问题、重点线索、重点案件进行集中攻坚,对已侦破的案件巡线深挖、逐一见底,铲除黑恶势力赖以滋生的土壤,建强基层组织,推动专项斗争取得新成效。

【"三查三找三落实"活动】 2019年,阿瓦提县委政法委对照"三查三找三落实"清单,立足工作层面查不足,着眼主观层面找差距,抓紧抓实整改促落实,常态开展安全隐患大排查,及时补齐短板,堵塞漏洞。

【健全完善维稳指挥体系】 2019年,阿瓦提县委政法委规范县乡村三级维稳指挥部建设,落实战备值班、调度巡查,及时修订完善各类突发案(事)件处置预案,发挥维稳指挥调度"中枢神经"的作用,加强党政军警兵民"六位一体"协调联动合成应急处置演练,提升了应急指挥、快速反应、快速处置能力。

【织密应急处突网络】 2019年,阿瓦提县委政法委落实重点区域、重点部位、重点场所、重点目标安防措施,以便民警务站为依托,以网格化为支撑,强力推进"警社合一""联户轮值""平安创建",统筹专群力量,开展巡逻盘查、应急处置,做到社会面防控常态化。

【社会综合治理】 2019年,阿瓦提县委政法委强化县乡村三级综治中心规范化建设,推进"警社合一",构建一体化运作、实体化运行、社会化服务工作格局;推进"雪亮工程""综治视联网"建设,提升了社会治理职能化水平;强化流动人口动态管理,确保拾花期外来务工人员流入有序、管理到位;紧盯危爆物品、管制器具、大型机械车辆、加油(气)站、物流寄递等重点物品、行业,严格落实定点销售、实名登记、信息采集、流向管控等全过程管理,封堵消除各类风险隐患。

【群众教育】 2019年,阿瓦提县委政法委落实自治区党委"六句话"工作要求,制定《阿瓦提县关于进一步加强和改进群众工作的指导意见》,按照县委统筹、分口负责的原则,发挥六大议事口牵头单位桥梁纽带作用，每月召开1次群众工作例会，统筹各方力量，规范群众诉求移交、上报、反馈等渠道，形成做群众工作的合力。运用“广泛宣传+兑现政策、家族式+组团式、精准打击+以案释法”悔过自首法，按照“五个讲清”要求，采取集中宣讲、入户走访，点对点、面对面宣讲等方式，向群众讲明“宽严相济”的悔过自首政策，引导群众主动认罪悔罪，挤压宗教极端思想的生存空间，形成震慑效应。

公　安

【党（团）建工作】　2019年，阿瓦提县公安局严肃党内政治生活，营造健康向上、团结奋进的政治生态，增强党性观念，调整细化下发了《公安局党委班子成员参加双重组织生活会实施办法》。结合工作实际，对3个党支部进行换届选举，3个党支部因人员岗位交流进行党支部书记改选，增补6名党支部委员。全年共提交入党申请人140人，转为积极分子69人，发展对象16人，确定预备党员14人，转正35人。机关民警共结亲115户、走访住户23户，谈心谈话890余人次。与包联对象“同吃、同住、同学习、同劳动”，增进了党群关系的和谐。全年组织民警3次前往“三五九旅”屯垦纪念馆、英艾日克乡纪念馆，开展重温革命足迹主题团活动。

【宣传工作】　2019年，阿瓦提县公安局在国家级新闻媒体刊登稿件2篇，省部级新闻媒体刊登稿件7篇，地厅级新闻媒体刊登稿件10篇，公安厅政治部22篇，地区政工在线采用210篇；地区改革信息网投采用430篇。全年共发表典型人物稿件13篇，树立榜样15人，4名民警被县委评为“最美退伍军人”。

【素质建警】　2019年，阿瓦提县公安局规范用枪和应急处突实战控枪能力训练。以岗位练兵、督导送教、检查验收的方式组织全局开展了2期武器使用专项训练活动和实弹射击。加强教官队伍建设，按照“练兵先练长”的原则，选拔出5名优秀学员参加地区地级警务实战教官资格培训班；举办5期素质提升“轮值轮训”班。建立民警心理健康帮扶机制。建立民警心理健康咨询室、宣泄室，成立心理健康服务站，组织心理健康咨询师对全局民辅警身心健康进行评估，开展心理干预17场次。

【从优待警】　2019年，阿瓦提县公安局全面落实爱警惠警措施，提高民警政治待遇。全年提拔副科级以上干部11人，提任股级干部55人，调整中层领导岗位10人；按照两个警务序列改革，全局401人提升工资待遇。推出从优待警十项措施，为全体民辅警购买意外伤害保险，建立心理健康咨询室，宣泄室、健身房等基础设施，同时正在建设警用文化墙等。帮助基层派出所、警务室解决冬季用煤、人事调整等问题8个，协调资金为822名民警干部开展健康体检。协调县委组织部、人事局对6名家庭困难、异地工作的家属办理调动手续。办理抚恤及遗嘱补助、保险理赔3人；共为84人申报警衔；为79名同志申办人民警察证；为11人办理了工龄认定手续，调整学历、警衔、职务晋升、考核工资、转正、行政降级工资共计2620人次。

【侦查破案情况】　2019年，阿瓦提县公安局严格按照上级部门统一部署安排，全面推进落实“更准的办好案，更多的破小案，更好的控发案”工作要求，狠抓案件侦查打击工作。全年共立各类刑事案件255起，破案212起，破案率为83.1%。与2018年比，立案数（205起）上升24.3%，破案数（157起）上升35%，破案率上升6.6%。

【侵财案件情况】 2019年,阿瓦提县公安局共立侵财类案件207起,破案166起,破案率80.1%;与2018年(立案91起,破案43起,破案率47.3%)发案比上年上升1.2个百分点,破案比上年上升2.8个百分点,破案率比上年上升32.8%;其中盗窃案立123起、破案106起,破案率86.2%;诈骗案立79起(电诈案件60起,破案43起,其中自破14起,协破29起),破案58起,破案率73.4%;抢劫案立破3起,破案率100%;抢夺案立破2起,破案率100%。

【扫黑除恶专项斗争】 2019年,阿瓦提县公安局扫黑除恶专项斗争开展以来,县公安局按照"主动进攻、打早打小、综合施策、除恶务尽"总要求,把握"打防并举、标本兼治"方针,落实"属地管理"原则,建立完善各项扫黑除恶工作长效机制,及时发现黑恶势力违法犯罪线索。全年打掉黑社会性质组织案1起5人,恶势力集团案件6起107人,恶势力团伙案件2起17人(在侦),为全县持续稳定、长期稳定、全面稳定打下坚实基础。

【在逃抓捕】 2019年,阿瓦提县公安局发挥情报平台的强大作用,对国内的在逃人员认真的分析梳理活动轨迹,联系疆内疆外各省份各县市的追逃小组,做好信息共享,大力开展追逃工作。全年共抓获网上在逃人员32人,其中刑事案件在逃人员25人,危安在逃人员7人;疆内在逃人员25人,疆外在逃人员7人。

【命案积案攻坚】 2019年,阿瓦提共有命案积案2起,为全面推进命案积案攻坚工作,公安局党委从大局角度出发,专门选派有多年侦查办案的老民警组成命案积案攻坚专班,多次召集检法两院对案件进行深入分析研讨,克服重重困难,成功侦破案件。

【打击新型电信网络犯罪】 2019年,阿瓦提县公安局刑侦大队积极发挥职能优势,坚持构建"以打开路,立体防控,宣传并重"的工作格局,全面提升打击能力、监管能力、防范能力。全年共受理电信诈骗案件60起,自破14起、协破29起,抓获嫌疑人14人。比上年(受理电信诈骗案件38起,自破19起、协破9起,抓获嫌疑人5人)明显上升。

【打击传统盗抢骗】 2019年,阿瓦提县公安局全面推进落实"主动发现、侦控经营、集中抓捕"的打击多发性侵财犯罪新模式,发动广大刑侦民警踊跃开展打击传统盗抢骗犯罪行动。全年共立传统"盗抢骗"案件148起,破案126起,破案率85.2%,帮助群众追回经济损失48.9万元。比上年发案上升1.6个百分点,破案上升1.9个百分点,破案率上升37.9%。

【经济犯罪打击工作】 2019年,阿瓦提县公安局加大对电信诈骗等经济类案件的打击力度,全面共立侵财类案件207起,破案166起,破案率80.1%;盗窃案立123起、破案106起,破案率86.2%;诈骗案立79起(电诈案件60起,破案43起,其中自破14起,协破29起),破案58起,破案率73.4%;抢劫案3起,破案率100%;抢夺案2起,破案率100%。2019年,办理经侦类案件3起。

【禁毒工作】 2019年,阿瓦提县公安局开展禁毒宣传工作,强化教育引导。充分发挥警务室、警务站,发动各族群众,大造禁毒宣传舆论声势,形成社会参与禁毒人民战争的浓厚氛围。同时借助"青年课堂"等方式,多次安排专人联合教科局人员在县各中小学开展"禁毒宣传进校园活动"。2019年,办理涉毒刑事案件6起,查获新增吸毒人员9人,行政拘留9人,刑事拘留4人,取保候审1

人。缴获大麻3克,麦菌2012克,铲除大麻原植物106棵。

【危爆化学品管控】 2019年,阿瓦提县公安局摸排登记易制爆危险化学品使用、存储单位11家。各派出所督促危险化学品使用单位均落实实名购买、出入库登记制度和应急职守制度,逐一签订安全责任书,且全部纳入了“危管平台”管理。全年共开展各类检查20余次,检查农资店30家、医院16家、学校16家、自来水公司1家,发现安全隐患34处,下发整改通知书12份。

【缉枪治爆】 2019年,阿瓦提县公安局治安管理大队开展危爆物品从业单位安全检查及宣传工作。通过宣传发动群众主动上交气枪27支、发令枪21支、发令枪子弹1972发,收缴管制器具680把。

【安全保卫】 2019年,阿瓦提县公安局共完成各类活动安保52场次,其中开展重要领导安保工作8次、重大节日、敏感节点安全保卫12次、押解转押任务11次、县级各类庆祝活动、展销活动、文体比赛活动安全保卫21次,制定各类安保方案48份。

【户籍人口管理】 2019年,阿瓦提县共有户籍人口59104户251030人,共办理出生落户789人,补录户口48人,清理应销未销户口918人;清理重户334人;为群众变更户籍主项信息不符356项,辅项信息不符134582项;办理县外迁入754人,其中汉族315人;迁出1237人,其中汉族771人。翻译、审核、办理二代证23457张,办理临时身份证558张。

【流动人口管理】 2019年,阿瓦提县公安局认真做好务工人员的管理工作,利用每周一各村组织升国旗的时间开展法律法规宣讲活动,落实工作通报制度,促进工作认真完成。落实安全防范责任,常态化开展检查,堵塞防范漏洞。2019年,共登记流动人口54499人,通过入户走访、检查等形式开展风险隐患排查43余次,摸排末梢线索30余条,治安处罚7起用工单位、个人和出租房屋不主动报备流动人口案件。

【交通违法处理】 2019年,阿瓦提县公安局共处理交通违法行为54274起,其中无证驾驶651起、酒后驾驶机动车87起、超速驾驶3191起、违章停车887起、未悬挂机动车号牌43起、准驾车型不符3起。

【车驾管业务办理】 2019年,阿瓦提县车管所办理车驾管业务45396笔,其中驾驶证业务办理36084起,包含办理初次申领(本地)17903笔,增驾申请1087笔,外地初领1726笔,转入724笔,换证5131笔,补证3466笔,注销登记687笔,满分学习1474笔,转出24笔,其他业务2764笔;机动车业务办理9312起,其中办理机动车注册登记1978辆,转移登记1799辆,转入482辆,变更登记188起,抵押登记904辆,车辆年检1685辆,注销登记472笔,其他业务1804辆。

【交通秩序管理】 2019年,阿瓦提县公安局查处假证假牌套牌18起,扣押各类问题车辆11辆,查处各类查处各类交通违法行为47107起。

【交通安全宣传】 2019年,阿瓦提县公安局深入学校、企业、农村、社区、家庭等场所开展道路交通安全宣传195次,受教育群众达6万人次。全年以来共检查运输企业6家,签订责任书12份,发现安全隐患124处,现场整改64处,下发整改通知书62份,审查客运车辆500余台、客运驾驶员470余人。联合县电视台制作交通宣传专题报道28次,利用双微平台发布宣传信息56期214条,在省级、地级媒体宣传

18 次。

【“放管服”工作】 2019 年，阿瓦提县公安局落实“全国通办”便民利民举措。通过阿瓦提“零距离”开展网络宣传，通过在出入境业务受理窗口摆放宣传资料，发放宣传单，在便民警务站、派出所、人员密集区域发放宣传资料等方式进行宣传。制作海报 1 张，印发宣传单 2000 份，出动警力 120 人次。全年共受理省外异地办证申请 10 人 26 件，共接待办理出入境证件 202 人次。

【出入境证件签发管理】 2019 年，阿瓦提县公安局严格遵守签发出入境证件流程规定，在受理公民申请时，坚持面见申请人制度，严把政审关。2019 年，出入境管理大队共受理出入境证件 578 件，其中，普通护照申请 202 件。港澳通行证 197 件，台湾通行证 179 件。其中电话预约、网上预约类证件 50 人次，同步寄送 121 件。办理异地办证核查函 56 份。

【案件审核和办理】 2019 年，阿瓦提县公安局共受理行政案件 121 件；打击处理 137 人，其中行政拘留 65 人，拘罚并处 27 人，单处罚款 45 人；审核刑事案件立案 360 起，共刑事拘留 82 人，报捕 97 人，批捕 76 人，移送起诉 371 人。2019 年，审核办理的严打案件 1413 件涉及 2061 人，起诉案件 1856 件涉及 2756 人。

【案件审核监管】 2019 年，阿瓦提县公安局案管中心（室）和刑事案件法制部门“统一审核、统一出口”工作机制，实现“一案一审一评”。安排专人负责此项工作，并制作规范统一的台账，登记记录各类案件。2019 年，县公安局法制大队统一审核出口 371 人，审核扫黑除恶线索核查 21 起，保证刑事案件诉讼质量。

【“法治六进”宣传】 2019 年，阿瓦提县公安局阿瓦提县公安局继续深入推进“法治六进”活动，即法治进机关、进乡村、进社区、进学校、进企业、进单位，通过召开座谈会、专题讲座、发放宣传材料等方式，做好去宗教极端化、扫黑除恶、电信诈骗、交通安全的法制宣传教育。各警务室共开展“法治六进”宣传活动 1163 次，切实做到了普法全覆盖，同时配合县教科局指定警务室民警为就近学校法治副校长的基础法治宣传员，让青少年及时受到良好的普法教育。

【矛盾纠纷化解】 2019 年，阿瓦提县公安局设立公安机关矛盾纠纷调解基层组织，共有专业调解组织 2 个，其他调解组织 14 个，拥有调解员 30 名。全年共调解各类矛盾纠纷 473 起，涉及人员 946 人，涉及金额 8.35 万元。

检　察

【审判监督和刑罚执行监督】 2019 年，阿瓦提县检察院检察长、副检察长主动带头办理重大复杂案件，出庭支持公诉 240 件，列席审委会 30 次，规范和加强派驻检察室设置，健全与执行机关、审判机关信息共享、案情通报、案件移送等制度，推动刑罚交付执行监督工作常态化。发现并督促纠正判处实刑未执行罪犯 37 人，发出纠正违法通知书 2 份，书面检察建议 3 条。

【扫黑除恶专项斗争】 2019 年，阿瓦提县检察院对中央第 21 督导组反馈涉及检察机关 2 个方面 4 项问题制定整改方案，认真落实。对 2018 年以来办理的 7 件 88 人涉黑涉恶案件开展回头看，发现遗漏罪行 1 件 3 人，向公安机关发出检察建议 1 份。对县扫黑除恶办公室移送交办的 4 条线索进行核查，已全部办结。

【治理现代化】　2019年，阿瓦提县检察院坚持宽严相济的刑事政策，推进诉源治理。关心关爱案件中经济受损、且未得到任何赔偿的困难家庭，让他们感受到党和政府的关怀。办理司法救助案件2件，为2名刑事案件受害人发放司法救助金6万元。全面适用认罪认罚从宽制度，认罪认罚适用率达到70%，量刑建议被法院采纳达90%以上。

【未成年人教育】　2019年，阿瓦提县检察院开展未成年人检察工作，针对未成年人犯罪多发、频发，以阿克苏“诉心”工作室为载体，与团委、妇联、教科局等相关单位沟通协调，贯彻最高人民检察院“1号检察建议”，组织干警深入县域中小学，对贯彻落实“1号检察建议”情况进行监督检查，选派法治副校长走进校园开展“壮丽70年、检心护明天”“预防性侵害、自我保护”为主题的宣讲活动19次。全年共办理未成年人不批准逮捕案件2件2人，决定不起诉案件2件2人。

【民事诉讼】　2019年，阿瓦提县检察院利用“检察开放日”、法制副校长上法治课、“12·4”宪法宣传日等活动，开展形式多样的法律法规宣传活动，发放各类宣传资料5000余份，受教育群众35000余人，当面答复群众咨询335人次，提升了民事检察工作的社会知晓度和影响力。办理民事执行监督案件3件3人，办结3件3人，向法院发出纠正违法通知书1份，督促公安机关立案侦查1件1人，依法起诉1件1人，督促2名被执行人履行给付义务316万元。

【控告申诉】　2019年，阿瓦提县检察院发挥“12309”信访举报窗口，开通远程视频接访，落实最高人民检察院提出的群众控告申诉来信案件七日内程序性回复，三个月内办理结果或办理过程回复，及时化解人民群众反映的涉检信访举报案件，做到件件有落实，事事有回音。2019年共受理群众控告申诉来信来访案件10件10人，办理2件2人，办理上级院和有关部门移送案件8件8人。

【监督支持法院依法执行】　2019年，阿瓦提县检察院联合公安、法院开展打击拒执犯罪专项活动，逮捕、起诉拒不执行判决、裁定的“老赖”2人，被执行人主动向阿瓦提县人民法院缴纳执行款248万元，有力保护了申请人的合法权益，维护了审判机关的司法权威，并建议法院对2名“老赖”纳入失信被执行人名单。同时，主动作为，向公安机关移送1件拒不执行判决、裁定线索，监督公安机关立案侦查，促使其家属主动向阿瓦提县人民法院缴纳执行款180余万元。

【司法体制综合配套改革】　2019年，阿瓦提县检察院贯彻司法领域全面深化改革会议精神，推进各项改革任务落地落实。将改革前的7个科室精减到改革后的四部一室5个部门，在人员、机构配置上向办案部门倾斜，调整选拔一批优秀年轻干警到办案一线，队伍年龄结构明显优化，公开招聘14名书记员，经培训后已投入工作。落实“能上能下”的员额退出机制和“有进有出”的员额增补机制，1名干警进入员额检察官队伍，1名退额。

【智慧检察建设】　2019年，阿瓦提县检察院推广“e检阿克苏”一站式服务平台，利用浙江绍兴市检察院在科技强检、人才培养、资金扶持等方面的优势，加强对口援疆工作，从浙江绍兴市检察院引入“民事裁判智慧监督系统”软件，从海量数据中筛选有效监督线索，精准引领监督方向。投入专项经费78万元在县看守所建设远程视频巡查系统，优化控申部门远程视频接访系统，高科技产品的落户，提高了工作效率和检察工作信息化水平及科技含量。

【队伍建设】 2019年，阿瓦提县检察院打通特殊人才引进“绿色通道”，组建检察青年人才库，制定优秀人才个性化培养计划，每年选派2～3名干警到绍兴市检察院开展双向挂职交流，重点培养检察领导人才、业务领军人才和专业型人才。集中开展干警素能提升培训，积极开展岗位练兵活动，组织干警集中学习50余场次，外出培训31人次。

【监督】 2019年，阿瓦提县检察院搭建阳光检务平台，通过“阿瓦提检察”微信公众号、微博、今日头条等新媒体，实时发布检察工作动态。开展“我将无我奋斗，不负人民重托”检察开放日活动3次，邀请人大代表、政协委员、各级劳动模范、先进工作者、教师、学生、机关干部代表走进检察机关，监督我院各项工作，为检察工作发展建言献策。设立法律援助律师办公室，主动为律师提供阅卷、查阅复制案卷187人次，公开程序性信息200余条、法律文书121份、重要案件信息37条。

法　　院

【民商事审判】 2019年，阿瓦提县法院推进跨部门联合信用惩戒机制落实，拓展失信被执行人联合信用惩戒的广度和深度，累计实施信用惩戒526例。

不断完善网络查控体系，实现执行查控方式根本变革，通过网络查控1349件，冻结资金970余万元。加强网络司法拍卖力度，网上公开拍卖3件。

开展“秋季利剑”执行攻坚活动，全面落实执行案款一案一账户系统，强化执行行为规范管理，执行办案全程留痕。执行涉民生案件304件1165.2万元。

【矛盾纠纷化解】 2019年，阿瓦提县法院在诉讼服务中心，推进繁简分流，实行简案快审，繁案精审。诉前调解133件，平均审限5天，极大减轻了群众的诉累。

【阳光司法】 2019年，阿瓦提县法院深入推进审判流程公开、裁判文书公开、执行信息公开。在中国裁判文书网公开裁判文书1020份。积极推进法院庭审公开，在中国庭审公开网直播庭审210场。人民陪审员参审1738件普通程序案件。向当事人发送审判、执行流程信息982条。

【法制宣传】 2019年，阿瓦提县法院认真开展“法官送法进社区”5场、“法官送法进校园”34场、“法官送法下乡村”15场、“法官巡回办案”1900余件，进一步增强了人民群众知法、懂法、守法的意识。

【综合配套改革】 2019年，阿瓦提县法院加强审判团队建设，完善专业法官会议机制，初步形成权责统一、监督有序的审判权运行机制。落实院庭长办案制度，2019年院庭长办结案件1312件。法官人均结案222件，一审服判息诉率96.76%。招录聘用制书记员20名。稳步推进法院内设机构改革，将原有的10个内设机构整合为8个。

【接受人大依法监督】 2019年，阿瓦提县法院向县人大及其常委会报告工作，重大工作事项进行专题汇报。加强与人大代表及政协委员的联络工作，走访人大代表、政协委员50余人次。认真接受工商联、无党派人士的民主监督。

【民意沟通】 2019年，阿瓦提县法院开设院长信箱，公开举报网站，设置举报箱。建立院领导轮流接访机制，共收到群众来信来访20余件，已全部办结并书面回复。

优化“12368”诉讼服务热线功能，与全国法院统一电子送达平台、诉讼服务通知平台对接，采取延伸立案等创新举措，让社会公众享受更加优质高效便捷的立案服务，切实提升便民、利民能力和水平。完善司法救助机制，为特困当事人减缓免交诉讼费2798元，为确有生活困难的申请执行人提供司法救助12万元。

截至2019年11月10日，法院共受理各类案件6204件（新收6093件、旧存111件），已结各类案件5579件。

【专项斗争】 2019年，阿瓦提县法院重点打击自治区确定的11类黑恶势力犯罪，严惩黑恶势力背后的保护伞。严惩腐败，依法审结职务犯罪案件2件2人，形成强大震慑，有力地净化政治生态。着力保护群众生命财产安全，重点打击伤害、强奸、抢劫、盗窃、危险驾驶、走私贩卖、容留他人吸毒、诈骗等刑事案件，全面适用认罪认罚从宽制度。

【案件办理】 2019年，阿瓦提县法院截至11月10日，共受理民事案件1006件（新收973件、旧存33件），已结896件。调解结案517件，调解结案率63.4%。妥善解决行政争议，受理行政案件9件，结案9件。

【智慧法院建设】 2019年，阿瓦提县法院加强诉讼服务中心建设，多元化解矛盾纠纷，为特困当事人减缓免交诉讼费2798元，提供司法救助12万元。向当事人发送审判、执行流程信息1000余条，在中国裁判文书网公开裁判文书163份，在中国庭审公开网直播庭审99场。人民陪审员参审1670件普通程序案件。落实信访工作责任制，2019年涉诉涉法信访案件15件，化解8件，拒执罪判处1件1人。建成科技法庭5个，远程提讯室1个。

【诚信社会建设】 2019年，阿瓦提县法院截至11月10日受理执行案件1419件，执结1015件。拓展失信被执行人联合信用惩戒的广度和深度，发布失信人员名单271人，限制高消费345人，网络查控1400人，司法救助3件12万元，司法拘留22人，罚款1人2000元审结拒不执行案件1件1人。自7月底开始，全面开通执行案款一案一账户系统，强化执行行为规范管理。

【司法体制改革】 2019年，阿瓦提县法院落实司法责任制，推进综合配套改革。全院共有员额法官29名，院庭长办结案件1241件，占全部案件的22.24%。法官人均结案192件，一审服判息诉率96%，生效案件发改率0%。完成聘用制书记员招录工作，招录聘用制书记员20名。推进法院内设机构改革，将原有的14个内设机构整合为8个。

司法行政

【概况】 2019年，阿瓦提县司法局内设办事机构6个，有行政办、依法治县办（普法办）、法制监督室、基层服务管理股、社区矫正股、公共法律服务中心。辖律师事务所2所，专职律师10名，公证处1个，公证员1名，公证员助理1名。

【普法依法治理工作】 2019年，阿瓦提县司法局推进“七五”普法规划的。将领导干部学法融入“干部夜校”，邀请专家学者开展3次专题法治讲座，受教干部2000余人次。加强青少年普法教育，以法治课堂、法治征文、法治手抄报、法治演讲比赛等形式，组织开展国旗下讲话、主题班会、宪法晨读、模拟法庭等活动，推进在校生接受系统的法治宣传教育。推行“普法＋阵地＋媒体”模式，全面打造县城“五个一”、乡（镇）“四个一”、村（社区）“三个一”法治阵地，开辟“普法广播”专栏，连续播送《中华人民共和国宪法》条文，在《法治阿克苏》电视专栏拍摄播放法治节目 1 期。拓展"互联网 + 普法"新阵地，利用阿瓦提"零距离"微信公众号，推送传递与群众息息相关的法律和生活生产知识。全年，共开展街面集中宣传活动 45 次，送法下乡活动 150 余次，法治宣讲 40 余场次，发放宣传资料 8 万余份，解答法律咨询 2000 余人次，受教育群众达 30 万余人次。

【调解工作】 2019 年，阿瓦提县司法局建成县、乡（镇）、村（社区）三级调解组织 154 个，调解员 800 名，设立行业性、专业性的调解组织 3 个，组建"律师调解工作室"1 个，开展人民调解员专题培训 3 次，培养了一批专业型调解员。实现自治区人民调解示范点工作全覆盖，各项制度不断完善。深化人民调解、行政调解、司法调解衔接联动，构建多元化人民调解体系。全年，共办理调解案件 1296 起，调解成功 1296 起，调解协议涉及金额 423 万元，办理司法确认案件 71 起。发放"一案一补"补贴金额 28270 元。

【安置帮教】 2019 年，阿瓦提县司法局落实刑满释放人员帮教服务制度，规范"一人一档"及工作台账，依托基层党组织、社会组织，组建社会工作者和志愿者 726 个，推行"两定一包"（即定对象、定责任、包转化）和"四有"（即有帮教人员、有帮教措施、有组织领导、有检查落实）措施，共同开展刑释人员安置帮扶工作，落实帮扶责任田 592 人、社会安置 99 人、企业安置 302 人、兜底安置 19 人、自主创业 15 人、其他安置 90 人，安置率到达 90% 以上。

【社区矫正】 2019 年，阿瓦提县司法局落实社区矫正对象集中学习、公益劳动、请销假等制度，运用科技监管手段，加强社区矫正对象日常动态掌控，做到"四清四掌握"。帮扶社区矫正对象，落实责任田 171 人、技能培训 31 人、临时性救助 36 人、指导就业或就学 48 人，未发生脱管、漏管、重新违法犯罪。

【法律服务】 2019 年，阿瓦提县司法局深化县、乡（镇）、村（社区）、便民警务站四级公共法律服务实体平台建设，畅通"12348"法律援助热线，在县法院、看守所、检察院等机构建立法律援助工作站，为诉讼当事人提供法律帮助。全年，共受理承办各类援助案件 412 件（刑事案件 384 件，民事代理案件 28 件），其中涉残疾人案件 20 件，农民工案件 236 件，老年人案件 25 件，未成年人案件 10 件，妇女案件 77 件，其他案件 44 件，接待咨询 614 人次，为各类受援对象追回、挽回经济利益或者避免经济损失共计 372 余万元。

提升公证案件质量，对老弱病残实行快速办理，及时提供上门服务。全年，共办理各类公证案件 1955 件，其中民事案件 1154 件，政府招标采购监督类案件 801 件。

【基层司法行政】 2019 年，阿瓦提县司法局制定《关于进一步加强新形势下司法所规范化建设的实施方案》，投入 150 余万元，对司法所重新修缮布局，规范功能室设置、外观标识，设立标准化的安置帮教及社区矫正室、视频会见室、人民调解室、法律服务工作站等工作室，统一配备电脑、打印机、档案柜等必需的办公设备，配备公车 11 辆，按照大乡 12 人、中乡 10 人、小乡 6 人的标准，补充 168 名干部充实到司法所工作，为基层司法所配齐配强所长、指导员，在县委党校举办 3 期基层司法所干部培训班，提升司法所工作人员业务工作能力和水平。

【依法行政】 2019 年，阿瓦他县依法治县领导小组改为县委全面依法治县委员会，办公室设在县司法局，政府法制工作职责划入县司法局，承担统筹协调全县法治工作。组织开展1次全县行政执法人员考试，加强行政执法主体资格、行政执法人员资格审查和证件管理，落实行政执法人员持证上岗，亮证执法，核发执法（监督）证件408个。协调政府法律顾问，对全县性合同、协议出具法律意见书21件。推动行政执法“三项制度”（行政执法公示制度，执法全过程记录制度，重大执法决定法制审核制度）。

【深化改革】 2019年，阿瓦提县全面施行县国家机关普法责任清单，健全律师工作督察机制，实施律师培养“双培”工程，开展律师行业党组织全覆盖“百日攻坚”专项行动，成立律师联合党支部，对照《律师事务所党组织规范化建设考评标准》，推进律师党建规范化建设。依托司法局现有办公场所规范建成约230平方米的社区矫正中心，内设职能科室，配置相关设备，建成社区矫正指挥中心和社区矫正远程视频督察系统平台，推进“智慧矫正”工作落实。

农　业

综　述

【土地确权】 2019年，国家下达阿瓦提县土地确权任务面积（国土二调面积）70.43万亩，涉及9个乡镇（8个乡镇，1个片区管委会），121个村，3.2万户农户。

2019年，阿瓦提县域村集体机动地总面积大约50万亩（农户以其他方式承包面积7.89万亩，包含本次确权农户实际耕种面积大于合同面积的，确定为其他方式承包地的地块面积），实际完成确权任务111.47万亩，其中确认家庭承包地面积53.4万亩，已完善土地承包合同25279份。

【农村集体产权制度改革和清产核资】 2019年，阿瓦提县成立以县委书记为组长的领导小组，制定下发农村集体产权制度改革和清产核资工作实施方案。2019年6月完成全县120个村清产核资工作；开展塔木托格拉克镇玉斯屯克阿热勒村和巴格托格拉克乡托万克巴格托格拉克村、墩买里村的农村产权制度改革试点工作。

【农村经济收益分配统计】 2019年，阿瓦提县农村经济总收入73.02亿元（含农场），比上年增加6.45亿元，增幅9.7%。农民人均纯收入17315元（不含农场），比上年增加1283元，增幅8.0%。其中种植业人均收入6727元，比上年增加588元，增幅9.6%；林果业人均收入5164元，比上年增加131元，增幅2.6%；畜牧业人均收入2772元，比上年增加108元，增幅4.1%；第二产业人均收入128元，比上年增加7元，增幅5.8%；第三产业人均收入269元，比上年增加13元，增幅5.1%；外出劳务人均收入1787元，比上年增加430元，增幅31.7%；集体再分配收入466元，比上年增加6元，增幅1.3%。

【加大农民负担监督管理工作】 2019年，阿瓦提县通过对各乡镇的大力宣传，要求各乡（镇）严格执行减轻农民负担相关规定，在向农民摊派任何费用之前先向县农经局申请报备，经批准后方可摊派费用。2019年，全县无乱收费乱摊派现象，农民无因乱收费上访问题。

【村级财务管理】 2019年，阿瓦提县继续实行“村财乡管村用”，继续规范村级财务管理，严格按照《阿瓦提县村级集体财务收支管理办法》，对村集体经济收支、票据、财务监督与公开、“两会两票”、审批程序进行管理，进一步杜绝坐收坐支，严肃财经纪律。

【农村土地承包纠纷调解】 2019年，阿瓦提县委、县政府高度重视群众工作，以“小事不出村、大事不出乡”的工作要求，充分发挥乡镇、村土地纠纷调节机制，2019年未发生土地纠纷仲裁案件。

【农民专业合作社引导和规范管理】 2019年，阿瓦提县成立县级、乡（镇）农民专业合作社指导小组，由县农经局牵头成立的农民专业合作社指导小组对全县在册的农民专业合作社进行摸底统计，按照种植、养殖、农机、林果、工匠、服装等行业将全县在册农民专业合作社进行清理规范工作，并明确行业部门，在此基础上分别对相关职能部门及所属乡镇管委会确定责任领导和责任干部，确保专项工作有专人负责、专人落实。截至10月23日，全县在册402家农民专业合作社，包括新成立96家农民专业合作社，其中新成立农机类14家，种植类47家，养殖类19家，工匠类9家，林果类4家，其他类3家。

【农产品抽检】　2019年，阿瓦提县按照参数和抽检数量要求开展监督抽查工作，及时报送农产品质量安全风险监测信息数据和分析报告。在全县范围内共开展12次蔬菜、水果检验检测（风险监测）工作，抽取果蔬样品共340批次，其中，蔬菜321批次，水果19批次。总体合格率99.6%，报送监测信息数据和分析报告12期。

协助农业部食品质量监督检验测试中心（石河子）做好对阿瓦提县2019年度例行监测抽样，全年共210个抽检样，其中蔬菜样品105个，畜禽产品64个，奶蛋产品40个，水产品1个，涉及阿瓦提县各乡镇、果品公司、生产基地、批发市场，蔬菜检测合格率99%以上，畜产品检测合格率100%。

建立国家农产品质量安全追溯平台监管的生产经营主体和产品名录库。注册完成16家农业企业与农业合作社录入工作，推进国家农产品质量安全追溯管理信息平台注册和使用。

【绿色食品基地创建】　2019年，阿瓦提县按照“三品一标”及绿色食品标准化原料基地创建，新申报绿色食品标志2家、产品3个。全国绿色食品原料（红枣、核桃）标准化生产基地30万亩，其中红枣21万亩，核桃9万亩，验收申请已经提交，自治区指导组完成初步验收。新申报2万亩香梨绿色食品原料标准化基地。

种植业

【概况】　2019年，阿瓦提县种植棉花147.08万亩，总产17.88万吨；小麦18.68万亩，产量8.75万吨；牲畜存栏53.13万只（头），出栏48.13万只（头）；家禽存栏139.4万羽（不含鸽子），出栏521.48万羽。全县农机总动力40.8万千瓦以上，小麦联合收割机保有量201台，玉米联合收割机保有量107台，采棉机64台，棉花精少量播种机2945台，其中配有卫星导航自动驾驶设备68套。截至年底，全县农村经济总收入66.34亿元，农民人均纯收入17315元，较2018年增长1283元，增幅8%。

【脱贫攻坚】　2019年，阿瓦提县建档立卡贫困户7662户、30511人，共有贫困村25个。2019年，经过逐户核实，全县整体脱贫。2019年，转移就业建档立卡贫困劳动力6271人，发放生产用牛、驴2085头，受益贫困户394户；栽培黑木耳菌棒114万棒，受益贫困户424户；林果业提质增效3969.48亩，受益贫困户808户。依法依规清理农村土地11.05万亩，获取的收益全部用于开发公益性岗位，已安排432名贫困劳动力就业。安排资金用于开发草原管护员和生态护林员岗位，选聘护林、护草员35人。将符合低保条件、无法通过自己劳动摆脱贫困的594人，以综合社会保障措施兜底扶持脱贫。筹集532万元用于补贴困难群众缴纳基本医疗保险，将所有贫困人口纳入医疗救助范围，筹集883万元用于医疗救助补充医疗保险。救助患大病、重病和慢性病贫困群众3652人，全面实行先诊疗、后结算、免押金、一站式结算服务政策，确保广大农牧民群众不因病致贫或因病返贫。

【人居环境整治】　2019年，阿瓦提县新增农村卫生户厕

16271座(不包括2019年新建富民安居房厕所2936座)。建立固定的巷道垃圾收集站540座,做到定点收集、定时清运,实现农村环境有效改善。农户自建生活污水处理设施16271户,通过接入城镇污水管网联网集中处理。引进新疆华美创信市场开发管理有限公司,尝试通过社会资本,按照"公司投入、农户缴费、企业自负盈亏"的运行机制建设管网,已完成红旗村6个村民小组规划及管网建设和试运行,实现一体化生活污水集中处理。全县三区分离农户数达43552户;拆除危旧土块房14038座,清理残垣断壁9654户,新建围墙701.9千米;完成村庄道路硬化153.21千米,绿化面积4414.7亩,村庄周围农业面源污染治理7004亩。

【农业生产】 2019年,贫困户春季蔬菜种植面积717.8亩,春季订单蔬菜540亩。种植订单特色西甜瓜220亩。种植春季黑木耳114万棒,新搭建弓形拱棚550座,覆盖6个乡镇、6个村,种植面积185亩。截至11月8日,采摘鲜耳673.65吨,制干54吨,销售干耳19.14吨,销售收入138.9万元。落实棉花良繁田31020亩。2019年4月7日进点以来,共出现重大天气过程35次,作业526班次,消耗火箭弹1294枚,高炮弹4753发,有效地降低了阿瓦提县冰雹灾害程度。成立棉花产业联盟领导小组,吸纳县域范围内更多的棉花专业合作社、农机等合作社参与阿瓦提棉花产业联盟,按照"棉纺企业+种子企业+科研院所+合作社+农户"的生产经营思路,发挥新疆鲁泰丰收棉业有限责任公司、中棉集团、香港溢达阿瓦提分公司和利华棉业等农业龙头企业牵头优势,引导多家种子业、棉花收购加工企业、合作社和种植大户广泛参与,发挥市场配置作用,按照棉花收购企业收购标准确定棉花品种和标准。建设棉花产业联盟生产示范区50万亩,全面推行订单种植生产模式。以新疆鲁泰丰收棉业有限责任公司、阿瓦提利华现代农业有限公司为主的龙头企业和示范区签订订单协议达100%以上。完成政策性农业保险,中央、自治区、县财政对棉花、小麦、玉米进行保险费预拨补贴5483万元。完成政策性农业承保,承保棉花127.82万亩,小麦18.29万亩,露地蔬菜1.43万亩,玉米0.94万亩,林果业0.26万亩,奶牛1.03万头。查勘受灾作物,小麦0.8万亩,棉花32.35万亩,露地蔬菜0.46万亩,预计赔付1.5亿元。

【畜牧业生产】 2019年,阿瓦提县充分整合资源优势,以构建完善现代化畜牧业体系为发展重点,完成国营博斯坦牧场2万只/年优质肉羊屠宰加工生产厂147万元附属设施项目建设,新建4个集中养殖示范小区并投入使用,建设圈舍103座7.5万平方米,成立9个动物防疫社会化服务合作社,吸纳135名村级防疫员为社员,完成动物防、检、驱、治272.16万头(只、次),畜禽产地检疫76.6万头(只、羽),肉羊品种改良0.47万只,肉羊改良7.95万只,黄牛改良1万头,切实推动兽医社会化服务体系与现代化畜牧业相适应,有效降低重大动物疫病发生率。

【农机工作】 2019年,争取上级农机购置补贴资金3800万元、农机深松作业补贴资金450万元、残膜全程机械化回收项目资金20万元。编写实用性、操作性强的机采棉技术培训教材及宣传资料3000份,举办棉花全程机械化培训班2期8班次,培训基层农机、农业管理技术人员160人次,植棉农户及农机手2100人次,举办农机驾驶员培训班3期,共培训650余人。推进农业机械化、良种化、信息化建设,推广高产、优质、高效农业生产技术。机采棉模式种植70万亩,计划实施机械采摘55万亩。

【农业产业化】　2019年,阿瓦提县引进红枣、核桃、慕萨莱思、果汁等特色果品加工企业5家,通过购买、租赁停产企业厂房、设备,快速解决引进企业落地投产需求,盘活停产、"僵尸"企业资产;建设特色林果"百十一"基地9.8万亩、粮食"百十一"基地2.07万亩、畜牧"百十一"基地707吨,指导农户进行标准化管理,提高产品品质。引导县内优质企业加入"十仓百企"产销联盟,加盟企业总数达15家,产销带动能力进一步提升。完善5000吨公共仓建设管理,外销农产品实行进出仓检验和管理,确保收购、加工、仓储、运输各个环节的质量关。组织企业、合作社参加新疆内外各类展销会10场次,在其他省市新建特色农产品旗舰店、直营店、加盟店74家,销售网点总数达300余家,组织引导企业与其他省市客商签订农产品购销协议2.1万吨。年内外销特色农产品1.7万吨,销售金额1480万元;县联合运营公司注册"刀郎"系列商标7个,设计红枣、核桃、苹果、香梨等各类农产品包装21种,引导加盟企业外销农产品时使用统一品牌、统一包装和"阿克苏好果源""十城百店"标识及二维码。建立农产品质量追溯平台,完成化学检测31批次、物理检测281批次,外销农产品检测合格后张贴统一品牌和防伪码,有效保障了外销农产品质量安全和品牌影响力。

【安全生产】　2019年,阿瓦提县加强流通环节畜产品质量安全监管,规范屠宰检疫,对全县活畜交易市场、饲料场、兽药经营店、屠宰场进行定期的监督检查,农贸市场动物产品经营户销售动物产品检疫率达100%,《动物产品检疫合格证明》持有率98%以上。依法严厉打击农资市场各类违法违规行为。阿瓦提县共有农资经营店130余家,检查县域内农资市场经营户1200余次,检查肥料70余种、农药30余种、农作物种子20个品类,整改隐患问题50处。检查农业机械5620余台,查处无牌无证拖拉机385台,纠正各种一般隐患行为1253台次。全年共检验拖拉机12151台,新办理上户拖拉机和联合收割机428台,年检率达93.8%;新培训农机驾驶员653人,驾驶员持证率达151.6%。

【农业农村改革】　土地确权工作。全县土地确权登记颁证工作已通过自治区复验,全县121个村的信息核实工作已完成。截至2019年年底,自治区已完成农村土地承包经营权证印制,领取后将进行农村土地确权登记颁证工作。开展农村宅基地"三权分置"改革。开展农村地籍调查及集体建设用地使用权确权登记发证工作。已完成权源材料收集5.34万宗,填写签章地籍调查表5.33万宗,测量宗地数5.95万宗。深入实施农村集体资产清产核资。全县120个村的集体资产清产核资已通过地区验收组的验收,账内账外核实、公示、系统录入已全部完成,已提交地区、自治区进行审核上报农业农村部。规范工商资本进入农村参与土地流转。截至2019年年底,阿瓦提县从事土地流转企业共计5家,从事农业开发和投资企业共计13家。

林果业

【概况】　2019年,阿瓦提县优质林果基地38.2万亩,林果挂果面积37.5万亩,产量18.53万吨;完成营造林6万亩,义务植树50万株;全面完成2018年新一轮退耕还林地块落实、核查工作;完成核桃疏密1.046万亩,红枣疏密2.001万亩;春季果树施肥38.2万亩,修剪38.2万亩;春季绿肥种植并翻压5.3万亩、第二茬种植绿肥4.2万亩;沤制绿肥115.31万立方米;夏季灌水48.09万亩次;育苗1021.6亩;全县悬挂杀虫灯2396盏，打防水圈14.08万亩，石硫合剂喷施面积50万亩，束膜面积18.65万亩、悬挂黄板24.69万张；全县林果业成灾率控制在1.5‰以内，测报准确率达95%以上，种苗产地检疫率100%，无公害防治率100%；落实胡杨林引洪灌溉18万亩；完成草原鼠害治理1.8万亩；落实退耕还草面积0.31万亩；发放草原奖补765万元。

【生态环境改善】 2019年，阿瓦提县全面落实生态造林、人工造林、封沙育林项目建设。落实灌木造林项目，完成灌区外围灌木造林0.5万亩，通过恢复原生树种（红柳），提高植被覆盖率，巩固沙化土地治理成果。落实重点防护林工程，通过完成1.5万亩人工造林，完善全县防护林体系建设；落实退化林分修复1万亩，对树龄较大、病虫害发生严重、立地条件差、管理不善等原因造成树木死亡的防护林，开展补植补造或更新造林，提高林分质量，减少农耕区大风灾害，调节局部区域生态环境；在县风沙前沿区域，通过修建围栏、人工促进更新、引洪灌溉等提高森林覆盖率，大力推进防风治沙进程。

【林果助力脱贫攻坚】 2019年，阿瓦提县推动林果业社会化服务（提质增效）项目实施。通过向扶持合作社购买服务的方式，为805户建档立卡贫困户的3973.68亩果园提供8次技术服务（1次冬春季果树整形修剪，3次夏季整形修剪和拉撑枝，4次病虫害防治工作），扶持的合作社成员按照50%吸纳建档立卡贫困户，50%为有林果业技术的农民，以“一带二”的方式，吸收成员335人，其中建档立卡贫困户172人。经测算，通过提质增效，贫困户核桃亩产量增长11.2%，红枣亩均产量增长9.4%。实施林果业合作社配套设施建设项目，利用扶贫资金189.46万元，扶持阿瓦提县6个乡镇的6个林果业农民专业合作社，购置打药机21台、开沟机17台、旋耕机32台、拖拉机2台、除草剂11台、挖树机4台、电动剪刀120套、果树修剪工具337把，新建合作社厂房2座。发挥合作社帮扶带动果农及贫困户开展科学化、优质化生产经营作用，搭建起收购、加工、销售平台，促进贫困村、贫困人口脱贫增收。根据阿瓦提县生态林用苗短缺实际，县林业和草原局（以下简称县林草局）统筹协助各乡（镇）面向贫困户积极开展杨树育苗扶贫项目宣传，通过采取以奖代补形式（奖补标准800元/亩，每亩穗条补助800元），吸纳建档立卡贫困户参与项目。县林草局定期组织贫困户开展相关技术培训，并对项目实施全过程进行跟踪检查，保障项目严格按杨树育苗技术标准进行落实，即保障生态林建设苗木供应的同时实现贫困户增收致富。

【合作社管理】 2019年，阿瓦提县加快推进县林果专业合作社发展，督促合作社完善内部管理制度、财务制度等，健全相关机制，推进林果农民合作社规范化运行，壮大信誉良好的合作社。各乡（镇）8个林果业合作社固定人员189人，通过开展培训及实地操作测试，发放上岗证人员152人，其中A类10人、B类37人、C类105人。

【林草资源管理】 2019年，阿瓦提县严格执行限额采伐制度，规范林木采伐审批程序，按照地区下达的年度限额采伐计划办理林木采伐手续，确保不超限额发证。2019年，阿瓦提县核定的限额指标为10000立方米，全年共发放采伐许可证275份，累计采伐蓄积量12458.32立方米，其中占采伐限额的4085.35立方米，采伐面积151.6公顷。做好林地变更工作。按起源划分，天然林239.1万亩，其中国家级公益林

116.68 万亩，地方级公益林 122.42 万亩（国家级公益林有 81 个林班，546 个小班；地方级公益林有 47 个林班，261 个小班；人工林 37.75 万亩；经济林 33.49 万亩；防护林 4.25 万亩）；按地类分，有林地 74.86 万亩，疏林地 67.73 万亩，灌木林地 44.99 万亩，未成林造林地 15.08 万亩，宜林地 28.95 万亩，沙生灌丛地 55.78 万亩。天然林管理稳定有序推进。完善制度，创新机制，建立以购买服务为主的公益林管护机制，通过劳务派遣公司公开选聘合同制管护员 110 人，并签订《劳务派遣合同》和《国家级公益林管护合同》及《劳动合同》，落实管护责任。层层签订责任状，形成县人民政府—林草局—胡杨林管理站—各护林站—管护员的管护网络，将管护目标、管护责任、管护措施落实到林班、小班。

【天然林管理宣传】 2019 年，阿瓦提县从禁止毁林开荒、保护森林资源、保护野生动植物资源、护林防火等各个方面进行宣传，通过印发宣传手册、粘贴标语、报刊、网络、广播、电视等方式大力宣传，使广大干部群众在思想认识上形成共识。2019 年，在各管护站每次巡护过程中宣传的基础上，组织宣传 10 次，发放宣传材料 30000 余份。胡杨林生态恢复成效明显，有效遏制胡杨林退化趋势。

【胡杨林引洪封育项目】 2019 年，阿瓦提县胡杨林引洪封育项目（总投资 364 万元），完成 2 个引洪口、70.47 千米引洪渠疏浚，补水总量 0.1 亿立方米，灌溉总面积 3 万亩；完成和田河河流域 5 个引洪口和 5 千米引洪渠疏浚，补水总量 1.0056 亿立方米，灌溉总面积 18 万亩。强化草原保护。在乌鲁却勒镇牧业村草地资源监测点开展返青期监测工作，上报监测数据，提交了返青期监测报告，完成地区下任务的 100%。

【草原生物灾害监测预警】 2019 年，阿瓦提县做好草原生物灾害监测预警，完成 4 个样地、鼠害野外路线调查，将调查情况进行汇总，并提交了发生趋势报告。在草原鼠害防治方面，坚持“预防为主，综合治理”方针和“早发现、早报告、早防治、早控制”的原则。2019 年完成草原鼠害治理 0.28 万亩，其中主要 5 名技术人员和 20 名雇佣的贫困户，在 4 月 14 日、15 日期间，4 个检测点设立 16 个样方，对 2 万亩草原进行鼠害监测。通过防治，灭治区域内鼠密度大幅度降低，同时草原通过禁牧、草畜平衡等综合配套措施治理、灭治区内达到了有鼠无害的生态平衡，达到灭治一片、巩固一片、成效一片的目的。

【农牧民补助奖励】 2019 年，全县共落实农牧民补助奖励政策总面积 257.36 万亩，其中：禁牧面积为 35 万亩，草畜平衡面积为 222.36 万亩。下拨农牧民补助奖励政策资金 765 万元发放完毕。其中，禁牧补助资金 210 万元，草畜平衡奖励资金 555 万元。全力推进林草防火工作。完善和落实森林、草原防火责任制，建立和健全监督约束机制。与各乡（镇）、管委会、企业、各基层管护站层层签订森林、草原防火责任书，权责明确、齐抓共管，完善护林防火体系。在“五一”和国庆等时间节点，由林业和草原局领导分片包干，对公益林区和草原进行了火灾隐患大排查，及时消除火灾隐患。每季度开展森林、草原火灾的扑救演练与实战演习，强化了半专业扑火队伍建设，提高管护员对突发性森林火灾的快速反应能力。

【林果技术实施】 2019 年，阿瓦提县在林果业关键技术时期，召开现场会、推进会，针对果树整形修剪、水肥管理、保花保果等措施进行现场指导，深入推进林果业提质增效各项措施落实。全县林果挂果面积

37.54 万亩,产量 18.53 万吨;完成核桃疏密完成 1.046 万亩,红枣疏密完成 2.001 万亩;春季果树施肥 38.2 万亩,修剪 38.2 万亩;夏季施肥 71.6 万亩次,喷叶面肥面积 71.03 万亩次,灌水 67.7 万亩次。春季绿肥种植 5.4 万亩,夏季翻压 5.4 万亩、第二批种植绿肥 4.2 万亩;沤制绿肥 115.31 万立方米。

【林果技术培训】 2019 年,阿瓦提县全面开展"百千万培训行动计划—林果科技进万家"活动,普及林果业科学管理技术,累计举办培训 154 期,培训人员达 14342 人次,其中自治区级培训 8 场,1187 人次,地区级 6 场 562 人次,县级 29 场 1617 人次,乡级 32 场 848 人次,村级 79 场 10128 人次,为林果业提质增效奠定坚实基础。

【示范园打造】 2019 年,阿瓦提县扎实开展林果示范园建设,充分发挥示范带动作用,推进林果标准化生产技术措施落实。2019 年建设示范园 65 个,面积 1.48 万亩,完善一园一档生产管理资料,落实示范园管理制度,及时配发示范园肥料、保花保果药剂等,确保高产高效。其中县级示范园 6 个、乡级示范园 47 个、村级示范园 12 个,实现深度贫困村全覆盖。

【林业有害生物预测预报及监测】 2019 年,阿瓦提县共发布了 11 期林业有害生物趋势预报,主要有一期林业有害生物总趋势预报、春尺蠖虫情预报、枣瘿蚊虫情预报、苹果蠹蛾虫情预报、梨小食心虫虫情预报等并进行了虫情预报验证工作,平均预报准确率达 95% 以上。做好 8 个自治区监测点的正常运行和管理,按照地区下发的 7 种重要病虫害监测任务,确定 28 个病虫监测固定标准样地;部分监测点正常运转,按时向地区森防站上报本县内主要林(果)有害生物发生防治情况。完善各监测点建设,对各监测点业务开展情况进行了检查,各监测点业务工作按方案要求正常开展,3—9 月,对全县春尺蠖、枣瘿蚊、梨小食心虫、苹果蠹蛾、红蜘蛛、核桃黑斑蚜发生防治情况按时上报。做好"新疆林业有害生物防控信息网"的运行和信息报送。

【林业有害生物防治】 2019 年,全县悬挂杀虫灯 2396 盏,打防水圈 14.08 万亩、石硫合剂喷施面积 50 万亩、束膜面积 18.6 万亩、悬挂黄板 24.6 万张。做到档案健全,运行正常。至 3 月 10 日—4 月 10 日,统一喷施石硫合剂,防治早春病虫害,全县喷施 50 万亩。在 4 月 1 日—5 日对苹果枝枯病采取第花前防治,全县防治面积 35580 亩。

【苗圃地产地检疫】 2019 年,3 月至 9 月阿瓦提县组织专职检疫人员对全县苗木产地进行产地检疫及苗木质量检查。共检疫苗木 60 亩、77 万株,通过清理产地检疫合格苗木 60 亩、77 万株。

【野生动物疫源疫病监测】 2019 年,阿瓦提县采取多种宣传形式,提高全民保护意识,结合 4 月"爱鸟周"、9 月"野生动物保护宣传月""科技三下乡活动"在全县开展宣传活动,出动宣传车 20 车次,散发宣传资料 7000 余份,积极宣传保护野生动物的重大意义。春季和冬季专项行动中,对 32 家餐饮、烧烤店进行了清理整顿,对全县 1 个集贸市场进行了检查。对野生鸟类栖息地段及分布较多的区域,安排 15 名人员进行布控,重点检查乌鲁却勒镇、丰收三场、英艾日克镇沿叶尔羌河古道及周边乡(镇)各种形式乱捕滥猎野生动植物的情况,发现问题及时处理,共出动车辆 20 余台次。依法加强野生动物养殖,经营审批管理,严把审核关,对不符合规定的驯养、繁殖技术没有成熟的，坚决不予审批，有效地规范了野生动物养殖经营的合法环境。针对乱捕猎杀动物、破坏野生动物资源行为时有发生，非法猎杀、捕捉鸟类案件增多的问题，共开展了2次较大规模的清查整顿行动。行动期间，确保宾馆、饭店的点菜柜、商店、药店等不出现敏感的野生动物及其产品现象。强化迁徙候鸟期间疫源疫病监测，在鸟类迁徙前组织专门力量到位到岗，进行重点看护，掌握了候鸟迁飞、集群活动动态和疫情信息，坚持日报制度。通过监测，2019年没有发现鸟类异常死亡的现象，也没有野生动物疫病情况发生。

农技推广

【小麦生产】　2019年，阿瓦提县确保粮食安全生产的基础上，坚持新冬22号原种播种，同时引进新冬55号、特色黑麦新品种示范，推广小麦滴灌、缩行播种等新技术，提升小麦单产和品质。

2019年，全县小麦种植面积18.68万亩，其中冬小麦种植面积18.46万亩，春小麦种植面积0.22万亩，果粮套种2.93万亩。总产87450.26吨，平均单产468.2公斤/亩，较2018年增产31.5公斤/亩。小麦亩产500公斤以上的高产示范47144.3亩，600公斤以上高产示范270亩。

【棉花产业】　2019年，阿瓦提县合理布局种植结构，规范农资市场，引导种植优质丰产高效主栽品种；高位推动，形成县、乡、村三级领导和技术人员强抓生产管理格局；强化示范引领，实现技术宣传服务、配套技术应用和田间管理措施“三个到位”。2019年，全县棉花播种面积147.07万亩，比2018年158.09万亩减少11.02万亩，减少6.9%。其中，陆地棉84.18万亩，比2018年66.74万亩增加17.43万亩，增加26.1%；长绒棉62.9万亩，比2018年91.35万亩减少28.45万亩，减少31.1%。2018年，机采棉模式示范种植面积40万亩，2019年达76万亩。

全县棉花总产17.868万吨，比2018年18.71万吨减少0.84万吨，减少4.5%。陆地棉皮棉单产148.4公斤/亩，，较2018年减少5.85公斤/亩，陆地棉总产12.492万吨；长绒棉皮棉单产85.47公斤/亩，较2018年减产6.69公斤，长绒棉总产5.376万吨。

【蔬菜订单生产】　2019年，阿瓦提吸纳建立县乡村三级蔬菜生产管理体制，聘请实践经验丰富的12名蔬菜种植土专家开展定点技术指导服务，确保技术服务力量充足。在每个贫困村创建示范样板田，召开田管关键节点现场会，让贫困户掌握蔬菜种植实用技术。2019年，贫困户春季蔬菜种植面积717.8亩，订单蔬菜面积540亩；其中，拱棚蔬菜386.1亩，露地蔬菜331.7亩，涉及8个乡镇、25个村、611户贫困户。秋季蔬菜种植面积629.5亩，其中拱棚蔬菜123亩，露地蔬菜506.5亩，涉及724个贫困户。种植特色西甜瓜220亩，全部为订单生产。

【黑木耳种植】　2019年种植春季黑木耳114万棒，新搭建弓形拱棚550座，覆盖6个乡镇、6个村，涉及贫困户432户，种植面积185亩。县农业农村局抽调单位骨干力量组成黑木耳种植技术指导服务小组，奔赴黑木耳种植基地，不间断进行巡回技术指导服务。截至10月20日，采摘鲜耳773.4吨，干耳51.56吨。

【项目课题工作】　2019年阿瓦提县开展棉花肥料利用率试验、棉花绿色高效栽培试验、棉花氮磷梯度试验、棉花NE系统试验等7个，做好试验调查与课题研究。落实土壤墒情监测项目,稳步推进耕地质量等级评价取样调查和耕地保护与质量提升项目,发布土壤墒情监测简报15 期。11 月 10 日完成第 16 期监测工作,完成林下套种绿肥油菜 2 万亩,通过翻压油菜秸秆提升土壤地力。开展病虫害绿色防控,做好病虫害预测预报与防治,共发布各类《植物病虫测报》22 期。开展病虫草害防治试验,完成无人机、人工防除小麦杂草试验,飞防面积 2100 亩,完成棉花蚜虫防治对比试验 10 亩。

种子管理

【新品种试验、示范工作】 2019 年,阿瓦提县种子管理站承担了自治区新品种试验示范 3 组。自治区南疆早熟长绒棉品种(系)预备试验 37 个品种,自治区南疆早熟长绒棉品种(系)区域试验 13 个品种,自治区南疆早熟长绒棉品种(系)生产试验 7 个品种,试验严格按照试验方案进行调查、记载。

【良种繁育】 2019 年,阿瓦提县种子管理站为确保县棉花、小麦种子质量和供种需求,落实棉花良繁田 31020 亩并严格按照种子田间检验规程督促种子企业对种子田进行去杂去劣,地、县两级种子管理部门对种子田进行了全面检验,合格的依法发证,不合格的坚决予以淘汰。

【种子宣传工作】 2019 年,阿瓦提县种子管理站结合国家、自治区关于种子打假电视电话会议精神,及时召开了阿瓦提县农作物种子经销人员培训班,126 名种子经销商参加了培训,培训结束后,所有种子经销商都签订《种子经营承诺书》。结合“访惠聚”“12 · 4”“放心农资下乡”等活动,共组织宣传活动 3 次,出动宣传车辆 9 台次,人员 7 人,发放《中华人民共和国种子法》《购种须知》《投诉须知》《购种应注意什么》等相关宣传资料 1800 多份。

【种子执法工作】 2019 年,阿瓦提县种子管理站通过业务培训和宣传指导,做好种子经营单位在全国种子管理综合业务平台备案工作,全年发放种子登记备案证 260 份,种子经营户门店备案证核发率达到 100%。全年共检查种子市场 6 次,检查棉花种子 11 个品种,数量 2500 余吨。检查袋装蔬菜种子 5000 袋,市场检查主要针对阿瓦提县品种布局准予的 11 个品种以外的超范围经营的品种进行重点检查。没收棉种 680 公斤,没收玉米种子 280 公斤;立案 1 起,行政处罚 6000 元。受理农民投诉种子纠纷 2 起,为农民挽回经济损失 15240 元。

畜牧　兽医

【动物产地检疫】 2019 年,阿瓦提县全面提升动物检疫监督工作水平,有效控制动物疫病,对不报检、拒绝检疫、逃避检疫以的畜禽贩运户进行宣传教育。分阶段对需上市的牲畜查验产地检疫证明、无证牲畜一律禁止参加交易活动。2019 年完成动物产地检疫猪 1.0038 万只,牛 2.612 万头,羊 26.5963 万只,家禽 46.404 万羽。检出病禽 348 羽。

【动物屠宰检疫】 2019 年,阿瓦提县完成动物屠宰检疫猪 0.9743 万只,牛羊 8.1657 万头(只),家禽 26.33 万羽。检出病猪 2 只,病害猪的肝脏 34 公斤,羊肺脏 45 公斤、肝脏 1186 公斤,病羊 1 只,共 1651 公斤病害产品进行无害化处理。检出病禽 300 羽,全部在焚烧炉中无害化处理。

【屠宰监管】 2019 年,阿瓦提县对全县4家牛羊屠宰厂、1家生猪屠宰厂、2家家禽定点屠宰厂，对4家屠宰场、4座活畜交易市场及流通的牛羊肉类、禽类、蛋类等动物产品进行检查，检查检疫合格证明、检疫印章、检疫痕迹和私屠乱宰现象。

【兽药兽政管理】 2019年，阿瓦提县强化兽药GSP验收监管。严格落实兽药进货、销售、使用记录档案制度，对全县4个兽药经营店二维码追溯系统正常运行，2家兽药经营店正在准备（待验收），对兽药经营店专项整顿检查年内12次，检查覆盖率达100%。

【畜产品流通安全】 2019年，阿瓦提县县全年调入牛498头、羊9121只、鸡26750羽。调入冷冻肉3.7977吨。疆内调出猪48只、牛11头、骆驼6匹、马55匹、鸡15274羽、犬8只、羊663只。疆内调出牛肉15公斤、羊肉694公斤、鸡肉1086公斤、鸽肉25公斤、脏器8290公斤、猪副产品800公斤、牛副产品10570公斤、羊副产品10600张。疆外调出羊305只、鸽子7只、羊肉8621公斤、牛肉200公斤、鸡肉82公斤、鸽肉23公斤、其他13500公斤、牛副产品19150公斤、羊副产品162000公斤、牛皮22485张、羊皮70615张、其他13500公斤。

【动物防疫合格证核发】 2019年，阿瓦提县为规范动物防疫条件审核工作，依法开对规模动物饲养场、养殖小区和畜禽定点屠宰场、动物产品经营加工场所等场所动物防疫条件审核，核发“动物防疫条件合格证”2份。按非洲猪瘟疫病防控工作要求，动物及动物运输车辆备案表65份。

【畜禽养殖环境监管】 2019年，阿瓦提县加强对畜禽养殖场污染源治理，对规模养殖场排污情况进行了1次摸底调查，要求各规模养殖场按规定建设污水、粪便处理设施，禁止乱排乱放污水，对粪便进行处理再利用。全年治理生猪养殖场3个、肉牛养殖场7个、肉羊规模化养殖场4个、肉鸡场1个、蛋鸡场1个。

【病死畜禽无害化处理】 阿瓦提县对2016—2019年口蹄疫强制免疫应激死亡的动物（116只羊、4头牛）给予65140元补偿费。

【疫苗供给及防疫】 2019年，阿瓦提县推进乡（镇）冷链体系建设，按照疫苗运输、冷藏保存、使用的要求，结合畜禽存栏实际，为各乡（镇）、管委会及时供应各类疫苗，防疫工作顺利进展。年内累计完成动物防疫、驱虫、治疗任务200.9万头（只），完成全年任务的102.9%，其中完成口蹄疫防疫72.80万头（只）、禽流感102.5万羽份、小反刍兽疫31.5万头、羊痘20.7万只、羊三联四防23.3万只、炭疽10.5万只、布病16.2万头（只）。

【疫情监测】 2019年，阿瓦提县按照集中免疫结束21~45天开展免疫效果集中监测的要求，以村为单位对口蹄疫、禽流感、鸡新城疫免疫进行全覆盖随机抽检，对抗体水平不达标的村及时进行补免，累计完成牛羊口蹄疫抗体监测2010份，禽流感抗体监测2000份，新城疫抗体监测200份，组织各乡（镇）完成“人畜共患病”监测2790份，牛结核病检疫1050份，布病监测1735份，生鲜乳监测100份，完成各项任务的100%。

【防疫培训】 2019年，阿瓦提县完善村级防疫员队伍建设，培养专业水平过硬的村级防疫员142名，邀请自治区专家，深入深度贫困村开展畜牧养殖、动物疫病防控等专题培训3期，开展村级防疫员现场培训3次，集中培训3次，下派畜牧技术人员33人次，针对村级防疫员业务知识水平不扎实开展一对一指导，受训村级防疫员累计达 310 人(次)，切实提高了防疫员技术水平，制定以免疫质量和免疫密度为奖惩机制的激励措施，依托兽医实验室检测结果达标与否，为村级防疫员发放绩效工资，确保防疫工作质量达标。

【物资储备】 2019 年，阿瓦提县争取重大动物疫病防控经费 10 万元，为县、乡兽医站积极储备消毒药、防护等应急物资，做好应对突发疫情的准备工作，全年动物防疫工作做到包防疫密度达标、包防疫经费到位、包防疫台账建立完善、包规模养殖场户防疫监管到位、包免疫检测抗体效价达标，深入推进兽医服务改革，全县畜禽免疫密度和免疫效果同步有效。

【肉羊品种改良】 2019 年，阿瓦提县从库车种羊场引进卡拉库尔种羊 148 只，完成了引种任务。年内完成肉羊改良 7.95 万只，完成地区目标任务的 106%。在拜什艾日克镇库木力克艾日克村、喀什贝西村及塔木托格拉克镇库吾尔尕村 3 个肉羊改良示范村完成肉羊品种改良 4770 只，制作青贮饲料 11800 吨。以新疆农业大学“访惠聚”工作队为技术指导，召开推广母牛高效繁殖技术现场推进会，集中检查空怀生产母牛 384 头，利用同期发情配种 326 头。

【黄牛改良】 2019 年，阿瓦提县推行上门配种服务，以冷配点为中心向周边村全覆盖，年内从河北秦皇岛农瑞牛畜牧有限公司引进优质肉牛良补冻精 1 万支，完成地区任务的 100%。全年黄牛改良 6629 头(养殖户自购使用牛性控冻精改良 113 头)，完成地区任务的 110.4%；使用液氮 2415 升，完成地区任务的 100%。全年开展黄牛改良配种员培训 4 次，培训 1200 余人次。印制优质生产母牛“一户一档”1.5 万份，对全县生产母牛实行建档立卡精准管理。

【劣质公畜去势】 2019 年，阿瓦提县向养殖户宣传使用良种的优势，提倡科学饲养；在春、秋两季开展淘汰劣质公畜工作，召开县、乡、村三级劣质公畜去势推进会，春秋两季共去势淘汰劣质公畜 2.86 万头只(牛 67 头，绵羊 1031 只，山羊 176 只，产羔接幼期间去势 27326 只)。

【畜牧科技推广】 2019 年，阿瓦提县围绕脱贫攻坚，举办科学养畜培训班，普及科学养畜知识，提高养殖水平。同时开展现场培训指导，加大对贫困村及基层技术人员和养殖户的技术培训力度。全年共举办各类畜禽养殖技术培训班 13 期，培训人员 2100 余人次。

草原管理

【概况】 2019 年，阿瓦提县天然面积 317.62 万亩，占全县土地面积的 16.26%。可利用天然草原面积 305 万亩，占全阿瓦提县草原总面积的 96.03%，四季草场是阿瓦提县放牧草场主要特征。阿瓦提县草原类型共有 2 类，主要是温性荒漠类和低地草甸类，在海拔 1020～1040 米均有分布。温性荒漠类、低地草甸类草原面积分别为的 2.3%、97.7%。天然草原植物有 3 科 17 种，主要以禾本科、豆科、菊科植物为主。

【草原地貌】 2019 年，阿瓦提县天然草原属于平原草原。植被多以旱生和盐生植物为主，草原类型有温性荒漠类草原、低地草甸类草原。主要生长的植物为盐穗木、盐生草、盐豆木、白麻、小獐茅、甘草、驼绒藜、铃铛刺、苦马豆、苦豆草、芨芨草、骆驼刺、多枝柽柳、花花柴、红豆草、黑果枸杞、芦苇 17 种有较强耐旱、耐盐碱能力的植物。

【草场分布】　2019年，阿瓦提县草场主要分布于和田河、叶尔羌河、阿克苏河三河两岸，叶南片区、乌鲁却勒镇牧业村、博斯坦牧场、英艾日克镇艾希曼湖周围等平原低地带。组成植被主要以低地草甸类为主。四季草场质量较低，牧草可利用率较小。

【草场等级】　2019年，阿瓦提县天然草场主要为三等、四等草场为主。三等草场面积占全县天然草场面积的85.5%，四等草场面积占14.5%。

【草原重点建设项目】　2019年，阿瓦提极限退耕还草项目有2016年，地区向阿瓦提县下达退耕还草项目任务3100亩。补贴标准为1000元/亩，争取国家补贴资金310万元。根据实际，将任务分配到四个乡(镇)、管委会，其中乌鲁却勒镇1964亩，叶南片区管委会609亩，阿依巴格乡295亩，英艾日克镇232亩。截至年底，苜蓿出苗面积达1900亩，占全县总任务的61.3%。由于土壤盐碱化、沙化严重，气温过高、水资源缺乏、浇水不及时、农民管理不到位等因素，导致苜蓿成活率偏低。

【草原资源动态监测评价】　2019年，对阿瓦提县低地草甸类草地的植被生长状况、生产力利用状况、灾害情况、保护建设工程生态效益等进行有针对性的地面监测，结合不同季节草地遥感资料、气象资料和入户调查资料，科学测算全县草原产草量、载畜量、盖度、高度等，通过年际间的比较分析，寻找草原生态变化规律，掌握年际草地资源变化动态，为草原生态修复、草原生态补奖机制绩效考核提供重要依据和技术支撑。2019年草原资源监测点情况，阿瓦提县有1个春季天然草原返青期监测点(监测时间为3—5月)，2个生产力高峰期监测点(监测时间为7月中旬)，2个冷季监测点(监测时间9月中旬)。

【草原监测情况】　2019年，阿瓦提县草原综合植被覆盖度为42.6%、牧草鲜草总产量145.08万吨，理论载畜量15.88万只绵羊单位。

【草原生物灾害监测预警及防治】　2019年，阿瓦提县草原生物灾害发生面积每年有2万余亩，占全县可利用草场面积(305万亩)的0.66%以上。鼠害监测预警:草原鼠害主要分布在叶南片区、博斯坦牧场、乌鲁却勒镇牧业村等平原区低地草甸类及英艾日克镇苏亚依迪村温性荒漠类等草地；优势种为子午沙鼠。虫害监测预警:草原蝗虫优势种为西伯利亚蝗、黑腿星翅蝗。重点分布在温宿县、库车县、沙雅县的温性荒漠类、温性草原化荒漠类、温性荒漠草原类、温性草原类、温性草甸草原类等草地。截至年底，阿瓦提县草原区域没有发生草原蝗虫、天幕毛虫等有害生物的危害。

【草原生物灾害监测预警及防治】　2019年，阿瓦提县毒害草监测预警，主要危害种类为小花棘豆、刺旋花、黑果枸杞等。在县域现有毒害草种类主要为黑果枸杞，主要分布在博斯坦牧场、乌鲁却勒镇、叶南片区以及水库片区等盐碱化平原草原区域，分布面比较广、面积比较大。有害草种类有红豆草，主要分布在和田河岸、博斯坦牧场等区域，发生面积5000余亩。苜蓿锈病是人工草地和改良草场主要发生的牧草病害，通过每年的监测结果来看，截至年底，阿瓦提县未发生此类病情。

【草原生态修复治理】　2019年，阿瓦提通过天然草原的围栏、补播改良、飞播、人工种草、建立草种基地、防火隔离带修建、鼠虫害防治等综合措施达到草原生态修复的目的。全县主要采取草原生态修复措施为草原禁牧、草畜平衡、人工种草、人工改良(引水灌溉)、鼠害人工防治等措施。

水利建设

【概况】 2019年,阿瓦提县水利局共有干部职工311人,其中科级领导干部9人(其中:正科级2人、副科级7人〈女干部3人〉)。

【河湖长制落实】 2019年,阿瓦提县规范和推进“河湖长制”工作,保障河湖保护管理和生态文明建设,完善《阿瓦提县“河长制”实施方案》,落实“河长制”工作会议制度、信息报送制度、信息共享制度,按照年初制定的督查制度和考核办法,定期开展巡查整治工作。县级河(湖)长应巡河72次,实际巡河72次;乡级河(湖)长应巡河432次,实际巡河432次。及时处理河(湖)四乱现象,确保县域内河(湖)生态逐步好转。

【用水总量控制】 2019年,阿瓦提县按照高效、科学原则,细化节水目标,提高水资源利用效率。全年限额用水总量9.37亿立方米,实际引用水总量9.3亿立方米,其中地表水8.82亿立方米,地下水0.48亿立方米,未超出限额用水指标。

【高效节水及退地减水】 2019年,阿瓦提县利用中央资金实施田间高效节水12万亩,现已全部投入运行,完成本年度计划。

2019年,按照《新疆用水总量控制方案》,阿瓦提县2030年退减灌溉面积要达28.6万亩,水利局制定完善了分年度退减指标并分解至各乡镇,稳步推进退地减水工作,2019年退地2.2万亩,减水1210万立方米。

【脱贫攻坚饮水入户】 2019年,阿瓦提县共争取各类资金4261万元,改造管网435千米,解决了121户未通自来水贫困户的安全饮水问题。

【农业灌溉与防汛抗旱】 2019年,阿克苏老大河来水偏少,阿瓦提县科学调度、严格管理、压实责任,组织维修队加强扬水站、机井的维修保障工作,抽取回归水1.1亿立方米补充灌溉水量,167.9万亩耕地正常种植,农民利益未受到损失。

防汛中阿瓦提县定期召开防洪会商会,划分险工险段责任区,压实责任,明确责任人,储备防汛物资,及时对险工险段进行维修加固,累计投入110万元,全年未发生河堤垮塌、人畜伤亡事件。

【重点水利工程项目】 2019年,阿瓦提县水利项目有:阿克苏河灌区阿瓦提县骨干工程节水改造英艾日克干渠防渗改建项目,防渗改建渠道1条,长11.76千米,概算投资7008.54万元。2019年6月17日发布招标公告,7月17日开标,8月17日开工,10月20日完工并通水运行。完成投资7008.54万元。阿克苏河灌区骨干工程阿瓦提县灌区信息化项目,建设信息中心1处,信息分中心建设2处,水情监测站点49处,斗门测控站点13处,建设闸门控制系统1处,视频监视系统1处,5个视频点及配套土建工程。概算投资740.32万元。2019年6月17日发布招标公告,7月17日开标,9月1日开工,11月10日完工,完成投资740.32万元。阿瓦提县塔里木灌区节水配套改造项目,防渗改建分干渠2条,支渠5条,总长9.75千米。概算投资1073万元,2019年3月完成设计招标,8月完成施工、监理招标,8月28日开工,11月10日完工并通水运行。完成投资1073万元。

【高效节水项目】 2019年,阿瓦提县南疆田间高效节水项目,实施田间高效节水12万亩,概算投资14827.26万元。2018年11月完成设计招标,2019年8

月完成施工、设备和监理招标,9月15日开工,11月10日完工。完成投资14827.26万元。

【农村饮水安全工程】 2019年,阿瓦提县委、政府先后解决安全饮水运行经费870万元,完成121户建档立卡贫困户饮水入户及320.63千米管网改造,确保贫困户及全县各族群众饮水安全。

阿瓦提县农村引水安全工程有:乌鲁却勒镇建设自来水管网工程,投资2205万元,建设输、配水管道64.65千米,2座加压泵房,9771块IC卡感应水表安装,涉及54874人,日供水量8934立方米;阿瓦提县丰收三场自来水内部管网改造工程,投资298万元,建设PE供水管线51.421千米,涉及人口8869人,日供水量1007.52立方米。

【防洪工程】 2019年,阿瓦提县农村基层防汛预报预警体系建设项目,组建计算机网络系统及县防汛平台。建设9个自动水位站,6个简易水位站、8个图像监测站、1个视频监视站,对阿瓦提县洪水灾害危险区进行实时监测,概算投资530万元。4月16日发布招标公告,8月16日开标,9月1日开工,11月15日完工。完成投资530万元。

【水土保持工程】 2019年,阿瓦提县喀什噶尔河末段水土保持重点治理工程一期项目,封育治理14平方千米裸荒地,其中水土保持经济林44.2公顷,水土保持防护林13.73公顷。概算投资530万元。2019年3月5日发布招标公告,3月25日开标,4月20日开工,11月1日完工,完成投资530万元。

工业·建筑业

制造业

【棉花加工】 2019 年,阿瓦提县共有棉花加工企业 24 家。

【磨面榨油】 2014 年,食品油加工企业(小作坊)共 31 家,其中 1 家食用油加工企业已取得食品生产许可证,主要是棉籽油生产企业;其他 30 家小作坊形式榨油,规模化比较小,简单,生产条件达不到取证要求,现榨现卖形式组织生产,主要是胡麻油生产小作坊。全年加工食用油共 15000 吨,就业人员 120 人。

2019 年,阿瓦提县私营面粉加工厂(个体户经营)、企业共 5 家。

【农机修理】 县内从事农机修理的流动维修网点逐步被淘汰、归并、转行。2019 年,全县有农机维修点 64 个,农机营销点 3 个。

【塑料制品生产】 2019 年,阿瓦提县有塑料制品生产企业 11 家,其中规模比较大的有 2 家,分别是阿瓦提县汇鑫塑料制品厂和阿瓦提县振中塑料制品有限责任公司。主要生产地膜(规格有 1.2 米、1.45 米、1.80 米)、滴灌带;其他 9 家规模比较小,主要生产滴灌带。

建筑业

【外来务工人口】 2019 年,阿瓦提县的外来务工人口主要来自四川省、重庆市、甘肃省和河南省,务工的多为县内 12 家建筑安装公司做工,大工、小工各半。大工每天 350 元以上,小工每天 180 元以上。为鼓励建筑行业使用本地劳动力,阿瓦提县加大对本地劳务用工技术的培训,2019 年外来务工人口比上年有大幅度下降。

【建筑施工】 2019 年,阿瓦提县有 12 家建筑施工企业,分别是新疆华茂建筑安装有限责任公司、阿克苏地区建新建筑安装有限责任公司、新疆三河建设工程有限责任公司、新疆恒大建业建筑工程有限公司、阿克苏地区恒顺建筑安装有限责任公司、新疆增承工程建设有限公司、新疆万安工程建设有限公司、新疆鸿宇天成建筑安装有限公司、阿瓦提县久盛建筑安装有限责任公司、新疆康耀建筑工程有限公司、新疆盛磊建筑安装有限公司、新疆帕力万建筑工程有限公司。

2019 年,建管室办理 37 项施工许可证,总建筑面积 57170.03 平方米,合同价 19844.0248 万元。作好清理拖欠民工工资工作,协调处理拖欠民工工资 3 件,接访民工 2 次,共计 10 人,解决拖欠民工工资 172.782 万元。

电力生产供应

【概况】 国网阿瓦提县供电公司公司本部下设 7 个职能部门〔党建部(宣传部)、财务资产部、综合管理部、发展建设部、安全监察部、运维部、营销部〕,5 个专业班组(营业班、高压供电服务班、配电运检班、带电作业班、物资班)7 个供电所(阿瓦提镇供电所、拜什艾日克镇供电所、英艾日克乡供电所、塔木托拉克乡供电所、阿依巴格乡供电所、丰收三场供电所、乌鲁却勒镇供电所),7个供电服务营业窗口。

有在岗职工181人,其中正式职工111人(平均年龄42.4岁),宏安公司职工35人(平均年龄36.6岁),劳务派遣员工37人(平均年龄23.25岁)。阿瓦提公司设1个党总支(在职党员30人,退休党员10人),3个党支部,1个团支部。

【电网设备】 2019年,阿瓦提电网拥有变电站11座(新增35千伏变电站一座),其中220千伏变电站1座,容量180兆伏安;110千伏变电站2座,容量161.5兆伏安;110千伏线路3条,长度120.02千米;35千伏变电站8座,容量95.5兆伏安,35千伏线路10条,长度183.854千米;10千伏线路46条1258.45千米,配电变压器889台,容量121.478兆伏安;专变变压器3785台,容量416.206兆伏安。

【经营管理】 截至11月29日,阿瓦提县电力公司完成售电量4.6亿千瓦时,完成年计划5.05亿千瓦时的91.18%;完成回收电价402.55元/千千瓦时,比上年同期419.99元/千千瓦时,比上年下降17.44元/千千瓦时。完成综合线损率6.54%下降2.15个百分点;高压用户贯通率100%,低压用户贯通率100%,地址正常率100%。全量采集99.35%,高压采集率99.68%,低压采集率99.70%。阿瓦提共有公变975台,达标台区889台,台区线损合格率91.19%。

【安全生产】 截至12月31日,阿瓦提县电力公司未发生各类交通、火灾及社会治安综合治理事件,本年度实现安全生产365天。1—12月被考核八级事件15次,占总公司核定指标25次的60%。

根据计划完成全年2次工器具送检,对试验不合格绝缘操作杆4副,绝缘手套3副,已全部更换。更换损坏的10千伏验电器6支,更换过期安全帽147顶。

开展全员培训4次,生产管理人员及一线员工187人次参加;开展安规抽调考1次,一线员工46人参加;对新入职员工开展入职前安规考试5次。

2019年秋检发现问题524项,至11月22日治理227项,整改率43.3%,剩余297项。2019年春检发现问题315项,至11月22日治理209项,整改率66.34%,剩余106项,进度缓慢。2018年安评专家组发现问题168项,至11月底治理159项,整改率94.64%,剩余9项。

检查小型检修作业现场160个,发现管理违章13起,行为违章17起,下发违章整改通知书28份,违禁通报2期,处罚各级管理及违章人员113人/次计54450元。80个项目施工队现场安全情况进行督察,发现违章现象174起,现场纠正149起,处理管理违章5起,行为违章23起,下发违章整改通知书25份,违禁通报3期,处罚鸿通电业发展有限责任公司及施工队52人次,共计47900元。共计处罚165人,102350元。

【配网管理】 2019年,阿瓦提县电力公司开展“防风险、保安全、迎大庆”专项工作,协调联合县委及各乡镇场开展树障集中清理工作。截至年底,全年累计清理树障5249棵,确保了线路的安全运行,线路跳闸次数明显减少,供电可靠性持续提高。

开展线路设备无标识牌、拉线隐患整改工作,累计排查安装线路无标识牌8388块,排查电杆拉线无绝缘子累计380根,无拉线护套1145根,治理安装130根,降低了线路运行、检修的风险,有效地遏制了人身触电事件的发生。

对公、专变挂接关系进行

全线普查,挂接关系梳理完成现场普查整改37条,10千伏分线达标22条,占比60.74%,比上年年底(27.27%)提高38.12%。针对20条功率因数不达标10千伏线路进行治理,核查线路及用户侧无功补偿装置运行情况,对未安装无功补偿装置的用户督促用户安装无功补偿装置进行就地补偿,公用线路安装无功补偿装置9台,功率因数达标率由44.44%提升为71.11%。

【营销管理】 2019年末,阿瓦提县电力公司公变台区944台,较2018年824台新增120台,达标率92.66%较去年91.28%提升了1.38的百分点。截至11月20日,达标台区820台,达标率89.61%;高损台区68台,占全部台区的7.21%;异常台区55台,占全部台区的5.83%。

按照每周计划审批单与临时性工作计划报备,合理制定工作内容。深入市场开拓需求,主动服务客户。全年低压新装累计完成3533户,总计容量29494.5千伏安,高压新装、增容累计报装175户,总计容量36901千伏安。高、低压档案移交共计1308本,移交率为100%。

实施居民电采暖工程,实地走访和发放调查问卷抽样调研的结果,县城和农村地区的居民用户电采暖方式中燃煤设备占比例为64%。经过宣传之后,2019年累计电采暖低压报装1576户,容量60767.5kW,高91户,报装容量37933千伏安。

根据国网阿克苏公司下发关于一般工商业电价调整文件,对阿瓦提县内下发远程透明任务电价参数一般工商业用户8297户进行了远程调价,其中168户进行现场掌机调价,成功24户,失败127户进行更换电能表。

【农网配网大修技改建设】 2019年,对阿瓦提县4个深度贫困村实施电网建设任务。投资419.29万元,已完工投运。配合阿瓦提县脱贫攻坚工作,支持县产业扶贫项目发展对新建的阿克切克力民族团结嵌入式小区、多浪村1组两个新建居民点和乌鲁却勒镇木孜鲁克牧业村养殖场、6个乡镇8个村黑木耳种植基地电源的接入等工程的电源接入工作,累计投入124.7万元。

阿瓦提县2019年拟退出的4个贫困村均实现通动力电目标;年度拟脱贫贫困1212户中有20户未通生活用电,已于2019年4月底全部落实解决了20户贫困户未通生活用电问题。组织人员跟踪安居房施工进展,及时安排报装接电,已于6月底全部落实解决了42户贫困户新建安居房通电工作。

【优质服务】 2019年,阿瓦提县电力公司开展大型优质服务宣传咨询活动5次。通过业务咨询、散发电力知识宣传单、有效促进了公司优质服务工作的更好开展,树立了良好的社会形象。

定期到社区进行安全用电大宣讲每周一坚持开展“进乡村安全宣传”活动,走进136个行政村、13个社区、2所学校,出动人力200余人,共发放宣传资料4152份,做好各项供电服务的事前防控、在控、可控,不断提高服务质量,减少服务风险。

供暖和供排水

【概况】 2019年,阿瓦提县建新供排水公司位于阿瓦提县努尔巴格路14号,占地面积4422.2平方米,2019年企业总资产达14383万元,公司现有员工33人,公司下设行政办、收费室、财务室、供排水管道安装维修队、供排水运行组等部门。2009—2012年,公司实施并完成了县城供水、排水管网改扩建项目,日供水能力由80年代的3000立方米/日提高到现在的1.5万立方米/日,供水普及率达到98%;日污水处理能力10000立方米,基本完善了县城的污水处理系统,排水普及率达到了70%。解决了阿瓦提县城单位、居民对供排水的需求及城市的环保要求,对阿瓦提县的经济发展和民生改善产生了积极的推动作用。

【服务内容】 2019年,阿瓦提县建新供排水有限责任公司按照国家《生活饮用水卫生标准》满足县城内居民及单位生活、生产用水需求,及时给城内居民用户安装供水设备,保证供水设备和安装工程质量,实行24小时维修与维护。

工业园区建设

【平台建设】 2019年,阿瓦提县为全面提高园区承载力,为入住企业提供生产条件,先后投入2.92亿元,新建15.3万平方米标准厂房;为加强园区基础设施建设,投入1.78亿元新建园区道路、供排水管网、燃气管网、污水厂等项目;为解决企业务工人员住宿、子女教育问题,投入0.72亿元新建第四中学、职业学校、周转宿舍等项目。年底,已进驻拉绒保暖一体化生产加工企业3家,现有从业人员135人;包覆纱机及喷气织机项目正在按照企业需求进行厂房改造;小剑杆织机项目部分设备已到位,待厂房变压器安装完毕后进行安装调试。

【项目建设】 2019年,浙江中普年产600万件毛衫生产项目1号厂房完成贴外墙砖,3号厂房墙面安装C型钢;圣欣2000万米坯布项目2号厂房地坪打完,3号钢构主体完成,2号厂房防火涂料已完成,门卫室地圈梁开始砌砖,围墙基础正在开挖;警务室、干部周转宿舍项目主体已完成,进行水、电、暖等附属设施施工,年底完工;公租房、四中教学楼项目年内建成投入使用;新建8万平方米标准厂房审图完成;道路建设项目进行铺油施工;供排水项目开挖排水管沟并安装排水管、路沿石铺设、路灯基础施工等工作。

【服务企业】 2019年,阿瓦提县园区办对项目建设运行实行全程跟踪服务。多次与公安、交警部门联合对出入园区拉运货物车辆进行协调;同时,与人社部门协调做好入住企业项目用工的招录工作。

【盘活僵尸企业】 2019年,受市场影响,多浪乡工业园区内丝路果业、嘉漠果业长期停产。经招商引资引进一家山东企业,对上述两家公司进行了收购,注册了领先果业、招财酒业公司。

商贸·流通

生产资料购销

【工业生产资料购销】 2019年,阿瓦提县建材主要从阿克苏市多浪水泥厂和新疆青松建材化工(集团)股份有限公司、新疆西楚水泥有限公司购进,品种主要是普通硅酸盐水泥、复合硅酸盐水泥。购销量约31.65万吨。阿克苏地区建新建筑安装有限责任公司使用水泥0.27万吨,新疆恒大建业建筑工程有限公司使用水泥1.2万吨,新疆增承工程建设有限公司使用水泥0.08万吨,新疆盛磊建筑安装工程有限公司使用水泥30万吨。

钢材主要从新疆八一钢铁集团有限责任公司、阿克苏润禾商贸有限公司购进,主要品种有圆钢、螺纹钢、角钢、钢管、盘螺钢、扁钢、高线钢材。钢材购销量50.7715万余吨。其中新疆盛磊建筑安装工程有限公司使用钢50万吨,阿克苏地区建新建筑安装有限责任公司使用钢材0.12万吨,新疆恒大建业建筑工程有限公司使用钢材0.6万吨,新疆增承工程建设有限公司使用钢材0.03万吨。

【液化气经营】 2019年,阿瓦提县双赢燃气有限责任公司下设10个供气点,分别是阿瓦提县县城供气点、拜什艾日克镇两个供气点、阿瓦提镇团结村换气点、英艾日镇供气点、乌鲁却勒镇供气点、乌鲁却勒镇木仔力克村供气点、丰收二场供气点、丰收三场两个供气点。公司液化气年销售量480余吨,销售额360万余元。

【中国石化销售有限公司新疆阿克苏石油分公司阿瓦提三号加油加气站】 中石化阿瓦提三号加气站,位于阿瓦提县至丰收一场路口,2014年8月15日开业,占地面积5800平方米,建筑面积364平方米,罩棚面积820平方米,为天然气液压子站,主要经营车用天然气。2019年,天然气年销售约170万立方米,全部为车用天然气,客户群体占比是私家车约60%,出租车30%,公交车100%。2019年1月1日至12月31日期间,中石化阿瓦提三号加油加气站未发生安全事故。现有员工8人,专职保安6名。加气机3台,加气枪6把,均运行正常。

【阿瓦提县新源天然气有限责任公司】 2019年,阿瓦提县新源天然气有限责任公司新源加气站位于阿瓦提县多浪乡托克拉克麻扎村,208省道54千米处,周围都是农耕地。加气站建筑面积6020平方米。拟建加气站雨棚与公路相距34米。整个站址地形平坦,同事该处交通便利,水电源接口方便。设备概况:站内主要设备有1台压缩机、3台加气机、1台卸气柱、1组储气瓶组,并按照标准配备相应的消防设备,安装可燃气体探测报警仪,紧急切断装置。防雷击、防静电接地等安全设施,该工程由中国市政东北设计研究总院新疆分院负责设计,设计采用成熟可靠的新工艺、新技术、新设备,做到技术先进、经济合理。坚持安全第一,平面布置合理,车辆作业顺畅。施工单位为信邦建设工程有限公司。有效解决我公司车用燃气加气,达到更加环保、经济和方便的目的。

2019年,加气站在职员工14人,其中大中专以上文化程度4人;管理人员4人,特种作业人员9人。持燃气上岗证人员10人;会计2人。

【新疆鲁泰丰收棉业有限责任公司丰收三场加气站】 新疆鲁泰丰收棉业有限责任公司丰收三场加气站于2013年投资1400万元建成。该项目于2013年3月投资建设,2013年10月建设完成并投入试运行,2013年11月取得燃气经营许可证和工商营业执照,主要从事燃气汽车加气和民用燃气管道供气。加气站位于新疆阿克苏地区阿瓦提县丰收三场场部,主要建筑物有加气站站房、附属用房、加气棚等共计5138平方米。主要安装设备有天然气撬装压缩机1台、加气机4台、减压撬1台、固定式储气瓶组1台,卸气柱1台,移动式压力容器2辆,工艺管道3.55千米、变配电设备及固定式可燃气体安全报警系统1台。现有员工13人。

公司辖区2019年燃气居民用户1021户,商户、餐饮等公共用户87户。加气站根据年初制定的经营计划,按照供气安全和供气保障需求,做好燃气的供应保障工作。截至年底,燃气供应量140万立方米,其中,公共用户供气量5万立方米,居民供气量91万立方米,汽车供气量44万立方米。供气期间,加气站加强设备维护,确保设备安全,保证供气正常进行,全年未出现供气中断情况。

加气站担负着阿瓦提县丰收三场天然气供应保障任务,是易燃易爆危险化学品特种作业场所。为了做好天然气的安全运行工作,公司严格遵照国家安全生产技术法规及有关规范标准要求,建立了严密、高效的质量保证体系,做到保质保量向用户提供优质高效的服务。

【双赢燃气有限责任公司】 双赢燃气有限责任公司成立于2001年11月,公司为民营企业,法人曹盛。公司位于塔木托拉格镇九大队,占地面积13200平方米,注册资金120万元。可供应14万户城乡居民生活用液化石油气。现有职工8人。是阿瓦提唯一一家专业从事石油液化气销售的专营性民营企业。

【天然气管理机构】 新疆浩源天然气股份有限公司前身是阿克苏浩源天然气有限责任公司,成立于2006年2月21日。为适应社会主义市场发展需要,于2010年10月23日进行股份制改制,正式挂牌成立新疆浩源天然气股份有限公司。新疆浩源天然气股份有限公司阿瓦提县分公司成立于2010年5月,企业法定代表人周举东,注册资金5500万元。

2019年,公司下设行政管理部、人力资源部、财务部和市场开发部等11个部门,新疆浩源天然气股份有限公司阿瓦提县分公司拥有各族员工31人,是阿瓦提唯一一家专业从事天然气输配、销售网络的专营性民营企业。

生活资料购销

【服装及日用工业品购销】 2019年,全县共有日用百货类经营主体2340户,服装类经营主体1387户,文化用品类经营主体345户,五金交电类经营主体652户。

【医药购销】 2019年,全县有药品零售企业60家,医疗器械兼营企业14家,县直医疗卫生单位7家(民营4家),乡镇卫生院10家,村卫生室开展诊疗活动的153家,个体诊所22家,全县涉药涉械单位共计266家。全县保健食品店149家,已备案149家。共评定药店A级10家、B级38家、C级10家。

2019年,全县各乡镇卫生院通过自治区基本药物采购平台采购药品。其中可供乡镇卫生院使用的药品有952种(即《新疆维吾尔自治区基本药物增补目录 685 种(2018 年版)》《国家基本医疗工伤保险和生育保险药品目录 2643 种(2019 年版)》,实行网上集中采购、统一配送、零差率销售,保证基层用药。

商务贸易和工业信息化

【社会消费】 2019 年,阿瓦提县商务和工业信息化局(以下简称商工局)加大对商务贸易市场监管,督促并鼓励阿瓦提县域 29 家限上企业加大住宿餐饮批发及零售消费,扩大消费额,防范做好网购对传统零售的冲击。依托现有及新培育升限企业,强化措施加快升限入统,增大社会消费品零售总额,会同统计局、税务局、市监局、卫生系统对现有限上企业做到应统尽统,全年升限纳统企业 6 家。制定《阿瓦提县统筹发展乡镇集市(巴扎)经济实施方案》《阿瓦提县推进农村集贸市场建设实施意见》及《关于全县各乡(镇)、管委会集贸市场交易时间和交易地点的公告》,对照提升改造的标准、新建扩建的要求,开展乡镇“巴扎”及村级“五小市场”(馕店、理发店、蔬菜瓜果店、商店、裁缝店)建设专项督查。截至年底,各乡镇“巴扎”均已建立并运营,先后建成 127 个村级“五小市场”。2019 年完成社会消费品零售总额 6.52 亿元,完成年度目标任务的 101%。

【商贸流通监管】 2019 年,阿瓦提县商工局对县域各乡(镇)31 家副食品批发零售超市、商店盐业市场及慕萨莱思等标识商品进行全面开展专项整治行动,共出动检查人员 60 余人次,车辆 30 台次;对全县 2 家成品油企业 19 个站经营销存情况进行月度监测,同时督促其做好站点及周边的安全生产及维稳工作。

【物流园建设】 2019 年,阿瓦提县振兴物流园承载力不足,阿瓦提县利民物流有限公司投资 2400 万元在多浪乡(国能生物发电厂旁)建设 9600 平方米大型工程机械设备和车辆停车场。该项目结构为砖混,共两层,主体已完工,建立健全水、电、暖、消防等配套设施,2020 年投入使用并规范运营。

【电子商务】 2019 年,依托阿瓦提的区域优势和紧跟互联网产业发展趋势,以网上和电子商务技术支撑企业为主体,以其他配套服务为补充,为创业者打造,“网上交易为主,实体经营为辅,配套服务共存”创业网络体系,2019 年在阿瓦提县用鑫商贸城内设电子商务创业孵化园及科技一条街建设电子商务实体店 18 家,培训人员 1800 人,主要经营特色农副产品、纺织品、手工艺品、预包装食品、散装食品等,同时销售全国各地,销售额 1200 万元。

【外经贸发展】 2019 年,阿瓦提县出台《阿瓦提扶持外经贸企业发展相关优惠政策》,争取国家出口政策扶持,加大对重点出口企业的政策支持力度,促使企业优化产品结构,提升产品档次,创新出口方式,扩大出口规模。帮助企业申请中小企业国际市场开拓资金,依托电子商务服务平台,拓展销售渠道,发挥辐射带动作用做到产品通过运输走出去。2019 年,外贸进出口完成 420 万美元,完成年度目标任务的 109%。

【招商引资】 2019 年,阿瓦提县把所有意向性项目,均由县级领导带队主动赴企业对接洽谈,采取“一事一议”“一企一策”的办法解决双方分歧,全年共落实招商引资项目 29 个,累计完成到位资金 17.6 亿元,完成目标任务的 101.73%;项目签约额 33.38 亿元,完成地区目标任务的 115.9%;

【工业经济】 2019 年,阿瓦提县共有各类中小企业76家，主要涉及纺织服装、粮油加工、林果加工、建筑、新能源等领域，年产值超亿元的企业仅2家（鲁泰棉业、新发棉业），超5000万元的企业1家（国能生物发电）；地区规模以上企业8家（多浪混凝土、鲁泰纺织、新发棉业、国能生物发电、发强粮油、特变电工、华光光伏、阳光热力）。2019年完成规模以上工业增加值2.71亿元，比上年增长8.3%。全行业实现就业人数7000人以上。中小企业已成为阿瓦提县稳定增长的重要基础和吸纳就业的主要渠道。

【纺织服装产业】 2019年，阿瓦提县共有棉纺企业2家（不包括由阿瓦提县招商引资入驻纺织工业城的雅戈尔集团股份有限公司和阿瓦提华孚纺织有限公司两家企业），棉纺总规模达26.6万锭，主要包括鲁泰丰收棉业22.8万锭精梳、新发纺织3.8万锭精梳。纺织产品主要以精梳棉纱80支以上为主。2019年，两家棉纺企业（新疆鲁泰丰收棉业有限责任公司、阿克苏新发棉业有限责任公司阿瓦提分公司）生产各类棉纱1.6万吨以上，全行业实现就业人数近1500人。阿瓦提县地毯、服装产业企业47家，拥有缝纫机3315台，年加工量2000万件（套）；地毯编织企业1家，拥有地毯编织架56台，年加工地毯万平方米以上。全县分散在各乡镇的制衣店、绣花店及家庭式缝纫加工、刺绣等手工作坊近220余家。生产的产品以本地消费为主，部分产品销往疆内其他县市。

【企业营商环境】 2019年，阿瓦提县商工局对县域重点企业进行引导、扶持，改善中小企业服务环境。制定《阿瓦提县级领导联系企业“营商环境”帮扶解困实施方案》，成立了中小微企业贷款、协调企业用工、企业落地手续办理、绿色通行办理、地产品宣传推介等7个营商环境帮扶解困服务组，形成各部门分工明确、紧密配合的工作机制。对引进企业实行1名县领导包联、1个部门牵头负责的“一对一”服务。累计兑现岗前培训、一次性新增就业、社保、产品出疆运费和电费等各类补贴资金3650万元。

为企申报专项资金。对县域重点发展产业的企业，争取上级主管部门项目资金支持。2019年，共帮助3家企业申报自治区中小企业专项发展资金130万元，为企业发展壮大提供了动力。

为企帮扶解困力度，出台《阿瓦提县“卫星工厂（扶贫车间）”管理办法》，为企业配备“驻企指导员”，不断完善企业内部各项管理规定，全力解决企业生产生活中的各类难题

支持本地工业品开拓市场，拓宽销售渠道。统计纳入地、县两级地产工业产品目录67家，主要是以生产各类服装、床上用品、商品混凝土、慕萨莱思等150余种产品为主。

落实清理民营企业账款工作。制定全年还款方案，采取调剂单位预算、动用单位结转资金、统筹事业收入、经营收入等多渠道偿还化解。按照2019年必须偿还欠款一半以上的硬性目标，全年共累计偿还欠款3904.35万元，完成化债总规模的56.4%，已完成本年度清欠目标任务。

【重点项目建设】 2019年，阿瓦提县商工局定期召开重大项目工作例会，分析解决重大项目建设中需要解决的问题和困难，按照责任落实，倒排工期，跟踪指导，协调好项目建设过程中出现的各种问题，督促项目业主按计划进度建设推进。在第二十届“投洽会”成功签约的南京尤思艾年产2000万件牛仔服装生产项目，已投产运行。2019年，阿瓦提县浙江圣欣纺织2000万米坯布项目及天山恒瑞毛衫生产项目厂房主体正在建设中，生产设备已订购；浙江卡迪丹200万件服装

生产项目已正常运行投入生产;兴昌泰坦和江苏普美3万头气流纺项目,一期7500头(折合环锭纺为7.5万锭)设备2020年3月全部安装到位,待投产后年内可新增产值8640万元,解决就业150人以上。

【民族手工业】 2019年,阿瓦提县商工局依托刀郎文化和刀郎旅游资源,推进刀郎农民画、葫芦雕刻、地毯等民族特色旅游纪念品加工业发展。年底,全县形成以阿瓦提镇地毯有限公司为重点的手工地毯编制产业;以阿瓦提县刀郎部落、刀郎旅游纪念品开发公司为重点的旅游纪念品产业,主要包括艺术根雕、葫芦以及民族特色手工刺绣等;以新疆农民画院为重点的阿瓦提县农民画。阿瓦提县民族手工业产业年实现销售收入2000余万元,直接或间接从事该行业人员1500余人。

物价管理

【价格监督监测和价格评估成本调查】 2019年,阿瓦提县发改委做好价格监测和价格评估成本调查工作,制定并下发《阿瓦提县机动车停放服务收费管理办法实施细则(试行)》,落实用电价格优惠政策,实行工商用电同价格收费;办理各类认定案件662起,评估认证金额7657.65万元,其中涉案物品149件,鉴定金额63.32万元;涉税物品513件,鉴定金额7594.33万元。调整阿瓦提县农村直供水价格,11月8日召开阿瓦提县农村直供水价格调整听证会。

【收费统计】 2019年,阿瓦提县按照自治区和地区的统一部署,在阿瓦提县范围内开展收费的单位必须通过"新疆收费管理信息网"网站进行信息采集和公示。截至年底,全县开展收费单位36个,其中行政性收费10个,事业性收费12个,其他收费14个,全县收费总额达19786.41万元。

供销合作经济

【基层社改造】 2019年,阿瓦提县供销社恢复巴格托格拉克乡供销基层社,对巴格托格拉克乡原有闲置房屋进行修缮,建设巴格托格拉克乡红枣核桃交易市场;盘活社有资产支持阿依巴格乡慕萨莱思厂改造升级,获得生产许可证,实现标准化生产,提升改造阿依巴格乡基层社。通过责任承包支持乌鲁却勒镇基层社农贸市场建设和农产品生产加工销售,增强自我发展能力,提升改造乌鲁却勒镇基层社。开展农产品产前、产中、产后服务,实现农产品提质增效,供销合作社联社与巴格托格拉克乡绿叶林果业农民专业合作社组建巴格托格拉克乡为农社会化服务中心;与乌鲁却勒镇玉科塞利林果业农民专业合作社、帕日拉克多浪果品专业合作社组建乌鲁却勒镇为农社会化服务中心;与英艾日克镇艾克散林果业农民专业合作社组建英艾日克镇为农社会化服务中心;与拜什艾日克镇其浪巴格林果种植农民专业合作社建拜什艾日克镇为农社会化服务中心。

【扶持培育农民专业合作社】 2019年,阿瓦提县供销合作联社采取服务指导的方式,扶持培育双河果业等9家林果专业合作社,采取项目支持的方式,扶持培育晔坤农机服务农民专业合作社等7家农机农民专业合作社。

【企业联系服务】 2019年,阿瓦提县供销合作联社与县林果加工企业、粮油加工企业、慕萨莱思企业、畜产品加工企业等10家企业建立了互助合作关系,协助企业做好服务。帮助新疆正香园食品有限公司办理注册登记手续;指导新疆昆仑情农业科技有限公司组建农民专业合作社；联系新疆招财酒业有限公司参观阿瓦提红葡萄种植情况，为其他企业开展业务咨询等服务。组织企业之间相互交流、观摩2次，召开农产品研究分析座谈会2次，让企业之间加深了解，增进感情。

【架起企业与合作社的桥梁】 2019年7月、9月，阿瓦提县供销社先后组织农产品加工企业参观农民专业合作社、组织农民专业合作社参观农产品加工企业。组织召开农产品加工企业、农民专业合作社联系对接会2次，为农产品加工企业与农民专业合作社之间搭建了交流合作平台。按照农产品加工企业的要求引导农民专业合作社建立村级核桃、红枣交易市场，建成祥和村、红旗村等6个村级核桃、红枣交易市场，为企业收购红枣、核桃提供便利条件。

【组建联运公司】 2019年，阿瓦提县供销社加大联合运营公司建设，阿瓦提供销农业发展有限公司由2018年3月成立时的9家加盟企业发展至现在的13家，联运公司对企业的带动、影响、凝聚作用逐渐增强。

【农产品品牌建设】 2019年，阿瓦提县注册刀郎系列商标，先后注册了“西域刀郎”“戈壁刀郎”“大漠刀郎”商标，包含酒类、水果坚果类、干果类、饮料果汁类、广告类、畜产品类六大类产品。结合县刀郎文化及“刀郎劲歌舞，情醉阿瓦提”旅游品牌，统一设计红枣、核桃、苹果、香梨等各类农产品包装21种，受到消费者青睐。13家加盟企业统一认识、达成共识，外销农产品全部使用统一品牌、统一包装和统一“好果源”、“十城百店”标识及二维码。为加盟企业、农民专业合作社生产销售的苹果、香梨、红枣、核桃、木耳、蜂蜜等农产品进行检测申报，确保农产品质量安全。开展质量追溯体系建设工作，对加盟企业信息、农产品信息、农产品生产管理信息等系统录入，为县域农产品溯源提供查询依据。

【拓展农产品销售市场】 2019年，阿瓦提县鼓励支持加盟企业建立销售渠道，开拓市场，截至年底，加盟企业在北京、上海、江苏、浙江、河南等省市建立销售店、直营店、加盟店、超市专柜、机关食堂、农产品批发市场、电商等300余家销售网点。2018年10月至2019年10月，加盟企业共计销售红枣6856吨、核桃6321吨、香梨5330吨、苹果815吨、慕萨莱思410吨、牛羊肉10.5吨、面粉4037吨，其他农产品318吨。联运公司加盟企业签订红枣销售订单2.5万单、核桃8000吨，组建红枣、核桃产销联盟，形成“龙头企业加工+合作社+农户+基地管理”的模式。

与绍兴电子商务有限公司合作，利用绍兴政采云平台为阿瓦提县农副产品销售体系提供更好的平台支持，共同开拓市场，打造品牌，为阿瓦提县农副产品销售拓宽渠道。截至年底，已接到的订单灰枣350袋、香梨220件已发货。

组织企业、合作社参加北京、广州、成都、浙江、安徽、自治区、地区等各类农产品展销会10场，推介和宣传阿瓦提农产品。为宣传、展示、推介阿瓦提特色产品，方便广大游客、客商以及本地群众了解购买特色产品，在慕萨莱思一条街（小酒馆二楼）租赁一间建筑面积130平方米的门面建立阿瓦提县特色产品（农产品、工艺品、旅游产品）展示销售中心。

【废旧地膜回收利用】 2019年，阿瓦提县作为废旧地膜机械化回收利用项目试点县，供销社和农业农村局共同开展此项工作。组织农机合作社、农机制造企业召开3次对接会，评审和选择机型。10月8号在丰收三场召开废旧地膜回收机械现场演示会，确定选择“科神股份”生产的废旧地膜回收机械，自筹资金购买废旧地膜回收机 18 台。

石油经营

【**概况**】 中石油新疆销售有限公司阿克苏分公司阿瓦提片区（以下简称中石油新疆阿克苏分公司阿瓦提片区），位于阿瓦提县和平路 7 号，单位占地面积 5800 平方米，阿瓦提片区分业务、党建安全 2 个模块。2019 年在营加油站 13 座，在职员工 62 人，其中片区 4 人、加油站 58 人。

【**销售情况**】 2019 年，中石油新疆阿克苏石油分公司阿瓦提片区累计销售成品油 28600 吨，其中枪发量 27000 吨，零售配送累计完成 1600 吨，便利店累计销售 7320000 元。IC 卡累计发卡 3928 张。

【**安全管理**】 2019 年，中石油阿瓦提片区加油站负责人及相关管理人员要求根据岗位职责学习中石油的安全管理办法，《危险化学品安全管理条例》等法律法规和安全生产知识，同时落实到日常安全管理中。加大现场检查力度，抓制度落实。在检查中发现安全隐患，及时整改，杜绝事故的发生。片区认真健全、完善安全工作档案，对安全生产管理资料加强分类整理，及时归档。建立层层抓落实的安全生产工作机制。做好月度、节假日和敏感节点时期加油站安全大检查、隐患大排查活动，对查出的问题及时下发整改通知单、限期进行整改。督促加油站按照年度预案演练计划每季度开展应急演练活动。

【**油品管理**】 2019 年，中石油阿瓦提片区严把把油品接卸关和油品零售关，定期将所有品号油品送检化验，强化油品数质量管理和损溢管理制度学习落实，使加油站在思想上和实际操作中严格按流程操作；与属地质量技术监督部门联系定期对加油机进行检定，确保加油机在检定有效期内和误差控制在国家规定范围；片区按季度对所属加油站定期开展加油机自检和接卸油品抽查，油品杜绝机械和人为造成的损耗；由站经理每日调阅零管系统计量账，查看每日油品盈亏情况，进行对比分析，查找原因，从而达到控制损耗的目的。做好油品留样采集和铅封检查登记工作，确保油品质量合格。

【**环保管理**】 2019 年，中石油阿瓦提片区按照商务厅、环保厅相关文件的要求，对阿瓦提所辖区内 13 座加油站进行双层罐改造工作。为最大限度减少停业改造对市场供应的影响，片区分批分时间完成加油站双层罐防渗改造工作。

粮食经营

【**概况**】 阿瓦提县金帆粮油购销有限责任公司有办公楼 1 栋，收购结算大厅 1 栋，下辖四站一库：分别是拜什艾日克镇粮站、英艾日克镇粮站、塔木托拉克镇粮站、乌鲁却勒镇粮站、县城中心仓库。公司有有效粮食仓储库 21 栋，总仓容量为 4.75 万吨，有效仓容为 4.15 万吨。地区国资委于 2018 年 4 月 29 日将阿瓦提县金帆粮油购销有限责任公司资产上划至阿克苏良信粮油购销有限责任公司，2018 年 9 月 1 日股权转让完毕。

【**夏粮收购情况**】 2019 年，公司各粮站共签订小麦订单合同 13900 余份，实际开票数 7124 份。计划收购小麦量为 32600 吨，粮食收购需贷款 7000 万元，落实收购贷款资金 6500 万元，收购小麦 2.3 万余吨，实际支付收购资金 5459 万元。夏粮收购支付全部按照农发行要求，实现网上银行在线支付。

公司库存县级储备粮5000吨，自治区储备粮3661吨，国家临时储备粮7468吨。

【改善储粮条件】 2019年，金帆粮油购销有限责任公司改善仓储条件，抓好危仓老库维修改造项目实施工作。申报“粮安工程”粮库智能升级改造项目，项目落成地为阿瓦提县金帆粮油购销有限责任公司中心仓库，总投资约为186.6万元，其中中央预算资金为总投资的90%，企业自筹资金10%，自筹部分为利旧的方式进行核算。该项目建设由自治区粮食和物资储备局统一组织建设，2019年3月开工，10月对项目进行了全面竣工验收。

【绿色储粮】 2019年，公司不断推广储粮新技术，全公司“四站一库”共有机械通风储粮仓3.75万吨，各类通风设备20余台，安装计算机测温系统仓容1.25万吨，各类输送、清理设备30余台，公司勇于探索熏蒸杀虫新技术，2019年6月与新疆维吾尔自治区粮油科学研究所合作，在中心仓库4号库开展了绿色综合储粮技术，采用“惰性粉”杀虫剂对空仓进行杀虫，对粮食虫害进行防治，该技术效果非常好。

烟草专卖

【营销工作】 2019年，阿瓦提县烟草专卖局双轮驱动，推动销量结构平稳向好。布局优化目标，加快重点品牌一、二类烟增长，促进重点品牌结构优化，促使县局卷烟单箱结构比上年增长5.8%。扎实基础，深挖网络建设新动能。强市场调研，充分掌控市场。加强信息采集工作，提高信息采集到位率和准确率。开展个性化、差异化服务指导。规范卷烟陈列，提高终端形象。加强品类布局引导，提高重点品牌的上柜率；加强新品宣传，提升新品卷烟形象水平；加强落地生产卷烟的培育力度，提升地产卷烟市场知晓率。

【终端建设】 2019年，阿瓦提县烟草专卖局聚焦终端，构建零售终端新体系。落实零售终端评价工作，共建成现代终端65户，拟建现代终端190户，普通终端276户；借助V6营销系统手机端，做好终端类型维护工作，普通终端建设维护率达到100%。

【协会管理】 2019年，阿瓦提县烟草专卖局依托自律小组建设，提升协会建设水平。完成辖区“四员”专项职务的设置；本年度共开展小组主题活动18场次，共计350余人；宣传《自律小组明示承诺协议书》的内容，引导客户自觉遵守协议内容，签订率100%。

【专卖打假】 2019年，阿瓦提县烟草专卖局与公安、工商、邮政管理部门建立联合执法机制，共计开展联合检查3次，专项行动9次。截至年底，共查获违法案件20起，违法卷烟336条，案值49055元，莫合烟150公斤。利用内部监管系统、专卖管理“三统一”信息系统。开展模块分析和自定义分析，提升案件查办有效率；根据系统预警，对违规线索及时分类梳理，实现监管日常化。开展了“3·15”国际消费者权益日、“6·29”法律法规宣传活动，全年共计宣传培训零售户17场511人次。

服务·旅游

服务业

【餐饮服务】 2019年，全县有餐饮服务单位1121家，其中大型餐馆16家，中型餐馆218家，小型餐馆593家，小吃店91家，饮品店32家，各类食堂171家（含学校）。县市场监督管理局按照餐饮服务许可管理办法，加强对已办证餐饮服务单位的动态管理，对辖区内持证餐饮服务单位全面实行量化分级。

【美容、美发业】 2019年，全县共有美容美发行业435家，其中美容业131家，美发行业304家，从业人员190人，全部取得“公共场所卫生许可证”，从业人员持有“健康合格证”上岗。

【照相业】 2019年，阿瓦提县专业照相彩扩店全部由传统胶片机转为数码机，并购置数码冲印设备、摄像设备、电脑光盘刻录设备、高分辨率彩色打印设备等配套设施。截至年底，全县共有摄影摄像类经营主体75户，其中较大的有曹氏影楼、蓝天照相馆、大明星照相馆3家。

【物业管理】 2019年，阿瓦提县共有物业服务企业9家，根据《阿克苏地区住宅物业服务等级考核实施办法（试行）》《阿克苏地区物业服务企业诚信信息管理办法（试行）》《阿克苏地区住宅物业服务等级考核标准及评分细则》等通知要求，按照“属地管理”“行业指导”的原则，由房管所牵头，阿瓦提镇各社区协同配合，对各物业服务公司重新进行服务等级考核，并按照考核等级完成物业服务收费备案登记，通过公开、公正、公平的市场竞争机制，鼓励物业服务企业开展正当的竞争，对达不到标准的物业服务企业实行降低服务等级或退出机制。2019年，房管所共处理信访投诉69件次，其中电话投诉19件次，县长信箱投诉13件次，其他投诉47件次，已全部解决，办结率100%。截至年底，房管所共接受维修申请56次，其中35栋楼接到屋顶漏水投诉问题，供排水、暖气问题21条，已全部解决，办结率100%。把矛盾控制在本线范围内，防止矛盾激化，及时化解矛盾。

旅游业

【概况】 2019年，阿瓦提县全面启动自治区全域旅游示范区创建工作，编制《阿瓦提县全域旅游规划》，以“刀郎劲歌舞·情醉阿瓦提”为主题，通过“优化集成、集聚整合、廊道贯通、全域协调”的空间整合途径，构筑阿瓦提全域旅游发展大格局。全县累计接待游客108.59万人次，比上年增长68.07%；实现旅游收入5.59亿元，比上年增长71.06%。

【旅游基础设施建设】 2019年，阿瓦提县对通往各乡（镇）、管委会的主干道进行新（扩）建，改善了县域各景区景点的通达性。投入400余万元统筹公路景区旅游标示标牌和停车场，推进“厕所革命”，先后投入资金200余万元新建、改扩建旅游厕所14座，新建停车场4座，通信基站1处，提高了游客的舒适度和满意度。

【从业人员服务培训】 2019年，阿瓦提县加强旅游从业人员的培训，结合地区千人培训计划要求，主动邀请新疆农业大学专业老师和前景旅游规划设计院老师到阿瓦提县进行授课，培训相关从业人员等800余人次，扭转旅游行业从业人员服务质量差的问题。

【文化内涵挖掘创新】 2019年，阿瓦提县投入1000余万元，完成了刀郎文化陈列馆、胡杨文化馆、刀郎民俗运动场、生态园二期及景区内部绿化、景区标识牌、导向牌等景区内各项基础设施建设，集成打造刀郎文化传承创新体验区；投入1200万元对刀郎故里景区（博斯坦社区）临街商铺、民居外立面进行统一规划、统一设计，打造原汁原味的民俗村寨和民俗风情一条街，让游客吃农家饭、住农家屋、购农家产品，推动民俗民宿旅游发展。投资3500万元开发原汁原味慕萨莱思小酒馆、刀郎摔碗酒，着力打造慕萨莱思风情街，再现“重返阿瓦提、走进八十间房”的风貌。

【乡村旅游发展】 2019年，阿瓦提县通过对刀郎文化的挖掘传承，打造了塔木托格拉克镇吐格贝希村、拜什艾日克镇索克满休闲公社、阿依巴格乡葡萄村刀郎文化元素风格的民俗民居群，引领和带动全县以刀郎文化为主题的旅游产业发展和品牌创建。

【旅游发展政策扶持】 2019年，阿瓦提县加快刀郎故里景区及葡萄村、索克满村、恰其村等乡村旅游示范点建设。制定《阿瓦提县旅游扶持奖励办法》，鼓励支持旅游重大项目开发建设，按照项目实际投资额给予补贴奖励。

【旅游产品供给】 2019年，阿瓦提县依托刀郎文化和慕萨莱思文化，推出刀郎文化体验区和慕萨莱思风情体验区等旅游产品，打造以吸引其他省市游客、疆内及周边县市游客的阿瓦提一日、二日游精品旅游线路。推广特色工业产品、农林牧渔业产品、民族手工艺品等旅游商品，开发具有文化特色、附加值高、携带方便的系列旅游纪念品50余种。

【助推产业发展】 2019年，阿瓦提县以“旅游+农业”模式实施阿瓦提县葡萄村景区、索克曼休闲公社、牡丹园农家乐、红林子休闲农庄建设项目，发展生态农业观光游。以“旅游+工业”模式积极培育工业旅游点，结合慕萨莱思酿造、手工葫芦制作，鼓励企业增加游乐性、体验性项目。以“旅游+商业”模式，大力发展刀郎工艺系列葫芦、瓷器、香梨膏、木雕、红枣、枸杞、核桃油等旅游商品加工业。以“旅游+文化”模式打造刀郎文化体验区和慕萨莱思风情体验区，精心打造独具地方特色的文化旅游品牌。以“旅游+体育”模式推进刀郎部落景区民俗运动场建设项目，扩大景区旅游要素内涵。以“旅游+扶贫”模式，发展乡村农家乐，鼓励、支持、帮助贫困户和其他群众从事旅游餐饮行业，带动村民发展旅游，带动农副土特产品销售，促脱贫。

【文化旅游融合发展】 2019年，阿瓦提县立推出刀郎文化体验和慕萨莱思文化体验系列旅游活动，举办慕萨莱思狂欢节、刀郎美食节、刀郎赛马叼羊大赛等活动。全年举办“刀郎传统民俗运动会”、阿克苏第十五届“多浪·龟兹”文化旅游节暨“第五届与刀郎人过春节”、“阿瓦提县民俗文化旅游节社火表演”、“第七届刀郎美食节”、“第六届慕萨莱思文化旅游节”等高规格的节庆赛事活动达13场次。

交通·信息

公路交通

【概况】 阿瓦提县交通运输局成立于1985年(前身为阿瓦提县交通局),行政单位、正科级,2019年编制数11人(行政编5人,事业编制7人),实有人数12人,无下属单位,内设股(室)2个,分别为办公室(党政办)、综合业务办[建设管理科(质量监督科)、运输管理科(安全监督科)、综合执法科(路政养护科)、综合规划科]。

【道路建设】 2019年,阿瓦提县多方筹措资金9000万元,完成县城至丰收三场、英艾日克镇、乌鲁却勒镇以及英艾日克镇至恰其村4条县域“大动脉”共计87.039千米农村道路建设任务,彻底解决沿线12万名群众出行难问题。用活用好扶贫资金5078.92万元,完成拜什艾日克镇、乌鲁却勒镇以及塔木托格拉克镇、托万克拜什艾日克村、拜什甫塔克村、英买村等29条共计95.813千米扶贫道路建设任务,将农村公路打造成为带领广大群众脱贫致富的“幸福大道”。申请8600万债券资金,完成“油返砂”问题突出、群众反映强烈的木孜力克村、乌鲁却勒镇至木孜鲁克、刀郎部落至英艾日克镇、柯坪村、托格拉克村等9条72.9461千米农村公路建设任务,切实改善沿线7万余群众的出行环境。上报申请项目资金5100万元,完成73千米林区道路建设项目以及192千米生命安全防护工程。

【质量监督】 2019年,阿瓦提县交通运输局加大农村公路建设项目质量的监督和检测力度,落实项目质量、安全、保畅等管理责任,推进每道工序报验制度,执行质量终身责任制和追责问责机制,加强试验检测管理,严格工地实验室资质认证。全年累计下达整改通知单21份,整改完成21条,铲除劣质道路1条。

【农村公路养护】 2019年,阿瓦提县交通运输局在全县8个乡(镇)、4个管委会设立农村公路养护站,下发《阿瓦提县交通出行便利化专项攻坚实施方案》《关于开展阿瓦提县农村公路“路畅民安”专项行动 加快推进“四好农村路”建设实施方案》,明确路政监管、协管人员职责,定岗定员,健全农村公路管理养护体制。组建国有性质的阿瓦提县畅达道路养护有限责任公司,全年完成小修养护工程25604.61平方米,开展阿瓦提县农村公路路域环境综合整治工作,清理拆除影响车辆安全行驶的减速装置172个,限高架46个。

【联程运输发展】 2019年,阿瓦提县交通运输局邀请新疆农业大学交通与物流工程学院专家一行48人,对阿瓦提县客运路网结构和城乡公交一体化进行调研,形成《阿瓦提县城乡公交一体化发展规划》(以下简称《规划》),并依据《规划》合理调整运营路线。调整后,客运班线覆盖全县5镇3乡4个管委会162个行政村以及12个社区,通车率达100%。开通阿瓦提县往返阿克苏机场的“地空联运”专线以及客运站至刀郎部落旅游专列,逐步打造“运游结合”服务模式。全力推进新客运站建设,截至年底整体框架已建设完毕。

【ETC应用推广】 2019年,阿瓦提县交通运输局与地区中国银行、建设银行、农商银行等9家银行网点对接,引进9家银行先进安装设备和先进经验,采用移动定点安装、公车引领安装、卡点推广安装等方式,完成地区下达的28716台车辆ETC安装工作任务。

【队伍建设和执法】 2019年,阿瓦提县交通运输局成立交通运输综合执法部门,解决农村道路交通安全"无人管""管不好"的问题。与公安交警、运管等部门联合执法,落实路政巡查制度。全年共投入执法人员102人次、执法车次90车次,查处违法超限超载运输车辆65辆,共罚款14.5万元。结合扫黑除恶专项斗争工作,深入摸排线索11条,提交线索5条,移交线索2条。

【市场监管】 2019年,阿瓦提县交通运输局研究部署2019年初冬防春运、抗冰保通和汛期安全生产及"六月安全月"活动等工作,组织召开安全生产工作例会12次、防汛救灾和冬防春运专题会议4次,认真分析工作中存在的不足,通报各阶段安全生产工作情况,对各阶段的安全生产工作进行重点研究部署。

【安全监管】 2019年,阿瓦提县交通运输局开展"安全生产月"活动、安全生产大检查活动和汛期安全管理、"平安交通"建设集中整治活动、"六打六治"打非治违专项行动,全年出动200余人次、车辆60余辆,开展专项检查120余次,发现隐患78条,整改完成78条。开展安全教育宣讲67次,发放宣传资料1000余份,全年无一起重特大安全事故发生。

【客运市场管理】 2019年,阿瓦提县交通运输局对全县5家城市客运企业进行质量信誉考核工作,其中1家考核为AAA级,保证运输质量的稳步提高。联合县运管部门整治出租汽车市场,严厉查处拒载、甩客、绕道等行为。全年检查客运车辆6785辆次,处罚612辆,教育放行167辆,阿瓦提县城市客运整体服务水平明显提升。

【重点项目建设】 2019年,阿瓦提县交通运输局配合阿克苏地区交通运输局推进G580线阿克苏至阿瓦提公路建设项目前期工作,配合阿拉尔市交通运输局推进阿克苏至阿瓦提及阿拉尔铁路建设项目前期工作。

对接新疆交通科学研究院,结合阿瓦提路网结构布置,编制《阿瓦提县综合交通运输"十四五"发展规划》,为"十四五"发展奠定良好的交通运输基础。

结合乡村振兴战略发展要求及"十四五"规划总体布局,完成全县174个建制村(社区)村组道路数据核查及村组道路数据库建立工作。并结合项目库数据,申报阿克苏地区交通运输局2020年中央车购税资金第一批总投资6000万元共计100千米农村公路建设计划项目、发改委拟实施2020年总投资2400万元共计40千米农村公路固定资产投资项目,扶贫办2020年拟实施19个贫困村、10个示范村,共计100千米扶贫资金道路建设项目。

邮　　政

【概况】 2019年,阿瓦提县有10个邮政局所、1个机要通信服务网点、1个纪特邮票销售网点,补建空白乡镇邮政局所2个,基本实现了乡镇邮政普遍服务网点全覆盖。函件、包裹、报刊、机要、汇兑等各项邮政普遍服务和特殊服务寄递时限基本达到国家规定标准。全县投递段道共 18 条，其中县城 5 条，农村 13 条，全县农村投递邮路及县到乡邮运邮路总长度单程为 1068.4 千米，其中县到乡邮路 175 千米单程，农村投递邮路 718.4 千米，城市投递邮路 175 千米。

【总体经营情况】 2019 年，中国邮政阿瓦提县分公司全年业务收入完成 842.35 万元，完成进度计划 935 万元的 90.9%，欠计划 92.65 万元，较上年同期增长 -0.78%。

【专业完成情况】 2019 年，阿瓦提县邮政从各专业收入完成情况来看，包裹快递业务收入 223.81 万元，较上年同期增长 -20.96%，欠计划较多，影响了全局整体收入的完成，储蓄收入 301.62 万元，报刊收入完成 127 万元，较上年同期增长 -1.93%，分销收入完成 68.6 万元，较上年同期增长 -0.96%，其他专业收入较上年同期完成较好，其中增值业务 47.05 万元，较上年同期增长 48.48%，集邮业务完成 36.6 万元，较上年同期增长 40.51%，保险业务收入 24.45 万元，较上年同期增长 78.88%，函件收入 13.1 万元，较上年同期增长 116.15%。

【代理金融业务】 2019 年年末，阿瓦提县分公司储蓄余额为 24754.61 万元（丰收三场支局储蓄余额为 10188.09 万元，三团支局储蓄余额为 14566.52 万元），年新增 1221.25 万元。

【包裹快递业务】 2019 年，阿瓦提县邮政代理速递类业务累计完成收入 223.81 万元，代收电信营业款和农行包业务的停办造成收入减少约 4 万元。

【增值业务】 2019 年，阿瓦提县邮政与国地税协调，增加代开税票的种类。加强培训，提高营业人员的业务技能，减少差错率；利用好现有平台和能力，增加代收款的种类。加快车险和简易险业务发展，全年代办车险业务 360 户，市场部 9 月营销拾花工简易险 323 笔。

【函件、集邮业务】 2019 年，阿瓦提县邮政销售《金玉满堂》红包产品，实现收入 11.76 万元。参加地区分公司开展集邮营销劳动竞赛活动，截至年底实现集邮收入 36.6 万元。

中国移动通信集团新疆有限公司阿克苏地区阿瓦提营业部

【概述】 中国移动通信集团新疆有限公司阿瓦提县分公司成立于 1999 年 9 月 16 日，公司属于国有企业，位于阿瓦提县浦东路以南（面粉厂以北）。

【市场经营】 2019 年，阿瓦提县移动用户数 79700 户，宽带接入用户数 18080 户，完成 2019 年公司下达的各项指标。

【网络建设】 2019 年，阿瓦提县公司 4G 网络已覆盖 183 个行政村。针对全网话务量增长的新情况，在充分发掘现网潜力的同时，加强对网络的正常使用，在确保现网所有设备稳定运行的基础上切实做好网络优化工作，对用户投诉热点地区进行了针对性测试、分析、上报，提高了载频利用率，努力使网络优化工作由低层次向更深层次提高，保持接通率、切换成功率、掉话率、话音质量等网络性能指标优于竞争对手，客户感知良好。

【践行社会责任】 2019 年，阿瓦提县移动公司为了响应创建文明城市的号召，助力阿瓦提县文明城市迎检工作，公司开展了“文明出行，从我做起”志愿服务活动，劝导公民文明出行，安全出行。全体员工参与了志愿服务活动。

中国联通阿瓦提分公司

【概况】 中国联合网络通信有限公司阿瓦提县分公司(以下简称中国联通阿瓦提县分公司)是中国联合网络通信有限公司阿克苏地区分公司的分支机构。2019 年完成主营收入 4053 万元,比上年增长 3.5%,完成预算进度的 89%,收入份额 28.6%,比上年提升 1.3%,较行业增幅 6.5%;累计发展用户数 47769 户,比上年增长 9.3%,出账用户数 36894 户,比上年末净增 4191 户;4G 终端用户数 1.92 万户,4G 终端渗透率 40.6%,存量用户保有率 69.4%,户均流量 2036M。

【网络覆盖】 2019 年,阿瓦提县联通网络已覆盖县辖 3 个镇、5 个乡:阿瓦提镇、乌鲁却勒镇、拜什艾日克镇,阿依巴格乡、塔木托格拉克乡、英艾日克乡、多浪乡、巴格托格拉克乡。同时覆盖县内良种繁育场、丰收一场、丰收三场、兵团三团及 G217、S309 等道路。

阿瓦提现网站点 250 个,占全网 13.25%,是重点聚焦区域,主要分布在行政村、县城、乡镇场景;建设开通后实现阿瓦提县核心城区布局层覆盖(MR 覆盖率大于 96%);校园、乡镇覆盖较完善,校园覆盖率 100%,A 类乡镇覆盖率 100%;省内高速等高等级交通线覆盖较完善(覆盖率约 65.5%),行政村 4G 覆盖率为 70.97%。大型购物区域、综合楼宇室分覆盖率达 78.56%。其中 I 类楼宇覆盖率达 100%。阿瓦提室内网络分布主要覆盖区域为大型购物区域、公共场所、交通枢纽、综合办公楼宇。

【网络建设】 2019 年,LTE FDD 无线网新建(第一期)工程阿瓦提县新增 900M 站点 9 个,投资金额为 72.93 万元;原有站址改造升级 20 个,投资金额为 162.06 万元。新增基站网络覆盖区域场景包括行政村 8 个、省道 1 个。2019 年 LTE FDD 无线网新建(第一期)工程阿瓦提县站点 10 个,投资金额为 79.8 万元。L900 网络制式站点 2 个,U900 网络制式站点 8 个,其中网络覆盖区域场景包括县城 8 个、景区 2 个。

中国电信阿瓦提分公司

【公司简介】 2019 年,中国电信阿瓦提分公司办公楼和营业厅地址均在阿瓦提县城团结西路 8 号。主要经营电信业务发展、挖潜新用户、拓展大客户、欠费收缴、客户维系、资金上缴、维护通信建设、基础管理工作等。

【电信业务】 2019 年,中国电信阿瓦提分公司网络已覆盖县辖 3 个镇、5 个乡:阿瓦提镇、乌鲁却勒镇、拜什艾日克镇,阿依巴格乡、塔木托格拉克乡、英艾日克乡、多浪乡、巴格托格拉克乡。县境内有良种繁育场、丰收一场、丰收三场、兵团三团。4G 覆盖率 95%,其中百分之百信号覆盖。

【企业管理】 2019 年,公司抓好党风廉政建设和企业反腐倡廉,围绕文明行业创建工作部署,加强文明单位和文明行业建设,组织开展好普法宣传教育活动,开展安全生产和综合治理工作,深入开展隐患排查和安全月活动,2019 年未发生信访、社会治安综合治理、计划生育、安全生产事故。

金　融

银行监管

·中国人民银行阿瓦提县支行·

【货币政策】 2019年，中国人民银行阿瓦提县支行贯彻执行稳健中性的货币信贷政策。截至11月末，全县人民币各项存款余额为72.94亿元，比上年少增加31656万元，占地区存款量4.4%。各项贷款余额为65.23亿元，比上年多增加90725万元，占比5.76%。存贷比达89.43%，高于地区20.45个百分点，实现了贷款比上年增速不低于9%的奋斗目标并高于目标18.57个百分点。2019年召开3次金融分析会，4次下农村开展信贷资金调研；向县农村信用联社转发了5次货币政策指导意见书；4次组织农村信用社领导参阅金融精准扶贫贷款先进经验材料，研讨金融如何助力民营小微企业发展；约见了2次县农村信用联社高管人员。

【政策宣传】 2019年，中国人民银行阿瓦提县支行通过参加党政会议交流汇报等形式，将中央经济金融和上级行工作会议精神，在党政、经济部门进行传达学习，同时通过横幅、LED电子屏、散发传单等货币政策传导形式将稳健货币政策和民生信贷政策传达给广大民众，营造好稳健货币政策贯彻落实的外部环境。至2019年11月末，阿瓦提县非金融企业及机关团体贷款余额为42.54亿元，占贷款总额的65.22%。

【扶贫贷款】 2019年，中国人民银行阿瓦提县支行根据《阿瓦提县关于落实国务院扶贫开发领导小组2019年脱贫攻坚督查反馈问题整改方案》以及《阿瓦提县关于落实国务院扶贫开发领导小组2019年脱贫攻坚督查反馈问题、建议的整改任务和措施清单》相关工作要求，安排专人上报《阿瓦提县金融扶贫工作汇报材料》《关于阿瓦提县金融扶贫再贷款使用管理情况的报告》。截至11月末，阿瓦提县联社累计为建档立卡贫困户1774户，13214人发放扶贫小额贷款共计5800.2万元，约支持13214人实现脱贫，贫困户贷款获得率达43%，扶贫小额贷款不良率为0。至2019年11月末，发放生源地助学贷款61笔32.13万元；涉农贷款较年初增加64736万元，新增涉农贷款占新增各项贷款的117.9%，高于目标70%的47.8个百分点。

【加化管理】 2019年，中国人民银行阿瓦提县支行严格扶贫再贷款管理，支行扶贫贷款领导小组与借款人签订责任书，明确责任。截至2019年11月末，支行累计向阿瓦提县联社发放扶贫再贷款共3笔11000万元。

采集农信社每笔同业往来业务，做到每笔资金存放报备并上报，掌握其资金使用合规性。至2019年11月末，信用社存放同业资金余额55000万元，再贴现票据34463.12万元。

按旬、月、季度监测农信社存款保险核算，指导信用社正确及时缴存存款保险费和加强经营管理，有效发挥支农主力军作用并逐渐壮大实力。至2019年11月末，农信社各项存款余额351411万元，比上年增长7.78%，较上年同期增加0.98个百分点，占县金融机构存款的48.48%。各项贷款余额300213万元,比上年增长37.77%,较去年同期增加了17.94个百分点,占县金融机构贷款46.02%。及时准确划缴存款保险保费。分别于2019年2月26日和2019年8月22日汇划2018年下半年和2019年上半年存款保险保费计62.47亿元。

【基础业务】 2019年,中国人民银行阿瓦提县支行做好取消开户许可证各项工作。加强单位人民币银行账户管理,执行《人民币银行结算账户管理办法》的规定开展人民币银行结算账户的开立、变更、使用和撤销管理工作,开展优化企业开户服务工作,规范阿瓦提县辖区各金融机构人民币银行结算账户管理,防范辖区金融风险。做好农村金融综合服务站创建工作。阿瓦提县支行组织辖区银行业金融机构大力发展支付结算配套服务设施基础建设,支付结算服务硬件设施取得了显著改善。截至2019年11月末,辖区农村综合金融服务站3个。

【国库、反洗钱和反假人民币业务】 截至11月末,阿瓦提实现中央级预算收入11907.54万元(税收收入11878.72万元,非税收入28.82万元),省级预算收入101.64万元,地市级预算收入12421.71万元,区县级预算收入46599.28万元(税收收入17438.72万元,社会保险基金收入18447.83万元,非税收入10712.73万元)。

督促辖区金融机构有效履行反洗钱义务,对辖区金融机构反洗钱工作进行了考核评级,并对反洗钱工作评级较差的金融机构的反洗钱分管领导进行约见谈话,督促其高度重视反洗钱工作,严格履行反洗钱义务。

【宣传工作】 2019年,中国人民银行阿瓦提县支行与县电视台联合在阿瓦提县各大宣传站点及电视网络播放2019年版第五套新版人民币宣传视频,进一步扩大了宣传力度。截至2019年12月,阿瓦提县银行业金融机构收缴假币共404张,面额35885.00元。

开展金融消费者权益保护工作。一是以“3·15”国际消费者权益日、“5·15”打击和防范经济犯罪宣传日、网络安全宣传周、“金融知识普及月”、“阿瓦提县第六届慕萨莱思文化旅游节”等,组织辖内各金融机构业务骨干在县城步行街、商铺、学校、社区、驻村点等地开展金融知识普及宣传活动。积极创新宣传渠道,与县广电局联合在阿瓦提县各户外大屏幕及电视滚动播放宣传视频。二是积极推动金融知识纳入国民教育体系工作,组织辖内银行业金融机构教师团队,持续开展金融知识进课堂活动。截至2019年11月末,共开展活动5次,受益学生共257人。

【法治央行建设】 2019年,中国人民银行阿瓦提县支行推行法律顾问制度,外聘1名专业法律顾问于11月5日举行聘请法律顾问续约仪式,保障依法履职活动的顺利开展和促进行政管理能力不断优化。积极组织开展法制宣传进校园、法律知识讲座等活动。

·中国农业银行股份有限公司阿瓦提县支行·

【概况】 中国农业银行股份有限公司阿瓦提县支行(以下简称农行阿瓦提县支行)现有办公楼1栋,家属楼2栋,内设风险管理部和三农金融部。营业网点5个:支行营业部、光明路支行、博斯塘营业所、丰收三场支行、乌鲁却勒镇支行。在编员工61人、劳务派遣员工3人、内退员工2人、退休员工16人,党员44人。

【党的建设】 2019年,农行阿瓦提县支行党总支组织集中学习研讨23次,其中学习党规党章及习近平总书记的讲话 9 次，脱贫攻坚学习研讨 7 次，“不忘初心、牢记使命”主题教育专题研讨 6 次，学习宣传贯彻中共十九届四中全会精神 1 次。组织开展迎“七一”主题党日活动，“不忘初心、牢记使命”庆祝中华人民共和国成立 70 周年主题党日，观看爱国电影《我和我的祖国》《榜样 4》专题节目。组织全行党员干部赴“阿瓦提县反腐倡廉预防职务犯罪警示教育基地”开展警示教育。

【存款业务】 2019 年，农行阿瓦提县支行各项存款日均余额为 19.74 亿元，较年初增长 1.79 亿元，增幅 9.06%，完成计划任务 1380%，其中个人存款日均余额为 9.39 亿元，较年初增加 3797 万元，完成增量计划的 90.40%；对公存款日均余额为 10.34 亿元，较年初增长 1.42 亿元，完成分行增量计划的 688%，其中公司存款较年初增加 1.46 亿元。各项存款时点 19.70 亿元，较年初增长 1.66 亿元，其中个人存款时点数 10.06 亿元，对公时点余额为 9.63 亿元。

【贷款业务】 2019 年，农行阿瓦提县支行各项贷款余额为 5.26 亿元，较年初增长 2983 万元。其中法人贷款余额为 4.42 亿元，较年初增加 3831 万元，个人贷款为 8386 万元，较年初减少 848 万元。全行不良贷款余额为 224 万元，贷款不良率为 0.43%，不良贷款率控制在分行计划内。

【营业收入】 2019 年，农行阿瓦提县支行实现营业收入 5345 万元，比上年增加 670 万元；实现中间业务收入 755 万元，比上年增加 124 万元；实现净利润 2588 万元，比上年增加 553 万元。绩效考核全年名列前茅。

【脱贫攻坚】 2019 年，农行阿瓦提县支行加大金融服务半径。在阿瓦提县乌鲁却勒镇新设一个农村网点，12 月份已投产使用，全年共设立惠农通服务点 154 个，乡镇覆盖率 100%，村覆盖率 78.62%。支行推出“农行 + 扶贫龙头企业 + 贫困户”的金融扶贫模式，通过产业扶持，向扶贫龙头企业新疆鲁泰丰收棉业有限公司、新疆鲁泰纺织有限公司累计发放 6.12 亿元，其中发放扶贫贷款 2.49 亿元，支持和带动贫困人口 4500 人，帮助建档立卡贫困人口近 578 人脱贫，切实将精准扶贫落到实处。打造金融扶贫、稳定脱贫的长效机制，全年累计发放惠农 e 贷 7354 万元。

【市场拓展】 2019 年，农行阿瓦提县支行加快“新棉通”业务应用和推广。借助“新棉通”业务，对县域棉花加工企业开展营销“新棉通”业务，重点对接阿瓦提县金泰棉业有限责任公司、阿克苏瑜棉农业有限责任公司、新疆华孚恒丰棉业有限公司等自治区公示的棉业收购加工企业，提前开展评级授信，给予信贷支持，实现贷款投放。在春耕备耕的关键时点，实现了“惠农 e 贷”投放做好贷后管理工作。服务优质民营企业、小微企业和县域客户，推广“微捷贷”“简式贷”等线上和线下特色产品，开展电子银行承兑汇票质押贷款，提升支行普惠金融服务能力。通过乐分易、外呼和自动分期等新业务开展分期外呼营销，做大分期外呼规模。营销乐分易白名单客户，通过邀约客户，做强分期业务。

【对公存款】 2019 年，农行阿瓦提县支行开立新设机构账户对接相关部门，了解企业入驻情况，对接棉花收购企业季节性收购资金的代付，加强农业发展银行的合作，做好引存和留存工作。重点加大对党政、财政、社保、公积金、教育资金账户的客户维管，提升对公存款增量。

【风险防控】 2019 年，农行阿瓦提县支行不良管控力度持续加大落实总分行“净表计划”，对不良贷款实行行领导包干处置和督办机制，逐户化解不良风险，不良贷款率控制在分行计划内。严把信贷准入调查关口，对在2家金融机构办理贷款信用意识差、还款意愿低的客户退出信贷名单，与中华联合保险公司合作对农户贷款进行贷款保证保险。确保信息系统安全稳定运行，保证重大节日节点的安全生产，实现全年“零案件”目标。

【队伍建设】 2019年，农行阿瓦提县支行不断提升队伍素质做好岗位职业轮训、重点培训及业务条线短期适应性培训等工作，全年共举办各类培训6期，累计培训336人次。推进人文关怀，以实际行动取信于员工、取信于基层。2019年荣获自治区文明单位称号。

·中国工商银行股份有限公司阿瓦提县支行·

【概况】 中国工商银行股份有限公司阿瓦提支行（以下简称工商银行阿瓦提支行）下设营业部和市场营销部两个部门，主要从事各级行政、事业单位、企业、城乡居民的存款、贷款以及各项代理业务。2019年年末，工商银行阿瓦提支行共有员工23人。

【业务经营情况】 2019年，工商银行阿瓦提支行各项存款余额为94778万元，较年初增加762万元，增长0.8%。其中对公存款54872万元，较年初减少3200万元，下降5.5%；储蓄存款余额39905万元，较年初增长3962万元，增幅11%。各项贷款余额合计91608万元，较年初减少12.57%，其中公司贷款83242万元，较年初下降13803万元，降幅14%，个人贷款8366万元，较年初增长643万元，增幅8.3%。全年实现拨备后营业利润2817万元，净利润2108万元。

【网点智能服务】 2019年，工商银行阿瓦提支行以提升服务品质，增强竞争力为目标，不断改进服务创新营销模式，持续推广自助渠道业务，加大智能设备投放，以“三融”产品和自助设备为核心，通过持续实施优化资源、软硬结合、内外兼顾、上下互动等策略，客户体验有所提升。

【信用分期助力消费】 2019年，工商银行阿瓦提支行始终把信用分期业务作为支行转型发展、创收增效、服务客户的重要工作，推进信用分期业务快速发展，全年新增信用分期交易额3630万元，提升了客户消费能力，助力县域经济发展。

·中国农业发展银行阿瓦提县支行·

【概况】 中国农业发展银行阿瓦提县支行成立于1997年10月7日，2019年单位面积为2851.79平方米。内设科室有财务会计部、信贷部、办公室，现营业场所地址位于阿克苏地区阿瓦提县光明北路13号，经营范围包括：经营中国银行业监督管理委员会依照有关法律、行政法规和其他规定批准的业务及咨询顾问业务。

【经营成果】 2019年，中国农业发展银行阿瓦提县支行经营的主要产品有粮棉油收购资金供应、特色小镇项目建设、棚户区改造、农村路网建设等中长期贷款项目、存款、中间业务，中长期贷款项目，2019年产值328.57万元，比年初增加205.25万元，比2018年同期增加205.25万元；资产利润率0.29%；成本收入比91.44%。

【存款业务】 2019年，中国农业发展银行阿瓦提县支行各项存款余额38044万元，比年初下降3372万元；各项存款日均余额29356.32万元，比年初增加5674.11万元，上级行下达支行 2019 年度日均存款目标任务为 33000 万元,已完成目标任务的 88.96%。日均存款增加的主要原因:本年度累计营销财政性存款 3810.98 万元;营销通知存款 6500 万元;通过网银支付粮食、棉花收购资金增加了 6000 万元日均存款。营销贷款企业上下游客户 1 户,营销非贷客户 3 户。

【贷款业务】 2019 年,中国农业发展银行阿瓦提县支行各项贷款余额 192566.49 万元,比年初增加 57676.79 万元,比去年同期增加 54480.85 万元。贷款业务主要为购销企业小麦收购贷款 2436 万元,地方储备粮油贷款 1342.99 万元;购销企业棉花收购贷款 74333 万元;购销企业棉花调销贷款 7165 万元;棚户区改造贷款(项目)17412.5 万元;农村路网建设贷款(项目)20673 万元;2019 年经济技术开发区基础设施建设(项目)9833 万元;政策性财务挂账贷款 347 万元。

【中间业务】 截至 2019 年 12 月 17 日,实现中间业务收入 30.64 万元,比年初减少 14.52 万元,比 2018 年同期增加 14.52 万元。中间业务收入构成主要是保险手续费收入。

【基金业务】 2019 年,中国农业发展银行阿瓦提县支行重点建设基金余额 8200 万元,主要是阿瓦提县多浪部落基础设施建设项目 1500 万元,阿瓦提县 2016 年棚改建设项目 6700 万元。

【利润情况】 2019 年,中国农业发展银行阿瓦提县支行账面利润 328.57 万元,比年初增加 205.25 万元,比 2018 年同期增加 205.25 万元;资产利润率 0.29%;成本收入比 91.44%。

【会计结算】 2019 年,中国农业发展银行阿瓦提县支行大力推广网银,截至 11 月 30 日,全行开户企业 96 家,网银开户 42 户,开户企业网银覆盖率达 41.7%,其余客户基本上为零星无业务客户,阿瓦提县支行电子汇划业务网银替代率达 97.66%。会计结算部门应轮岗坐班主任 1 人,综合柜员 2 人,全年轮岗应轮尽轮,圆满完成轮岗任务,柜面结算人员由 38 岁下降到 24 岁,实现了柜面结算人员年轻化。

【党的建设】 2019 年,中国农业发展银行阿瓦提县支行开展“不忘初心、牢记使命”主题教育活动,在学习中坚持主要领导亲自抓,分管领导具体抓,全体党员干部职工参与。全年,党支部共召开党支部大会 6 次,支委会 10 次,上党课 6 次,组织党员学习 33 次,支行员工撰写心得体会 36 人次。

·阿瓦提县农村信用合作联社·

【概况】 2019 年,阿瓦提县农村信用合作联社有法人机构 1 个,营业网点 15 个。共有在岗员工 153 人。县联社内设八部一室(分别为会计结算部、计划财务部、信贷与农贷管理部、审计部、检监察部、城市金融业务部、资产风险管理部、安全保卫部和党建办公室),下辖 16 个营业网点,其中城区网点 6 个,农区网点 10 个,营业网点遍布阿瓦提县各乡镇。

【存款情况】 2019 年,阿瓦提县信合联社各项存款余额 348958 万元,较上年增加 1056 万元,增幅为 0.3%,其中储蓄存款为 237553 万元,比上年减少 15156 万元,降幅为 6.0%;对公存款为 111405 万元,比上年增加 16212 万元,增幅为 17.03%。

【贷款情况】 2019 年,阿瓦提县信合联社各项贷款余额为 313674.1 万元(若剔除票据 284154.54 万元),较上年末增加 65093.5 万元,增幅为 26.19%;本年累计发放各项贷款 302885.45 万元,比上年同期增加76345.56万元，其中累计发放农业贷款237760.9万元，占全部累计发放贷款的78.5%以上。

【盈利情况】 2019年，阿瓦提县信合联社实现各项收入23877万元，较上年同期增加3577万元，其中利息收入20934万元，占总收入87.67%；实现税前利润8475万元，净利润达7216.88万元。

【中间业务】 2019年，阿瓦提县信合联社共计新增银行卡26309张（含社保卡），累计总发卡量达到400392张（含社保卡），超额完成了2019年全年卡发放任务。共计布放34台ATM机，新增特约商户190户，累计布放POS终端888台，布防社保缴费POS机178台，助农取款POS机83台，新增银信通客户29959户，个人网上银行新增7275户，累计31766户，新增企业网上银行202户，累计464户；新增手机银行用户6300户，累计29986户；新增条码支付商户1078户，实现交易笔数28万笔，金额3345万元，办理ETC车辆4925辆。

【员工培养和管理】 2019年，阿瓦提县信合联社举办会计结算部智慧终端建联收单培训，此次培训人数30余人。9月联社工会特聘达人咨询培训专业老师举办服务与营销提升培新，参加人员120余人。与阿依巴格乡玉斯屯克库拉斯村进行联谊，共同举办庆“五一”“五四”文体活动，参加人数70余人。与阿瓦提县财政局联谊，举办乒乓球比赛、羽毛球比赛等文体活动。扎实开展“不忘初心、牢记使命”主题教育活动，9月全体党员赴359旅纪念馆参观，并举办红歌大合唱。

·中国邮政储蓄银行股份有限公司·

【概况】 2019年，中国邮政储蓄银行阿瓦提县支行（以下简称邮储银行阿瓦提县支行）共有员工24人，其中男员工9人，女员工15人，汉族员工13人，少数民族员工11人，党员6人，下设三个部门：营业部、信贷部、办公室，两个营业网点：光明路支行、丰收三场支行。

【存款业务】 2019年，邮储银行阿瓦提县支行存款余额18471万元，较上年末下降199万元。公司业务余额8346万元，较上年末8339万元上升7万。

【中间业务】 2019年，邮储银行阿瓦提县支行销售理财日均保有量3630万元，保险销售趸交173.3万元。信用卡发卡实际完成1086张，商易通结余2部，POS机结余66部。

【信贷业务】 2019年，邮储银行阿瓦提县支行加快消费贷款，传统个商小企业贷款等贷款发放，支行本年由于受市场环境影响，风险骤增。截至年底，贷款余额4236.52万元，逾期金额为48笔890.16万元。

【收入完成情况】 2019年，邮储银行阿瓦提县支行自营业务累计完成1034.43万元，完成计划59.31%，欠收入709.57万元，个人金融业务收入完成542.46万元，完成计划91.94%，公司业务收入完成173.1万元，完成计划7.66%，信贷业务累计完成318.86万元，完成计划35.08%。利润完成456.4万元。

【制度建设】 2019年，邮储银行阿瓦提县支行以“深入贯彻学习中共十九大精神暨强监管严问责年”为契机，严堵风险漏洞，邮储银行阿瓦提县支行坚持晨会制度，周一定期召开全行会议，用上班前半小时学习有关政策，法律法规，文件以及有关的工作部署，加强内部控制，针对2019年各项业务发展措施，实施VIP客户战略，需要相聚推出的VIP客户。定期汇报制度，客户投诉有奖制度的设立了周月奖考评制度。按照存款完成计划数，储蓄净增等数据库。按周月进行通报，对表现优异者给予物质和精神奖励，执行金融行业内控管理制度。

保　　险

·中国人寿保险股份有限公司阿瓦提县支公司·

【概况】　中国人寿保险股份有限公司阿瓦提县支公司（以下简称县寿险公司）经营涵盖寿险、人身意外险、健康险、年金等人身保险的全部领域。共有营销人员 206 人，其中正式员工 8 人，劳务派遣 4 人，业务员 194 人。下设个险营销部、团险营销部、银保部及客户服务中心 4 个部门，个险营销主要面向独立个体客户销售健康险、意外险、养老险等，团险销售部主要面向团体、企事业单位、乡镇、学校销售人寿意外险、雇主责任险等，银保部主要负责商业银行代理保险业务的培训和管理工作。客服中心负责保单理赔、保单保全、咨询服务。

【保费收入】　2019 年，县寿险公司累计总保费 5374.05 万元。2019 年首年期交保费 1237.43 万元，长险首年标准保费 740.17 万元，10 年期以上期交保费 714.39 万元，赔款金额 403.33 万元。短险保费 340.71 万元，其中意外险保费 153.82 万元，短险健康险保费 151.48 万元，一年期交定期寿险 35.41 万元，赔款金额 111.86 万元。银行代理标准保费 13.97 元，期交保费 49.38 万元，短险保费 4.69 万元。

【风险管理】　2019 年，县寿险公司公司防范监管风险工作，各部门按照地区分公司排查要求开展金融风险自查、排查。对检查存在的问题不隐瞒、不回避，认真做好整改。针对销售环节的重点风险开展风险警示教育培训。在公司内部开展反洗钱自查工作，做好源头的把控。通过摆点宣传、手机、朋友圈发送警示教育案例及基础知识等活动开展反洗钱、非法集资、保险欺诈的危害宣传。

【社会责任】　2019 年，县寿险公司下派 2 名干部前往社区驻村点开展“访惠聚”工作，公司安排 4 名员工每月 4 次进社区开展工作，为居民宣讲国家惠民政策、人身险知识、惠民政策。举办“民族团结一家亲”活动，开展慰问贫困户及节日慰问活动，为贫困户购买大米、清油、面粉，等生活物资。

【经营发展】　2019 年，县寿险公司以互联网络平台为载体。利用电话、互联网、手机等多种便民服务模式，先后制定开通国寿中国人寿寿险 App、国寿 E 保通及微信公众号，开启全流程科技时代，实现客户在电脑及手机上就可以查询缴费、变更、借款、生存金红利的领取、申请理赔等一系列服务。操作简便，流程易懂，使客户足不出户就能享受便捷服务。

·中国人民财产保险股份有限公司阿瓦提支公司·

【概况】　中国人民财产保险股份有限公司阿瓦提县支公司（以下简称人保财险阿瓦提县支公司）是经国务院同意、中国保监会批准，于 2003 年 7 月中国人民保险集团公司发起设立的、亚洲最大的保险公司。2019 年人保财险阿瓦提支公司实有 138 人，占地 300 平方米；内设科室有经理室、综合部、营销部、出单分部、理赔部、三农服务部、驻村工作组、非车险综合部、车险综合部、客户服务部。经营财产保险、意外伤害保险和短期健康保险业务，大型商业风险、政府采购、行业统保集中性业务。

【业务情况】 2019 年,人保财险阿瓦提县支公司收取保费 23677.57 万元,比上年增幅 4476.67 万元,增速 23.31%。其中财产险保费 357.52 万元,增幅 34.82 万元,增速 10.79%;车险 4740.01 万元,增幅 1079.48 万元,增速 29.49%;货运险 14.68 万元,增幅 -60.72 万元,增速 -22.69%;农险 15487.84 万元,增幅 3039.86 万元,增速 24.42%;信用保证险 107.47 万元,增幅 33.5 万元,增速 45.29%;意外健康险 1982.42 万元,增幅 143.17 万元,增速 7.78%;责任险 987.65 万元,增幅 168.53 万元,增速 20.57%。

·中华联合财产保险股份有限公司阿瓦提县支公司·

【概况】 中华联合财产保险股份有限公司,成立于 1986 年,现隶属国家财政部,是我国第二家具有独立法人资格的国有独资保险公司。位于阿瓦提县光明北路 109 号三河建工小区 2 号综合楼处,公司成立于 2005 年 2 月。2019 年有员工 12 名,其中:经理 1 名,经理助理 1 名,农险查勘员 2 名,员工 8 名。

【经营险种】 2019 年,中华联合财产保险股份有限公司开办的保险种类有:机动车辆保险:机动车交通事故责任强制保险、机动车商业保险;责任险:道路客运承运人责任保险、火灾公众责任险、安全生产责任险、雇主责任保险;家庭及个人财产险;企业财产险;意外险:出入平安驾乘人员意外伤害保险 A 型/C 型(2014 版)、出入平安驾驶员意外伤害保险 A 型/C 型(2014 版)、驾校学员人身意外伤害保险 A 型、C 型(2014 版)、乘客意外伤害保险 A 型/C 型(2014 版)团体人身意外伤害保险 A 型/B 型/综合型(2014 版)、长期借款人人身意外伤害保险、短期借款人人身意外伤害保险、学生、幼儿平安意外伤害保险(2014 版)、建筑工程施工人员团体意外伤害保险 B 型(2014 版);信用保证险;种植业保险;养殖业保险。

【业务经营】 2019 年,中华联合财产保险股份有限公司以车险为龙头,服务“三农”政策性农业保险为发展。自 2016 年开始与阿瓦提县农村信用合作联社合作承保借款人人身意外伤害保险、棉花及养殖业保险,承保理赔质量逐步提高。

【理赔情况】 2019 年,中华联合财产保险股份有限公司支付赔付款 820 万元,全年,中华财险阿瓦提支公司为县广大客户群众提供了优质高效的理赔服务。

【服务保障】 2019 年,中华联合财产保险股份有限公司建立了可持续协调发展的长效机制及核心优势、风险管理办法和操作流程,使承保、理赔及风险管控更趋制度化、流程化和规范化,理赔流程和服务等主要环节更为专业、更为快捷,5000 元以下的赔款当日即可结案。

城乡建设与管理

城乡建设

【概况】 阿瓦提县住房和城乡建设局(简称阿瓦提县住建局)成立于1984年,旧称阿瓦提县基本建设委员会,1985年改为建设局,2012年10月9日正式更名为"阿瓦提县住房和城乡建设局"(简称"住建局")。住建局下设:党政办公室、财务室、建管室、住房保障办、质监站、征收办、环卫站、房管所、城建监察大队、环卫中心、园林绿化服务中心、市政办、规划室13个科室。

【城乡规划】 2019年,阿瓦提县规范城乡规划管理工作,推进简政放权工作,精简行政审批事项,规范城乡规划许可核发程序,优化审批服务,提高审批效率,落实规划强制性内容和约束性指标。全年共计核发建设项目选址意见书28件,建设用地规划许可证20件,建设工程规划许可证37件,乡村建设规划许可证26件,规划设计条件通知书103件。完成县城及乡镇86个建设项目的选址。

【城区绿化】 2019年,阿瓦提县新增绿化总面积约2公顷,完成任务的100%,完成新增绿地灌溉系统的安装调试,完成所有林带灌溉系统的装修调试、花草的病虫害防治、所有树木花草的剪修整形、树木花卉的种植。

【城镇规划】 2019年,阿瓦提县完善规划编制体系,结合县城总体规划,开展县城控制性详细规划(编制范围覆盖县城总规划确定的用地范围的100%)和城区供热、供水、排水、道路、燃气、绿地系统、抗震防灾、环卫、城市近期建设、地下管网综合、特色风貌、消防12个专项规划的编制工作,截至年底规划成果已全部编制完成。

【城市道路】 2019年,阿瓦提县开展路灯维护工作,确保道路照明运行正常。对城区16条道路道路路灯进行管护、维修、21个十字路口红绿灯,更换蒸流器70个、灯泡240个,维修配电柜5处、更换电缆12平方米。团结路安装过街灯15条,博斯坦路安装"中国梦"46个。对景观带一、二、三标段更换灯管、灯泡124只,交流接触器35个,空气开关56只,维修250余盏灯不亮的问题,大修景观灯20余次。对城区9处红绿灯进行维修。更换倒计时器2套、红绿灯控制器5个、发光盘8个。维修人行道400平方米,对城区1100盏路灯进行喷漆,维修城区绿化围栏损坏85处,督促相关单位更换井盖子50次,对丰收路、博斯坦路、光明路的路灯电缆进行更换。更换安装城区光明路、团结路、夜市两侧绿化带护栏,其中光明路安装长度约2200米,团结路安装护栏长度约1800米,夜市安装程度约500米。城区道路隔离栏安装2114米。拆除县城内不符合标准的9条减速带。

【安居富民工程】 2019年阿瓦提县实施农村安居工程任务2936户,其中阿瓦提镇48户、乌鲁却勒镇966户、拜什艾日克镇824户、英艾日克镇270户、阿依巴格乡394户、塔木托格拉克乡222户、多浪乡106户、巴格托格拉克乡85户、丰收片区21户。截至年底,竣工2936户,入住2287户,完成任务的100%,同时完成纸质档案及网上档案的"实名制"制作。

【城市基础设施建设】 2019年，阿瓦提县开展天然气管网建设项目，该项目总投资为1000万元，天然气门站至六中段铺设管网3865米，管径为108毫米；天然气母站至拜什艾日克镇产业园区段铺设管网9151米，管径为159毫米，完成投资1000万元，该项目全部完工。阿瓦提县经济技术开发区污水处理基础建设项目，该项目总投资为5000万元。截至年底，该项目开始进行桩基工程施工，根据水位高低由浅到深进行打桩施工，完成桩基工程的25%。

【城市管理宣传工作】 2019年，阿瓦提县城市管理实行领导责任制，围绕解决城市管理的"顽症"以及严重影响城市形象、长期困扰城管工作的难题，推进城市优先发展。印制宣传材料500份并发放到沿街门市和市民，倡导市民文明之举。

【城市管理专项整治】 2019年，阿瓦提县累计开展整治大行动为13次，出动执法人员1350人次、2800场次；对店外经营、占道经营、乱摆乱挂等行为的巡查，发现违规行为共3050次，对违规人员进行批评教育处理；清理流动商贩1360余次，进行批评教育处理；处理机动车辆共2529辆，其中按简易程序处理的共2305辆（批评教育985辆、行政处罚1320辆）；处理非机动车辆违规行使，乱停乱放的行为共254辆，其中处罚96辆，批评教育158辆；发出通行证共9900份，处理未办通行证行驶城内道路的货车共555辆，进行批评教育；乱堆乱挖共53处，进行批评教育；拆除各类违章建筑共106处，面积为11483.51平方米，净化了市容环境；受理群众来信来访投诉8次，来电投诉3次，共11次，都进行实地核实并处理，得到群众的满意；2019年的罚没金额为31.191万元。

【队伍建设】 2019年，阿瓦提县住建局统一印制了《阿瓦提县城市管理行政执法制度指南》，实现人手一册，遵照执行。城建监察大队组织共举办行政法律、法规培训讲课30学时，结合工作中的实际案例分析案卷讲课2次，开展集中业务学习共36场次，每天10分钟军训200余次，对市民进行相关的宣传工作共2次，真正提高了执法人员运用法律解决问题的能力，有效强化了队伍建设。

【棚户区改造】 2019年，阿瓦提县住建局实施棚户区改造小区外配套基础设施建设项目，建设地点位于奉贤路、多浪路、尚府裕都及团结东路延伸段（永鑫商贸城至四中），实施地面硬化约10140平方米，供排水管网约2700米，供电管网约1523米，供气管网约2812米，道路250米，绿化、亮化等配套基础设施，总投资5934万元。截至年底，3个项目已竣工验收，1个项目已结转至2020年继续实施。

棚户区改造小区内配套基础设施建设项目，建设地点位于艾德莱斯小区内，实施地面硬化3900平方米，供排水管网800米，绿化、亮化等配套基础设施，总投资444万元。截至年底，该项目已竣工验收；实施2019年工业园区公租房及幸福社区公租房配套基础设施建设项目，总投资3034万元，截至年底，该项目已完成可研、环评、用地、工规等前期资料，招投标已结束，该项目已结转至2020年继续实施。

2019年，上级下达我县棚户区改造任务1200户，概算总投资2.6亿元，均采用货币化补偿方式。征收办按照棚改拆迁规划，提前有序完成棚改入户调查及拆迁公告发布工作，截至年底，已签订棚改征迁协议1200户，协议签订率达100%。2019年征收城市经营性用地、城市基础设施建设用地共12宗。

【保障性住房建设】 2019年，

阿瓦提计划实施保障性住房1517户，总投资1.21亿元，建筑总面积60680平方米。截至年底，531套公租房开工建设并已竣工验收，剩余986套保障性住房已完成项目立项、用地、环评等前期手续，已完成招投标，施工许可证也已办理完毕。

【公租房清查】 2019年，阿瓦提县住房保障办联合阿瓦提镇开展公租房清查行动，宣传做好公租房相关政策法规解释工作，对城镇廉租房和公租房进行全面清理。重点清查了7个公租房小区存在的转租、转借、欠缴房租、违规装修等问题。全年共清查5292套公租房，整治违规转租转借公租房110套，清退转租房屋85套，剩余25套正在办理退房手续。追缴历年房租246.69万元。

【工程质量监督】 2019年质量安全监督站全面开展工程建设项目质量安全监督工作，监督工程142项，受监面积49.38万平方米，其中跨年度工程21项，受监面积21.56万平方米，2019年新开工工程121项，受监面积27.82万平方米。竣工验收工程85项，面积5.64万平方米，通过竣工验收备案的工程有24项，包括跨年度累积工程，面积5.33万平方米。

质监站开展工程质量安全专项治理和监督检查工作，加大处罚和治理力度，全年共开展质量安全专项治理检查17次，工程质量安全现场监督服务26次，签发建设工程质量安全整改通知书174份，局部停工15份，行政处罚9项，金额13.73万元。

接受消防验收工作以来，消防验收已受理47项、验收39项、合格21项、不合格18项、合格率46.15%。

全年未发生建设工程质量安全事故，未发生造成重大不良的伤害事故。

环境保护

【水环境监测】 2019年，阿瓦提县水、大气环境质量监测聘请第三方监测公司新环检测公司对水环境质量进行了监测。县域地表水断面名称为玉满闸，水质目标为Ⅲ类，断面位于阿克苏老大河，2019年聘请第三方监测公司对地表水共监测12次，水质均达到或优于Ⅲ类。县域地下水监测主要为城乡饮用水水源地，全年共监测12次，水质均达到或优于饮用水III类标准。

【大气环境检测】 2019年，阿瓦提县环境空气质量监测点位有三个，两个为手工监测，分别位于光明中路1号综合办公楼院内和体育馆院内，主要监测项目为可吸入颗粒物（PM_{10}）、二氧化硫（SO_2）和二氧化氮（NO_2）3项指标。2019年由第三方监测公司新环检测公司监测4次，因沙尘暴影响，全年部分时段空气质量不佳，多数时段空气质量优良。另一个监测点位位于河滨二区环保局楼顶，为大气自动监测，主要监测项目有SO_2、NO、NO_2、NO_x、CO、O_3、PM_{10}、$PM_{2.5}$、气象五参数（包括风向、风速、温度、湿度及压力）。环境空气质量自动监测站系统可对环境空气质量进行24小时自动连续监测，包括采样系统、气体分析仪器、校准装置、气象系统、数据采集等。监测的数据通过网络传送至自治区环境监测中心站进行实时控制、数据管理及图表生成。

【废气污染防治】 2019年，阿瓦提县废气污染源主要有机动车尾气、餐馆油烟、加气站油气、燃煤锅炉、扬尘、秸秆焚烧等。

2019年，推进燃煤设施综合整治，淘汰燃煤锅炉12台。综合整治“散乱污”企业，对19家塑料制品行业进行专项检查，实施行政处罚3家。调整运输结构，出租车及公交车全部使用天然气，气化率达

100%。强化扬尘污染治理,对施工工地实施清单化管理,加强料场、堆场管控,县城至丰收三场、英艾日克镇、乌鲁却勒镇以及英艾日克镇至恰其村87.039千米道路改造升级,新建改扩建322.8千米,道路扬尘污染得到控制。做好挥发性有机物(VOCs)专项整治,19座加油站全部安装了油气回收装置,严格环保检测制度,全年淘汰黄标车478辆。

【废水污染防治】 2019年,阿瓦提县地表水环境质量好于国家Ⅲ类标准达100%,城乡集中式饮用水源地水质良好达标率100%。全面落实河(湖)长制,各级河(湖)长开展巡河(湖)1700余次。推进塔里木河阿克苏段水体达标方案的项目落地。完善污水处理基础设施建设,投资2964万元在县产业园区、四中至县城新建排水管网16.8千米,投资5000万元的县产业园污水处理厂项目已开工建设。开展工业污染防治,督促4家塑料制品企业建设废水循环池。县环源污水处理厂稳定运行,年减排化学需氧量1010吨,氨氮130吨。

【生态环境综合治理】 2019年,阿瓦提县完成植树造林3.84万亩,补植补造2万亩,实施重点防护林1.5万亩,全县绿化覆盖率显著提升,县城区绿化覆盖率达到40.08%。实施生态输水1.1亿立方米,灌溉林草面积18万亩。

【排污管理】 2019年,阿瓦提县环保局督促企业在国家排污许可网站申报登记,2019年,核发了阳光热力有限责任公司、西域沙源屠宰场、向阳热力有限责任公司、红宝石慕萨莱思厂、国能阿瓦提生物发电有限公司、环源污水处理有限责任公司、西域慕萨莱思有限公司7家企业核发排污许可证。

【节能减排】 2019年,阿瓦提县环保局在控燃煤方面,开展燃煤锅炉专项行动,推动开展燃煤锅炉煤改气改造,淘汰分散小燃煤锅炉12台,部分新建小区安装壁挂炉,实行供热计量收费。在抑扬尘方面,实施建筑工地和建筑垃圾运输车辆专项整治,推动建设重点污染源企业抑尘工程,主干道定期洒水降尘。在治尾气方面,规范运行2座机动车监测站,加强机动车环保标志管理,2019年淘汰黄标车478辆。进一步完善污水处理基础设施建设,投资2964万元在县产业园区、四中至县城新建排水管网16.8千米,投资5000万元的县产业园污水处理厂项目已开工建设。积极开展工业污染防治,督促4家塑料制品企业建设废水循环池。县环源污水处理厂2019年稳定运行,预计年减排化学需氧量1010吨,氨氮130吨。

【环境监察】 2019年,阿瓦提县环保局组成联合工作组对县城污水处理厂、集中式饮用水源地和全县砖瓦行业、医疗废物及污染处理和生态等环境安全隐患重点排查对象进行了现场执法,全面做好了环境风险防范工作。全年办理行政处罚案件11件,其中查封(扣押)案件2件,罚款案件9件。办理信访案件5件,案件办理率100%,群众满意率100%。

【环境调查与科研】 2019年,阿瓦提县环保局开展生物多样性保护调查。阿瓦提县胡杨林野生动物自然保护区于1994年被县人民政府批准建立为县级自然保护区,于2008年经行署批(阿行署批〔2008〕10号)升格为地区级自然保护区。面积为1873.6平方千米(187360公顷),保护区范围:塔里木河的交叉处及和田河、叶尔羌河在阿瓦提县行政区内的部分,主要保护对象为胡杨林及野生动物。栖息于保护区内的野生动物45种,其中属国家一级重点保护动物的有4种,属国家二级重点保护动物的有14种,属自治区一类保护动物的有2种。保护区内的植物有18种，主要有胡杨、灰叶胡杨、红柳、甘草、罗布麻、大芸、芦苇、盐穗木、芨芨草、骆驼刺、沙棘、白刺、铃铛刺、醉马草、牛蒡、苦豆子、蒲草、三棱草。

饮用水水源地基础环境调查与评估。城乡水源地于2011年开工建设，2013年基本完工并已向包括县城及周边乡镇在内的城乡群众供水。根据《关于印发〈阿瓦提县城乡饮用水水源地环境隐患整改方案〉的通知》的要求，先后3次带领水利、交通、农业、环保等部门联合开展县级集中式饮用水源保护地进行排查，对发现的问题及时整改到位。同时，为准确掌握水源地信息资料，专门委托专业部门编制完成《阿瓦提县集中式饮用水水源地环境状况评估报告》和水源地矢量图信息，并及时上报自治区。

【生态保护】 2019年，阿瓦提县环保局加强生态创建。申报巴格托格拉克乡、乌鲁却勒镇2个自治区级生态乡（镇）、2个自治区级生态村。全年办理环评报告表22个，网上备案环评登记表310个，开展环保竣工验收项目5个，环评执行率100%。利用广播电视、户外大屏播出环保主题公益广告18000条次，播出环保会议和法律法规知识200期次；开展“6·5”及其他环保宣传活动3次，发放宣传资料30000余份，环保袋5000余个。配合做好区域空间生态环境评价编制工作。广泛征求意见，召开座谈会，多次听取相关部门的评审意见，收集相关单位资料做好编制工作。完成植树造林3.84万亩，补植补造2万亩，实施重点防护林1.5万亩，全县绿化覆盖率显著提升，县城区绿化覆盖率达40.08%。实施生态输水1.1亿立方米，灌溉林草面积18万亩。

财政·税务

财　　政

【一般公共预算收入】 2019年,阿瓦提县一般公共预算收入完成26805万元,较上年增收3167万元,增长13.4%,税收收入完成18663万元,较上年增收4064万元,增长27.8%,其中主体税种完成情况:增值税完成7352万元,较上年增长21.7%;企业所得税完成1578万元,较2019年下降26.1%;个人所得税完成919万元,较2019年下降42.8%;耕地占用税完成4092万元,较去年增长187.4%。非税收入完成8142万元,较上年减少897万元,下降9.9%。

【政府性基金收入】 2019年,阿瓦提县政府性基金收入8245万元,较上年增加5351万元,增长184.9%。

2019年阿瓦提县财政收入情况表

表3　　单位:万元

一般公共预算收入合计	税收收入							非税收入	政府性基金收入
	小计	增值税	车船税	个人所得税	企业所得税	耕地占用税	其他各税		
26805	18663	7352	1162	919	1578	4092	3560	8142	8245

【一般公共预算支出】 2019年,阿瓦提县一般公共预算支出完成384341万元,较上年增加49455万元,增长14.8%,为调整预算的105.1%。其中主要项目执行情况:一般公共服务支出36959万元,下降0.3%;公共安全支出29911万元,下降21.9%;教育支出85157万元,增长10.9%;社会保障和就业支出30198万元,增长26.1%;卫生健康支出31193万元,增长19.8%;节能环保支出8167万元,增长22.9%;农林水支出90701万元,增长17.5%;交通运输支出9708万元,下降26.8%;住房保障支出15967万元,下降29.1%。

【政府性基金支出】 2019年,阿瓦提县政府性基金支出25575万元,较上年增加14642万元,增长133.9%。

2019年阿瓦提县地方财政支出情况表

表4　　单位:万元

一般公共预算支出	公共安全	教育支出	社会保障	农林水	住房保障	其他	政府性基金支出
384341	29911	85157	30198	90701	15967	132407	25575

【教育事业支出】 2019年,阿瓦提县教育支出总投入85157万元,比上年增加8347万元,增长11%。安排资金1197万元,用于改善与提升义务教育薄弱学校基础设施;安排资金230万元,用于学前教育发展;安排资金6773万元。用于巩固和完善城乡义务教育经费保障机制,确保中小学正常办公教学的需要及寄宿生生活保障;安排2348万元,用于农村义务教育学生营养改善计划;安排2417万元,用于中等职业学校学生助学金、免学费、免住宿费以及普通高中助学金、免学费;安排资金600万元,用于现代职业教育质量提升计划工程。

【文化旅游体育与传媒支出】 2019年,阿瓦提县文化旅游体育与传媒支出总投入资金3375万元,比上年增加1152万元,增长52%。安排资金200万元,用于支持支持公益性文化设施免费开放;安排资金56.54万元,用于支持县台站中央广播电视节目无线覆盖工程(模拟)运行维护。安排资金12万元,用于非物质文化遗产和文物保护;安排资金93万元,用于支持阿瓦提县旅游发展事业。

【社会保障和就业支出】 2019年,阿瓦提县社会保障和就业支出总投入30198万元,比上年增加6254万元,增长26%。继续扩大各项社会保障制度的覆盖范围,初步实现人人享有基本社会保障,投入城乡居民养老保险补助资金2953万元。继续完善城乡最低生活保障制度,稳步提高低保标准和补助水平,拨付城乡居民最低生活保障补助资金7309万元。启动行政事业单位基本养老改革,拨付城乡居民最低生活保障补助资金7309万元。启动行政事业单位基本养老改革,机关事业单位基本养老保险缴费支出达17207万元。完善促进就业财税政策,重点解决高校毕业生、农村转移劳动力、城镇就业困难人员就业问题,继续加大就业困难人员和零就业家庭就业的政策扶持力度。

【卫生健康支出】 2019年,阿瓦提县卫生健康支出总投入31193万元,比上年增加5147万元,增长20%。安排资金10691万元,用于加快完善城镇职工医疗保险,推进城镇居民基本医疗保险制度;投入基本公共卫生、重大公共卫生服务补助资金2041万元,稳步扩大服务范围、提高服务标准。安排资金372万元,用于公立医院医疗服务与保障能力提升,加强公共生服务体系建设改善基层医疗条件。安排资金2393万元,用于计划生育奖励及扶持,确保计生工作扎实推进;安排资金2271万元,用于城乡医疗救助,完善和落实城乡医疗救助制度。

【保障性住房支出】 2019年,阿瓦提县完成住房保障支出12806.29万元。安排资金13931万元,支持保障性住房建设,改善城镇低收入家庭和城镇老旧小区改造;安排资金5613万元,支持危房改造项目。

【振兴农村建设】 2019年,阿瓦提县大力实施"访惠聚"村级惠民生项目,拨付美丽乡村、扶持村集体、国有农牧场改革、"惠民生"一事一议项目资金713万元。积极支持产业化发展,大力发展林果产业、农民专业合作社,拨付农机购置补贴等项目3800万元。积极推进扶贫工作,改善扶贫对象基本生产生活条件,2019年扶贫资金共到位14033万元。截至2019年12月31日支出13626.23万元,结转结余资金406.77万元,其中质保金322.41万元,结转结余率为2.9%。

【会计事务管理】 2019年,阿瓦提县财政局会计监督股紧紧围绕会计服务经济社会发展大局,重点抓好会计基础工作,推动会计管理工作信息化、法制化，做好会计人员信息质量监督检查，扎实推进政府会计制度落实，做好代理记账业务管理工作。完成全县350名财务人员的会计人员服务平台会计人员信息采集工作。按照规定对代理记账机构资质材料先进行现场审核、合格后进行网络审核并进行备案，不定期对代理记账机构业务开展情况进行检查，发现问题及时纠正。根据地区要求，对4个单位开展了会计信息质量检查，对发现的问题及时要求整改。

【财政监督】 2019年，阿瓦提县财政局督促地区财政局对乌鲁却勒镇、塔木托格拉克镇财政和监督检查中发现的问题进行整改落实；对2个单位下发了财政票据专项检查处理决定，要求限期整改；对阿依巴格乡卫生分院下发了财政检查处罚决定书，要求限期整改；聘请中介机构对阿瓦提县部分乡镇、管委会及扶贫开发办等9个单位的财政资金使用情况进行检查，通过检查发现一些问题，责令及时整改。

【会计培训】 2019年，阿瓦提县财政局做好县的内控制度的建设和实施工作。2019年2月，在县财政局举办了编制2018年度行政事业单位内部控制报告工作业务培训班，全县180余名财务人员参加培训。

【惠农补贴】 2019年，阿瓦提县财政局累计发放富民安居5613万元，共计2936户，棉花补贴59145.28万元，受益33607人。耕地地力保护补贴3757.75万元，农机购置补贴3800万元，共870户。生态护林员补贴7.35万元，大中型水库移民后期扶持资金174.54万元，困难群众救助补助7181万元，共计21099人，草原生态保护奖励765万元，515人次，计划生育奖励金2392.52万元，农村义务教育公用经费及取暖费3352.16万元。集中财力保障和改善民生，投入资金303161万元，占公共财政预算支出的78%。

【政府采购管理】 2019年，阿瓦提县财政局推广“政采云”服务平台，简化政府采购程序，节约采购人办事时间，促进政府采购更加阳光透明，提高工作效率。截至年底，共有225家预算单位入驻该平台，入驻率达100%，117家供应商入驻。各预算单位共提交采购预算金额21773.51万元，其中电子卖场交易1099.03万元，成交率86.16%。

【国有资产管理】 2019年，阿瓦提县严格按照《新疆维吾尔自治区行政事业单位国有资产处置管理办法》《新疆维吾尔自治区行政事业单位国有资产拍卖管理暂行办法》以及《阿克苏地区国有产权（资产）处置实施意见》的文件精神，对行政事业单位国有资产严把处置审批关，本着公开、公平、公正的原则，严格程序，依法操作。为防止国有资产流失，使预算单位账实相符、账账相符、账证相符，及时发挥投资效益，在全县范围内开展资产移交工作。

在处置资产时，按照法律规定的程序，聘请有资质的评估公司对固定资产进行评估鉴定后，由拍卖公司统一拍卖，固定资产残值上缴财政非税账户。

对行政事业单位国有资产的无偿调拨捐赠、出售、股权转让、报废、报损等国有资产处置，严格按照规定的程序报经人民政府审批后予以办理。

税务管理和服务

【税收收入】 2019年，阿瓦提县税务局组织各项收入32705万元，比上年增长12.88%，增收3732万元。组织税收收入31663万元，比上年增长12.68%，增收3562万元。组织非税收入1042万元，比上年增长19.5%，增收170万元。社会保险费收入33392万元。

2019年，累计完成地方公共财政预算收入19442万元，比上年增长27.22%，增收4160万元。

【减税降费】 2019年，阿瓦提县税务局累计享受增值税小规模纳税人减征地方税种和相关附加4113户，落实减税降费政策减免3810万元。

【税收征管】 2019年，阿瓦提县税务局在欠税管理方面及时协调税源进行追缴力度，并定期进行公告，1—9月共追缴欠税56.13万元。

【应用系统维护】 2019年，阿瓦提县税务局对前台无法处理的各类问题及时上报运维进行处理，1—9月共上报运维单据104条。动员业务骨干加班加点对区局下发的26批共计7000余条疑点数据进行清理，确保征管业务系统征期运行平稳有序。

【风险应对】 2019年，阿瓦提县税务局风险管理股风险应对总户数84户，其中纳税评估4户，查补税款23.41万元，纳税辅导80户，查补税款1935.68万元。增强上下联动的整体合力。通过深入一线、虚心请教、建立问题反馈钉钉群，与全县183名乡镇(街道)、社区劳动保障站所和村劳保协管员建立了紧密的协作关系，为城乡居民社保费平稳征收创造了优越的外部环境。强化办税渠道管理，完善修订管理办法、应急预案、办税服务厅绩效管理等制度规范，定期开展应急演练，强化办税服务厅运行监控，按月召开征期分析研判会，综合预判拥堵风险。

【纳税服务】 2019年，阿瓦提县税务局通过点对点入户宣传、电话宣传、办税服务厅显示屏、县广播电视台、公共交通工具等方式开展3轮地毯式、2轮滴灌式宣传辅导，累计宣传培训5000余人次，开展纳税人学堂培训23期，培训纳税人960人次；税邮合作、融合宣传新平台，走进美食节，开展纳税人热点、难点问题辅导培训，加强减税降费宣传辅导工作质效。规范业务办理流程，精简涉税资料报送，优化发票办理，及时回应纳税人关切问题，响应纳税人需求，推进“一次”办税，推行纳税人“承诺制”容缺办理及纳税申报“提醒纠错制”，促进纳税人自我修正、自愿遵从。

综合管理与监督

发展计划管理

【污染防治】 2019年,阿瓦提县重点抓国家生态功能区产业负面清单的落实及产业类项目的节能审查。落实固定资产投资项目特别是产业类项目的节能检查工作,落实重点生态功能区产业准入负面清单,开展节能减排和控制温室气体排放目标责任考核,全年县能耗强度、能耗总量完成地区下达的目标任务。

【项目审核】 2019年,阿瓦提县防范化解政府债务风险,审查已开工项目和已下达资金情况,县发改委配合有关方面,防范化解政府投资项目农民工工资拖欠问题;配合财政部门,对地方政府隐性债务存量情况进行系统梳理盘查,做到清醒认识、心中有数。对于一些新增政府债务的投资项目,严格把关,一律不予审批(备案),控制项目建设新增政府债务。

【以工代赈项目设施建设】 2019年,阿瓦提县抓好深度贫困村以工代赈项目设施建设。2019年实施以工代赈项目3个,总投资1270万元,累计发放劳务报酬127万元,占总投资10%,其中贫困户发放69.2468万元,占发放劳务报酬54.53%。截至年底,3个项目均已完工且审计报告已出;2020年拟申报以工代赈项目16个,总投资4920万元,全额申请中央预算内资金。截至年底,《阿瓦提县2020年财政预算以工代赈建设任务和资金需求申报表》已上报至地区发改委,并多次与地区发改委对接,预计明年以工代赈项目资金在3000万元以上。

【固定资产投资】 2019年,阿瓦提县实施固定资产投资项目98个,完成投资25.2亿元,比上年增长16.38%。年内下达中央预算内项目21个,总投资3.15亿元,其中中央预算内资金2.8亿元,地方配套资金0.35亿元。

【“十四五”规划编制】 2019年3月,启动“十四五”中央支持新疆经济社会发展规划项目建设方案编制工作,形成了“十四五”项目储备库,“十四五”拟申请中央预算内项目486个,总投资173.73亿元;采取“委内科室自己编制一批、外包委托专家学者编制一批”两条腿走路的方法,加快推进“十四五”规划编制前期工作。截至年底,“十四五”规划初步思路框架已形成。

【援疆工作】 2019年,阿瓦提县实施援疆项目18个,围绕产业就业、保障民生、教育援疆、干部人才、交往交流等领域投入援疆资金1.25亿元,其中援疆扶贫项目11个,投入援疆资金1.17亿元,将产业援疆作为扶贫援疆的重中之重,深入实施“百村千厂”“十城百店”“万亩亿元”三大工程,依托产业带动就业,努力打造产业+就业模式链,助推打赢脱贫攻坚战。

【项目申报和优化迎商环境】 2019年,阿瓦提县发展改革委员会建立重点项目周报制、月报制,通过实地督查、书面督促等方式跟踪推进项目建设情况,全年累积上报项目周报36期,县领导批示督办7期,完成固投增长15%考核目标。持续优化营商环境,在208省道阿克苏进阿瓦提县显要位置,设立大型“优化投资环境，落实招商政策”宣传牌，定期深入企业实地调研，协助30余家企业办理各类融资贷款事宜，县级、科级领导按期赴企业调研累计36次、帮扶解困52项，形成卫星工厂（扶贫车间）专题调研9篇。

【生态文明体制改革】 2019年，阿瓦提县经济和生态文明体制改革专项小组共承接91项改革任务，涉及九大领域。截至年底，已完成86项，正在推进2项，尚未开展3项；推进“煤改电、煤改气”工作，制定下发《关于加快推进阿瓦提县“煤改电”工作的建议方案》并成立了领导小组，有效减少燃煤污染物排放。

应急管理

【机构职能转变】 2019年2月13日，阿瓦提县深化党政机构改革领导小组根据县机构改革方案，对阿瓦提县应急管理局职责进行了调整。将阿瓦提县安全生产监督管理局的职责，县地震局的职责，县人民政府办公室的应急管理职责，县公安局的消防管理职责，县民政局的救灾职责，县国土资源局的地质灾害防治、县水利局的水旱灾害防治、县畜牧兽医局的草原防火、县林业局的森林防火职责，县防汛抗旱领导小组办公室、县森林防护办公室的相关职责划入了阿瓦提县应急管理局。将阿瓦提县安全生产监督管理局的职业安全健康监督管理职责划出至阿瓦提县卫生健康委员会。

【安全生产事故控制】 2019年，阿瓦提县未发生经营性道路交通、消防、工矿商贸生产安全事故以及农机安全事故，未发生一次死亡3～9人的较大安全生产事故，事故死亡指标均在地区下达的控制指标之内，全县安全生产形势持续稳定。

【安全生产工作机制】 2019年，阿瓦提县应急管理局建立定期研究安全生产工作机制。将安全生产与社会稳定、经济建设同安排、同部署、同落实，落实“党政同责、一岗双责”责任制。县人民政府每月召开一次政府常务会议，听取各安全生产专委会及成员单位安全生产、防灾减灾情况汇报，研究解决重点问题3项。乡（镇）、管委会定期分析研判安全生产工作，分析辖区道路交通、消防及生产经营单位、企业安全生产形势，研究解决突出问题。

【安全生产专委会运行机制】 2019年，阿瓦提县应急管理局建立安全生产专委会运行机制。构建“1＋X”安全生产专委会运行机制。成立4个安全生产专委会，明确了工作职责、议事规则、办事流程。构建风险隐患排查机制，制定印发《关于进一步完善“1＋X”分级管理运行体系构建风险隐患排查工作机制的通知》，明确专委会、行业部门、乡镇风险隐患分级管理范围，风险监管责任等级评定标准，建立权责清单制度，制作流程图，督促各乡（镇）、管委会、各专委会将安全生产和风险隐患排查治理紧密结合。建立安全生产专委会督查工作机制，每月定期由县分管领导牵头，组织人员对4个专委会统筹协调作用发挥和重点工作开展情况进行督查检查。

【重大风险定期研判机制】 2019年，阿瓦提县应急管理局建立重大风险定期研判机制。建立安全生产风险隐患辨识机制，县安委会制定并印发《关于建立完善安全生产风险分级管控和隐患排查治理“双重”预防机制的通知》，各专委会及相关企业结合行业领域特点制定风险隐患辨识卡31张，各单位、企业建立安全风险四色分布图31张，推动风险隐患管控落地见效。

建立重大风险隐患研判机制。针对县道路交通、火灾2个重大风险点，县安委会组织道路交通、消防、应急管理、森林和草原等部门负责人定期召开分析研判会，对可能引发较大以上事故和自然灾害事故的风险进行分析研判评估，研究解决突出问题，消除安全风险隐患，确保行业领域安全。

【安全生产执纪问责机制】2019年，阿瓦提县应急管理局建立安全生产执纪问责机制。建立跟踪问效工作机制，针对每月发生事故最多的乡（镇）、管委会，由主要领导在政府常务会安全生产会议上做表态发言；查处的酒驾、醉驾公职人员，对所在单位主要领导进行约谈；半年内安全事故起数排名前三的乡（镇）、管委会，主要领导在半年工作会议上做检查，分管县领导对其约谈；年内安全生产事故排名前三的乡（镇）、管委会，年底安全生产工作绩效考核一票否决，分管安全生产的领导不予评先评优，并由县纪委监委对其进行诫勉谈话。

【防范和遏制各类事故】2019年，阿瓦提县应急管理局开展安全生产大检查行动，制定印发《阿瓦提县安全生产大检查实施方案》，突出道路交通、消防、特种设备、危险化学品、建筑施工等重点行业领域及重点部门、重点岗位、重点环节安全生产隐患排查治理和安全生产大检查。共计排查各类生产经营单位3429家次，排查并整改各类风险隐患2719项，下达执法文书476份，责令停产整顿27家，立案查处10起，处罚56.97万元。

开展重点行业专项整治行动。制定下发《阿瓦提县2019年“抓深化、强重点、促全局”安全生产专项治理实施方案》，明确危险化学品等8个方面安全生产专项治理内容，各专业委员会、安委会各成员单位按照职责分工，均制定了本单位、本行业专项治理方案，保持了安全生产领域“打非治违”高压态势。

开展安全隐患治理行动。对自治区、地区历次安全生产专项督查、巡查、检查和挂牌督办的各类安全隐患以及县级安全生产大检查发现的问题，举一反三，建立问题台账，进行销号管理，做到责任、措施、资金、时限、方案“五落实”。2019年以来，地区相关部门开展安全生产督查、检查、巡查共6次，反馈问题隐患56项，已整改56项。

抓自然灾害安全防范工作。强化应急值守，重要会议、重大节点期间，加大对县重点成员单位领导干部及各生产经营企业24小时带班制度执行情况进行督查。强化预警预测，重要节点及大风、降温、沙尘等恶劣天气期间，据气象部门报告及时发布预警信息，督促相关部门及时做好应急物资准备，防范各类安全事故发生。

【完善安全生产基层基础】2019年，阿瓦提县应急管理局引进先进安全生产技术。开展政府购买服务活动，出资12万元聘请第三方专家对阿瓦提县24家危险化学、6家工贸企业开展“专家会诊”活动，防范各类安全事故。在企业、人员密集场所、高层住宅全面推广智慧用电服务系统，2019年安装智慧用电系统56家、75套，防范电气火灾事故发生。

构建“双重”预防机制，落实重点行业领域安全风险辨识、评估和管控工作措施，组织安全生产专家对全县42家重点企业开展风险分级管控和隐患排查治理，完成率100%，提高企业负责人安全意识。

2019年，阿瓦提县危险化学品经营企业标准化创建19家，规模以上工贸企业标准化创建6家，创建达标率均为100%。

【安全生产教育培训】2019

年，阿瓦提县对各级领导干部、安全监管人员和企业安全管理人员进行安全教育培训，邀请第三方安全生产方面的专家学者，分别为党员领导干部和基层安全监管人员开展1期专题培训；邀请地区安全生产业务骨干举办了1期企业负责人和安全管理人员培训班。监督企业开展“三级”安全教育培训，加强安全生产和安全技术标准规范的学习培训。

【防灾减灾救灾准备】 2019年，阿瓦提县应急管理局以资源整合为重点，推进以综合、专业、社会单元为主体的应急救援队伍建设，全县共组建县级应急队伍1支，乡级应急队伍8支，村（社区）、学校、企业应急队伍105支，全县应急救援队伍总人数达1289人。

对既有的储备物资进行整合归类、登记造册，做到底数清、情况明。拥有储备场所3处，应急物资品种25类，其中生活物资储备19类、防汛物资储备6类。

完善应急预案，规范处置突发公共事件的流程，做好各类应急预案的衔接工作。修订专项预案16个，乡（镇）、管委会、部门、学校、村（社区）、企业修订各类应急预案364个，形成规范的工作机制，为防灾减灾救灾工作的有序开展提供了保障。

开展应急演练。全县共开展各类演练214场次，其中县级3场次，乡级10场次，各类学校201场次，参与人数达1万余人次。

【安全生产信息上报】 2019年，阿瓦提县应急管理局共报送安全生产应急管理综合信息38篇。

审计管理

【审计业务目标完成】 2019年，阿瓦提县审计局依据地区统一指令性计划和县域实际，年初计划安排审计项目31项，其中，上级下达指令性审计项目4项，经济责任审计3项，财务收支审计4项，政府投资固定资产竣工造价审计20项。截至年底，完成审计项目150项，其中政府投资固定资产竣工造价审计137项，阿瓦提县本级预算执行审计1项，阿瓦提县部门预算执行审计调查1项，民生专项资金审计4项（2018年保障房跟踪审计、阿瓦提县2016—2018年扶贫资金审计、交叉审计新和县2019年上半年扶贫资金审计、稳增长、促改革、调结构、惠民生、保稳定三个季度重大政策落实情况跟踪审计和援疆项目资金审计），财务收支审计6项（畜牧局、交通局、发改委、法院、公安局、民政局），完成经济责任审计1项（民宗委）。查出违规金额2726万元，管理不规范金额49711万元，核减工程造价1222万元，出具审计报告和专项审计调查报67份，移送案件6项，移送处理人员3人，移送处理金额1416万元，提出审计意见和建议42条，被采纳审计建议42条。完成信息动态47期，信息累计被上级机关采纳42篇次。

【本级财政预算执行审计】 2019年，阿瓦提县审计局组织开展了2018年度本级预算执行及其他财政收支情况审计，深化财税体制改革、推动资源优化配置和提高财政资金使用绩效为目标，重点关注财政预算执行、盘活存量资金、政府采购等有关规定的执行情况，促进资金安全规范高效使用。截至年底，完成对2018年本级预算执行情况审计、商信委、图书馆、市场监督管理局和疾控中心等4个单位部门预算执行审计调查，县法院、发改委、公安局、交通局、民政局、畜牧局6个单位财务收支审计，并分别向县人民政府、县人大上报审计结果和审计工作报告。针对财政预算执行中存在的问题提出了意见和建议，审计工作得到了县人大好评。

【专项资金审计和审计调查】 2019年，阿瓦提县审计局开展2018年保障房跟踪审计、阿瓦提县2016—2018年扶贫资金审计、交叉审计新和县2019年上半年扶贫资金审计、5项专项资金审计。县审计局以民生审计为重点，阿瓦提县2016—2018年扶贫项目资金审计中，审计报告反映了43个问题，建立审计发现问题台账，经常性督促整改销号，已整改36个，7个已成事实无法整改，2018年县纪委、监委对原扶贫办领导问责，进行了组织处理。审计对扶贫办原会计、出纳处以罚款，并被县纪委监委问责。7月份库车县审计局对阿瓦提县2019年上半年扶贫项目资金进行审计，审计报告反映14个问题，全部整改完毕。审计建议函反映12个问题，已全部整改。

阿瓦提县制定《阿瓦提县关于进一步加强扶贫项目监管工作的办法(试行)》，从制度建设上完善管理，堵塞漏洞。

【经济责任审计】 2019年，阿瓦提县审计局根据地区指令确定经济责任审计项目3项。截至年底，已完成民宗委原任领导经济责任审计。

【财务收支审计】 2019年，阿瓦提县审计局完成了县法院、发改委、公安局、交通局、民政局、畜牧局6个单位财务收支审计。通过审计发现存在未执行“四个不直接分管”、未执行政府采购、会计核算不规范、财务手续不完备等问题，针对审计提出的问题，进行整改。

【政府投资和援疆项目审计】 2019年，阿瓦提县审计局对教育系统幼儿园，交通局道路建设项目、公安局、财政局“访惠聚”村级惠民生项目，组织部村民服务中心、扶贫办村级惠民生项目等139个项目工程造价进行了审计。掌握援疆项目和资金的总体情况，揭示制约发展的普遍性、典型性、突出性问题，深入剖析原因，提出规范管理、解决问题和完善体制机制制度的对策和建议。加大对政府投资审计监督力度，按照《阿瓦提县政府投资建设项目审计监督办法》，结合中介机构审计力量，节约财政资金1222万元。

工商管理

【概况】 阿瓦提县市场监督管理局实际在编干部职工59人，核定行政编制46人(包括3名领导)，事业编制13人(工勤编制3人)，离退休干部40人，党员37人(在职党员17人)。局机关内设13个职能科室；设1个质检所；协会组织有私营个体企业协会和消费者协会。在全县各乡镇成立了4个基层中心市场监管所，核准编制20名。

【注册登记管理】 2019年，阿瓦提县有各类市场主体12396家，其中企业1023家、个体工商户10969户、农民专业合作社404户。

新办个体户2648户，资金数额13307.40万元，从业人员3939人，比上年增长57.16%；注销1246户。

新设立各类企业(含农专社)310家，注册资本106602.06万元，从业人员5143人，数量比上年增长6.5%；其中私营企业183家，比上年增长18%；农民专业合作社104户，比上年增长13.3%。各类企业变更登记280条、注销登记892户。

【商标注册管理】 2019年阿瓦提县共申请商标225件，实际注册88件，申请专利20件，实际授权16件。接受阿瓦提长绒棉地理证明商标、阿瓦提慕萨莱思两个地理证明商标咨询服务，协助注册和续展。

【经济监督检查】 2019 年，阿瓦提县市场监督管理局严厉打击各类经济违法行为，全年开展打击传销规范直销、反垄断与反不正当竞争、打击无证无照经营、商业贿赂、虚假宣传、食品药品、产品质量、特种设备等专项检查，全年共立案 135 起，罚没 100 万余元，移送公安机关 3 起。

【消费权益保护】 2019 年，阿瓦提县市场监督管理局通过消费维权“进市场、进商场、进社区、进学校、进景区”等活动，将“农资保春耕”“学生消费维权”“保健讲座”“打击传销”等消费教育融入各项活动中，分别在社区、乡（镇）集贸市场、永鑫商贸城等人员密集场所开展了宣传服务活动共计 20 余场次，现场参与群众达 1800 余人，提供咨询服务 200 余人次，发放各类宣传资料 1200 余份。

3 月 15 日，联合消费维权成员单位及民生的企业单位共计 20 余家在棉城菜市场举办了“3・15”活动。活动当日共销毁假冒商品 280 余件、货值 18.4 万余元，为消费者挽回经济损失 63 万元。通过对消费申诉、举报和消费热点分析，发布消费警示 5000 余条，共受理消费者各类申诉、举报 86 件，办结消费者申诉 86 件，调解成功率达 100%，为消费者挽回经济损失 675150 元。

【药品、药械质量监管】 2019 年，阿瓦提县市场监督管理局联合卫健、疾控等部门对全县 14 个公立医疗机构及 150 余个疫苗接种点疫苗的收货、验收、在库、储存、使用等环节进行了全面检查。成药品监督抽样 11 批次，基药抽检 2 批次，增补基药抽检 2 批次，药品不良反应上报 153 例，医疗器械不良反应上报 52 例，化妆品不良反应上报 30 例，查办药械违法案件 22 起，罚没 18.45 万元，涉嫌犯罪移交公安机关 2 起。

【餐饮食品安全工作】 2019 年，阿瓦提县市场监督管理局举办《中华人民共和国食品安全法》及食品生产加工、流通、餐饮、小作坊培训班 5 期，培训执法人员 720 余人次，培训从业人员 3000 余人次，累计发放食品安全宣传资料 30000 余份，接受群众咨询 410 人次。2019 年 5 月在乌鲁却勒镇成功开展Ⅳ级食品安全应急演练。

检查食品生产、流通企业、餐饮和学校食堂和校园周边餐饮服务单位、食品经营户 2109 余家次，下发责令整改通知书 590 份，立案 64 起，罚款 45.6 万元，取缔无证经营户 23 户，查扣问题食品 1326 公斤，共抽检农副产品 406 个批次，合格率 100%。使用快检车检测 300 余批次，“文明餐桌”“明厨亮灶”覆盖率达 100%。

查扣无法提供进货商的证照、进货票据及非洲猪瘟检测合格报告的“湖南腊肉”25 公斤。在阿瓦提县锦绣冷饮配送中心、阿瓦提金桥超市有 4 批次被国家参考实验室确诊为非洲猪瘟核酸阳性的生鲜猪肉水饺共 1336 袋已移交给县原畜牧兽医局进行无害化处理。张贴《关于加强非洲猪瘟防控工作的通告》370 余份，签订承诺书 370 余份，立案 2 起，处罚 1.5 万元。

【“质量强县”工作】 2019 年，阿瓦提县市场监督管理局按照自治区地方标准制（修）订项目的申报与指导工作，贯彻落实国务院《质量发展纲要（2011—2020 年）》，强化生产企业许可情况监督检查。检定加油机 3 家 103 把加油枪，均合格；检查农资经营户 46 户，抽检滴灌带 3 批次，地膜 5 批次。

【特种设备监管】 2019 年，阿瓦提县市场监督管理局巩固车用气瓶电子标签监管平台建设成果，推进液化气瓶电子标签监管系统建设；集中开展电梯、压力容器、压力管道、锅炉等特种设备安全隐患排查，强化气体充装企业监管。特种设备维保率达100%,电梯责任保险投保率31%;特种设备定检率93%,作业人员持证率100%;确保特种设备万台设备无死亡人数、无重大责任事故。

【计量器具监管】 2019年,阿瓦提县市场监督管理局对辖区市场612台计量器具进行了检定,没收不合格计量器具21台,责令改正45台;加强加油站计量监管工作,对县域19家加油站113个加油枪进行检查及检定。开展棉花加工厂计量器具检定工作,检定地磅台。

【摄影扩印】 2019年,阿瓦提县专业照相彩扩店改变传统的经营模式,通过引进设备,提高技术,增加特色服务,向婚纱摄影、宝宝摄影、艺术写真、后期制作等专业领域发展。截至年底,全县共有摄影摄像类经营主体59户,其中较大的有曹氏影楼、蓝天照相馆、大明星、东风照相馆4家。

【服务行业】 维修行业共664户,从业人员937人,汽车、摩托车、家电维修占主要部分。家政服务共26户,从业人员36人。职业介绍共3户,从业人员12人。婚姻介绍共1户,从业人员1人。房屋中介共7户,从业人员13人。车辆出租共11户,从业人员35人。场地出租14户,从业人员87人。婚庆共14户,从业人员91人。文化娱乐及其他服务员共108户,从业人员709人。足浴13户,从业人员34人。

统　　计

【经济运行监测】 2019年,阿瓦提县统计局完成月、季、年度统计信息资料公布工作,客观、及时、全面地反映全县经济运行的状况,充实和完善《统计公报》;针对经济发展中的热点和难点问题,加强统计分析,共撰写专业经济分析31篇,政务类信息62篇,为社会各界提供统计咨询服务160余次;做好全县经济运行检测分析工作,跟踪预测半年、全年各类经济指标的完成情况。

【统计制度建设】 2019年,阿瓦提县统计局利用第四次全国经济普查及统计执法大检查契机,上街、进企业开展统计法宣传,强化基层统计法律意识。坚持有按必查,违法必究。第四次全国经济普查期间,查询被调查单位70余次,现场检查企业48家,下发《统计查询书》6份,给予警告4个。

【第四次全国经济普查】 2019年,阿瓦提县统计局历时100余天完成第四次全国经济普查各阶段工作,共登记录入法人单位1154个、产业活动单位613个、抽样个体经营户1095个。按单位类型分,共登记行政事业单位496个、企业779家、社团组织32个、民办非企业17个、村(社区)176个、农民专业合作社150个、清真寺118个。

自然资源管理

【概况】 2019年3月,阿瓦提县成立阿瓦提县自然资源局,将编制主体功能区规划职责、城乡规划管理职责、资源调查和确权登记管理职责、相关国土空间规划职责划入县自然资源局,划出监督防止地下水污染职责、农田整治项目职责、地质灾害防治职责、相关自然资源保护区、风景名胜区、自然遗产、地质公园等管理职责。单位性质为全额行政事业单位,核定7个行政编制;2019年8月,县测绘办公室变革为县国土空间规划发展中心。

阿瓦提县自然资源局下设办公室、综合业务室、国土规划与建设用地室、国土空间规划发展中心、财务室5个股室及8

个乡镇自然资源所。

【耕地保护】 2019年,阿瓦提县自然资源局与相关单位签订耕地保护责任书,明确目标、权责和任务,确保6.685万公顷耕地面积不减少,5.416万公顷基本农田面积得到保护;落实耕地“占补平衡”制度,对非农建设项目占用耕地面积1750.74亩进行耕地补充;开展耕地精准核查工作,抽调230名核查工作人员,顺利完成全县核查地块62759块,核查面积183.54万亩,并通过自治区核查组的外业检查验收;阿瓦提县全域永久基本农田面积为54202.98公顷,划定永久基本农田储备区面积为3194.54公顷(47918.1亩),基本完成全域永久基本农田储备区内业预判及外业核实工作;开展阿瓦提县3800公顷耕地储备库建设工作,已完成耕地储备库项目的基础资料。

【建设用地管理】 2019年,阿瓦提县自然资源局保障民生、扶贫及重大项目建设用地。阿瓦提县富民安居、乌鲁却勒110千伏输变电工程项目、阿瓦提县中心客运站(二级站)建设项目等涉及议题145个,供地面积1426.5亩,在符合土地利用总体规划的前提下,一律开绿色通道,做到随时受理,一天内完成用地预审并出具审查意见。

完成民生、扶贫及重大项目建设用地上报工作,组织上报建设用地报件9个,面积2896.08亩,全部在规定时间内完成建设用地报件上报工作。执行经营性用地招标、拍卖、挂牌土地制度,2019年国有建设用地供应总量24宗,面积922.65亩,全年收缴土地出让金10197.87万元。

【城乡建设用地增减挂钩项目】 2019年,阿瓦提县自然资源局开展城乡建设用地增减挂钩项目工作,2018年申报增减挂项目2个,面积218.38亩,2019年项目顺利通过自治区评审会议;2019年对全县8个乡镇、4个片区管委会的增减挂项目进行摸排,面积1001.89亩,已进入编制项目申报阶段。

【地籍管理】 2019年,阿瓦提县自然资源局开展阿瓦提县第三次国土调查工作,根据上级部门细化勾绘的144734个图斑,组织外业调查人员50余人查清辖区内土地利用现状、土地的所有权和使用权状况,完成内业、外业、数据库建设工作,自治区自然资源厅已提交自然资源部进行审核。开展农村地籍调查及集体建设用地使用权确权登记发证工作。督促作业单位加快开展农村地籍调查工作进度,已完成宅基地权籍调查52887宗,面积4989.34公顷,集体建设用地调查528宗,面积316.82公顷,力争按期完成全县的村庄地籍调查工作。

【不动产登记】 2019年,阿瓦提县自然资源局办理不动产权登记2553件,其中转移登记1648件、首次登记148件、抵押登记308件、换证登记163件、注销登记193件、查封登记5件、变更登记76件、更正登记6件、补正登记6件。

【土地执法检查】 2019年,阿瓦提县自然资源局做好土地卫片执法检查工作。结合土地遥感监测图斑情况,组织相关人员对图斑逐一进行核实,查清每个图斑的土地权属、地类、面积等情况。2019年查处违法用地案件23件,涉及土地面积38.24亩,收缴罚没款37.39万元,立案率100%,结案率100%。落实案件会审制度。全年召开案件集中会审会议3次,涉及违法案件22件。加强动态巡查工作,全年组织人员动态巡查254人次,现场制止违法案件18宗。

【“大棚房”专项整治】 2019年,阿瓦提县自然资源局开展

“大棚房”疑似违法建设用地清理工作。对下发的1970个“大棚房”疑似违法图斑进行实地核查,发现违法图斑431个。阿瓦提县自然资源局与县纪委监委、督考办组成检查组对全县范围内整改情况进行了两轮督导检查,对其中占用基本农田的79个疑似违法图斑,已整改到位78个,复垦面积90亩,完成率98.7%,1个未整改(公墓用地);对占用一般耕地的352个疑似违法图斑,已整改123个,符合规划拟申请保留217个,立案查处12个,截至年底正在查处中。

【土地整治项目建设】 2019年,阿瓦提县自然资源局做好土地整治项目实施监管工作。英艾日克镇吐热村和玉斯屯克阿热阿依玛克村(也克力村)项目顺利实施,该项目总投资951.36万元,现已基本完工。

【矿产资源管理】 2019年,阿瓦提县自然资源局依照法定程序执行矿业权审批和管理制度,强化矿业权监督,对阿瓦提县拜什艾日克镇砂石料场实行招拍挂方式出让矿业权,对采矿许可证到期的矿业企业抓紧办理采矿许可延续登记手续。邀请阿依巴格乡人民政府、环保局、水利局、农业农村局、林草局等单位,对新大地砖厂因开采形成8万平方米矿坑进行恢复治理整改验收,并利用冬季大水漫灌自然恢复植被。

【测绘管理】 2019年,阿瓦提县自然资源局协同保密局对水利局地形图,及地形图的使用、管理和成果保密情况进行了检查。未发生丢失,擅自复印,转借,转让,公开展示和销售测绘成果的情况。阿瓦提县自然资源局为阿瓦提县旅游规划、乡村振兴、铁路、特色林果业等项目提供地形图200张。加强地图市场巡查力度。针对“问题地图”对3家书店、4个文化用品销售点,进行了检查,未发现标注敏感及涉密信息的地图。

【地质灾害防治】 2019年,阿瓦提县自然资源局编制并下发《2019年阿瓦提县地质灾害防治方案》,成立阿瓦提县地质灾害应急工作领导小组,与各乡镇签订了《地质灾害防治责任书》。

建立群防群测监测网络,针对地质灾害(隐患)点制定防灾预案、编制防灾工作明白卡2份、建立监测点2个,初步建立阿瓦提县地质灾害群防群测监测网络。

坚持灾情速报、月报,全年上报日报205期,月报11期。为掌握水情对河岸崩塌存在的隐患,与水利、气象等部门联合召开防讯会商会40期,与气象局联合开展地质灾害气象风险预警工作,发布气象预警信号87期。

行政服务

【主要职责】 2019年,阿瓦提县行政服务中心负责对行政服务中心的审批项目确定、调整,对项目运转情况进行协调、督查。对涉及多个行政部门行政审批的事项,组织联合审批,或确定一个部门牵头审批。负责对窗口工作、工作人员的日常管理和考核。负责政府采购的公开招标、邀请招标、竞争性谈判、采购询价等工作。负责全县建设工程招标的监督、管理和指导,负责工程建设招投标信息的发布。负责受理公民、法人和其他组织对行政服务中心和行政审批机关工作人员违纪行为的投诉。负责行政服务中心后勤保障及上级交办的其他任务等。

【政务服务】 2019年,阿瓦提县行政服务中心通过进驻设立窗口、“委托综合窗口代办制”及成立分中心等措施,共进驻38个单位79名窗口工作人员、499项行政审批事项、82项为民服务事项,基本实现“只进一扇门”。按照“一窗受理、分类办理、受办分离”的要求,调整政务大厅布局,分类设置了不动产登记服务区、投资(工程建设)项目服务区等8个服务区,优化提升政务服务大厅“一站式”功能。完成实施清单确认领录入工。截至年底,自治区政务服务网上可办率已经达到70%以上,阿克苏地区政务服务网的网上可办理达到96%,稳步推进线上“只上一张网”进程。开展“减证便民”专项行动,对30家单位500余项事项证明材料进行了清理,共清理证明材料2430余项,精简率69%,推进办事“最多跑一次”进程。推行上门服务、引导代办、邮递送达等服务,使群众等待时间大为减少。

【公共资源交易】 2019年,阿瓦提县行政服务中心公共资源入场交易151场,总交易额约113342万元。利用电子招投标平台,形成管办分离、规则主导、统一监管、统一操作的电子监管和服务模式,确保交易流程公平公正。综合多部门齐抓共管,多方合作保障工程交易合法合规,邀请住建、水利、交通、发改委等行业主管部门负责各行业的进场交易项目的行业监督,定时清理开标现场,防止无关人员扰乱现场。

【政府采购】 2019年,阿瓦提县政府采购入场交易801场,交易额14179.11637万元。2019年4月1日,阿瓦提县全面上线“政采云”平台。截至年底,网上超市入驻107个商家,“政采云”平台交易额达1431.847829万元。在采购运作办理程序上严格把好财政评审关、分段式管理关、标书及评标办法的制作关、信息发布关、供应商资格审查关、好开、评标关,确保采购活动的客观公平和严肃性。

【交易平台硬件设备项目】 2019年,阿瓦提县行政服务中心服务平台和公共资源交易平台硬件设备项目项目于11月12日招标完成,购置叫号机等设备合计采购金额102.984万元。

军　事

人民武装

【思想政治建设】　2019年，阿瓦提县人武部落实每月1次，每次不少于2天的中心组理论学习制度，开展纠治和平积弊“大起底大反思”活动，对照“八查”、“四不”46条问题清单认真搞了“回头看”，深入查摆剖析问题并建立台账制定了措施，纠治了练兵备战中存在的突出问题，立起了实战化的鲜明导向；始终坚持文化引领，常态落实“三个半小时”制度，组织“激情300秒”，开展“时代新人说——我和祖国共成长”演讲比赛活动，组织拍摄的“八一”歌咏比赛视频和“我和我的祖国”微视频，举行“十一”升国旗仪式，铸牢了官兵永远听党话、跟党走的坚定信念；始终坚持政治宣传正面导向，布置了庆祝中华人民共和国成立70周年雕塑2个、安装落地式灯箱12个、文化墙展板10块。筹备人武部国防教育中心、独立营荣誉墙、学习室、健身室建设。狠抓新闻报道工作，全年共上稿件1081篇通过宣传报道工作，极大地鼓舞了官兵士气；始终坚持持续发展，党委（支部）始终把官兵成长成才放在第一位，通过人才培养不断促进单位可持续发展。

【实战化水平】　严格按照军事训练的指示要求，深入学习《军事训练与考核大纲》《军事体育大纲》等有关规定，严格规范军事训练登统计表，建立了训练档案，突出高强度训练，始终坚持每周不少于2次夜训每次不少于3小时，每月不少于2次连续14小时的强化训练，锤炼了官兵的吃苦意志，提高了官兵的实战化水平。各级党委支部始终坚持在大项任务中强化官兵的军事素质，全体官兵在大项任务面前，不畏艰难、迎难而上、敢于吃苦。10月下旬，人武部机关参加阿克苏分区考核取得单位第二、专武干部第一的好成绩，独立营参加南疆军区屯垦分队军事训练拉动考核，取得排名南疆第二名优秀成绩；排长李荣春、下士吴鑫参加陆军和新疆军区组织的反恐维稳与应急处突培训被评为优秀学员，下士杜勇参加新疆军区反恐维稳骨干集训在比武中取得了体能项目第一名的好成绩。严格落实战备值班制度，投入资金设计制作了阿瓦提县域沙盘，安装LED大屏，对监控系统、军综网系统、3G视频系统、公安网系统等进行了融合引接。投入资金完善了独立营情况室城区沙盘，严格落实值班席位值守制度，及时了解掌握部队动态，确保一有问题能够及时处置。

【应急处突能力】　严格按照军区维稳执勤规范和分区巡逻执勤“八步法”要求，突出巡前分析、应急训练、组织执勤、归队小节四个步骤，常态落实2个便民警务站定点执勤。定期组织官兵学习上级下发的《便民警务站执勤规范》，观看示范教学片，熟悉掌握维稳执勤常识和各类政策法规；严密组织维稳执勤课目训练，切实提高维稳执勤实战化水平；组织人员参与执勤，组织严密，官兵自我要求严格，起到了震慑作用，为维护驻地社会稳定做出了贡献；加强战备演练，按照“备勤就是备战、执勤就是战斗、处突就要打赢”的要求，做好常态备勤工作，确保街面执勤分队“1分钟到达现场”、备勤分队“5分钟出营区、15分钟到现场”。

【落实基层建设】 严格落实每周学法活动，始终把学习的内容与安全训练、教育管理等结合起来，与执行维稳执勤任务结合起来，融入日常、抓在平时、管住关键。用《基层营连必须落实的 10 项制度、10 项活动》不断正规部队四个秩序。扎实开展网上倾向性问题整治、安全保密专项清查等活动，定期组织官兵学习安全保密法规常识，每月组织安全隐患大检查，突出人车枪弹库、水火电钱密和手机使用管理。对照南疆军区通报的兄弟单位的事故，采取“三停”逐人、逐车、逐枪、逐库、逐室、逐机、逐盘、逐证、逐卡进行的方法进行隐患排查，认真对照反思问题，查摆自身问题认真抓纠改，及时消除了安全隐患，单位安全建设基础更加扎实。

【廉政风气建设】 部党委始终把抓风气建设和纪律建设摆在关键的位置，卡住纪律的红线，不断加强学习《中国人民解放军纪律条令》《中国共产党廉洁自律准则》《中国共产党问责条例》等规章制度，努力养成并践行分区提出的“不跑不送、不收不要、不贪不占”等要求，严格对照发生在官兵身边的“微腐败”和不正之风问题 70 条清单要求，时刻查摆自己，警醒自己。截至年底，没有发生一起告状、违规违纪的事情。在处理涉及干部使用、战士考学提干、学兵选送、党员发展、评功评奖、士官选晋等问题时，充分尊重官兵的民主权利，严格按照程序规定，组织民主测评，凡过不了群众关的坚决不推荐、不上会，做到了公平、公正、公开，内部风气进一步纯正。

【后备力量建设】 大抓军事训练国防动员工作。为扎实推进国防动员工作，1 月 31 日全县召开党管武装述职工作会，县委书记、人武部第一书记李承刚作出重要指示，为国防动员工作开展奠定了扎实基础。4 月按照地区和军分区要求举办“精武民兵、动员先锋”国防动员现场会，5 月组织西五县民兵骨干和专武干部集训，6 月下旬至 7 月初，组织民兵服务队、县民兵应急连、乡镇民兵应急排、村民兵应急班 486 人，依托县民兵应急连连部、乌鲁却勒镇、拜什艾日克镇采取集中训练与常态备勤相结合的方式，分 2 期开展了 24 天集训。在县委、县政府统一筹划部署下，于 7 月 30 日组织全县基干民兵和普通民兵进行了庆“八一”比武竞赛活动，通过集训比武提升了民兵参与社会维稳执勤的使命感和责任感，受到了县委、县政府和全县各族人民的好评；为提升国防动员建设水平，2019 年先后投入 112.5 万元用于民兵器材发放、基础设施建设，国防动员建设水平全面提升。

公安消防

【概况】 2019 年，阿瓦提县消防大队（以下简称消防大队）对 108 家重点单位灭火救援预案进行重新修订，开展灭火救援演练 32 余次，定期对 38 个市政消火栓进行普查保养，提请阿瓦提县政府对损坏消火栓进行维修保养。

【思想文化建设】 2019 年，阿瓦提县消防大队在阿克苏地区支队政治处统一安排下，结合政治教育的时间节点开展丰富多彩的文化活动，先后与县委宣传部、县财政局、县人民医院、县协和医院等多次开展民族文化活动、传统文化活动和文体活动，组织开展“我与祖国同框”——纪念中华人民共和国成立 70 周年专题创作拍摄，完成拍摄 1 部；全体指战员利用“学习强国”App 平台资源增强日常理论学习。赴刀郎部落开展主题党日活动，开展“不忘初心、牢记使命”主题教育座谈会；大队党委、党支部先后专题召开5次党委会和9次党委中心组学习会。

【火灾防控工作】 2019年,阿瓦提县消防大队利用开放科普教育基地及开放消防站的方式加大防火知识的宣传,在友好社区新建消防科普教育室,建设消防主题广场(公园)2处,分别是:双拥广场和儿童公园。2019年阿瓦提县消防救援大队共接警出动35起,其中火灾23起、抢险救援2起、社会救助2起,其他出动8起,共计出动消防车61辆次,出动警力275人,抢救被困人员6人,疏散人员0人,抢救财产价值110.557万元,均无人员伤亡。

科技·教育

科　　技

【政策宣传】　2019年,阿瓦提县组织相关人员深入县科技企业走访调研18次,向企业宣传和扶持科技企业发展的各项优惠政策,鼓励企业用好用足政策,强调科技在推动高质量发展中的重要作用,倾听了企业的意见和建议,了解企业动态、需求、生产发展状况及市场前景。对一些创新水平高、规模大、效益好的项目进行储备入库,为申报各级科技项目做好准备,强化科技服务企业的职能,激发企业创新活力,提高企业自主创新能力,提升科技服务质量。

【科技项目申报】　2019年,阿瓦提县向自治区科技厅推荐申报2019年度自治区科技特派员扶贫行动项目1个、推荐申报地区科技兴阿项目8个。截至年底,争取到地区科技兴阿项目资金6万元、科技特派员工作经费2万元。

【就业基地建设】　2019年,阿瓦提县打造了“电子商务孵化园”“刀郎众创空间”“刀郎慕萨莱斯风情街”“刀郎餐饮一条街”“刀郎烧烤广场”大众创业园,优化创业环境,提升创业带动就业能力,通过政策扶持新增创业人数224人,带动就业人数692人。引导推动大学毕业生创业,2019年以来全年开展免费创业培训人数共142人。

【科技明白人培育】　2019年,阿瓦提县借助村干部、“访惠聚”工作队员、草根宣传员、科技致富能手等各支力量开展“户户都有科技明白人”工作。以田间学校、实地指导、进户服务等形式,对群众反映的种、养殖问题及时解答。2019年,全县有一技之长的科技明白人数达到111751人,有“科技明白人”的农户63237户,占有劳动力的农村家庭总户数的87.84%,发放各类科普宣传书籍、资料68200余份,展出科普挂图320份,解决农牧民在生产中遇到的技术难题40余个。

【科技特派员工作】　2019年,阿瓦提县按照“自觉自愿、双向选择、风险共担、利益共享”的原则,聘任由业务水平高、责任心强、具有丰富基层工作经验的技术人员、业务骨干、乡村科技副职、农村实用人才、致富能手、企业人员等组成的40名科技特派员为阿瓦提县第八批科技特派员,赴我县贫困村开展科技服务工作。科技特派员结合各自帮扶村的实际,开展核桃、棉花、红枣、小麦等田间管理技术以及牛、羊养殖技术培训12期,培训农牧民3000余人,现场指导春耕活动12次,直接服务群众600余户。选派科技特派员参加地区、自治区举办的各类培训班,提高科技特派员服务水平。

【科技宣传培训】　2019年,阿瓦提县开展“科技活动周”宣传活动,举行2019年“科技活动周”暨科普“五进”启动仪式,参与群众达2400余人,摆放各类展板322幅,设立咨询台14处,发放宣传资料和科普图书5200余份,解答群众咨询128人次;以“科技之冬”“科技下乡”“科技活动周”为契机,围绕各乡镇特色优势产业发展的科技需求开展科技服务,解决了农牧民遇到的技术问题,共组织开展各类培训班402期,培训人数达10.15万人。

【企业技术创新】 2019年,阿瓦提县宣传第六届新疆创新创业大赛(阿克苏赛区)暨第四届阿克苏地区创新创业大赛和第十届“中国科学院——新疆科技工作洽谈会”相关服务政策,3家企业参加科技创新创业大赛。参加“2011—2018地区本级科技计划项目”的16家企业一致通过验收,地区本级科技计划项目验收合格率达100%。

气　象

【概况】 阿瓦提县气象局共有办公楼1栋,阿瓦提县国家气象观测站1座,区域气象自动观测站8座,土壤水分观测站1座,自动地温观测站1座,棉花农业气象观测站1座。属全额事业拨款单位,实行双重管理,下辖二级单位共2个,均为财政补助事业单位,分别是阿瓦提县气象台、阿瓦提县气象服务中心;2019年在职干部共8人,1人借调,3人驻村。

【气象现代化建设】 2019年,阿瓦提县气象局利用自治区“三农”专项服务资金在阿瓦提县丰收一场九连建立了棉花基地膜内外地温观测站,改变了以前在棉花生长期利用曲管地温表人工读取膜内、外地温数据,采样频率小且存在误差的状况。2019年,顺利完成了拜什艾日克镇、英艾日克镇区域自动气象站的设备升级调整工作。自2019年7月1日起,阿瓦提国家气象观测站经过前期的升级调整正式开展自治区级地面气象观测自动化改革单轨试运行。

【旅游气象服务保障】 与2019年,阿瓦提县气象局绍兴市气象局对接,于2019年8月12日起在绍兴市两个频道的《天气预报》栏目中播出了阿瓦提县刀郎部落景区的宣传图片,以提高阿瓦提县旅游景点的知名度。

【优化建设工程防雷】 2019年,阿瓦提县气象局联合县住建局,于7月下发了关于印发《阿瓦提县贯彻落实优化建设工程防雷许可的实施方案》。

教　育

【概况】 阿瓦提县共有中小学、幼儿园220所,其中小学68所,教学点2所,初中9所(含4所九年一贯制学校),普通高中1所,职业技术学校1所,幼儿园139所(含6所民办幼儿园)。共有在校(在园)学生(幼儿)69223人(少数民族64534人),有教职工4170人(少数民族2211人),专任教师3435人(少数民族1536人)。

【党组织建设】 2019年,阿瓦提县乡(镇)学校党组织归属教育工委管理,把原有113个党组织规范为80个党组织,制定《阿瓦提县教育系统“党建+”工作实施方案(试行)》《阿瓦提县教育系统推进落实“党建+”特色创建工作实施方案》,严格执行“一月一指导、一月一通报、一月一排名”工作机制,推动落实县委教育工委—教育党总支—学校党支部—党小组四级逐级传导、落实、督促、问责机制,常态开展党组织进年级、团组织进班级、少先队组织进小组“三进”活动。

【教育系统“党建+”】 2019年,阿瓦提县教育系统实施党建工作“1+1+10+10+X”措施,“1”,即围绕党建工作这一个核心、聚焦“办好人民满意教育”这一个目标,第一个“10”即“开展党建+组织、党建+德育、党建+教学、党建+人才、党建+体艺、党建+管理、党建+安全、党建+脱贫、党建+团(队)建、党建+均衡10项活动”,第二个“10”即“争创先进基层党组织、德育工作先进校、教学质量优质校、师资培养先进校、文体工作先进校、校园管理规范校、安全工作先进校、教育扶贫先进校、党建带团(队)示范校、义务教育均衡发展示范校"10项先进,"X"即为自选动作、本党组织的特色工作,把党的建设融入党的教育事业和教育工作中,构建以党建为统领,统筹推进各项工作的新机制。

【党风廉政建设】 2019年,阿瓦提县教育系统召开党风廉政建设和反腐败工作专题会议2次,成立党风廉政建设工作领导小组,下发《阿瓦提县教育系统第21个党风廉政教育月实施方案》,以"学条例 守纪律 强作风" 活动、"形式主义 官僚主义"专项整治等活动为载体,组织党员干部参观警示教育基地、观看警示教育片、召开警示教育大会、学习各类党风廉政建设文件1800余场次。

【教师队伍】 师资来源。2019年,阿瓦提县通过特岗教师、自聘教师、免费师范生、引进人才等方式补充师资,充实教师队伍。2019年新增教师434人,其中特岗教师285人,定向免费师范生11人,引进人才1人。

教师培训。2019年,阿瓦提县参加国培、区培培训教师1746人,其中集中培训275人,"送教下乡"培训310人,网络研修培训1161人。县级各类培训4278人次,其中包括继续教育和计算机培训758人,中小学、幼儿园党支部书记、校(园)长培训168人,中小学和幼儿园新教师岗前培训575人,新教师专业能力强化培训1052人次,幼儿园党支部书记、园长及保教人员培训484人,普通话强化培训848人,西部志愿者和支教干部培训393人。2019年累计6024人次参加各级各类培训。

教师待遇。2019年,阿瓦提县乡镇教师在享受乡镇工作补贴的基础上,落实集中连片特困县乡村教师生活补助以岗定标政策。乡村教师补贴主要由生活补贴和基层补贴两部分构成,其中基层补贴按照工龄长短定制标准,工龄10年以下300元,10年至20年400元,20年以上500元;生活补贴综合考虑距离县城远近、生活条件艰苦程度等因素,按照每月350元、300元、200元、150元、100元五档标准执行。

【教育改革】 管理体制改革。2019年,阿瓦提县加大教育行政审批制度改革力度,教育行政审批事项缩减至2项,分别为权限内民办学校(学前教育、义务教育阶段和各类短期培训机构及其他文化教育民办学校)筹设的审批和权限内幼儿园、小学和初级中学教师资格认定。积极鼓励社会力量办学,民办幼儿园阿瓦提县晨曦全脑幼儿园于2019年通过审批成立。

2019年,阿瓦提县课程改革。巩固实验小学"1+4"、第四小学"四步三查"、第三中学"3611"、第五中学"121"教学模式的改革成果,以第二中学"4+x"教学模式为试点,开展教学改革工作,发挥好实验小学和第五中学课堂教学改革培训基地的作用。通过专题讲座、观摩学习、送课下乡、等活动,按照县—乡、乡—村结对帮扶要求,以点带面,做好片区教研活动,积极探索不同学段、不同学科、不同课型课堂教学模式。

教育信息化。2019年,阿瓦提县投入368万元,为第二中学配备班班通设备104套,新建计算机室4间,录播室1间,实验室3间。实施"光前进班"计划,实现全县范围中小学、幼儿园光纤接入全覆盖。

【教育资助】 学前教育阶段。2019年,阿瓦提县农村学前三年免费教育保障经费共计4301.8万元(幼儿伙食费2326.1296万元、保教费1746.2664万元、取暖费229.404

万元)，惠及幼儿19169人。

义务教育阶段。2019年，阿瓦提县实行“两免一补”政策，城乡义务教育阶段保障经费共计5272.39万元，其中公用经费3402.33万元，惠及中小学生43497人；家庭经济困难寄宿生生活补助资金1870.06万元，惠及寄宿制中小学生13300人；农村义务教育阶段学生营养餐补助经费2543.52万元，惠及农村中小学生31794人。

高中阶段。2019年，阿瓦提县实行“三免一补”政策，普通高中补助资金共计1381.43万元(免学费597.99万元、助学金783.44万元)，惠及学生3018人；职业技术学校补助资金1363.0404万元(其中免学费等运转经费1042.6704万元、助学金320.37万元)，惠及学生3020人。

教育扶贫项目补助。2019年阿瓦提县“雨露计划”支持农村贫困家庭新成长劳动力接受职业教育扶贫补助项目资助建档立卡贫困中、高职学生827人，按照生均3000元标准，补助资金248.1万元。

大学生资助。2019年，阿瓦提县统筹“援疆助学金”“润雨计划”新生入学助学金、阿克苏地区慈善协会“慈善助学”项目助学金、团委“国酒茅台”助学金、广东慈善个人“捐资助学”助学金、“援疆资金资助建档立卡贫困大学生助学金”、县妇联“爱心一元”助学金、县总工会“金秋助学”助学金等各类大学生助学金108.3万元，资助贫困大学生286人。

【基础教育】 学前教育。2019年，阿瓦提县有幼儿园139所(公办幼儿园133所，民办幼儿园6所)，其中城区幼儿园15所(含5所民办幼儿园)。在园幼儿18485人(公办幼儿园在园幼儿17498人，民办幼儿园在园幼儿987人)。少数民族幼儿17388人，占幼儿总数94%。全面实施学前三年免费教育，全县除脑瘫、重度残疾幼儿外，入园率达100%。全县共有幼儿园保教人员1150人，其中专任教师553人，支教干部248人，保育员349人。

小学教育。2019年，阿瓦提县有公办小学68所、教学点2所，其中县直小学4所，乡村小学64所。共有教学班878个，在校学生32061人，其中少数民族29949人，占在校生的93.4%；教职工1861人，其中少数民族809人，占教职工的43.4%；专任教师1696人，其中少数民族691人，占专任教师的40.7%；小学适龄儿童入学率县城达100%，农村达99.8%，毕业率100%，升学率100%。

初级中学教育。2019年，阿瓦提县有初级中学9所(含4所九年一贯制学校)，班级数281个，在校学生12638人，其中，少数民族11526人，占在校生的91.2%；有教职工1018人，其中，少数民族543人，占教职工的53.3%；专任教师867人，其中，少数民族400人，占专任教师的46.1%；年内，有3247名初三毕业生参加中考，全县共设考点9个，考场100个；组织开展初三毕业生体育考试；组织其他省市初中班报名、体检、电子摄像、信息录入等工作，全县有289名学生考被录取内初中班。

【普通高中教育】 2019年，阿瓦提县有普通高中1所，班级数62个，高中在校学生3018人，其中，少数民族2650人，占在校生的87.8%；教职工251人，其中，少数民族125人，占教职工的49.8%；普通高中专任教师219人，其中，少数民族94人，占专任教师的42.9%。

【职业技术教育】 2019年，阿瓦提县共有职业技术学校1所，班级数54个，教职工118人，其中，少数民族77人，专任教师100人，其中，少数民族61人；在校生数3021人，其中，少数民族学生3021人，占在校生的100%，开设专业6个。2019

年校企合作专业总数达 13 个，校企合作建设实训基地数达 5 个，定岗实习点 105 个，签订定岗实习学生总数为 705 人。2019 年初中毕业生升职高实际招完成率达 113.5%。

【继续教育】 农牧民技能培训。2019 年，阿瓦提县有乡(镇)级农牧民文化技术学校 19 所，村级农牧民文化技术学校 128 所，劳动力 129795 人，已接受科技培训人数为 101500 人，培训率达到 78.2%。

学历教育。2019 年，阿瓦提县电大设有开放教育本科专业 8 个，专科专业 9 个。截至年底，秋季有专科各专业在校生 160 人，本科各专业在校生 135 人，共有在校生 295 人。2019 年秋季招收本科各专业学员 41 人，专科各专业学员 45 人，共计学员 86 人。2019 年毕业学员 88 人，其中本科 50 人，大专 38 人。

【教育行政管理】 教育经费。2019 年，阿瓦提县教育投入达 43068.1751 万元，惠及全县近 7 万名幼儿园、中小学学生和 4500 余名教职工。其中，农村学前三前免费教育保障机制经费 4301.8 万元，惠及幼儿 19169 名；城乡义务教育保障经费 5272.39 万元，惠及中小学生 43497 名；农村义务教育阶段学生营养餐补助资金 2543.52 万元，惠及农村中小学生 31794 名；普通高中补助资金 1305.1 万元，惠及学生 3018 名；职业技术学校补助资金 1363 万元，惠及学生 3020 名；教师待遇保障投入 12384.74 万元，其中新聘教师待遇保障投入 10417.68 万元，保障了近 1600 名新聘教师享受我县在编教师工资待遇；乡村教师差别化待遇(生活补助)1106.86 万元，近 2600 名乡村教师受益；教师培训及表彰费用纳入财政预算 860.2 万元；学校项目建设投入 8757 万元，建设面积 39513.02 平方米，建成受益学生 12754 名；维修改造及改善办学条件投入 6594.28 万元；援疆资金投入 546.3047 万元。

教育研究。2019 年，阿瓦提县共立项小课题 66 个(自治区级 3 个，地区级 4 个，县级 59 个)，完成课题结题 20 个(地区级 1 个，县级 19 个)。依托《阿瓦提县教育系统组建学前部、小学部、中学部“345”工作实施方案》，组织开展中小学教务教研工作培训，进一步规范全县中小学课程管理、常规管理、校本研修及教材征订使用等工作，实现城乡教育相对均衡协调发展，全县师生共享优质教育资源的办学目标。2019 年，根据《关于印发〈阿克苏地区中小学教学管理评估办法(试行)〉的通知》精神，开展 10 所中小学教学管理评估，同时推荐鲁迅小学和阿克切克力中心小学创建地区级教学管理示范校，鲁迅小学获“地区级教学管理示范校”称号。

【语言文字】 2019 年，阿瓦提县民族语言文字工作委员会归属教科局，出台《阿瓦提县进一步加强国家通用语言文字培训学习实施方案》，各乡(镇)、片区和县直各单位:制订学习计划，以现行小学语文教材为主要学习用书，采取“八学”(即领导带头学、集中培训学、举办夜校学、自觉主动学、结对帮扶学、借助媒体学、组织活动学、日常交流学)的方式，强化机关和基层干部职工国家通用语言文字学习。18～45 岁青壮年农牧民:以县委党校为培训基地，开办村(社区)两委班子国家通用语言强化培训班，对全县村(社区)两委班子中国家通用语言不合格的少数民族成员全覆盖进行培训。以村(社区)为单位，村(社区)委会和各“访惠聚”工作队共同组织，每晚利用不少于 2 个小时的学习时间，集中在村(社区)委会学习国家通用语言文字。少数民族教师:结合《阿瓦提县教育系统少数民族教师提升国家通用语言文字素养“1112”工程实施方案》，教育系统未取得二级乙等及以上普通话等级证书的教师常态化不间断进行学习。利用寒暑假对全县未取得普通话二级乙等证书的专任教师每期进行20天的国家通用语言文字集中培训。在校学生：学前阶段配强教师，以强化幼儿国家通用语言听、说表达能力为重点开展一日常规教学活动。义务教育阶段以课堂教学为主阵地，将国家通用语言文字教学贯穿到各学科教学。普通高中招生学生国家通用语言文字关，确定语文最低分数线。职业技术学校对于国家通用语言基础较差的学生全部招入，第一年集中开展国家通用语言教学，为学习专业理论和实践技能奠定好语言基础，提升就业能力，助力脱贫攻坚。

【教育督导】 *义务教育均衡发展。*2019，阿瓦提县组织义务教育均衡发展业务培训3次，培训书记、校长102人次，培训学校指标负责人316人次；召开阿瓦提县义务教育均衡发展工作推进会，由政府与11个乡镇（管委会）、17个相关职能单位签订《阿瓦提县义务教育学校均衡发展工作目标责任书》；制作发放义务教育均衡发展评估资料150本，梳理工作标准753项；接受自治区义务教育均衡发展过程性督导，完成反馈问题整改工作。

*责任督学挂牌督导。*1名督学参加第1期国家级教育督导网络培训班，培训登记为合格；组织34名责任督学参加业务能力提升培训、经验交流会各1次；形成优秀督导案例2例。

*幼儿园办园行为督导评估。*2019，阿瓦提县完成“教育部幼儿园办园行为督导评估系统”填报，共评估45所幼儿园，评估分853.83分，等次为良好。

*教育综合督导。*2019，阿瓦提县建立学校（含民办教育培训机构）综合发展动态跟踪督导机制，形成“一校一档”10卷，143册，含学校基本情况图文资料，督导问题图文资料，指导意见及整改情况图文资料。

*教育专项督导。*开展安全生产及值班备勤专项督导，抽查中小学18所，发现问题共42项，下发《阿瓦提县教育系统实验室安全隐患专项检查登记表》10份，整改通知书16份；开展民办教育培训机构专项督导，共检查民办教育培训机构6所，发现问题64项，下发整改通知书6份；开展春季开学准备工作专项督导，共督导学校及幼儿园52所，发现问题170项，下发整改通知单29份；开展暑期安全工作专项督导，共督导中小学及幼儿园41所，发现问题89项，下发指导意见反馈单23份。

【信访工作】 2019年，阿瓦提县教育系统共接待来访群众100余人，受理县纪委转办信访案件3件，县信访局转办5件，人民政府县长信箱转办2件，解决经济纠纷30余万元，信访回复率为100%，满意率为100%。

【全面改薄】 2019年9月，阿瓦提县第六中学建成并投入使用，县义务教育阶段薄弱学校改造项目从资金下达到项目建成全面完成。

【教育系统党建工作现场推进会】 2019年4月15日，阿瓦提县召开教育系统党建工作现场推进会，通过现场观摩、相互交流、总结汇报等形式，示范引领、资源共享，促进教育系统各党组织尤其是各乡（镇）学校党组织由乡（镇）党委管理到教育工委管理后的规范管理与运行。

【首届班主任节】 2019年5月，阿瓦提县委、人民政府研究，决定将每年的5月20日定为“班主任节”，并于2019年5月20日举行阿瓦提县首届“班主任节”表彰大会暨文艺会演，对全县520名“优秀班主任”进行表彰。

【“阳光五育”德育体系】 2019 年,阿瓦提县按照“学前抓发育、重开发;小学抓习惯、重引导;初中抓体验、重实践;高中抓深化、重内涵”工作思路,落实“阳光五育”(思想育人、课堂育人、行为育人、文化育人、管理育人)德育内容,培养德智体美劳全面发展的社会主义合格建设者和接班人。

文化·体育

文　　化

【公共文化服务】　2019年，阿瓦提县推进基层综合性文化服务中心建设总体部署和时间安排，制定下发了《2019年阿瓦提县基层综合性文化服务中心建设工作方案》，整合各方资源，完成2019年43个行政村（社区）基层综合性文化服务中心建设任务。

【群众文化活动】　2019年，阿瓦提县结合重大节庆活动、民俗活动等，组织开展各种文化娱乐活动，举办了阿依巴格乡杏花节、乌鲁却勒镇翻翻鸽文化旅游节、塔镇黑木耳采摘节、农牧民文艺会演、第二届农民丰收节、阿瓦提县第七届刀郎美食民俗文化旅游节等文化旅游活动18场次，开展送戏下乡活动100场次，举办刀郎农民画、中华戏曲、剪纸、书法、绘画、广场舞、少儿合唱等培训班19期，培训学员320余人次。电影放映管理中心挑选一批优秀红色影片赴各乡镇村巡演，放映电影1800余场次。

依托基层综合性文化服务中心大力开展群众性文体活动，组织各级“访惠聚”驻村工作队、“走访”干部、文艺小分队、文艺骨干走访到村（社区）开展包饺子、包粽子、送月饼、送春联等中华优秀传统文化活动，培育传统节日习俗，增强“五个认同”意识。

为庆祝中华人民共和国成立70周年，编排《普天同庆贺盛世》、舞蹈《东方红》《在希望的田野上》《最美中国人》《绣红旗》、小品《扶贫轶事》、戏曲联唱《国韵满堂》节目并在科技文化艺术中心上演。

【农民画创作】　2019年，阿瓦提县创作了70余幅反映祖国70年变化，人民安居乐业、生活美满的农民画作品，展现刀郎农民画的魅力，打造刀郎文化品牌。

【文化市场环境监管】　2019年，阿瓦提县推进简政放权工作，梳理文化市场审批事项，鼓励经营单位的年检工作和经营情况申报在网上办理。加大文化市场监督力度，开展了“净网”、“护苗”、“秋风”、“清源”、“固边”、暑期网吧治理、安全生产等专项行动。开展平安文化市场创建，将安全生产检查、“三非”专项整治、“扫黑除恶”列入日常监管工作重点，加大特殊时期专项整治力度，共出动稽查人员800余人次，检查文化娱乐场所310家次，现场整改60家次，下发整改通知书6家次，责令停业整顿1家次。对辖区内歌舞娱乐场所曲库、挂图等进行地毯式的排查、清理，确保曲库内容、挂图积极健康向上。

【对外交流合作】　2019年，阿瓦提县用好浙江绍兴文化润疆资源优势，筛选100幅优秀农民画，在绍兴城市文化广场启动“文化润疆”文化旅游周启动仪式，宣传展示刀郎农民画、刀郎歌舞等，加大刀郎文化宣传推介，让疆内外群众了解大美新疆丰富的文化旅游特色。刀郎农民画先后登上人民网、中新网、新华网、“学习强国”平台。

阿瓦提县承办阿克苏地区“庆祝中华人民共和国成立70周年”浙阿农民画创作培训班，地区八县一市40名农民画家与浙江11名农民画家开展采风、主题创作、相互交流等活动。

赴浙江义乌参加第 11 届中国国际旅游商品博览会。组织文旅产品参加成都、重庆、深圳等旅游推介活动，展示推介阿瓦提文旅资源和特色产品。

【非物质文化遗产保护传承】 2019 年，阿瓦提县开展文物安全巡查检查工作，先后检查巡查不可移动文物 30 余(次)处。完善“四有”档案，继续为 6 处自治区级文物保护单位聘请了文物看护员，加大野外文物点看护及日常巡查，确保文物安全。举办刀郎热瓦甫、刀郎艾捷克、刀郎麦西热甫等传承培训班 3 期，培训学员 89 名，为非遗保护的可持续发展储备后备力量。利用“文化遗产日”和中华民族传统节日，组织全县各族群众、非遗传承人、民间艺人，举办“第七届新疆非物质文化遗产周”启动仪式暨刀郎麦西热甫展示展演大赛、非遗乡村行展示展演、非遗进社区专题讲座、非遗传承保护培训、“赛龙舟 · 包粽子”庆端午、刀郎农民画展览、电视户外大屏宣传等活动。推进刀郎麦西热甫传承中心布展工作，广泛收集整理刀郎麦西热甫传承及艺术价值文图资料，实施传承中心展厅布展及舞台、灯光后续室内配套装饰。

【非物质文化遗产申报】 2019 年，阿瓦提县深入挖掘慕萨莱思酿造技艺项目蕴含的深层次价值，推荐申报第五批国家级非遗代表性项目。

【广播电视宣传】 2019 年，阿瓦提县大力宣传“民族团结一家亲”、“访惠聚”驻村工作、“发声亮剑”、“国家通用语言学习教育”、“不忘初心 牢记使命”主题教育、“壮丽 70 年 奋斗新时代”、庆祝中华人民共和国成立 70 周年系列活动等重要内容，采写新闻稿件 787 条，制作播出维吾尔语、汉语广播电视《阿瓦提新闻》286 期；制作播出《一周要闻》96 期；开办各类主题宣传专栏 28 个；录制《阿瓦提县领导干部发声亮剑电视讲话》节目 12 期，播出 12 期。全年在中央电视台发稿 10 条，新疆电视台发稿 151 条，地区电视台发稿 338 条，中央人民广播电台发稿 3 条，新疆人民广播电台各频率发稿 78 条，地区人民广播电台发稿 346 条。

【文化扶贫】 2019 年，阿瓦提县通过实地走访调研，充分摸清其广播电视、文化服务场所等情况，根据各村实际，量身制定扶贫方案。组成调研核查小组，同乡镇文化站(广播站)干部、村干部以及驻村干部一起进村入户，全面摸底，组建流动便民服务小组，公布维修服务地点和电话，积极宣传设备常见故障及处理办法。实名核查拟脱贫户 1212 户收听收看广播电视情况，为缺电视少设备的贫困户安装电视 396 台，安装电视接收设备 715 套，维修电视接收设备 185 余台，在村醒目位置和贫困户家张贴维修服务便民贴共 2100 个。对辖区“大喇叭”定期维修、维护。维修发射机 8 次，维修大喇叭 180 个，安装扩音机 22 台，安装套调频音箱 37 台；回访 2400 户“户户通”用户设备使用情况。维修“户户通”设备 780 余台、维修有线用户 1000 余户。完成 536 套大喇叭升级改造和广播电视建档立卡工作。提升基层广播电视维护人员专业技能素质，全年举办广播电视维修培训班 4 次，培训学员 80 余人。

· 文联工作 ·

【概况】 2019 年，成立阿瓦提县文学艺术界联合会，隶属于县委领导的群众团体机关，机构规格为正科级。阿瓦提县文联是阿克苏地委深化文联改革意见下发后在全地区率先成立的首个县级文联。下设文艺家协会 8 个，分别是音乐家协会、美术家协会、摄影家协会、书法家协会、舞蹈家协会、作家协会、广场舞协会、农民画画家协会。音乐家协会54人;舞蹈家协会33人;广场舞协会95人;摄影家协会22人;书法家协会31人;美术家协会67人;作家协会14人;农民画家协会13人。各协会各设主席1名,副主席2名,秘书长1名,副秘书长2名。全县共有329名会员。

【文学艺术界联合会代表大会】 2019年6月23日,阿瓦提县文学艺术界联合会第一次代表大会在县委党校召开,全县各行业的186名文艺工作者代表参加会议。会议选举产生了阿瓦提县文联第一届委员会、主席团,选举王国纯当任阿瓦提县文联主席。大会选举了音乐家协会、舞蹈家协会、摄影家协会、书法家协会、广场舞协会、美术家协会、作家协会、农民画画家协会8个协会领导班子。

体　　育

【全民健身活动】 2019年,阿瓦提县依托节庆活动,常态化开展文体比赛活动,举办了农牧民运动会、广场舞大赛、篮球业余联赛等丰富多彩的体育活动,参与人员达2万余人,观众30余万人。各乡镇举办农民运动会、篮球赛、排球赛、拔河比赛、乒乓球赛、趣味体育活动等全民健身活动40场次,参与群众达2万人次。青少年业余训练,竞技体育水平不断提高,组队参加了地区青少年U系列足球比赛、摔跤比赛、分别获得男子足球第三名,摔跤团体第一名的成绩。

【百日文体活动】 2019年,阿瓦提县以庆祝中华人民共和国成立70周年为主题,组织开展“乡村百日文体竞赛活动”和“百日广场文化活动”等一系列文化体育旅游活动,内容有体育比赛、文艺会演、旅游节等。截至年底,开展“乡村百日文体活动”981场次,“百日广场文化活动”60场次,参与群众达10余万人,观众达30余万人次。

卫　生

【概况】 2019年,全县共有医疗卫生机构194个,县直医疗机构4所(县人民医院、妇幼保健院、维吾尔医院、计划生育服务站)、卫生监督1所、疾病预防控制中心1所、乡镇卫生院10所、社区卫生服务中心1所、民营医院4所、个体诊所26所、村卫生室143所;共有在编人员760人,聘用医护人员555人,后勤人员74人,村医259人,编制床位773张,实际开放床位1301张。

阿瓦提县有公共场所176家(57家生活美容店,95家理发店,5家招待所,19家宾馆)、47家医疗机构、48家传染病防治机构、20所中小学校及13家托幼机构、2家生活饮用水供水单位、7家放射诊疗单位、1家职业健康检查机构。全年平均日常卫生监督频次达2次,监督覆盖率达100%。

【综合管理】 2019年,阿瓦提县卫生监督所组织开展了5期个体诊所卫生法律法规知识培训,5期卫生监督协管员业务培训,8期医疗机构医疗卫生和传染病培训,4期公共场所相关法律及艾滋病知识培训。组织开展了10个乡镇分所“3·15”、职业病防治法和生活饮用水宣传周的宣传活动,并参加环境保护联合宣传、宪法宣传月宣传等宣传,加大了法律知识的普及。

【公共卫生监督】 2019年,阿瓦提县卫生监督所认真开展公共场所日常监督工作,下发监督意见书322份,监督覆盖率100%。开展公共场所旅游服务环境和旅游市场专项整治,对辖区内住宿业进行环境整治联合监督检查,结合文明县城创建对公共场所开展了专项检查。每季度对供水单位进行监督检查和现场水质快速检测,完成供水单位基本情况调查。

【医疗卫生监督】 2019年,阿瓦提县卫生监督所开展日常监督医疗卫生监督临床诊断、农贸市场规范医疗行动、零售药店医疗服务专项、托幼机构学校照明设备采光专项、医疗乱象整治专项;医疗非免疫规划疫苗专项等专项整治监督工作,规范医疗机构执业行为,对医疗机构执业范围、医务人员资质及医疗废物管理与处置等进行了专项执法监督检查,规范了医疗机构执业行为,对全县47家医疗卫生机构进行日常监督,下达监督意见书120份,监督覆盖率100%。打击非法行医出动人员6人次,打击非法行医2户,收缴药品5箱,行政处罚总计3000元。

【传染病防治】 2019年,阿瓦提县卫生监督所与相关部门联合对48家医疗单位和20所中小学、13所托幼机构进行了监督检查。对消毒产品使用经营单位进行了监督检查,抽查消毒产品约50多种,填写消毒产品经营场所监督检查表20份。开展抗菌药物临床应用专项检查,针对医疗废物管理、预防接种专项、医疗卫生院感监督检查、抗抑菌剂专项托幼机构学校照明设备采光专项等进行专项检查工作。

【卫生许可证办理】 2019年,阿瓦提县共审核完成公共场所卫生许可证新办证51个和延续40个共91个,注销15个,全部实行了行政审批电子系统网上录入。共依法查处案件立案6起,结案6起(均为医疗案件3起、公共场所案件3起),6起结案案件共行政罚款人民币28500元。

【健康扶贫】 2019年,阿瓦提县落实"先诊疗后付费"政策,实行"一站式"结算。患者在县城内定点医疗机构住院均可享受"先诊疗后付费"政策,对于确有困难,出院时无法一次性结清自付费用的,可通过与医院签订《"先诊疗、后付费"住院费用延期(分期)还款协议书》,明确还款时间,医院予以办理出院手续。全年累计受益贫困患者5546人次。全县各定点公立医疗机构全面实行"一站式"结算服务,全年受益困难患者3652人次,报销补助197.61万元,有效减轻了贫困患者经济负担。

【全民健康体检】 2019年,阿瓦提县全面实现全民健康体检信息化,全县15个体检点均已安装全民健康体检信息管理系统,2019年全县设置15个体检点,投入核心设备67台(DR15台、彩超27台、全自动生化分析仪25台),配备体检工作人员374人。为各乡(镇)卫生院配备电脑116台、打印机55台;对相关工作人员进行了信息系统操作培训,参训人员180余人,做到操作流程熟悉,录入准确及时。截至10月16日,全县累计体检210449人,体检完成率101.93%。其中0~6岁儿童体检人数29419人;7~14岁学生体检52838人;15~64岁城乡居民体检110073人;65~79岁体检10071人;80岁以上体检1392人;机关企事业单位在职职工及离退休人员体检6656人。

【家庭医生签约服务】 2019年,阿瓦提县卫生健康委员会组建家庭医生团队数47个,参与团队成员397名,履行签约服务,提供免费、优惠、特需等类型服务;手机App签约人数13.26万人,纸质版签约人数1.5万人,总共签约人数14.76万人,高血压、糖尿病、结核病、建档立卡贫困户等其中重点人群7.8万人;家庭医生签约服务全县签约的14.76万人,均提供基本公共卫生基础服务包和重点人群个性化服务包(免费)。截至年底,31412人享受58385次的基本公共卫生基础服务包(免费)的服务项目。

【健康教育】 2019年,阿瓦提县各医疗卫生单位定期开展形式多样的健康教育宣传工作,截至12月,县乡、村两级项目实施单位更新宣传栏976期,全年共开展1004期知识讲座;开展了12期公众宣传活动,达165场次,参加健康教育咨询及接受健康教育讲座的人次数达108206人次。

【公立医院改革】 2019年,阿瓦提药品实行零差率销售,实施基本药物制度和药品"零差率"销售,县各医疗机构通过自治区网上药品集中采购平台采购药品,与入驻阿克苏集散中心的配送企业签订协议,统一配送,全面实现药品零差率销售,2019年共为群众让利471.66万元,解决群众看病贵问题。推进医疗卫生服务体系建设,以医院等级评审为契机,加快推进医疗机构全面质量管理体系建设,提升县级医院质量管理科学化、精细化水平。健全医疗纠纷预防处置和人民调解机制,促进医患关系和谐。

【老年人员管理】 2019年,阿瓦提县结合全民健康体检为辖区内老年人进行免费健康体检,为1.33万名老年人建立档案,并开展定期随访,做好签约服务。免费为贫困老年人实施了白内障复明手术;组织医疗机构在"古尔邦节""重阳(老人)节"到养老院开展义诊及健康知识宣传,慰问特困老年人、高龄老人和退休干部;为15名80周岁以上高龄、孤寡、失能、贫困老年人每人发放了500元救助金,共计7500元。

妇幼保健

【概况】 2019年,阿瓦提县妇

幼保健院设有行政办、医务科、保健科、门诊、临床科五个职能科室。以保健为中心、保健与临床有机结合的特色，设置了孕产保健部、儿童保健部、妇女保健部和计划生育技术服务部。另设有病床 19 张，开展妇产科、儿科诊疗服务及计划生育等专项手术。

【孕产妇保健管理】 2019 年，全县产妇总数 1411 人，活产数 1417 人，建卡数 1408 人，建卡率 98%；产前检查 1408 人，检查率 99.2%；孕早期检查 1248 人，孕早期检查率 88%；产后访视 1405 人，产后访视率 99.5%，孕产妇系统管理率 88.4%；住院分娩 1417 人，住院分娩率 100%；高危孕产妇 1014 人，高危管理 1014 人，高位孕产妇管理率 100%；孕产妇死亡 0 例。

【儿童健康管理】 2019 年，全县 0～7 岁以下儿童数为 49622 人，5 岁以下儿童数 28330 人，5 岁以下儿童数 15172 人，3 岁以下儿童为 6120 人，3 岁以下系统管理 5836 人；7 岁以下儿童健康管理人为 27926 人，5 岁以下儿童死亡 13 人，5 岁以下死亡率 9.23‰；婴儿死亡人数 7 人，婴儿死亡率 4.97‰。全年开展 5 岁以下儿童血红蛋白检测工作，检测 14257 人，查出中重度贫血人数 121 人，患病率 0.8%。开展学龄前儿童入托前体检 9187 人，查出龋齿人数 2014 人，视力筛查发现问题 279 人；检查出体弱幼儿 61 人，其中中重度贫血 105 人，对体弱幼儿全部进行了专案管理并给予健康指导。全县医疗机构内签发“出生医学证明”2273 人，签发率 100%。全县叶酸服用人数 4281 人，服用率 98.3%，依从率 82%，叶酸知识知晓率 91%。

【婚前医学检查】 2019 年，全县婚前检查人数 824 对人，“三病”检测率 100%。

【预防艾滋病、梅毒、乙肝母婴传播】 2019 年，阿瓦提县妇幼保健院 HIV 孕妇检测 1577 人，检测率 100%。梅毒检测孕妇 1577 人，对检测出问题的孕妇进行规范治疗，规范治疗率 100%。乙肝检测孕妇 1577 人，乙肝病毒感染产妇所生婴儿免疫球蛋白注射率 100%。

【农牧民妇女宫颈癌筛查】 2019 年，阿瓦提县农牧民妇女宫颈癌筛查 4200 例人次。

【健康宣传教育】 2019 年，阿瓦提县通过宣传栏、印发宣传资料等形式，宣传农村孕产妇住院分娩补助、预防艾滋病、梅毒、乙肝母婴传播、新生儿疾病筛查、农村妇女叶酸增补预防神经管缺陷等国家优惠政策。全年共发放各种宣传单 20000 余份，出板报 2 期。

疾病防治

【传染病网络直报】 2019 年，阿瓦提县疾病预防控制中心强化疫情网络直报管理工作，实行传染病网络直报，对医疗机构传染病监测报告工作的主动监测 1—9 月全县共报告法定乙、丙类传染病 21 种，共 2503 例，死亡 16 例，发病率 969.19/10 万，死亡率 6.95/10 万；网络报告麻疹病例 0 例；AFP 病例 1 例，AFP 发病率为 0.39/10 万。每旬开展“三病”监测业务工作，督导基层“三病”监测业务工作开展情况。

【国家免疫规划工作】 2019 年，阿瓦提县 5 镇 3 乡 4 个管委会、149 个行政村，12 个社区，1 个二类门诊，共有 163 个接种点，占 100%，冷链运转 12 次以上的接种点为 163 个，占接种点总数的 100%。各接种点实行每月开展两次以上免疫活动，并有经过专门培训的 298 名固定接种人员。

【常规免疫接种】 截至 2019 年 10 月底，全县卡介苗应种

749 人次，实种 749 人次，接种率 100%；脊髓灰质炎应种 8575 人次，实种 8567 人次，接种率 99.94%；三联应种 6312 人次，实种 6295 人次，接种率 99.45%；麻腮风应种 2210 人次，实种 2205 人次，接种率 99.77%；乙肝应种 3227 人次，实种 3224 人次，接种率 99.85%；二联应种 5650 人次，实种 5638 人次，接种率 99.79%；甲肝疫苗应种 2363 人次，实种 2354 人次，接种率 99.62%；流脑 A 群疫苗应种 2862 人次，实种 2853 人次，接种率 99.68%；麻风应种 1605 人次，实种 1601 人次，接种率 99.75%；流脑 A + C 疫苗应种 15937 人次，实种 13560 人次，接种率 85.08%（上级疫苗提供不足），除了 A + C 疫苗其他各类疫苗接种率达到了 95% 的目标。组织专业人员对各乡镇（场）进行了接种率考核，按照考核方案进行考核评估，经过统计后，各乡镇计划免疫接种率达 90% 以上。

【二类疫苗推广应用】 2019 年，阿瓦提县疾控中心认真贯彻落实《疫苗流通和预防接种管理条例》精神，中心除保障国家免疫规划疫苗的接种率外，还积极推广应用了二类疫苗（8 种）。截至 2019 年 10 月底，接种二类疫苗 6021 人次（分别为：甲肝疫苗 74 人次、乙肝疫苗 10 微克 467 人次、20 微克 605 人次、流感疫苗 1005 人次、狂犬疫苗 3534 人次、B 型流感疫苗 58 人次、手足口病疫苗 1 人次、23 价肺炎疫苗 266 人次、水痘疫苗 11 人次）有效防止了相应传染病的发生与流行。

【疫苗出入库和冷链管理】 2019 年，阿瓦提县疾控中心规范疫苗出入库有专人管理，疫苗出入口记录，冰箱温度记录，每月盘库，疫苗使用数与疫苗接种人次数相符，损耗疫苗原因清楚，责任明确，1—9 月各乡镇发放乙肝疫苗 3349 支、卡介苗 1487 支、IPv10187 支、bopv6212 支、百白破疫苗 6600 支、二联疫苗 2208 支、麻风疫苗 16676 支、麻腮风疫苗 2363 支、A 群流脑疫苗 2889 支（1545 支过期）、A + C疫苗 13560 支、甲肝疫苗 2489 支。

【脊灰补充免疫】 2019 年，阿瓦提县疾控中心完成两轮脊髓灰质炎补充免疫活动。2 月龄至 4 岁以下儿童脊灰疫苗补充免疫应种 30053 人，实种 29898 人，接种率为 99.48%。经地县两级联合督导组的评估验收接种服苗率为 98.93%。对全县 63 所小学和 138 所幼儿园开展了儿童预防接种证的查验和补证补种工作，查验覆盖率为 100%，全县应查验儿童 228781 人，实查验儿童 22878 人，儿童查验率 100%，应补证人数 2 人，实补证人数 2 人，补证率 100%，除了 A + C 疫苗以外其他疫苗接种率达 100%。

【结核病防治】 2019 年，阿瓦提县疾控中心每月对乡镇卫生院和村级卫生室开展结核病防治工作督导检查同时访视结核病患者，截至 10 月 23 日共督导乡镇卫生院 110 次。每季度开展一次县、乡、村结核病防治医护人员的培训共 703 人次。利用“3·24”世界防治结核病日和健康知识进万家活动，开展了结核病防治健康教育活动，截至 10 月 23 日开展现场宣传 16 场次、发放宣传资料 17750 份、发放结核病防治宣传光盘 398 张、广播和电视宣传 32 次。

在全区范围推行肺结核患者“集中服药 + 营养早餐”项目每份早餐标准不超过 3.5 元/人·天的要求，2019 年阿瓦提县对落实治疗结核病患者继续推行“集中服药 + 营养早餐”工作。

【碘缺乏病监测】 2019 年，阿克苏地区疾控中心协同阿瓦提县疾控中心按照《全国碘缺乏病监测方案》要求，完成采集 5 乡（镇）孕妇尿样 100 份，家中食用盐采样300份。学生甲状腺B超检查200人,采尿样200份。阿瓦提县学生甲状腺肿大率小于5%,学生尿碘中位数193.5微克/升(尿碘低于50微克/升的1人)孕妇尿碘中位数156.5微克/升(尿碘低于50微克/升的5人)。抽查学生家中食用盐200份、孕妇家中使用盐100份,其中食碘盐300户,碘盐覆盖率100%,合格碘盐食用率100%。截至年底,为了防止新生儿克汀病和儿童智力残疾的发生,对全县2828名重点目标人群进行口服碘化油。

【包虫病监测】 截至10月,完成B超普查6000人,无阳性病人,完成工作量的100%;学生B超筛查600人,其中学生B超阳性0人,完成工作量100%,儿童血采样60份,阳性1份;采集犬粪便标本270份,完成工作量100%,阳性率0。2019年,新增病人7名,其中药物治疗病人7人、手术病人7人,完成乡村级督导工作3次。

【布病监测】 2019年,阿瓦提县疾控中心在畜牧部门和各乡镇卫生院的协助下,制定了《阿瓦提县2019年布鲁氏菌病高危人群筛查方案》,对辖区内畜牧兽医人员、畜牧防疫员、养殖农牧民、从事屠宰、贩运、皮毛加工及餐饮等人员进行筛查,共筛查出布鲁氏菌病高危接触者617人,检测617人,血清学检测阳性人数7例,其中新发现4例,复发3例(农民),血检阳性率0.97%。

【慢性病管理及健康教育工作】 2019年,阿瓦提县建档人数为238753人,建档率为91%,已达标。2019年,高血压应管理人数49688人、实际管理16157人、管理率为33%(国标≥40%);二是2型糖尿病患者应管理人数19126人,实际管理3759人,管理率为20%(国标≥35%);三是严重精神障碍患者应管理人数1052人,实际管理1017人,管理率为97%(国标≥67%);四是老年人应管理人数20375人,实际管理12970人,管理率为64%(国标≥67%)。

【检验科工作情况】 2019年,阿瓦提县疾控中心完成乙肝两对半检测1142人,肝功检测809人份,食盐碘检测300份,尿碘检测200份学生样,100份孕产妇样,尿氟检测150份,包虫病检测采样犬粪265份,人体血清包虫IgG抗体61份检测,布病检测583份血液样本,生活饮用水水质监测31桶水34个检测项目。完成1~2岁幼儿麻疹、乙肝抗体检测各95份。艾滋病检测了587人,HIV重点人群艾滋病检测1735份,艾滋病CD4检测899人份,病毒载量抽血662份,病毒载量重新抽血235份;统计并网报HIV初筛工作量数据,按国家和自治区审核要求录入审核完成。对县域公共场所理发店、宾馆采样检测共45份,检测细菌总数、大肠菌群、金黄色葡萄球菌、甲醛、二氧化碳等公共场所消毒指标检测。

人民医院

【概况】 2019年,阿瓦提县人民医院在岗人数536人。床位593张;科室设置35个:其中临床病区18个,包含在英艾日克镇、教育培训中心设置的2所分院,医技辅助科室5个,职能管理科室12个。新增二分院为结核病涂阳患者隔离病区,设置床位60张。新采购325.4万54台(套)医疗设备的采购、安装、培训、验收、设备主要有儿童监护仪、婴儿培养箱、彩超、酶标仪、氧饱和度仪、手术床、微量注射泵、呼吸机、放射科检测报警设备。购进荷兰飞利浦16排螺旋CT机、DR、GE全数字彩超、C型臂、西门子B超、远程会诊系统。

【业务数据】 2019年,阿瓦提县人民医院门急诊就诊 243943 人次，较 2018 年同期下降 15.1%；急诊 26077 人次，较 2018 年下降 9.2%；住院患者 28132 人次，较 2018 年同期上涨 7.1%；完成手术 3201 人次，同期降低 27.05%。病床利用率 100.09%（与医院内部设置实际开放床位有关，2018 年开放 468 张，2019 年开放 593 张）；平均住院日 7.65 天；较 2018 年同期下降 1.5%；药占比为 23.5%，药占比下降 1.79%；医疗收入 1.46 亿元，较 2018 年同期增幅 21.6%。

【医疗督查考核】 2019 年，阿瓦提县人民医院对临床科室每月督查两次，形成回头看机制，每月召开医疗质量会议，各科室主任针对上月本科室医疗质量情况进行述职分析，会上对各科室发现医疗过程中存在的问题及安全隐患，提出整改意见，并将此纳入了二次绩效分配。落实岗位绩效考核制度，医疗考核指标具体划分为劳动纪律、岗位能力、工作质量、其他、奖惩五大类，然后又细分多个指标。科主任每个月根据每位医生的表现、工作完成情况进行打分量化，用积分制来实现绩效的分配。二次绩效分配改变了原来的绩效分配方式，实现了医生能力与绩效相匹配和多劳多得，也基本实现了绩效分配的公平性。利用新疆维吾尔自治区医师定期考核综合管理平台要求，全院医师参加 2018—2019 年医师定期考核，在管理平台上对 118 名注册医生的职业道德和工作成绩进行审核。完成 16 个执业医师和 9 个执业助理医师资格证及执业证注册事宜。

【护理强化】 2019 年，阿瓦提县人民医院加强病区环境管理，各护理单元参与科室的清洁与整理，对标签进行统一规范，按照流程，完成每天的清点、补充工作，从而保证了各区的环境整洁，物品定点定位、摆放有序，与标识相符，为患者提供了良好的就诊环境；提高患者口服药看服入口率，保证患者服药安全、及时、规律。2019 年护理部统一制定科室口服药看服交接登记本，未服药者及时交接至下班看服，调整护士排班与职责更改班次发药时间，通过 4 项对策拟定及实施，大大提高了患者服药的依从性，提高了患者满意度。

【医院感染防控】 截至 9 月，出院病人数 20929 人，查出院感病例 21 例，医院感染发病率为 0.1%，部位感染发生 28 例次，感染例次发病率 0.1%，无医院感染病例暴发及医院感染聚集发生。多重耐药菌监测共送检标本 5620 份，检出阳性标本 765 份，阳性率 13.6%。检出多重耐药菌 9 株，均属于院外感染。手卫生目标性监测，1—9 月共调查手卫生次数共计 304 次，实际执行手卫生次数 254 次，手卫生依从性为 84%。正确次数为 188 次，正确率 74%。9 月 3 日，由院感办组织全院各临床科室开展了医院感染现患率调查，全院应调查人数 499 人，实查人数 499 人，实查率 100%，现患率为 0.4%；在 ICU 组织了一次全院性的院内感染爆发应急演练，完善了院内感染爆发处置流程；加强传染病尤其是结核病的院感防控培训及指导，进行了消毒隔离措施落实的常规督导检查；院感办重点对购入人民医院的消毒药械及一次性无菌医疗用品的相关资质及质量进行审核把关。

【援疆工作】 2019 年，阿瓦提县人民医院依托绍兴援疆医生的优势，建立了名医工作室，中医康复科建立了以针灸、推拿、刮痧、足疗、康复锻炼为特色的康复理疗室，将中医的“耳贴”疗法，在全院各个科室进行推广、普及。推过浙江商会捐助 2 辆救护车，价值 40 余万元。骨科方面，在援疆专家的指导下，开展了关节置换术等 4 类手术，填补医院的空白。

【结核防治】 2019 年 7 月,阿瓦提县英艾日克镇敬老院作为肺结核患者集中隔离治疗点,县投入 100 余万元,完成医务人员工作区、生活区、病区、病人活动区、宣教区、探视区、食堂的改建工作,正式启用。新增 1 人专人负责结核病精准服务管理平台工作,经过自治区专家组的技术帮扶,在结核病诊断、治疗、发现、排除等方面取得了较大的成绩。参与县级结核病门诊工作的督查 2 次,迎接相关部门的技术指导及检查 4 次。

【医共体建设】 2019 年 2 月,阿瓦提县人民医院召开医共体理事会成立大会,副院长任理事长,2 个成员单位负责人任副理事长,理事会下设办公室,负责理事会日常工作。讨论通过《阿瓦提县人民医院医共体建设实施方案》《阿瓦提县人民医院医疗服务共同体章程》,签订了《阿瓦提县人民医院县域医疗共同体协议书》。为 2 个成员单位制作了"阿瓦提县人民医院乌鲁却勒镇分院""阿瓦提县人民医院巴格托格拉克分院"牌并及时挂牌。安排 6 名高年资主治医师及以上职称的专家和 4 名护理人员到乡镇卫生院及村卫生室开展查房、坐诊、讲座、义诊等各种形式的活动,让更多的基层医务人员和群众了解医共体运行方式,支持医共体工作。县医院下派 2 名工作人员挂职乡镇卫生院的执行业务副院长,指导卫生院医生实施中医特色疗法。制定《医共体内专家走访及业务帮扶方案》,明确了帮扶模式及服务内容。

【健康扶贫政策落实】 2019 年,阿瓦提县人民医院在醒目位置采取张贴标语、电子屏幕、入户讲解、"两微一端"等方式,让群众了解推行"先看病后付费"诊疗服务模式的重要意义、基本做法,提高广大群众对健康扶贫工作的知晓率。在医院内设立导医标识、先诊疗后付费服务窗口,取消"贫困患者结算窗口"标识牌 1 块、"健康扶贫绿色通道"标识牌 1 块,"扶贫病房"标识牌 13 块,"扶贫病床标"识牌 230 份,在大厅内醒目处张贴"先诊疗后付费"一站式结算就诊流程图。开展门诊特殊慢性病鉴定工作。截至年底,慢性病患者鉴定总人数 3042 人。

【提升服务质量】 2019 年,阿瓦提县人民医院创建无铃声病房护士对所负责的患者提供全面、连续、不间断 24 小时全程的护理服务,全院 500 余人承担志愿者服务工作,为患者提供咨询、导诊等志愿者活动。修订完善了投诉管理办法、医患沟通制度、患者知情告之制度、投诉受理制度等各项工作制度及医疗纠纷应急预强医务人员依法执业的意识。举办医疗安全预警培训 3 次,法律法规护理安全警示教育专题讲座 1 期,典型案例纠纷分析 1 期,强化职业道德教育 1 次,护理核心制度解读培训 1 次,医务人员医德医风教育培训 1 次。畅通投诉渠道,规范投诉处理程序,保护医患双方合法权益。规范医德医风考评监督机制,定期录入医德医风考评系统数据,完善了对医务人员医德医风激励和约束机制,医德医风管理与年终考核相结合,与年度晋职晋级、岗位聘用、评先评优、人才培养挂钩。

维吾尔医医院

【概况】 2019 年,阿瓦提县维吾尔医医院开放床位 220 张,内设科室总数 16 个,临床科室 6 个,医技科室 3 个,职能科室 7 个。全院职工 197 人,持有高级职称 3 人,副高职称 6 人,中级职称 12 人,初级职称 42 人。2019 年全年门诊就诊 4754 人次,人次费用 106.62 元;住院 8545 人次,人次费用 2731 元,病床使用率达 112%。

检验科完成各种检测目 15245 次，功能科完成检查 17515 次。放射科完成各项检诊 15075 人次。

【改善基建条件】 2012 年，阿瓦提县维吾尔医医院住院综合楼建设于 2017 年开工 1200 万元的 6600 平方米的内科住院综合楼项目，2019 年 4 月已交工投入使用。

【新楼配套工程】 2019 年，阿瓦提县维吾尔医医院为内科住院综合楼和煎药室配套化建设总投资 1300 万元，其中医院信息化建设、远程会诊工程（医共体、医联体）、手术室层流净化工程、标准化手术室设立、重症监护室（ICU）设立、医院监控系统、病房饮水净化系统、住院楼内需要配备病房护理单元、煎药室隔断等，年底已经以政府采购招标。

【医疗质量管理】 2019 年，阿瓦提县维吾尔医医院以重点专科建设为突破口，带动医院发展，确定妇科、皮肤科、康复理疗科为重点科室，全面带动医院的发展。全力培养人才，科主任每年参加 1 次民族医药管理的短期培训。开展的维吾尔医特色医疗适宜技术为 2 种，维吾尔医特色护理适宣技术为 13 种、制定优势病种维吾尔医临床路径、诊疗规范，并在临床上广泛应用。

【专业技术人员培养】 2019 年，阿瓦提县维吾尔医医院加强对中青年技术骨干的培养，采取“走出去、请进来”的方式今年输送 8 人到地区、自治区等院校进行医学深造，定期、不定期邀请上级医院专家到医院进行会诊讲座，6 月都善县卫健委牵头选定县医院为组团式对口支援医院，对口支援的持续化运行（支援组共 3 人，鄯善县人民医院 2 人、郑善县维吾尔医医院 1 人，为期 6 个月），地区维吾尔医医院选派 4 名人才（医生 1 人、影像 2 人、药剂 1 人，为期一年）赴医院支援。

【药事管理】 2019 年，阿瓦提县维吾尔医医院成立了药事领导小组，先由院长进行药品品种、药品价格的审核，再由专人负责购进，坚持杜绝了伪劣药品进入，实行用药人员、用药结构、用药数量异常情况监控分析，实行定期上报，定期分析、定期整改制度，确保临床合理用药。门诊患者维吾尔医药参与治疗率达 85% 以上，住院病人中医药参与治疗率达 90% 以上。

【传染病防治】 2019 年，阿瓦提县维吾尔医医院做好结核病、艾滋病防治工作，按规定及时上报传染病疫情。截至年底，传染病报告人数为 80 例。落实消毒隔离制度，组织医务人员学习各项消毒制度及感染预防知识，对医疗废弃物采取运到专用垃圾场进行焚烧，并派专人进行监督管理。

【学生健康体检】 2019 年，阿瓦提县维吾尔医医院为确保 2019 年学生体检工作顺利进行，医院抽调各科室业务骨干 28 人参与到此项工作完成 6476 名学生的健康体检任务。

【临床路径和按病种管理】 2019 年，阿瓦提县维吾尔医医院制定《中医民族医医院关于开展临床路径工作的实施方案》，临床路径管理领导小组，明确相关小组、部门、人员职责，并开展培训 13 种病种的入临床路径管理，执行按病种付费管理规定，降低患者医疗费用，不串换诊断、不分解收费，不拖延时间，即时结报。全年出院人数共 8545 人次，完成临床路径病例 14 种 3162 例。

【城内医联体、医共体】 2019 年，阿瓦提县维吾尔医医院建立上联地区中医院、第二人民医院，地区维吾尔医医院，下联塔木托格拉克镇卫生院，阿依巴格乡卫生院、多浪乡卫生院，三场卫生院。实行医联体,医共体内双向转诊,医疗信息共享,形成预防、医疗、慢性病管理、康复为一体的全过程,全周期的健康管理服务模式,选派塔木托拉克镇卫生院1名代理院长并每周选派院专家组到该卫生院开展坐诊、查房等。

【公立医院综合改革】 2019年1月至10月31日,阿瓦提县维吾尔医医院为患者让利130.15万元。2018年和2019年同期(10个月),门诊人次分别为34255人次和39887人次,比2018年同期增长16.4%,门诊人次费用99.5元增加到104.5元,增加率5.1%。出院总数分别为6822人次和7205人次,比2018年同期增加5.6%。人均住院费用分别为2651.97元和2819元,增长率6.2%。医疗费用增长幅度控制在15.3%;药占比控制在26.5%之内;百元医疗收入(不含中药饮片)中消耗卫生材料费为1.8%。

【维吾尔医药材基地开发】 2019年,阿瓦提县维吾尔医医院利用现有30余亩药材实验基地的优势,结合医院传统医药、根据当地气候条件,对药材基地进一步规划建设,精心筛选药材品种,培植常用的5种维吾尔医药材(玫瑰花、小茴香、蜀葵子、菊苣子、莳萝子)。

爱国卫生工作

【爱国卫生工作开展】 2019年,阿瓦提县开展农村人居环境整治,推进"厕所革命"。2019—2022年总的改厕任务40467座,其中2019年计划改厕15000户。截至年底,已改厕数量13806户,已达标的6390座,旱厕3389座、水冲式厕所3001座(三格式数量2551座,双瓮式数量450座)。整村推进达到85%以上的村10个,新建公厕12座,累计公厕12座。实际农村户数45823户,无厕所户数102户,传统厕所31915户,卫生旱厕(达到三防两有标准)5169座,无害化卫生厕所8637座,管护队伍村数48个,管护队伍人数236人,普及健康教育人数136804人。2019年改居(安居房)计划数量2936个,实际改居2936个,2019年改厨计划数量18430个,实际改厨15931个。

【第31个爱国卫生月宣传活动】 2019年,阿瓦提县以"开展灭蚤行动 助力健康扶贫共推'厕所革命'共促卫生健康"为活动主题的系列活动。

医疗保障

【概况】 阿瓦提县医医疗保障局于200科级单位,全局共设20个编制,其中行政编制5名,事业编制15名。

【打击欺诈骗保】 2019年,阿瓦提县医医疗保障局对16家定点医疗机构和35家定点零售药店进行了专项检查,覆盖率100%。对违规4家定点医药机构的负责人进行了约谈,对2家定点零售药店分别做出了停网一个月和六个月的处理,追回违规医保基金2.39万元,行政处罚3.23万元,有效遏制了欺诈骗保行为的发生。

【医疗、生育保险收支】 2019年,阿瓦提县医疗保险:全县城镇职工参保人数17479人,累计征收基本医疗保险金7645万元,基金支出3680万元;城乡居民医疗保险参保人数222040人,累计征收11087万元(个人缴费396万元,各级财政补贴10691万元),基金支出11283万元。生育保险:全县参加生育保险人数达15638人,征收生育保险费352万元,基金支出222万元。

【城乡医疗救助资金收支】 2019年，阿瓦提县城乡医疗救助上级补助资金全额拨付至阿瓦提县民政局，截至年底，共收到城乡医疗救助资金1513万元，当年实际支出1201.4万元，其中地区康宁医院精神病患者医疗费41.45万元；补缴2018—2019年贫困人员城乡居民医疗保险311.6万元。

【异地就医备案】 2019年，阿瓦提县16家定点医疗机构已纳入国家异地就医结算平台，跨省住院直接结算101人次，医保基金支付116.44万元。办理异地就医备案258人；办理跨县（市）就医备案287人；办理转诊转院954人；办理大病直通车74人；审核登记门诊特慢病2530人。

【医保扶贫政策】 2019年，阿瓦提县对344名特困人员参保缴费给予全额补贴，对29183名农村建档立卡贫困人口、11746名低保对象给予50%定额补贴，共计补贴540万元。实现贫困人口基本医疗、大病保险和医疗救助全覆盖。将建档立卡贫困人口、低保对象、困难残疾人、因病致贫等40170名困难群体，全部纳入医疗救助范围，共计投入资金883.74万元，用于购买补充医疗保险，同时实现了贫困人口住院费用基本医疗、大病保险、医疗救助"一单式"结算，切实杜绝了贫困人口因病致贫、因病返贫现象的发生。全年，建档立卡贫困人口住院6286人次，医保基金支付1647.43万元，大病保险基金支付46.72万元。

社会生活

民　　政

【概况】 阿瓦提县民政局是承担全县民政事业发展工作,负责指导全县有关民政工作政策,法规的落实。负责城乡基层政权建设、社会救济、社会福利、彩票发行管理、接受捐赠物资、现金、扶贫救灾、婚姻登记,殡葬管理、社会团体登记审批;负责行政区划分设立、撤销、更名和界线变更的审核报批、处理边界正义和地名管理工作。下设福利机构 6 个(县中心敬老院、乌鲁却勒镇敬老院、拜什艾日克镇敬老院、英艾日克乡敬老院、塔木托格拉克镇敬老院、儿童福利院),截至年底,2 个敬老院(中心敬老院、乌鲁却勒镇敬老院)正常使用。

【城乡最低生活保障】 2019 年,阿瓦提县有城乡低保对象 8303 户 14486 人,其中城市 1356 户 2296 人,农村 6947 户 12190 人;2019 年累计发放城乡低保资金 4530.4883 万元,其中城市 1135.0237 万元,农村 3395.4646 万元。2019 年 7 月 1 日起提高低保标准城市 456 元/月,农村 3732 元/年;足额社会化发放 1—10 月低保金 4114.0876 万元,发放 2018 年 1—10 月城乡低保补发金 170.6114 万元。

【区划和地名】 2019 年,阿瓦提县民政局地名办通过“二维码”,做好地名门牌编码和建立地名地址库工作。把各乡镇、片区管委会上报的地名门牌编码进行审核,录入地名地址库平台,已建立地名地址库。截至年底,共编制标准地名地址 89983 条,已经录入完成地名地址库 89983 条。清理完成 43 条不规范地名更名工作。做好撤乡设镇申报工作,阿依巴格乡撤乡设镇工作自治区民政厅已经上会研究通过,民政厅已经报送自治区人民政府:新设三河镇工作已经通过地名区划处的审核:巴格托格拉克乡人民政府和阿克切克力片区管委会设镇前期准备工作已完成。

【社会救助】 2019 年,阿瓦提县民政局采取主动发现与个人申请原则,将因灾、因病、突发性事件造成困难群众纳入临时救助范围,发挥社会救助托底线,救急难作用。全年临时救助共 124 人,共发放 80.15 万元;救助大病患者 11 人 11.9 万元;救助 37 名贫困大学生,共计 11.5 万元。对全县 12095 户 21738 人困难群众发放过冬煤 12158 吨。

【社会福利】 2019 年,阿瓦提县特困供养对象 256 人,其中分散特困供养对象 136 人,集中特困供养对象 120 人(中心敬老院 84 人、乌鲁却勒镇敬老院 36 人)。集中供养标准每人每月 700 元,分散供养标准每人每月 500 元。共发放孤儿基本生活保障金 22.32 万元,发放特困供养人员补助金 49.2075 万元。确诊 0 ~ 5 级精神障碍患者 1003 人,已全部录入卫计部门“国家精神病障碍患者信息系统”,其中 0 级 912 人,全部由家属担保并由村级落实日常管控措施;1 ~ 3 级共 51 人,4 ~ 5 级 40 人,截至年底,72 人在县康复中心收治,48 人在地区康宁医院治疗。

【残疾人两项补贴】 2019 年,阿瓦提县《阿瓦提县关于建立困难残疾人生活补贴和重度残疾人护理制度的实施意见》,凡具有阿瓦提县户籍、持有第二代中华人民共和国残疾人证，纳入城乡低保家庭中的残疾人，一级、二级重度残疾人每人每月护理补贴80元，生活补贴80元；三级、四级轻度残疾人每人每月生活补贴80元，未纳入城乡低保家庭中的残疾人，一级、二级重度残疾人每人每月护理补贴80元，阿瓦提县累计发放残疾人两项补贴43196人次，累计发放金额470.488万余元，共发放560.84万元。

【社团管理】 2019年，阿瓦提县民政局在依法审批新成立的社会组织工作做好全县社会组织注册，注(撤)销，变更登记工作，全年注册登记的社会组织6个，其中民办非企业单位6个，进行注(撤)销登记的社会组织1个，其中社会团体1个；进行变更登记的社会组织1个。

【婚姻登记】 2019年，阿瓦提县民政局婚姻登记处共办理结婚证2145对，离婚证458对，补发结婚证1915对，补发离婚证35本，咨询业务人员3125人次，查阅档案人员560人，开婚姻证明的204人，档案利用率90%。

【殡葬管理】 2019年，阿瓦提县民政局按照国家、自治区相关墓地建设规定，对墓区布局、墓穴规格、墓地内及周边美化绿化、村民服务中心建设统一规划、统一设计、统一管理。公墓多数为2层，按照县级公墓3220元/穴、乡(镇)级墓地1600—2200元/穴(含绿化美化)建设。建立健全《阿瓦提县公墓管理制度》，完善墓穴审批管理机制，县、乡民政、统战部门联合加强对公墓的监督和管理，指定专人负责，落实好相关责任，加强对墓地建设和日常事务、花草树木的养护工作，落实美化、绿化、规范化要求。按照“一村一公墓一村民服务中心”、生态节地和“多村联建”的规划原则，共规划建设公墓105座。

人口和计划生育

【计划生育技术服务工作】 2019年，阿瓦提县计划生育服务站年内开展妇女病普查2900例，随访1692人次；年内提供服务203763人次，查孕73444人次；免费服务落实率达100%。

【流动人口管理和服务】 2019年，阿瓦提县计划生育服务站落实流动人口计划生育免费技术服务，结合外来人口的务工特点，不定期到各乡(镇)、片区管委会为流动人口开展上门服务，年内进行2次“三查”工作，共2179人享受免费服务，流动人口免费服务率100%。

【人员培训】 2019年，阿瓦提县计划生育服务站为提高干部服务能力，年内派出1名医师到自治区妇幼保健医院进修1个月。同时采取定期业务学习、以会代训、现场指导和来站轮训、集中培训的方式对县、乡、村三级技术服务人员开展业务技术培训，努力提高技术人员服务水平。年内，举办培训班4次，培训县乡村计划生育干部240人次，计划生育专干3730人次；开展各类大型宣传教育3次，受教育群众达74351人次。

劳动和社会保障

【稳定和扩大就业】 2019年，阿瓦提县实现城镇新增就业3505人；农村富余劳动力转移就业27104人，建档立卡贫困劳动力6271人；整建制向其他省市转移就业611人；兵团一师转移597人；向阿克苏纺织工业城转移622人；新增创业332人；创业带动就业1024人；协调发放创业担保贷款13笔共计130万元。

【就业培训】 2019年，阿瓦提县人力资源和社会保障局开展各类培训4737人,其中建档立卡贫困劳动力培训1676人。纺织服装企业新招录员工岗前培训2640人,创业培训150人,职业技能鉴定559人。

【开展“五个年”活动】 2019年,阿瓦提县人社局落实“拓岗稳岗落实年”“公共就业服务信息化建设攻坚年”“人社扶贫攻坚年”“职业培训提质增效年”“就业政策落实年”精神,按照《阿瓦提县驻厂干部管理办法》,加强对已就业人员管理,最大限度地确保往年转移就业、已脱贫建档立卡劳动力继续稳定就业。举办3场“春风行动”大型招聘洽谈会,提供岗位2500个,1385人达成就业意向。利用其他省市用工企业在节日期间走访慰问阿瓦提籍员工家属及务工人员返乡探亲之机,开展典型案例现身说法宣传活动,激发农牧民的进取心与内生动力。做好辖区季节性用工、就近就地就业各项服务工作,拓展就业渠道、提升就业质量。落实就业创业政策,兑现各类就业培训资金,做好创业担保贷款发放工作。

【培训基地打造】 2019年,阿瓦提县新建阿瓦提县幸福创业园,并组织1878名劳动力就业;新建阿瓦提县就业创业培训基地,采取“课堂理论+园区实践”相结合培训模式,开设纺织服装、美容美发、中式烹调、农业园艺等36个班,培训1377人。

【社会保障】 2019年,阿瓦提县企业养老保险实际参保6310人,完成计划6250人的100.96%,实际征缴7635万元;失业保险计划参保人数12364人,实际参保12515人,完成率101.22%,实际征缴760万元,完成目标任务的110%。工伤保险实际参保12649人,完成计划12130人的104.27%,实际征缴328万元;机关事业单位养老保险实际参保8815人,完成计划8425人的104.63%,实际征缴15372万元;城乡居民养老保险实际参保93993人,缴费2207万元。

【社会保障卡管理】 2019年,阿瓦提县人社局共发放城乡居民社保卡共19735张,临时卡发放2204张,补办社保卡7702人次,异地制卡转入94人次,新农保转移317人次,信息维护5.6万多人次,上传批量制卡数据张14304张(人),完成目标任务9500张的151%;完成477名自治区未制卡贫困人员核查、信息维护,并提交制卡数据。落实社保卡“一站式”服务窗口,参保人办理社保卡补换、激活、挂失等业务直接在服务网点办理,补换卡费用由银行代收,减少参保人来回跑的次数,实现参保人补换卡一站式办结。

【新认证服务模式】 2019年,阿瓦提县人社局通过开展宣传活动、发放宣传单等方式宣传“阿克苏智慧人社”App,2019年机关、企事业退休职工手机App认证4705人,城乡居民退休人员手机App认证14540人。按社会保险书面稽核的要求,完成189个机关、企事业单位聘用人员的书面稽核工作,达到地区书面稽核率70%以上的要求。

【征收体制改革】 2019年,阿瓦提县人社局加大降费率政策宣传力度,为680家企业及机关事业单位减收3186.44万元社保费。新开工建筑项目170个(“同舟二期”建筑项目69个),均按项目参加了工伤保险,征缴工伤保险基金126.06万元,参保率100%。

【推进精准脱贫】 2019年,阿瓦提县人社局完成冬季攻势建档立卡贫困劳动力技能培训1074人,建档立卡贫困劳动力转移就业6271人,“六个一批”渠道转移就业286人,非“六个一批”渠道转移就业616人;为全县符合条件的建档立卡贫困人员12331人代缴了城乡居民基本养老保险费123.31万元。

举行“赴其他省市就业返乡探亲员工工资集中发放暨建档立卡贫困劳动力稳定就业表彰仪式”，为38名员工代表发放工资200万元，为6对建档立卡贫困夫妻代表奖励30000元。

【事业单位人事制度改革】 2019年，阿瓦提县人社局做好2018年政府序列事业编5420名一般干部年度考核工作；申报2019年引进人才招聘计划51名；组织44名技术工人参加地区等级培训；完成推送事业单位脱贫攻坚专项奖励集体记功奖励6个，个人记功20名、记大功1名；网上审核申报初定职初级237人、初定职中级61人，审核申报参加中级及以上职称评审307人。

【落实干部工资福利待遇】 2019年，阿瓦提县人社局办理退休（职）手续39人；完成2018年全县机关、事业单位8022名工作人员及10名离休人员全年工资年报统计工作；企业非因工死亡职工申领丧葬费、抚恤金88人，养老保险补缴审批131人，退休人员119人；对机关事业单位623名退休“中人”待遇开展重算工作。

【社会劳动关系维权】 2019年，阿瓦提县人社局收到劳动争议纠纷案件20件（受理18件，不予受理2件，依法仲裁3件，调解7件，撤诉8件）。受理劳动违法投诉举报案件56起，协调处理47起，立案处理5起，不予受理3起，正在处理1起，涉及劳动者190人，已为劳动者追回工资291.94余万元，办结率98%。接到工伤（亡）案件34起，受理26起，不予受理1起，调查结案26起，结案率100%，正在补充材料7起。检查各类用人单位318家，对存在问题的86家用人单位下达限期整改责令，对拒不整改的10家用人单位进行了行政处罚；完成220多家用人单位劳动保障监察年审工作。为全县136个施工项目共收取农民工工资保证金2431.9416万元、工伤保险77.4179万元。

乡镇·企业

阿瓦提镇

【概况】 阿瓦提镇位于阿瓦提县城中心,是全县政治、经济、文化、交通的中心,东与丰收一场接壤,西与阿依巴格、塔木托格拉克两乡毗邻,南接阿依巴格乡的托万克多浪村,北与多浪乡接界。辖区总面积5.4平方千米。下辖2个行政村,7个村民小组,12个社区,8个站所。耕地面积3784.2亩(252.28公顷),全镇实有人口16204户48596人(维吾尔族34676人,汉族13920人,常住人口43487人,流动人口5109人)。共有干部351名(公务员97名、事业编196名、行政工勤2名、天池计划3名、公益性岗位11名、治安员42名)。全镇共16个党支部,共有党员528名。

【粮棉生产】 2019年,阿瓦提镇冬小麦面积900.17亩,单产量458.6公斤,小麦总产量412.8吨。棉花面积424亩(净面积351.9亩),其中长绒棉面积424亩(净面积351.9亩),单产量94.14公斤,总产14.9吨。正播玉米面积110.3亩,单产量756公斤,复播玉米面积576亩,复播蔬菜面积87亩,西瓜193亩。

【林果业】 2019年,阿瓦提镇对辖区内403亩梨园,962亩核桃,52亩苹果,70亩红枣的定期检查,抓紧病虫害预防,果园修剪,施肥,放水,涂白,打药等管理工作。完成生态造林60亩,种植各类树木24000余株;退耕还林570亩,种植核桃等各类果树10000余棵;村庄绿化50亩,种植各类果树5167棵;义务植树5067棵。

【设施农业】 2019年,阿瓦提镇使用温室和拱棚种蔬菜面积292亩,花园村和团结村新建蔬菜大棚18个共计4亩,贫困户菜农自建拱棚蔬菜面积33.3亩。

【畜牧养殖业】 2019年,阿瓦提镇完成口蹄疫常规疫苗0.8万头(只)次,家禽疫苗18万羽次,其他常规防疫5万羽次。产地检疫工作完成牛590头、羊1.3万只、家禽10万羽。

【民生建设】 2019年,阿瓦提镇开展社会救助72人7.2万元;按规定取消享受城乡低保资格1061户2296人,新纳入城乡低保94户187人。开展全民免费健康体检34831人,完成率100%。加大基础设施建设力度、改善生产生活条件,团结村维修路灯81个,安装30盏智能一体化太阳能路灯。修理路灯10个,为贫困户赠送22套家具。

【扶贫工作】 2019年,阿瓦提镇转移建档立卡贫困劳动力就业214人,其中镇内转移就业202人(打零工50人),外出就业12人,转移就业人员平均工资在2000元。全年累计开展技术培训38期。对143名贫困户家庭学生,按照标准进行教育补助。2019年共申报实施入户类扶贫项目4个(合计46.6416万元),全部如期完成。为14户贫困户争取小额贷款46万元。结合前期信息采集,逐户逐人分析研判,共摸排确定“边缘户”19户70人(村11户51人、社区8户19人)、“脱贫监测户”7户26人。结合人居环境整治示范村创建工作,改造卫生厕所184座,为67户贫困户修建围墙、大门、地坪,拆除土炕118个,安装沙发、茶几、饭桌158套。2019年顺利脱贫9户51人,完成全镇脱贫攻坚任务。

【科教文卫】 2019年,阿瓦提镇全年的卡介苗疫苗接种率99%,脊髓灰质炎疫苗接种率96%,无细胞百白破疫苗接种率95%,白破接种率90%,麻腮风疫苗接种率96%,麻风疫苗接种率97%,A群流脑疫苗接种率95%,A+C群流脑疫苗接种率90%,甲肝减毒活疫苗接种率96%。乙肝减毒活疫苗接种率97%。对全镇6所小学和15个幼儿园开展儿童入托、入学预防接种证查验工作,应查验儿童5277名,实查5277名;实际补种人数968名,实接种各疫苗剂次数1071剂次。已纳入治疗结核病患者156例,死亡人员5例,治疗失败1例,结束治疗23例,42人被县医院排除,纳入规范管理完成一个阶段的治疗后现剩下的患者85例。截至11月底,管理高血压2300人,高血压管理率为95.44%;糖尿病现管理915人,糖尿病管理率为94.41%。老年人实际管理1791人。2019年全民体检人数34831人,其中0~6周岁儿童体检人数4783人,在校学生体检人数16608人,15~64周岁体检人数12834人,65~79周岁体检人数1029人,80周岁以上体检人数97人,企业退休人员体检人数132人,机关事业单位体检人数4104人,体检率100%。全民体检电子档案录入率100%。按照上级要求,建立和完善常住居民电子健康档案,截至年底,应建档案38538人份,实建档案38538人份,完成率100%,高血压2300份、糖尿病915份、老年人1791份。

【基层组织建设】 2019年,阿瓦提镇开展"不忘初心、牢记使命"主题教育,解决物业小区充电设施少、学校周边食品安全等一批关系群众切身利益的问题。结合"支部建设落实年""干部素质提升年"推进党支部规范化建设,打造地区级党建示范点2个,社区党建"七联"工作法在全地区推广。将14名内招生分配至社区(村)任职,补选社区(村)"两委"班子32名,集中培训2次。依托12名县领导担任"社区大党委"第一书记优势,推进大党委工作机制常态化。2019年以来,在职党员(网格员)进社区,实现群众微心愿269个,开展各类服务活动700余次。组织开展《中国共产党农村基层组织工作条例》《中国共产党支部工作条例(试行)》《关于加强和改进城市基层党的建设工作的意见》等内容学习15次。

【维稳工作】 2019年,阿瓦提镇制定《阿瓦提镇扫黑除恶专项斗争工作实施方案》,成立镇党委书记任组长的扫黑除恶领导小组,强化宣传发动、营造浓厚氛围,共计发放宣传单8500余份、大喇叭轮播540余次。

【社会治安综合治理】 2019年,阿瓦提镇持续推进"警社合一",坚持一体化运作、实体化运行,做到同研判、同部署、同服务、同管理。抓好"联户轮值",科学划分联户单元,按月轮值排班,落实"日报告、周培训、月评估""红黑榜"运行机制,强化联户互保责任,构建联户平安稳定、联户团结和谐局面。强化流动人口、出租房屋管理。落实流动人口管理措施,推进出租房"金钥匙・平安锁"统一管理模式,抓好流入流出人员动态管控和跟踪管理。开展平安创建,通过自治区"优秀平安乡镇"验收。

【社会保障】 2019年,阿瓦提镇累计新增就业人数为2200人,其中疆外就业36人、疆内区外149人、县外区内66人、自主创业142人、县内就业1807人。贫困户385人,就业人数为212人,其中疆内区外6人、县内就业206人,灵活就业为78人、稳定就业为128人、自主创业为6人。就业困难人员就业 238 人，其中一般户为 232 人、建档立卡贫困户 6 人。开展 2 次培训参加人数为 86 人，其中职业职能培训人 19 人国家通用语言培训 67 人，就业率 100%。养老保险应缴费 11780 人，已缴费 10232 人；医疗保险应缴费 26645 人，已缴费 23860 人。60 岁以上待遇人员 1387 人，其中建档立卡贫困户 60 名。

【计划生育工作】 2019 年，阿瓦提镇新增人口 410 人，开展计划生育综合知识宣传 95 场，参学 4.2 万人次，领“两证”的城乡居民 28 户。开展药具知识宣传活动，群众知晓率达 95%。

【民族宗教工作】 2019 年，阿瓦提镇落实干部包联走访、“民族团结一家亲”和民族团结联谊活动，加强交往交流，密切干群关系。严格落实“两项制度”，依法加强宗教人士、宗教场所和宗教活动管理，辖区现有 3 座清真寺正常开展宗教活动，现有宗教人士 4 名、寺管会成员 11 名、信教群众 272 人。宗教活动管理教育服务委员会 3 个（1 个管委会、2 个片区管委会），管委会专职干部 9 名，辖区驻村管寺委员会建立 3 个党小组。发挥“红白理事会”作用，做好“四项活动”服务管理，年内进行的四项活动共 337 场。

【群众文体活动】 2019 年，阿瓦提镇搭建“百姓大舞台”8 个，定期组织开展各类文艺演出，群众精神文化生活更加丰富。做好寒暑假返乡大学生教育管理，组织引导积极参加社区发声亮剑、宣讲等各类活动。2019 年以来，全镇开展党的各项惠民政策、安全生产知识、健康防病知识进万家、庆祝中华人民共和国成立 70 周年、“三本白皮书”等各类宣讲 164 场，各社区（村）利用周一升国旗开展宣讲 820 余场，受教群众 43 万余人次。

【劳务输出】 2019 年，阿瓦提镇新增就业人数为 2200 人，其中疆外就业 36 人、疆内区外 149 人、县外区内 66 人、自主创业 142 人、县内就业 1807 人。贫困户为 385 人，就业人数为 212 人，其中疆内区外 6 人、县内就业 206 人，灵活就业为 78 人、稳定就业为 128 人、自主创业为 6 人。

【精神文明建设】 2019 年，阿瓦提镇党委中心组每月组织集中学习一次，每周一机关党支部组织党员干部学习，将中共十九大精神、习近平系列读本、《中国共产党党章》、《中国共产党纪律处分条例》、宪法等学习内容贯穿于全年，确保学深悟透。由 7 位退休干部开展审读工作，按目录清理有问题的出版书籍，同时对历史、地理、人物传记、小说类书籍进行收缴审读。有效的利用尚府裕都夜市百姓大舞台和沙依巴格百姓小舞台开展各类文艺演出。营造中华人民共和国成立 70 周年氛围，升国旗，观阅兵。2019 年，阿瓦提镇完成外宣工作，阿瓦提“零距离”上稿 35 篇，《阿克苏日报》上稿 4 篇，清风网上稿 8 篇，“小疆有话说”上稿 2 篇，新疆民生网、新讯网 6 篇。

【安全生产】 2019 年，阿瓦提镇按照一套班子抓稳定，一套班子抓服务生产的部署要求，坚持“安全第一、预防为主”的方针，结合“三查三找三落实”（查履职尽责，查改革和发展措施落实情况，查保障民生服务群众和社会稳定情况；找差距、找原因、找措施；责任落实，政策落实、工作落实）活动，常态化严格抓好日常安全生产工作，不断促进辖区安全稳定。共查找安全隐患问题 56 个，已整改完毕。

【信访工作】 2019 年，阿瓦提镇落实矛盾纠纷排查化解机制，对辖区信访矛盾纠纷进行“大走访、大排查”，动态排查辖区各类矛盾纠纷并化解。受理信访案件149起,化解145起,化解率97.31%。

【党风廉政建设】 2019年,阿瓦提镇协调、配合开展党风廉政教育月学习教育,警示教育,党政班子成员、社区、村书记上党课,受处分党员回访教育、廉政文化会演等活动,11月牵头2次专题党风廉政会议。

【普法工作】 2019年,阿瓦提镇共组织开展宣传相关法律法规达46次6900人,印发宣传资料300余份。共出动宣传人员78人次,深入居民家中宣传、座谈9户次,广播宣传45次。

【民政抚优】 2019年,阿瓦提镇救助各类困难家庭72户72人,发放救助资金72000元,上报县民政局求助人数总19人。全年孤儿补贴享受6人14400元。共为困难群众发放物资面粉8.7吨、清油1.5吨、大米3.5吨,困难群众发煤550吨。享受高龄补贴对象总224人,其中80~90岁的205人10250元,90~100岁的17人2210元,100岁以上2人400元。2019年11月全镇残疾总数1824人,完成发放残疾人两项补贴848人92640元,其中享受低保的两项补贴对象543人68240元,非低保两项补贴对象305人24400元。

【纪检工作】 2019年,阿瓦提镇对镇机关、14个社区(村)落实情况、作风建设、维稳值班工作指导,有效运用"四种形态"的第一种形态,下发督查通报67期,运用监督执纪第一种形态对违纪的194人次给予了组织处理。其中诫勉谈话18人,约谈14人,提醒谈话48人,批评教育6人,通报批评108人。追回、退赔违纪款共计86万余元。

【市场建设】 2019年,阿瓦提镇对萨依巴格市场进行重新规划、划分功能区,完善基础设施,植树300余棵进行绿化,现有固定摊位892个、流动摊位543个,巴扎天人流量12000人。棉城菜市场:棉城菜市场占地面积7000平方米,2017年、2018年有固定摊位520个,19年有固定摊位600个。

【国有企业】 2019年,阿瓦提镇易青劳务公司2019年3月为拓宽无业人员致富门路、增加务工人员收入,解决务工散乱的问题,成立阿瓦提镇易青劳务公司,全年解决就业240余人,公司营业收入9.8万元。利民物业公司:2019年对利民物业公司业务进行拓展,扩大经营范围,增加洗衣清洁业务,公司年收入70余万元,解决就业14人。

【景区建设】 2019年,阿瓦提镇刀郎故里景区:依托博斯坦社区现有资源,打造"刀郎故里"博斯坦老街饮食一条街,将"刀郎村寨"更名为"刀郎故里",大力推进刀郎故里AAA级旅游景区建设,入驻商铺46家,解决就业100余人。

【城市经济工作】 2019年,阿瓦提镇执行会计核算制度,对财务人员监督管理,严防不必要的开支,年内化解隐形债务95万元。发展"夜经济",打造刀郎夜市和慕萨莱思一条街。依托博斯坦社区现有资源,打造"刀郎故里"博斯坦老街饮食一条街,大力推进刀郎故里AAA级旅游景区建设,入驻商铺46家,解决就业100余人;成立阿瓦提县鼎欣文化旅游有限责任公司,规范景区服务管理;沿多浪河边中桥至博斯坦桥,改造民族特色房屋29户,归整打馕店铺36家,打造馕文化一条街,为160余名困难群众解决了就业困难。成立阿瓦提镇易青劳务公司,累计派出务工人员9568人。将菜市场小区、恒顺明珠小区、建新小区、三河小区等物业小区进行整合,由新物业公司进行统一管理,提升安保和为群众服务水平。对我镇辖区的各物业小区进行绿化、硬化、亮化,共植树 19801 棵,对 40 余个小区和 14 个社区(村)阵地持续开展亮化工程,提升城市形象。

乌鲁却勒镇

【概况】 乌鲁却勒镇位于阿瓦提县城东南 18 千米,东与阔如勒墩农场相连,南以巴楚、墨玉、洛浦等县相接,西与阿依巴格乡接壤,北邻阿瓦提镇,东西宽 20 千米,南北长 37.2 千米,土地总面积约 744 平方千米。地处三河交汇、三地交界、兵地交融的特殊地理位置。下辖 29 个行政村,1 个社区,117 个村民小组,共 11815 户 5.1 万余人,由维吾尔族、汉族、回族、蒙古族、柯尔克孜族等十多个民族构成,其中维吾尔族占总人口的 96%,其他民族占总人口的 4%,辖区耕地总面积 31.8 万亩,以种植棉花、小麦为主,林果、畜牧养殖等综合发展的新型乡镇,是名副其实的面积大镇、人口大镇、农业大镇。2019 年人均纯收入 1.9 万余元。有基层党组织 33 个,党员 1395 人(少数民族党员 1032 人,占比 74%),其中镇机关党员 87 人,村级党员 1217 人,“访惠聚”工作队党员 91 人。全镇国家干部共 196 人,村干部 174 人;“访惠聚”工作队 30 个,自治区级 8 个,地区级 7 个,县级 15 个,共 196 人。学校 42 所,其中中学 1 所,中心小学 2 所,村级小学 13 所,幼儿园 26 所,共有教职工 636 人,在校学生 12196 人。卫生院 1 座,设有内科、外科、妇科、产科等 12 个科室,开放床位 96 张,共有医务人员 101 人,其中在岗在编医务人员 57 人,聘用 44 人。村级卫生室 27 所,共有村级医务人员 55 人(持有村医证书 41 人)。辖区派出所 1 个,警务室 30 个,便民警务站 2 个,共有警务人员 199 人,其中民警 56 人,协警 143 人。全镇共有建档立卡贫困户 2317 户 8775 人,7 个贫困村(3 个深度贫困村),截至年底,实现建档立卡贫困人口全部脱贫,7 个贫困村全部退出,现有边缘户 275 户 1199 人,监测户 156 户 603 人。2019 年种植小麦 5.6 万亩,棉花 22.7 万亩,林果总面积 6.69 万亩,牲畜 10.25 万头(只)。

【扶贫工作】 2019 年,乌鲁却勒镇完成 2 个深度贫困村退出,346 户 1019 人如期脱贫,贫困发生率降至 3% 以下。镇党委将脱贫攻坚工作纳入党委重要议事日程,全年组织脱贫攻坚专题学习 8 次,召开脱贫攻坚工作专题例会 20 次和每周 1 次干部大会安排重点工作。落实“镇村书记一起抓”、党政一把手“双组长”制,压实党政干部结对帮扶,确保各项部署落到实处。建立“镇扶贫工作站”,配备分管领导 3 名,选优配强扶贫专职力量 10 人。建立村级“扶贫工作室”,按照贫困村不少于 5 人、一般村不少于 3 人的标准,配备村级扶贫专职力量 96 人专门负责扶贫工作。牢固树立“劳务输出一人、脱贫致富一家”的理念,实现贫困户转移就业 1558 名。通过项目入户、发展畜牧业、特色种植业有效带动 5571 人增收,实现 1390 余户脱贫。实施黑木耳种植基地和卫星工厂,以产业发展促进贫困村经济发展。加大土地清理力度,将清理出土地收入的承包费全部纳入村集体收入,开发民兵、保洁员等公益性岗位 88 个。将 2249 名老弱病残、鳏寡孤独、丧失或部分丧失劳动能力的贫困人员纳入政策保障,做到了应保尽保。聘用 8 名贫困户为护林员,保证每人每年补助 1 万元。2019 年实施扶贫项目 24 个,涉及资金 3561.675 万元,其中入户类项目 10 个,基础设施类项目 9 个,产业带动类项目 5 个,均已实施完毕。镇党委专门成立了由党政主要领导任组长的巡视整改工作领导小组,对上级督查反馈的各类252个问题,已全部整改到位。制定下发了《乌鲁却勒镇开展“两不愁三保障”突出问题入户核查工作方案》逐村逐户逐人核查、对账销号。

【粮棉生产】 2019年,乌鲁却勒镇新建农民专业合作社15家,优化提升2家;建设冬小麦高产田18个5000亩,种植冬小麦5.5万亩,种植棉花24.89万亩,总产达8万吨;正播玉米1700亩,复播玉米4.1万亩。

【林果业】 2019年,乌鲁却勒镇对辖区内4.2万亩果树进行修剪、抹芽及病虫害防治等技术措施,提升了林果业科学管理水平,增加效益产出。按照“有空补绿、见缝插绿”的工作思路,按照春季完成40%、秋季完成60%的工作目标,开展植树造林工作,完成造林面积964.5亩。

【畜牧养殖】 2019年,乌鲁却勒镇改良牲畜2万头(只),牲畜存栏达10.2万头(只)、出栏2.9万头(只),成立农民专业合作社15家。

【设施农业】 2019年,乌鲁却勒镇发展设施农业,种植特色农作物0.77万余亩,每亩2600元收益。将298个小拱棚集中在红旗村形成特色种植基地,带动284个贫困户发展特色种植,共收益8.5万元。建立“基地+贫困户”模式,安排专人跟踪提供技术指导,为贫困户解决技术、销售上的问题,在玉斯屯克协海尔村黑木耳基地新建100座小拱棚,补助菌棒20万棒,全年生产干木耳10吨,累计销售额72.44万元,户均增收8000余元。

【农业机械化】 2019年,乌鲁却勒镇推广残膜回收、精量播种、联合整地、膜下滴灌等综合机械化技术,引进精量播种机52台、拖拉机100台、收割机10台,购置农业机械197台,发放的购置农业机械补贴668.0755万元,完成了全镇水利设施检修任务,清淤渠道107千米。推广了机采棉种植、节水灌溉、精量播种等高产栽培综合配套技术。

【科教文卫】 2019年,乌鲁却勒镇推进国家通用语言教育,对24名残疾儿童送教上学,实现适龄儿童教育全覆盖,引进115名优秀人才充实到镇村两级中小学校,教师队伍壮大,教育教学质量提升。人居环境整治深入开展,完成庭院三区分离4800余户,拆除危旧房屋3100余套,新建安居富民房966套、新建围墙79.9千米,改造水冲式厕所化粪池3900余座,木孜鲁克村顺利通过“自治区文明村”复验,玉斯屯克协海尔村被评选为地区级“美丽庭院”示范村。

【社会保障】 2019年,乌鲁却勒镇城乡居民养老医疗等五项社会保险参保率达6.71万人次,发放各类低保补贴1000余万元,残疾人两项补贴和非低保残疾人生活补贴50余万元,高龄补贴20余万元。

【基层组织建设】 2019年,乌鲁却勒镇调整村党支部书记17名,调整村“两委”副职52名;增派26名留疆战士到村任职;调配27名科技副职进村两委班子。培养后备干部90余人,发展农牧民党员155人。指导村级从严落实“三会一课”制度、规范落实村级事务民主决策“四议两公开”制度,推动党支部标准化、规范化运行。按照自治区《持续整顿软弱涣散基层党组织10条措施》要求,对6个软弱涣散基层党组织从调整村“两委”干部、制定整顿台账、制定一村一策等方面全面整改。统筹第一书记经常与驻村干部谈心谈话,组织开展心理咨询10余次、全体工作队员体检2次。按照“常态化开展实名制包联,民族团结一家亲活动,驻村管寺工作,厘清两笔账、感恩共产党活动及扶贫工作”五大抓手，按照规定时限、规定动作，抓好工作落实。

【党风廉政建设】 2019 年，乌鲁却勒镇根据《阿瓦提县 2019 年深化专项治理扶贫领域腐败和作风问题工作方案》工作要求，将向扶贫资金动心思、伸黑手的情况作为执纪问责的重点，全年共收集扶贫领域问题线索 16 条，组织处理 9 人，追缴违纪款 2383.51 元。开展“敢于担当、反思整改、践行忠诚”专项行动，收集到 223 名在职及退休党员干部悔过自首材料，梳理有效问题线索 34 条，组织处理 14 人。自治区、地区、县常规督导反馈问题线索 22 条，组织处理 5 人，党纪处分 1 人，追缴违纪款 853.51 元。县委第四巡察组反馈问题线索 23 条，党纪处分 2 人，组织处理 4 人，追缴违纪款 3.05 万元。群众反馈各类问题线索 177 条，已全部核查办结。

【劳务输出】 2019 年，乌鲁却勒镇实现农村富余劳动力就近转移就业 6714 人，向其他省市输送长期稳定就业 992 人。

【干部培训】 2019 年，乌鲁却勒镇推进村组干部国家通用语言文字强化、素质提升、选拔培养“三大工程”，选配 60 名村组干部到县委党校集中培训。

拜什艾日克镇

【概况】 拜什艾日克镇位于阿瓦提县北部，距县城 18 千米，总面积 486 平方千米，共有耕地 1.06667 万公顷，林果面积 0.422 万公顷。由维吾尔族、汉族、回族等民族组成，总人口 4.21 万人，其中维吾尔族人口 39392 人，汉族人口 1604 人，回族人口 317 人，其他 19 人。全镇共辖 27 个行政村，117 个村民小组。有党委 1 个，党支部 36 个，党员 1379 名(其中农村党员 1219 名，机关站所党员 160 名)。团委 1 个，团支部 28 个，团员 913 人。有 40 所学校，其中，中学 1 所，在校学生 1344 名，小学 14 所，在校学生 4384 名，适龄儿童入学率 100%，幼儿园 25 所。机关、站(所)实有干部 165 名，其中科级、副科级以上领导干部 22 名，一般干部 141 名，行政工人 2 名。村组干部 163 名，村级后备干部 81 名，“四老”人员 113 名。拜什艾日克镇村集体收入在 90 万元以上的村 1 个，10 万～20 万元的村 2 个，5 万～10 万元的村 21 个，3 万～5 万元的村 2 个。全镇共有卫生院 1 个，派出所 1 个，警务室 27 个，警务站 1 个，公车 14 辆。

【粮棉生产】 2019 年，拜什艾日克镇粮食作物面积 4797.38 公顷，其中正播玉米 207.80 公顷，复播玉米 1860.34 公顷，春麦面积 42.75 公顷，冬小麦播种面积共 2686.49 公顷，完成率 122.86%。全年播种棉花面积 7261.56 公顷，产量 12084 吨，其中陆地棉 3392.41 公顷，产量 7384.70 吨，长绒棉 3869.15 公顷，产量 4699.40 吨。

【特色林果业】 2019 年，拜什艾日克镇实有林果面积 4219.6 公顷，核桃 2762.6 公顷，红枣 1225 公顷，香梨 45 公顷，苹果 145 公顷，其他 42 公顷。挂果面积 3843.4 公顷，核桃、红枣、杏、苹果、葡萄五大果树挂果面积 2954.4 公顷。全年造林共计 138.1 公顷，完成春季植树造林 84 公顷，其中农田防护林建设 38 公顷，经济林种植 21.5 公顷，河边沙枣防护林建设 24.2 公顷；完成秋季植树造林 54.1 公顷。完成庭院绿化 154.86 公顷，核桃冬季施肥 1430.13 公顷，树枝修剪 1660 公顷，林果防冻 747 公顷，红枣冬施 827.3 公顷，喷施石硫合剂 253176 公斤。为增加全镇收入，在依提帕克村建立 80 亩育苗基地，已完成土地平整，收集苗子 337 万株，种子 6.1 吨。

【畜牧业】 2019年,拜什艾日克镇年底实际畜牧存栏数达134193头。其中牛9890头、羊61802头、禽62501羽。全年肉类总产1.8万吨,产奶量0.8万吨,产蛋量0.05万吨,畜牧业人均纯收入550元。加强防疫工作,实行常年防疫同春秋两季普防相结合,推广耳标和生畜免疫工作,免疫密度得到100%,完成口蹄疫免疫共防疫生畜牧15.67万头,羊痘疫苗免疫2.09万只,炭疽疫苗免疫2.1万头(只),三联四防疫苗免疫1.7万只。贫困户牛存栏数781头,扶贫羊存栏数25140只,扶贫驴193头,驴全部托养,托养费1头驴一年700元。完成牛政策性保险3500头,享受补助的农民55名,享受金额95万元。全镇共有专业家禽示范户3户,每年年度出栏量达10100羽,在依提帕克等4个村建成4个畜牧养殖现代化圈舍,养殖小区已正常使用。

【设施农业】 2019年,拜什艾日克镇种植蔬菜90.4公顷,播种辣椒215.95公顷,瓜类365.53公顷,苜蓿55公顷,黄壤西瓜13.3公顷。为加快打造"设施农业+观光农业"模式,建成黑木耳拱棚120座,农户自筹800万元建成204亩林果温室大棚6座,棚内种植蓝宝石葡萄、阳光红玫瑰葡萄、美国车厘子等特种水果;在库木奥依拉村、玉斯屯克塔勒克村建设温室大棚(日光温室),种植蔬菜、花卉等经济作物。

【农田水利建设】 2019年,拜什艾日克镇总耕地面积164074亩,其中30年承包地124356亩,绿色企业地39718亩,总灌溉面积175326.7亩,其中冬小麦29968亩,棉花97768亩,玉米3707亩,瓜果2274亩,未套种果园32685.4亩,大棚蔬菜561.3亩,辣椒3342亩,其他(林带、苜蓿、育苗)3021亩,全年总用水量133898563立方米。防渗渠总长162490米(干渠3条,支渠11条,斗渠59条),全年清理渠道3次,重建渠道长度达1.3千米。按时检修扬水站15处(含水泵42台),抗旱井130口(保持正常运作的105口)。

【农业机械化】 2019年,拜什艾日克镇27个村该审验拖拉机收割机总2288台,已审完拖拉机2120台,收割机38台,审验95%。新上户拖拉机72台。全年检修棉花播种机134台,犁花机152台,联合整地机47台,旋耕机115台,小麦播种机76台。已发放的农机补贴62人,共1978970元,农机深松任务完成64.67公顷。

【民族宗教】 2019年,拜什艾日克镇每周二、周四召开驻村管寺专职干部工作例会,学习党的民族宗教政策,传达上级工作要求。统战办开设宗教人士国家通用语言学习班,组织30名爱国宗教人士参加学习,累计学习720课时。选派3名高中毕业生赴自治区伊斯兰教经学院"三年制本科班",2名爱国宗教人士赴阿克苏地区伊斯兰教经学院"两年制大专班"学习深造。组织驻村管寺干部开展中共十九届四中全会精神、党的民族宗教政策宣讲3000余场,受益群众4.2万人次。在拜什艾日克镇结对认亲的各级干部、教师共1318人,结对认亲3815户群众,结对走访完成率100%。开展民族团结联谊活动247场次,走访见面35000余人次,办实事好事2380余件,捐款累计20余万元,捐物累计6000余件。

【富民安居】 2019年,拜什艾日克镇安居富民办培训乡村干部60人。2019年全镇安居富民工程建设任务824套。其中,"四类重点对象"建房108套("建档立卡贫困户"建房14套,其余为低保户及其他人员),一般户建房716套,已全部竣工并入住。全年累计发放补贴金额2515.8万元,"四类人员"发放补贴金额475.2万元。

【劳务输出】 2019年,拜什艾日克镇农村劳动力转移技能培训 580 人，农村劳动力致富技能培训 72 人，有组织转移就业 427 人，2019 年转移就业 3710 人，历年以来共就业 8042 人，转移城镇就业 175 人，转移劳动力创收 1455 万元。

【社会保障】 2019 年，拜什艾日克镇参加城乡居民养老保险人员 18105 人，参保率 98.6%；参加城乡居民医疗保险 37300 人，参保率 99.7%；60 岁以上享受养老金人员 3037 人。全镇有 1240 户享受最低生活保障金（城市低保 37 户，农村低保 1203 户），全年共发放低保金 327.2121 万元。全年给全镇 193 名 80 岁以上老人发放生活津贴 13.623 万元。

【民政优抚】 2019 年，拜什艾日克镇五保户 37 户，2019 年脱贫贫困户 256 户，残疾人 1537 人。民政救助发放面粉 7.115 吨，清油 1.08 吨，大米 3.65 吨，煤 795 吨。

【人口与计划生育】 2019 年，拜什艾日克镇宣传活动 1496 场次，受教育群众达 12.7 万人。开展婚育新风及计生政策法规宣传进场所活动 5 次，对育龄妇女、“联户长”、社会成员持续 627 次综合培训，培训受教育人次 8.2 万人次。历年已领取“两证”家庭 3487 户，其中农牧民家庭 3435 户，其中领取独生子女父母光荣证家庭 645 户，其中领取计划生育父母光荣证家庭 2842 户。年内实际领证农牧民家庭 53 户，农牧民领证率 98.1%。年内各项计划生育奖励扶助对象 1366 户，其中南疆特殊奖励制度 1114 户，自治区少生快富奖励制度 6 户，农村部分对象奖励对象制度 205 人，独生子女特殊奖励制度 41 人，自治区城镇奖励扶助 0 人。

【维稳工作】 2019 年，拜什艾日克镇办理扫黑除恶案件 4 起 20 人。解决群众困难诉求 852 条，化解矛盾纠纷 650 件，排查消除风险隐患 1320 条。

【社会治安综合治理】 2019 年，拜什艾日克镇抓好流动人口管理，全年流入人员 334 人，涉农季节性流入 649 人，建立外出人员“一人一档”，全年流出人员 4242 人。共印发宣传材料 33000 余份，悬挂横幅 211 条，张贴喷绘标语 30 余条、制作平安建设宣传栏 27 块。2019 年全镇复验平安家庭 8443 户，平安村 27 个，平安校园 40 个，平安清真寺 21 个，平安商铺 431 个，平安站所 12 个，平安科室 18 个。

【基层组织建设】 2019 年，拜什艾日克镇党委中心组共组织集中学习和交流 16 次，全年召开基层组织建设工作周例会 40 余场次，累计召开现场工作推进会 12 场次，参与工作队队员、村干部 1500 余人次。争取援疆资金 335 余万元，建设标准化示范党支部 2 个、村民活动广场 2 个。创造性开拓思维，变废为宝，建设具有特色且实用的镇级党校 1 座、村民小广场 1 座、村史馆 1 座。选派 17 名国家干部到村任党支部书记（4 名科级领导子部）、选优配强 163 名村干部、1 名选调生、30 名军转干部、16 名内招生到村任“两委”副职（其中 3 名任党支部书记）。全年发展新党员 110 名，有 106 人向组织递交入党申请书，“七一”前对 2 个先进基层党组织、52 名优秀共产党员、17 名优秀党务工作者予以表彰奖励。采取“四找、四定、四抓、四挂钩”措施，铁腕整顿软弱涣散基层党组织，全镇 5 个软弱涣数基层党组织年底全部实现“摘帽”。

【干部培训】 2019 年，拜什艾日克镇落实干部培养计划，建设并依托镇党校，分期、分批培训村“两委”干部和后备干部 15 期 454 人次。经过培训达到“三个目标”，即知道基层组织建设工作是什么、懂得如何干、能够把干的工作反映出来。

【村务公开】 2019年,拜什艾日克镇各村村务公开率达97%以上。在各村建立标准公示栏12块,把该村的公共经济收入、土地流转、“三资”清查、村干部工资、惠民补贴、出租收入及其他收入和支出作为村务公开内容的重中之重,及时、准确、全面、真实地予以公开。做到村固定内容长期公开,全年大事年初公开,财务收支和阶段性工作按季度公开,临时性工作随时公开,热点问题及时公开。

【精神文明建设】 2019年,拜什艾日克镇利用周一升国旗、农民夜校、“理清两笔账 感恩共产党”行动及“民族团结一家亲”活动,推选先进典型、草根宣讲员组建镇村两级宣讲队,开展巡回宣讲,谈变化、谈感受,以身边人说身边事,教育引导群众感党恩、听党话,群众感党恩意识不断提高。组织有132名宣讲员,开展宣讲活动2400余场次,受教育人数累计40万余人。申报自治区文明村1个,评选星级文明户6896户,开展道德讲堂4次,推荐每月之星人物7名。向阿瓦提“零距离”、《经济日报》《阿克苏日报》等新闻媒体投稿,推荐典型评选“最美阿克苏人”,截至年底外宣发稿90篇,上稿44篇。

【群众文体活动】 2019年,拜什艾日克镇利用98个乡村大喇叭,每日传播党的好声音、正能量,检修农家户户通广播电视,确保正常使用收看,促进文化惠民工程真正落到实处。在元旦、春节、元宵、端午等传统节日组织广大群众参与赛龙舟、拔河、篮球赛、广场舞比赛等文体活动,开展“我们的节日”主题活动8场次,开展乡村百日文体活动200余场次。为庆祝中华人民共和国成立70周年,组织文艺小分队成员编排22个精品节目,到村开展25场巡回文艺演出,结合“一月一主题”志愿服务活动方案,成立50名志愿者团队,开展志愿者服务10次,受益群众2000余人。推选先进典型、草根宣讲员,组建镇村两级132名宣讲员的宣讲队,开展宣讲活动2400余场次,组织16名民间老艺人、91名文艺小分队人员进行文艺技能培训,推荐葫芦画家、农民画画家参加培训。编排精品节目22个,开展民族团结、欢庆佳节演出活动210场次。

【科教文卫】 2019年,拜什艾日克镇共有中、小学和幼儿园40所,其中,中学1所,小学14所,幼儿园25所(幼小合一12所、独立幼儿园13所);义务教育阶段共有141个教学班(小学112个、初中29个),在校生8700人(幼儿园2972人、小学4384人、初中1344人),其中寄宿学生1644人,共有教职工354名(小学269名、初中85名),其中专任教师320名(小学260名、初中70名);教辅人员38人,工勤人员14人,其中初级职称101人,中级职称66人,高级职称15人。学生食堂共有28个,校园总占地面积299996平方米,绿化面积99189平方米,校园、校舍、体育场占地1面积均达标,义务教育阶段适龄儿童共计6876人,学年内无人辍学,巩固率100%。

【科技活动】 2019年,拜什艾日克镇共举办各类技术培训班35期,培训总人数10254人次。其中培训机关站所干部76名,小组长以上干部118名,党员干部326人,妇女干部27名,团干部27名,农民技术员64名,普通农牧民39515名。培训村级防疫员25人,畜牧技术员29人,培训设施农业管理技术人员2人。培训党员125人,团员931人,80%的农村青壮年劳动力受到系统的实用技术培训。各类专业技术人员120人。全年发放各类科技宣传资料5000余份,展出展板34块,开展科技咨询服务3.61万人次。坚持实际、实用、实效的原则,推广畜禽良种、果树嫁接技术、青饲料的青贮氨化技术、标准化饲料养管理、疫病综合防治技术等多项实用技术。

【个体私营经济】 2019 年,拜什艾日克镇共有 4 家棉花收购加工企业,加气站 1 家,加油站 3 家,个体经商户 183 家(包括小百货店在内),餐饮业 57 家,家电维修 4 家,农机修理 9 家,摩托车维修 7 家,理发店 8 家,小型榨油厂 9 个,农民投资的面粉加工厂 4 家。

【普法工作】 2019 年,拜什艾日克镇司法所先后补充调整干部 24 人,共组织"草根"宣讲员集中培训 2 次,普法知识讲座 4 期,领导干部讲法 1 次,在全镇校园内开展"四个一"宪法宣传活动,参与师生 7000 余人次。开展"升国旗讲宪法"活动 27 场,张贴普法宣传标语 500 余张,发放宣传单 8000 余份,依托"法宣在线"平台,共组织 200 余名国家工作人员进行网络学法。开展民事调解 160 件,法律咨询 300 余人次。

【安全生产】 2019 年,拜什艾日克镇对辖区内安全隐患开展各类专项检查 70 次,查找问题 600 余条。印发《安全生产知识宣传单》《安全生产管理办法》等宣传资料 3000 余份,发放《应急避险常识》200 册,开展安全生产知识宣讲 80 余次,并督促各村及时修订村规民约,并将安全生产纳入村规民约,使群众相互监督。

【扶贫工作】 2019 年,拜什艾日克镇组织脱贫攻坚专题学习 13 次;专题会议 34 次、工作例会 24 次、研究整改工作专题会 19 次;加强乡村扶贫专班建设,镇扶贫办 10 人、贫困村不少于 5 人、非贫困村不少于 3 人,配齐配强镇村两级扶贫队伍;镇党委书记、镇长已完成遍访全镇所有贫困户。2019 年全镇全年实现脱贫 256 户 809 人,其中 465 人贫困户通过实施转移就业脱贫、236 人通过实施产业发展脱贫、8 人通过土地清理再分配脱贫、6 人通过生态补偿脱贫、94 人通过综合社会保障措施兜底扶持脱贫。

救助患大病贫困群众 107 人,救助慢性病贫困群众 474 人。落实"先诊疗、后付费,一站式结算"政策;建档卡贫困户家庭学生 1798 人,实施 15 年免费教育政策,采取"一对一、多对一"结对帮扶,享受资助 507.11 万元;新(改)建安居房 824 套(其中建档立卡贫困户建房 14 套),改造自来水管网 52.42 千米,贫困村共新建硬化路 13.906 千米。全镇安全饮水入户、安全住房、广播电视、通村道路实现全覆盖。

【纪检工作】 2019 年,拜什艾日克镇共受理群众来信来访 5 件,结案 5 起,退回资金 14.3516 万元、调解率 100%。经党委会研究决定免职的村报账员 1 名,立案审查处理的党员干部 1 名。

【党风廉政建设】 2019 年,拜什艾日克镇开展党员干部廉政教育大讲堂活动,全年开展廉政党课活动 28 场,受教育人员 1200 余人;组织 27 个村党支部书记、机关党员干部、农民党员代表先后 4 批到县警示教育基地接受廉政警示教育;召开集体"回访"教育及警示教育大会 4 场次,受教育人数 380 余人;对负责管理财务、公务接待、公务用车、单位食堂等 50 余人开展节前廉政集体约谈会;开展家庭助廉活动,与 12 名机关领导配偶签订责任书;组织开展第二十一个党风廉政教育月党纪法规知识测试,54 人参加考试,及格率 100%;开展"清风"反腐倡廉绘画活动,共收集 12 幅优秀作品;县通报典型案例和镇纪委自办典型案件在全镇干部中进行通报,共通报 26 期;开展"聚焦总目标、作风再整顿"专项活动以来,共给予党纪处分 5 人,组织处理 13 人,单位内部处理 26 人,全镇上下形成良好的风气。开展"敢于担当,反思整改,践行忠诚"活动,全镇干部共自查违反政治纪律问题100条、服务群众方面28条、工作作风方面84条、其他问题6条,分管领导就科室人员存在问题进行谈心谈话,对问题严重的干部给予全镇通报批评处理。

【民生建设】 2019年,拜什艾日克镇共实施扶贫项目29个,下达资金1709.456万元,实施4个村自来水管网改造52.42千米,新修硬化路13.906千米,新建黑木耳拱棚100座,创收65.12万元。

【信访工作】 2019年,拜什艾日克镇信访部门累计接待群众来信来访160件196人次,与上年同期相比件次上升240.0%,人次上升210.7%。

英艾日克镇

【概况】 英艾日克镇地处阿瓦提县西北方,距县城25千米,周边与阿克苏市阿依库勒镇、第一师一团沙井子、三团相毗邻。全镇东西宽14千米,南北长44千米,总面积616平方千米,耕地25.13万亩,辖26个行政村,90个村民小组,7822户共计3.89万人;镇机关在职干部184人,其中科级、副科级干部15名,汉族干部73人。村干部158人,其中汉族干部16人,女干部29人,40岁以下的115人,全镇设30个党支部,其中,村党支部26个,机关、站(所)联合党支部1个,退休干部党组织1个,卫生院党支部1个,个体经营者党支部1个,党员1082人。全镇26个村共有学校40所,其中,中学1所,小学14所,幼儿园25所;清真寺19座,宗教人士19人,1个管委会,5个片区管委会;派出所1个,村级警务室建成26个,便民警务站2所。镇域内有阿瓦提县爱国主义教育基地—沙吉木汗墓、恰鲜拜巴扎民俗文化街、生态葡萄长廊、生态墓地、艾西曼湖等。

【粮棉生产】 2019年,英艾日克镇粮食种植面积44474.87亩,粮食产量459公斤/亩,总产20411吨。棉花种植面积178327.07亩,其中长绒棉106445.95亩,陆地棉71881.12亩。冬小麦种植面积25088亩。特色经济作物0.65万亩,其中,苜蓿399.78亩,辣椒4213.77亩,茴香1786.7亩,纳西甘93.49亩。

【林果业】 2019年,英艾日克镇林果业种植3.59万亩,总产量1.15万吨,比上年增长7.4%,林果间作种植油菜3000亩,改造低产园287.4亩,植树造林531亩,核查退耕还林3204亩,修剪及病虫害防治4.38万亩。

【设施农业】 2019年,英艾日克镇整合全镇2017—2018年所有贫困户拱棚共计292座,成立“领农合作社”发展订单类蔬菜种植,已销售各类蔬菜133吨,销售收入44.39万元以吐热村黑木耳种植基地为依托(100座小拱棚),吸纳30户贫困户种植黑木耳,木耳产量3.055吨,销售金额21.669万元。

【畜牧养殖业】 2019年,英艾日克镇推进畜牧业科学管理,牲畜存栏数8.45万只(羊89万只,牛0.4万头),家禽存栏数7.8万羽,比上年增长95%。

【农田水利建设】 2019年,英艾日克镇总干渠38.4千米,新修总干渠11.7千米,新修支渠9.8千米。

【农业机械化】 2019年,英艾日克镇检验拖拉机、收割机1732台,报废拖拉机35台,办理拖拉机和收割机牌照173台。农用机械维修维护和保养农机具1940台。配合县农机局开展驾驶员培训驾驶人员295名。中央农业机械购置补贴资金共发放3882830元,办理农业机械补贴农具191台。

【民生建设】 2019年，英艾日克镇共拆危旧房758户，清理残垣断壁335户，屋内卧室睡觉上床、吃饭上桌、学习上课桌达到5530户，改厨房5928户，改厕达标3792户。共发放宣传单2000余份，开展专题宣讲230余场（次），培训村民达15000余人次。打造人居环境示范村1个，吐热村按照“一户一方案”结合村民庭院实际逐户开展三区分离，通过养殖区发展畜牧养殖，种植区种植蔬菜、瓜果，发展庭院经济。吐热村已安装玻璃钢化粪池159个，其他类别的化粪池77个，总计236户，达90%。农村安居工程建设任务270户，其中一般户235户，四类重点对象35户（低保户34户、农村分散供养特困人员1户）。截至9月底，270户新建安居房全部竣工，建房户全部入住，竣工率、入住率均达100%。235户一般户每户28500元、35户四类重点对象每户44000元的补助标准，共计发放农村安居工程补助资金8237500元，截至9月中旬，所有补助资金均发放完毕。

【扶贫工作】 2019年，英艾日克镇实施扶贫项目18个，涉及资金1564.2537万元，主要用于贫困群众产业发展和提升基础设施建设。共完成194户695人脱贫，实现全镇1128户4498人贫困群众整体脱贫既定目标。

【个体私营经济】 2019年，英艾日克镇共有5家棉花收购加工企业，个体经商户310家（包括小百货店在内），餐饮店35家，家电维修20家，农机修理18家，摩托车维修15家，理发店28家。6个小型榨油厂，6个农民投资的面粉厂。

【基层组织建设】 2019年，英艾日克镇辖区各党支部开展“5+X”活动1080场次，开展主题党日283场次，远程教育培训3730场次，入户宣讲19381场次，发现解决问题465个，受益人群覆盖率100%。全年“村级政审、镇级联审”政治审查入党对象111名，打回上一个环节重新研究45名，对无职党员考核公示286次，推荐1名党员纳入“四老人员”，取消2名党员“四老人员”资格。考察调整8名村党支部书记，调整撤换村干部12名，下派国家干部到村任两委正、副职58名，选拔后备干部80名，组织开展党支部书记、副书记培训共计8次236人次，发展党员培训班3期245人次，村干部国家通用语言提升班2次120人，选派38名村干部参加上级培训。共有26个团支部班子共78人（团支部书记26人，支委52人），组织开展党团活动40场次，开展爱心生日会10场次，为党支部输送先进积极分子68人。2019年，共打造党建示范点4个，其中地区示范点1个、县级示范点3个，召开地区级现场推进会1次。“不忘初心、牢记使命”主题教育开展以来，各级开展主题教育学习330场次，对照检视清单查找问题2162个，现已全部整改完毕，办实事好事1348件。访惠聚工作，165名驻村工作队员与村两委干部全部结对帮带，举办地区级现场推进会1场，县级现场推进会1场，乡镇级现场推进会6场；按照“八必问、八必讲”住户工作要求组织958名干部常态开展入户走访，开展系列教育宣传1670场次，发现解决问题460个。鼓励村民自己发展产业60个，解决就业问题550人，转移劳动力就业1139人。

【维稳工作】 2019年，英艾日克镇召开党委专题研究会3次、专题动员部署会3次、专题研究分析研判断会2次、大型推进会2次，按照“五个结合”要求，紧盯11类黑恶势力违法犯罪表现，2019年共发放《英艾日克镇开展“扫黑除恶”专项斗争公告》宣传单3.5万余份、公告横幅150余份，设立专项举报箱130余个。年初以来，协调分流线索41条,办结线索5条、在侦有价值涉黑涉恶线索3条,在侦黑恶势力团伙1起。

【社会治安综合治理】 2019年,英艾日克镇开展“维稳双联户”岗前培训450余次,培训联户长3500余次,户长调处解决矛盾纠纷150余起,联户长报村委会解决40余起,全镇复验(创建)合格平安家庭7254户,占总户数的90.62%。黄牌警告16户,摘牌124户,重新创建126户;复验(创建)合格平安村26个,达标率100%;复验(创建)合格平安科室17个,达标率100%;复验(创建)合格平安站所15个,达标率100%;抓好出租房屋“金钥匙·平安锁”、外来人员登记服务措施落实。

【社会保障】 2019年,英艾日克镇参加城乡居民养老保险16384人,享受养老金的2384人,对2283人完成认证工作。收集年龄满60周岁的200名人员相关资料,使其享受养老保险待遇。对230人进行社保资料收集并变更社保卡工作。对死亡冒领养老金的172名人员共152455.44元进行追回,并上交至社保局。完成2019年全镇35070人的医疗保险收费工作。对全镇还未制作社保卡的1572名人员的相关信息进行提交(贫困户30名)。对全镇享受2018年、2019年居民医疗保险补贴的5677人进行信息核对,并将人员信息上报至县社保局。

【计划生育工作】 2019年,英艾日克镇镇新出生婴儿数为203人,出生率5.17%,全镇已婚育龄妇女7753人。

【民族宗教工作】 2019年,英艾日克镇全年对驻村管寺专职干部开展教育培训72次,召开工作例会42次,处理专职干部5人,开展“四项民俗”活动782次;“两项制度”干部集中培训2次;被评为“五好”宗教场所10座,“五好”宗教人士13名,“平安清真寺”17座。开展各类学习12次,宣传教育85场次,参与干部群众14238万人次。打造玉斯屯克帕万拉村、也可力村、八连村、夏库尔村四个民族团结示范村(县级)。

【群众文体活动】 2019年,英艾日克镇组建草根宣讲员队伍,建立村级文艺工作队,宣传习近平新时代中国特色社会主义思想和中共十九大精神实质,帮助群众厘清两笔账,厘清中共十八大以来党中央对新疆的公共投入和群众享受的各项惠民补贴、政策。全年共组织宣讲60余场,文体活动216场次,受众6.7万余人;入户开展政策宣讲3254次。

【劳务输出】 2019年,英艾日克镇共就业3124人,转移至其他省市就业130人,向兵团转移就业80人,疆内跨地区转移就业11人,阿克苏地区内就业804人,阿瓦提县内就业2099人。工厂企业就业1114人,零散就业930人,季节性务工1080人。整建制转移就业512人,其中其他省市就业52人,阿拉尔洁丽雅纺织厂就业164人,阿克苏纺织工业城就业168人,阿克苏第四中食堂就业9人,阿瓦提县内企业就业90人,阿瓦提县蓝盾保安公司就业15人。组织了3次现场招聘会,3月阿克苏工业园区8家企业进行招工,共参加500余人,有求职意向并报名300余人。其中建档立卡贫困户65人,已将审核合格的89人送至企业就业。8月阿拉尔洁丽雅纺织厂招聘的专场招聘会,共参加300余人,送出就业90人。10月组织1次江西九江亚华电子厂专场招聘会,参加300余人。

【精神文明建设】 2019年,英艾日克镇八连村被评为“全国扫黄打非示范村”“自治区精神文明村”。

【安全生产】 2019年,英艾日克镇召开安全生产会议27次,其中召开安全生产专题会议 11 次组织开展安全生产宣传 52 次，印发给各村村委会文件 30 余份，印发给群众宣传资料 2000 余份，与所属村、单位签订《安全生产责任书》40 份。

【信访工作】 2019 年，英艾日克镇解决各类矛盾纠纷 261 条、困难诉求共 650 余条，镇村两级解决困难诉求 16 条，解决历史积案 1 起。

【普法工作】 2019 年，英艾日克镇举办普法宣传 284 次，张贴普法宣传标语 540 张，制作宣传栏 26 个，举办法律培训班 12 期，专题知识讲座 50 期，全乡农牧民群众普法宣传覆盖率 95% 以上。

【民政扶优】 2019 年，英艾日克镇现有“五保”对象为 57 人，其中镇敬老院集中供养的五保户为 28 人，分散供养的为 29 人。分散供养五保户发放每人每月金额 500 元，2019 年五保户总发放 174000 元；集中供养五保户发放每人每月金额 700 元，1—12 月 28 名五保户总发放 235200 元；现有 80 岁、90 岁、100 岁以上的老年人为 152 人，其中 80 岁以上的为 132 人，90 岁以上的为 18 人，100 岁以上的为 2 人。80 岁以上 132 人发放标准每季度每人 150 元，每季度发放金额 19800 元，90 岁以上 18 人发放标准每季度每人 390 元，每季度发放金额 7020 元，100 岁以上 2 人发放标准每季度每人 600 元，每季度发放金额 1200 元。残疾人 950 名。为 12 名残疾人提供 12 个残疾人辅助器；其中享受两项补贴的 310 人，每月发放补贴为 38880 元，享受生活补贴的 226 人，每月发放的生活补贴 18080 元。城市户口享受两项补贴残疾人 9 人，每月每人发放补贴为 1120 元。每年发放 696960 元。全镇双方死亡；一方死亡，一方判刑；一方死亡，一方失踪的儿童共有 7 个，孤儿生活补助每月每人发放金额 800 元，1—12 月总发放金额 58800 元；低保 1104 户，2329 人，每月发放低保金 613923 元；城市低保 43 户 64 人，每月发放的低保金 22675 元。

【村务公开】 2019 年，英艾日克镇各村村务公开率 100%。全年行大事年初公开，经常性工作定期公开，阶段性工作逐段公开，临时性工作随时公开。并不断总结经验，完善工作方法，健全工作制度，规范村务公开内容、形式、程序、时间、管理工作，做到了公开方式灵活多样，公开内容家喻户晓。

【干部培训】 2019 年，英艾日克镇选拔 3 名村干部到地委党校参加为期 4 个月国家通用语言培训，选派 2 批 35 名村干部参加县委党校组织的为期 4 个月的国家通用语言培训。6—8 月，党建办集中利用 2 个月时间开办两期村干部国家通用语言提升班，共对 120 名村干部组织国家通用语言培训。村党支部书记、副书记开展 8 期培训，培训 236 人次。

【科技活动】 2019 年，英艾日克镇开展实用技术 6 期培训班，培训技术骨干 21000 余人次，现场培训 15 次，培训农民 20000 余人次；通过培训，极大地提高了受训人员的农业生产技术。

【致富带头】 2019 年，英艾日克镇开展致富带头人培训 5 期 263 人次，贫困群众技能技术培训 426 期 13896 人次，政策宣讲 474 期 34069 人次；贫困户劳动力转移就业人数 991 人，贫困劳动力就业率达 30% 以上。

塔木托格拉克镇

【概况】 塔木托格拉克镇东西宽 13 千米，南北长 22.8 千米，位于阿瓦提县城西、乡政府位于 359 县道 7 千米处，东临县东风草场、多浪乡、阿依巴格乡,南接丰收三场,西与英艾日克乡毗邻,北临拜什艾日克镇。土地总面积691平方千米,其中耕地面积1万公顷,防护林面积65.33公顷。

【主题教育】 2019年,塔木托格拉克镇28个党支部、1005名党员全覆盖参与,解决拾花用工短缺、38户农民宅基地纠纷、贫困户转移就业等一批群众关心关切的烦心事。

【脱贫攻坚】 2019年,塔木托格拉克镇建档立卡贫困户942户3663人,贫困村6个(其中深度贫困村4个),2019年计划脱贫163户638人,实际脱贫171户614人,2个深度贫困村退出,全镇实现整体脱贫退出。2019年贫困人口自然增加59人(新生儿15人、婚入19人、户籍迁入22人、收养3人)。2019年贫困人口自然减少282人(死亡31人、婚出23人、户籍迁出228人),整户减少7户21人,家庭成员转移4户6人。

【种植业】 2019年,塔木托格拉克镇种植棉花182857亩、冬麦40540亩、复播玉米27776亩、正播玉米940亩、蔬菜670亩(设施530亩,陆地140亩)。种植机采棉75300亩,机械化程度比上年2018年增长12.53%。全镇共流转土地44478亩,2018年11个村流转土地35040亩,2019年9个村流转土地9438亩。将原来61户群众耕种的657.5亩土地平整为931.7亩,增加土地274.2亩,解放劳动力53人。共有29家农民专业合作社正常运行,2019年建成农民专业合作社6家,筹建5家。共有8台棉花播种机、10台色素辣椒播种机、50台冬麦播种机开展检查维护工作。指导服务深松2200亩土地,专项摸排整治全镇拖拉机2768台,为144户群众发放农机补贴437.211万元。

【林果业】 2019年,塔木托格拉克镇林果业种植29322.5亩(红枣15167亩,核桃10618亩,香梨3000.5亩,其他537亩);2019年全镇春季全镇植树造林328亩,秋季植树造林任务1337亩,已完成1073.7亩;村庄绿化任务1900亩,已完成2065亩;2015—2019年退耕还林补造任务2765.3亩,已完成635亩;林带更新任务269亩,完成176亩;全镇建设“百十一基地、两高一优示范园、提质增效示范园”,其中红枣6897.4亩、核桃1109亩、香梨495亩。全镇绿肥沤制49840立方米,两轮果园种植油菜12545亩。

【养殖业】 2019年,塔木托格拉克镇畜禽存栏数为:牛3114头、羊38969只、驴63头、猪49头、禽类27752羽。建设165亩畜牧集中养殖基地——阿瓦提县牛犇农民专业合作社,涉及11个村的19名养殖大户,准备青贮饲料13500吨,入圈335头牛。两轮注射口蹄疫疫苗牛5400头、羊69000只;禽流感疫苗51000羽;小反刍兽疫疫苗20000只羊;牛痘疫苗30000只羊;布病疫苗900头牛、18000只羊;炭疽疫苗2200头牛、5200只羊;三防四联疫苗12000只羊;全年无重大动物疫病发生。培养4名配种员,今年完成1059头牛、9721只羊的人工授精工作。

【特色产业】 2019年,塔木托格拉克镇瓜类种植1793亩(西瓜457亩、甜瓜1336亩);种植色素辣椒2853亩;果园间作小茴香4049亩。全镇集中4个点对拱棚进行集中种植管理,120户贫困户收获蔬菜13余吨,产值34余万元。集中种植黑木耳拱棚190个,截至年底已收获干木耳12.029吨,出售10.786吨,为129户贫困户分红12.864万元。

【人居环境整治】 2019年,塔木托格拉克镇召开4次全镇人居环境整治现场推进会,完成57个村民小组的人居环境整治推进工作;2019年改厕1661户,其中旱厕1194户,三格水冲式厕所467户;开展垃圾分类及处理工作,督促各村组修建垃圾分类收集点36处。

【宣传教育】 2019年,塔木托格拉克镇制定下发《塔木托格拉克镇党委中心组理论学习方案》及《塔木托格拉克镇机关干部理论学习方案》,定期开展每月党委中心组学习和周二、周四机关干部晚间集中学习。组织成立宣讲团,对16个村开展巡回宣讲,共开展宣讲240场次,受教育群众达2万余人。组织开展关爱老人志愿服务、文化志愿服务、留守儿童志愿服务等活动50余次。2019年,共开展文体活动78场次。

【富民安居房建设】 2019年,塔木托格拉克镇安居富民建房任务数为222户,其中建档立卡贫困户7户、低保户16户、五保户2户、一般户家庭197户,已全部竣工入住。已完成全镇建档立卡贫困户952户,一般户4484户的房屋安全认定工作,共计拆除危房897套。

【计划生育】 2019年,塔木托格拉克镇召开计划生育工作专题会议6次;广泛宣传计划生育政策、法规、奖励扶助政策、优生优育教育等知识;全镇避孕药具知识知晓率达98%,已婚妇女检查全覆盖。

【社保就业】 2019年,塔木托格拉克镇城乡居民医疗保险征缴总人数20404人,城乡居民医疗保险贫困人员补贴发放4444人,362070元;2020年城乡居民医疗保险征收19200人,完成征缴任务的91.5%;社保卡制卡数据提交57张,发放并激活425张,已全部发放。城乡居民养老保险征缴8463人,新参保29人,满60岁办理养老保险待遇申请112人;信息变更220人;死亡注销112人;死亡人员养老保险冒领追回115人,15750元。完成全镇1498人养老保险待遇认证工作。组织贫困户开展职业技能培训共5期176人;转移富余劳动力3163人次。

【安全生产】 2019年,塔木托格拉克镇每月保证至少一次对辖区内18个行政村、商铺、企业等场所的安全生产隐患排查,共开展安全生产隐患排查10次,查找各类安全生产隐患26条,其中道路交通安全隐患8条,火灾隐患10条,其他安全隐患8条,现已全部整改完毕。

阿依巴格乡

【概况】 阿依巴格乡位于阿瓦提县正南面7千米。东临乌鲁却勒镇,南接丰收二场,西北与塔木托格拉克相邻,北接阿瓦提县城。南北长25千米,东西宽12千米,总面积330平方千米,有耕地6133公顷,草场6867公顷,主要种植小麦、大麦、燕麦、棉花等农作物。截至2019年12月末,全乡牲畜存栏数达112443头(只),全乡农牧经济总收入达8356.7万元,农牧民纯收入达6892元。商业、饮食、加工修理、服务业等412个。全乡辖18个行政村,70个村民组,总人口数37045人。乡政府下辖十八个自然行政村,乡政府驻地玉斯屯克柯坪村,平均海拔1010米。

【党的建设】 2019年,阿依巴格乡下辖5个党总支,28个党支部,18个行政村,阵地面积29115.9平方米,70个村民小组;当前村"两委"干部116人(女性36人),其中村党支部委员会成员67名,村民委员会成员103名,交叉任职54名,交叉比率46.6%,村"两委"正职31人,国家干部任党支部书记11人,一肩挑3人,"两委"副职85人,一正二副210名,联户长520名,科技副职12名。村级后备干部75名,入库党员960名(含预备党员105名),农村"四老"人员105名。18个驻村工作队、驻村工作队队员118名。

【经济收入】 2019年,阿依巴格乡农村经济总收入71458.7万元,比上年增长11%,人均纯收入达18372元,比2019年增加了1111元。

【粮棉生产】 2019年,阿依巴格乡共完成棉花种植采摘10.3万亩,其中长绒棉5.37万亩,陆地棉4.93万亩,冬小麦收割2.5万亩,冬小麦播种2.9万亩,玉米收割2.1万亩,特色种植2.5万亩,种植黑木耳拱棚50个,平整土地2250亩,维修温室大棚50座。

【林果业】 2019年,阿依巴格乡完成4.1万亩林果施肥、灌水、修剪、病虫害防治、采摘销售,有效完成沤制绿肥14.35万立方米。落实县、乡、村干部林果科技示范建设责任,示范园全部挂牌建档,果树修剪、病虫害防治等林果业管理关键性措施全面落实。积极推进农业产业化"十城百店"工程建设,完成农业"百十一"基地3050亩,林果"百十一"基地红枣1.26万亩,核桃720亩,香梨670亩。

【畜牧业】 2019年,阿依巴格乡大畜存栏3033头,小畜存栏26238只,较上年年底分别增长32%、18.52%,规模不断扩大。积极推进农业产业化"十城百店"工程建设,完成畜牧"百十一"基地建设牛肉20吨,羊肉80吨。

【农业机械化】 2019年,阿依巴格乡完成全乡农机摸排2032台,其中大型76台,中型1241台,小型559台,通过排除为县农机118台,保费农机54台。检修各类农机具2387台(架),检验率达93%。全乡购买大中型拖拉机1116台,农机具123台(架),农机具购置补贴资金250万元。

【劳动力培训和转移】 2019年,阿依巴格乡根据富余劳动力的就业意愿地开办"今冬明春"就业岗前培训班3个班,培训人次216人,已就业的农村劳动力有5079人,按照"六个一批"分类:就近就地—园区、企业就业4135人;"卫星工厂""乡镇工厂"就业9人;创业带动就业548人;疆内跨地区—企业就业94人;向兵团—企业转移就业168人;向其他省市—企业转移就业125人。

【新农村建设】 2019年,阿依巴格乡新修建富民安居房394套。农业基础设施建设进一步加强,新修清淤干渠60千米。重点提升了2019年村庄整治和庭院改造1个行政村,2019年开展的村庄整治和庭院改造18个行政村。拆除危旧房、旧厕、旧圈4600余间。清理垃圾80余吨,清理村庄道路两旁林带84条,清理杂树560余棵,绿化、美化公共用地1700亩。制定村规民约、环境卫生管理、垃圾处理、绿化、公路养护、巡查监管、村庄整治等各项规章制度。完成农户庭院小拱棚种植蔬菜、西甜瓜工作,扩大瓜菜种植面积,完成了户均庭院经济收入达300元以上的目标。全年共组织3次大型乡村公路养护工作。在乡巴扎核心区建成农产品交易市场1座。人居环境整治方面75%农户实现三区分离,改厕工作全面推进,污水治理得到有效遏制,村容村貌全面提升,垃圾分类有序推行,建成示范村1个。

【安居富民工程】 2019年,阿依巴格乡与18个村签订目标责任书。分配任务394户,其中"四类人员"63户,竣工394户。安每户4400元的安居富民资金标准,一般户28500元的安居富民资金标准,共计已发放1220.55万元。

【"科技之冬"活动】 2019年,阿依巴格乡托万克卡格木什村村民麦麦提·乃麦提申请科技项目,获得阿克苏(国际)果品展二等奖(木纳格)。全年阿依巴格乡共举办各类技术培训班

24 期,现场会 28 场,培训副科级以上干部 68 人次,培训村级防疫员 18 人,培训设施农业管理技术人员 18 名,林果业技术员 18 人,畜牧技术员 18 人,农民群众 4.8 万余人次,全年发放各类科技宣传资料 2.8 万余份,开展科技咨询服务 600 余人次。

【医疗卫生】 2019 年,阿依巴格乡农牧民参保人员 11339 人,其中由政府代缴 845 人(低保户 770 人,特困户及残疾人 138 人)。60 岁以上享受待遇人员共 2192 人,其中贫困户 166 人,低保户 647 人,特困户 14 人。2019 年办理待遇 230 人,清理不符合领取养老保险待遇条件人员 78 人。60 岁以上享受养老保险待遇人员生存认证共 2192 人,完成认证率 100%。

【精神文明建设】 2019 年,阿依巴格乡大力开展"乡村文化、旅游节"活动,先后开展了"阿依巴格乡第一届民俗文化旅游节暨梨花节"活动、"纪念五四运动 100 周年健美操、现代舞大赛"和"阿瓦提县第五届丰收节暨阿依巴格乡首届葡萄采摘节",并积极参加县委、政府举办的各类传统文化活动和文化馆举办的各类培训班。继续完善 17 个"农家书屋",各类书籍累计达到 2 万余册。

【民政优抚】 2019 年,阿依巴格乡党委、政府组织党员干部、村干部、"四老"人员、宗教人士为贫困学生捐款 10.09 万元,并设立专门的助学基金,帮助更多贫困学生就学。

【安全生产】 2019 年,阿依巴格乡抽调 4 名工作人员,成立了乡安全生产监督管理站,经常开展安全生产监察,及时整改安全事故隐患,共开展安全生产及消防检查 10 余次,出动人员 20 余人次,对全乡 18 个行政村,6 家重点监控企业(加油站 2 处,棉花加工厂 2 处,客运站 1 处、砖厂 1 家),各站所,12 所学校进行了安全隐患排查。各村利用每周升国旗宣讲、村民大会、村村通大喇叭等形势强化安全生产宣传,宣讲人数达 12000 人次,宣讲次数达 24 场次。培养、强化农牧民群众安全生产意识。

【稳定工作】 2019 年,阿依巴格乡做好信息收集、排查,定期召开稳定工作分析研判会议,分析社会政治稳定情况。建立健全各类应急预案,加强对信访积案和各类矛盾的化解工作,采取主动下访、加强联系、领导包案等方式,认真做好涉案人员的思想工作,加强对重点区域和重点人员管控力度。

【社会治安综合治理】 2019 年,阿依巴格乡机关从事政法工作 178 人,其中政法书记 1 人,统战宗教工作干事 4 人,武装部专武干事 3 人,司法所干部 19 人,信访专干 1 人。有治安联防队 18 个村,村治保主任 18 名,应急救援分队 19 个。对外来流动人口进行登记造册,并与用工农户签订用工合同。

【宗教管理】 2019 年,阿依巴格乡清真寺 16 座,其中主麻寺 5 座,小清真寺 11 座,宗教人士 6 名。宗教场所管理领导小组 1 个,成员 12 人,乡村两级宗教管理领导小组 17 个,成员 187 人。累计开展 176 场次宣教活动,参与人数达 91224 人次,发放各类宣传单 11036 份,宣传画册 6638 份。

【信访工作】 2019 年,阿依巴格乡实行党政领导干部包案制度,累计组织开展矛盾纠纷排查 33 次,接待信访案件 2 起,成功解决 2 起,2 人次,解决率达 100%,矛盾基本化解到基层。

【基层组织建设】 2019 年,阿依巴格乡开展"5 + X"党员先锋日、支部建设落实年、干部素质提升年等活动,全乡有 3 个村班子得到全面晋位升级，36套干部“安居安心”周转宿舍和柯坪村级阵地修建和维修工程已经完工。村级两委班子机制全面推行，村民自治、民主管理有效落实。抓好乡村财务制度建设，促进村及财务制度建设，村级财务工作继续推进规范化，正规化运行。党员远程教育服务功能不断完善，村干部报酬、“四老”人员待遇分别提高至2.4万～3.6万元/年、1.2万元/年。

【党风廉政建设】 2019年，阿依巴格乡开展廉政文化“六进”和第20个“党风廉政建设教育月”活动，开展领导干部廉洁自律规范化管理工作，采取定期召开廉洁自律民主生活会，限期对暴露出的问题自查自纠，组织力量督促检查，发动群众监督举报，集中查处群众反映强烈的热点问题，定期向党内外人士通报情况等措施。阿依巴格乡按照县纪检监察工作会议精神，严格落实《中国共产党党员领导干部廉洁从政若干准则》相关规定，细化廉政责任分解，加强廉政教育，改进工作作风，扎实开展行风评议工作，强化对公务接待、公车使用、“三公开”工作(党务、政务、村务公开)的管理，加大对信访案件的查办力度。完善领导班子及成员重大事项报告、重大事项决策、领导干部廉洁自律、领导干部收入申报等各项规定，对领导干部干预和插手工程招投标、利用婚丧喜庆事宜聚敛财物、控制庆典活动等方面作出明确规定。

【纪检工作】 2019年，阿依巴格乡核查民政专项资金的对象认定和资金发放的违规问题线索21条(上级交办16条，自查5条)，涉及干部21人，其中：党纪处分2人，组织处理19人。对扶贫应知应会抽查不合格的8名干部进行批评教育，对脱贫攻坚重视程度不够的1名党支部书记进行约谈。针对不符合享受低保条件的人员进行再次清理，清理停发城乡低保686户1183人，清退不符合领取养老金70人。

【第二、三产业】 2019年，阿依巴格乡乡镇企业及个体工商户共565户，有民营企业1家(阿依巴格乡多浪红枣加工厂)，从业人员7人，个体工商户中营业额较大的有90户。

【卫生厕所建设】 2019年，阿依巴格乡将农村无害化卫生厕所建造与富民安居房建设相结合，同步实施改厕、改厨、改圈，完成农村改厕1101户。

【教科文卫】 2019年，阿依巴格乡全乡广播覆盖率98%，电视覆盖率85%。适龄儿童入学率100%，贯彻执行中央关于农村义务教育阶段实行“两免一补”政策(免教科书、免杂费、补助借宿生生活费)，九年义务普及率达100%，无青壮年文盲。

【社会保障】 2019年，阿依巴格乡按时足额发放低保户1152户1794人、五保户15户15人的生活补助，年内为1152户低保户(享受城镇低保户73户120人，农村低保户1079户1674人)，全年发放城乡低保金787.13万余元，发放农村低保金700.2万余元，为低保户发放面粉20.2吨，大米1500公斤，清油750公斤；为五保户发放7.12万余元。

巴格托格拉克乡

【概况】 巴格托格拉克乡位于阿瓦提县东南部13千米，东以阿克苏老大河为界，西邻丰收一场，南与乌鲁却勒镇相邻，北接拜什艾日克镇。南北长11.5千米，东西宽3.5千米，总面积40.3平方千米。2019年巴格托格拉克乡辖11个村民小组，1个汉族小队，1个养殖小区，4个行政村；总户籍人口890户3815人，耕地面积2609公顷，人均 0.68 公顷。其中 2019 年小麦种植 348 公顷，占耕地面积的 13.3%，棉花 1583 公顷，占耕地面积的 61%，林果 744 公顷，占耕地的 28.5%。耕地面积 256 公顷，占总面积的 57.86%。2019 年巴格托格拉克乡机关行政编制 37 人，机关工人 2 人，事业编制人员 29 人；实有人数为 99 人。

【党的建设】 2019 年，巴格托格拉克乡选派优秀年轻干部到村任职、下村锻炼，每周进行压任务、教方法、理思路，将精兵强将驻派在村里、将疑难杂症消除在萌芽、将群众诉求解决在基层。顶层设计抓规范，从严实施《基础党建督查细则》《"访惠聚"工作队管理》《村监会管理》等 12 类制度办法，明确任务、细化措施、规范运行。督导调研抓问效，帮助各村查薄弱、堵隐患、补短板，为各村第一书记、党支部书记把脉问诊，下达 18 次整改通知单，开出有效药方，进行 15 次"回头查"，确保工作落实落细。

【基层组织建设】 2019 年，巴格托格拉克乡常态化落实基层组织建设"十项制度"、"45678"等制度，规范三会一课、党支部"5 + X"、主题党日活动，再次动员开展国家公职人员和党员干部"自查自省、践行忠诚"行动，对 28 人交代问题进行深挖，做到重点打击、分类管控。打造党员示范村、党员先锋屋、党员先锋墙，改扩建阵地 0.73 公顷，以点带面，提高党组织凝聚力。规范大型宣传版面 7 张，绘制民族团结文化长廊，创建文化大舞台。组建党群服务流动小分队，配备办公、场地、工具等基础设施设备，免费提供服务 148 场次。

【"访惠聚"】 2019 年，巴格托格拉克乡落实《关于持续接力开展"访惠聚"驻村工作的意见的通知》，明确任务分工、细化举措。全面做好上情下达、下情上达工作，先后组织开展业务培训 6 次，及时下发方案、通知等文件 30 余份，常态化对各驻村工作队开展督促指导，帮助各工作队查薄弱、补短板。加大信息宣传报道，累计撰写信息 98 条。每月对各惠民生项目实施进度进行督促指导，做好 4 个村的村级惠民生项目沟通协调。落实脱贫五项责任，联系贫困户 77 户，组织宣传教育活动 180 余场次，开展民族团结联谊活动 50 场次。协调工作队储备培养村级组织骨干 76 人。开展实用技能培训 40 场次，帮助群众就业 187 人。大办群众实事好事 156 件。

【群团工作】 2019 年，巴格托格拉克乡利用"五四""七一"为青年上主题团课，每月开展一次的主题团日活动，通过团的组织生活和活动，发挥团员的先锋模范作用和示范带头作用，在思想、组织、作风、纪律、工作等方面教育影响广大团员青年。定期召开会议，将团建工作纳入党的基层组织建设规划，把基层党组织建设的重要内容，从机制上保证党建带团建工作有组织、有重点的抓好落实。

【社会治理】 2019 年，巴格托格拉克乡发挥干部入户走访、"访惠聚"工作队及"草根"宣讲员作用，召开群众宣教大会 105 场次，受教育群众达 35000 余人次。落实信访工作乡主要领导负主体责任，设立信访、民政等 7 个窗口，严格落实办件登记制度。强化联户轮值工作，按照 10 ~ 15 户为一个联户单位，每个网格有一名副科级领导任片区长，加强偏远散区域巡逻清查。组织召开流动人口管理推进会，及时引导基层党组织主动配合开展流动人口管理和服务工作。重点信访案件实行领导包案制度，按期办结率达 100%，息访率达 80% 以上，定期组织人员主动入户征求群众意见，对群众所反映的问题，能及时予以解决的及时给群众解决，全年共排查各类矛盾纠纷150余条，截至年底已全部化解。共收集571条合理诉求，全部已经处理解决。开展保密教育和宣传共48次，全年由各级力量摸排的各类风险隐患共103条，所有风险隐患已全部协调处理完毕。

【宗教管理】 2019年，巴格托格拉克乡规范清真寺服务管理与安全生产，完善宗教活动场所。解决宗教人士生产生活中的困难，按要求每月给其发放480元生活补贴，使其享受到党的优惠政策，感受党的温暖。每周二、四定期开展民族宗教政策培训。2019年以来共开展四项活动43场次，利用驻村管寺干部入户走访以及各村每周一升国旗、清真寺周五主麻活动等机会，开展《新疆维吾尔自治区宗教事务管理条例》《新疆维吾尔自治区去极端化条例》《界定非法宗教活动26条》《党的十九大报告精神》等党的惠民政策的宣讲。已累计宣讲150场次，参加人数4500人次。

【富民安居工程】 2019年，巴格托格拉克乡安居富民建设85户，全部在规定时间内完成进度，开工率、竣工率、入住率均达100%。共投入富民安居资金256.2万元，资金已经全部发放完毕。

【扶贫工作】 2019年，巴格托格拉克乡脱贫退出29户87人，全乡建档立卡贫困户240户929人全部实现脱贫退出。2109年共实施15个财政专项扶贫资金项目，共计下达资金320.57万元，实际实施支付294.94万元。覆盖4个行政村。其中畜牧养殖牛26头、羊50只、青储饲料1080包、菜种80公斤、菜苗1.71万株、林果提质增效项目44.1公顷、黑木耳基地建设1.67公顷（50座棚）、黑木耳遮阳网50套、菌棒10万棒、黑木耳凉晒架53架、黑木耳分选机1台、自来水入户2户、管网改造10.26千米、林果业合作社配套设施、庭院整治等项目。以“四个一批”脱贫路径为抓手，通过发展产业扶持31人，通过转移就业扶持35人，通过实施生态补偿扶持1人，通过政策兜底扶持20人。

【劳务输出与创收】 2019年，巴格托格拉克乡参加养老保险总人数1806人，其中，缴纳养老保险金人数1690人，享受养老保险待遇人数310人。开展养老保险待遇认证307人次，组织开展农村富余劳动力转移技能培训18人次，农村劳动力致富技能培训54人次，产业服装工人培训0人次，劳务输出共计379人次，劳务创收共计752万元。

【党风廉政建设】 2019年，巴格托格拉克乡组织召开纪检工作会议研究部署党风廉政建设和反腐败工作，制定下发了2019年党风廉政和反腐败工作思路。结合“学条例 守纪律 强作风”和“干部素质提升年”专项活动的开展，组织机关站所、各村干部学习《中国共产党章程》《中国共产党纪律处分条例》等有关文件和自治区、地区和县重要领导讲话等篇目；对各村2000年以来村“两委班子”主要领导进行“政治体检”，共体检人数49人，其中正职23人，其他村干部人数26人。立案处理违反政治纪律的党员干部28人。

【制度建设】 2019年，巴格托格拉克乡共下发机关效能通报29期，组织处理71人。由监督委员会负责及时公开村务和三资管理情况，并纳入党风廉政建设责任制考核和村组干部绩效考核，通过监督检查，促使各村公正、及时、全面公开。

【农业】 2019年，巴格托格拉克乡粮食面积保持在333公顷以上。棉花1583.6公顷，其中机采棉473.8公顷，占全乡棉花总面积的30%。长绒棉以“新海53”“新海56”“新海45”、陆地棉以“新陆种45”为主栽品种。建立和充实林果技术服务队，利用合作社和组建新林果业合作组 11 个，在每个关键节点，所有林果地块有人管。共召开现场会 21 次，观摩会 7 次、累计培训 1578 人次，将修剪、追肥、病虫害防治等关键技术落到实处。全乡 9 块林果示范园，有包园领导、包园技术员、有包园村干部。建设卡尔库杰克村养殖小区，引导农户由分散向适度集中规模养殖转变。2019 年，全乡完成 62 公顷麦田平整。2019 年畜牧业存栏牛 380 头、羊 8386 只、马 4 匹、驴 25 头，全年未发生重大动物疫情。

多浪乡

【概况】 多浪乡东西宽 5 千米，南北长 14 千米，土辖 5 个行政村，19 个村民小组，有 1928 户，9284 人。总占地面积 15.8 平方千米，耕地面积 3.2 万亩。全乡共有 8 个基层党支部，其中村党支部 5 个。有党员 267 名，其中农牧民党员 172 名。村“两委”干部 35 人，小组干部 59 人，联户长 130 人，“四老”人员 24 人。全乡有小学 1 所、幼儿园 4 所。有 5 个县级“访惠聚”工作队，32 名工作队员。有清真寺 3 座，驻村管寺干部 4 人，宗教人士 5 人。

【脱贫攻坚】 2019 年，多浪乡实施自来水管网改造 35.5 千米，新建柏油路 9.2 千米、发放牛羊 138 头（只），新成立林果合作社 1 家，累计受益贫困群众达 237 户 865 人，年内实现脱贫 42 户 142 人，如期完成脱贫任务。

【种植业】 2019 年，多浪乡棉花种植 19375 亩，冬小麦 7228.75 亩，辣椒 1073 亩；温室大棚 49 座、面积 103 亩，拱棚 69 座、面积 370 亩，种植业结构更趋合理。

【林果业】 2019 年，多浪乡林果面积 12077.6 亩，规模化果园达 8802.9 亩，其中，红枣 3544 亩、核桃面积 2780 亩、香梨 1806.9 亩、桃树 50 亩、葡萄、杏子等其他果园 166 亩，林果业已成为促进农民增收的重要支柱产业。育苗 43 亩，新植防护林 49.19 亩，经济林 48.81 亩，有效改善了人居环境。

【畜牧养殖】 2019 年，多浪乡新增畜牧合作社 2 家，肉羊繁育大户 3 户，特色家禽养殖大户 1 户，完成青贮饲料 66000 余吨。全乡牲畜存栏 12123 头（只），牲畜出栏 13740 头（只）。

【人居环境整治】 2019 年，多浪乡组织召开现场推进会 40 余场次，完成改厕 903 座，铺设污水管网 1830 米，拆除危旧房屋 546 座，清理残垣断壁 328 户 3269 米，实现三区分离 1248 户。开展房前屋后垃圾清理行动，共出动大小车辆 48 台，参与人员 3621 人次，共清理淤泥 5406 吨、垃圾 15 吨，整治木头、柴火乱堆乱放 1248 户，制作并安装木头栅栏 18 千米，新建葡萄架 479 座，翻新 364 座。成立清洁队共 10 人，投放垃圾桶 1348 个，垃圾船 34 个，新建垃圾分类集中收治点 15 座。开展村内巷道改造行动，完成绿化面积 62 亩，拆除私搭乱建、乱堆乱放 21 处，硬化村庄道路 14.74 千米，门前硬化 708 户，公路养护 5851 平方米，路肩加宽 12900 平方米，安装路灯 50 余处，实现村庄公共区域亮化全覆盖。

【安居富民房建设】 2019 年，多浪乡新建安居富民房 106 户，保障了群众的住房安全。

【计划生育】 2019 年，多浪乡展计划生育政策和有关法律法规的宣讲 20 余次，参与人数共 7000 余人次。免费查环、查孕长效人数 4000 余人次。开展失独家庭关心关爱慰问 6 次 10 人。

【民政事业】 2019 年，多浪

乡对325户577人按时发放最低生活保障金，确保低保户、五保户、残疾人、80岁以上老人、孤儿按时享受生活补助金。

【就业】 2019年，多浪乡实现零散就业1698人，同时积极创造就业岗位，安置近100人稳定就业。

【宣传教育】 2019年，多浪乡利用党团员活动日、我们的节日和“民族团结一家亲”等契机积极开展各类文体活动，组织广大村民观看红色电影25场次、开展文艺会演活动20余场次，参与群众40000余人。在全乡组织挖掘脱贫攻坚、助人为乐、民族团结等典型人物事迹，选树并宣传张生元、艾买尔·吐尔逊、鲜于林等8名典型人物事迹。

【民族团结】 2019年，多浪乡利用升国旗、入户宣传、结对认亲等机会，面对面、点对点开展民族团结宣传教育活动2000余场次，宣传群众达3万余人次。全乡193名干部与群众结对认亲900余户，开展各类联谊活动2000余次，帮助解决各类困难诉求387件。打造民族团结示范户4户，表彰民族团结先进模范集体1个，先进个人14人。

【主题教育】 2019年，多浪乡先后开展集中学习7次，专题学习4次，形成调研报告21篇，检视问题386条。分批组织干部前往阿瓦提县党风廉政教育基地，接受党风廉政和反腐败教育。组织干部观看《建党伟业》《建国大业》《蜕变》《永远在路上》等系列红色影片及警示教育片，增强干部底线、红线意识。

【基层组织建设】 2019年，多浪乡选派2名国家干部到村任党支部书记，11名国家干部到村挂职锻炼，优化基层领导班子结构，提升了党组织凝聚力。发展党员27名，吸收入党积极分子35名，进一步壮大了党员队伍。规范各党支部组织生活会、“三会一课”制度和“5+X”活动。全年开展了谈心谈话、建言献策、脱贫攻坚、村庄整治等党员活动达260余场次，参与党员、团员、积极分子2400余人次。整合基层宣传文化、卫生等资源，改善村组办公环境和活动条件，提升村民服务中心功能。累计接访群众280余人次，协调解决问题400余件。创新村级集体经济发展模式，争取项目资金260余万元，实施了特色面食厂、畜牧养殖、林果蔬菜种植、扶贫就业市场等5个集体类项目，增加村集体收入达20余万元。

阿克切克力片区管委会

【概况】 阿克切克力片区管委会位于阿瓦提县东部5千米处，东临巴格托格拉克乡，南接乌鲁却勒镇，西与阿瓦提镇相连，北至拜什艾日克镇，下设8个行政村，其中汉族4364人，维吾尔族2014人，其他少数民族130人，女性3179人。截至2019年12月底，辖区出生人口47人，出生率为7‰，27个村民小组，总人口1612户6508人，死亡人口32人，死亡率为4‰，人口自然增长率为2‰。辖区总耕地面积6万余公顷，主要经济作物为长绒棉和陆地棉，共计5万余公顷，特色作物为桃子、西梅、核桃等林果作物，共计2万余公顷。截至2019年12月底，辖区羊栏数6829只，家禽存栏数23738羽，牛、驴等637头。

【粮棉生产】 2019年，阿克切克力片区管委会种植冬小麦1550公顷，单产达520公斤/公顷；棉花种植面积达51182.6公顷，其中长绒棉种植面积24250.8公顷，籽棉公顷产350公斤，总产8487吨。陆地棉种植面积2931.8公顷，平均单产410公斤，总产11042吨。

【林果业】 2019 年,阿克切克力片区管委会林果面积达 20324 余公顷,主要以苹果、桃子、香梨、核桃、西梅、红枣等特色品种为主。

【设施农业】 2019 年,阿克切克力片区管委会新成立合作社 2 个(畜牧养殖合作社),开办农家乐 1 个、扩建养殖场 1 个,通过谈心、交友等方式,向农户讲解知识的重要性和读书学习的必要性,使农户转变观念,重视学校教育,加大种植业、养殖业等各行业实用技术知识的培训,为农户发展多种增收产业、扩大就业渠道提供智力支撑。

【畜牧养殖业】 2019 年,阿克切克力片区管委会鼓励畜牧养殖特色规模化模式,明确"大场大户带动,特色养殖突破,科技服务保障,精深加工增值"的畜牧发展思路。做好养殖示范村和养殖示范专业户建设,继续加大青贮饲料制作力度,缓解饲草供需矛盾。2019 年 12 月底,辖区羊栏数 6829 只,家禽存栏数 23738 羽,牛、驴等 637 头。

【农田水利建设】 2019 年,阿克切克力片区管委会对辖区内老大河按每周不少于 1 次的标准进行巡河,截至年底巡查了 280 余次,并做好巡河日志的登记。组织人员修筑防洪坝,并开展 24 小时值班制度,制定辖区防洪应急预案,为加强应急处置能力,组织党员干部群众开展了 7 次应急演练,并组织党员干部群众在辖区防洪任务区种植了 5000 棵柳树。

【民生建设】 2019 年,阿克切克力片区管委会开展违规私搭乱建专项行动,全年拆除违法乱搭乱建 53 处 2630 平方米,累计拆除 131 处 5708 平方米。以党建带社会事务,围绕农村改厕、美丽庭院创建、环境整治等开展各类现场推进会 4 场次。发挥党员干部带头作用,采取以示范为引领,带动辖区全面进行改厕,全年已完成改厕 680 户,其中卫生旱厕 165 座、无害化卫生厕所 515 座,改厕率达 52%。

【个体私营经济】 2019 年 5 月,阿克切克力片区管委会成立个体工商户私营者协会。协会成立以来先后开展了食品卫生安全检查 5 次,对商铺和饭店内食品卫生不达标、过期食品进行自查和交叉检查;"六一"儿童节协会走进中心幼儿园与小朋友们共同欢度节日,并为小朋友捐赠学习用具和为学校捐款 2000 余元。

【科教文卫】 2019 年,阿克切克力片区管委会利用周一升国旗、每日一学等常态化开展宣传中共十九大精神、新时代中国特色社会主义思想、社会主义道德及开展星级文明户的评选、并结合各村实际制定、动态完善"村规民约",形成培育指导、自主提升、规范管理约束机制,逐步培育社会主义核心价值观。做好适龄入学儿童、辍学儿童、贫困学生家长的思想工作,小学、初中学生辍学率为零。加大乡村卫生技术人员培训力度,抓好艾滋病、结核病、脊灰炎等重点传染病的预防控制,实施农村孕产妇住院分娩补助项目,开展计划生育"三检查、一治疗"活动,保证育龄妇女健康。稳定生育水平,兑现农村孕产妇住院分娩补助等各项奖励扶持政策,人口出生率控制在预定目标以内。全面覆盖文化设施,户户通达 100%。

【基层组织建设】 2019 年,阿克切克力片区管委会严格按照自治区"25154"发展党员的要求今年按指标发展党员 25 名。按照"访惠聚"工作要求,用情用心做好群众工作,为困难户送化肥 11000 公斤、大米 1200 公斤,面粉 1500 公斤、油 750 公斤。落实工作队谈心谈话制度,组成心理咨询队伍 8 支,集体谈心谈话 59 次。开展"党支部建设年"活动,村党支部每周

一、周五，机关每周二、周四组织党员干部政治、业务理论学习，通过读原文、看“红色电影”、上党课等形式加强对党的创新理论、党内法规和业务知识的学习培训，提高党员、干部的政治理论素养和服务群众的意识。推进党支部标准化建设，常态化做好“5+X”、“三会一课”、“星级化”自评、“四议两公开”等工作，并常态化对村党务干部组织业务培训，提高标准化和规范化操作能力。结合片区各村村级阵地实际情况，加强新建阵地的建管用，大力开展阵地氛围营造、阵地卫生评比、阵地大舞台文化、阵地广场舞、每日一学、周一升国旗等活动将阵地的氛围活跃起来。规范“三会一课”、党组织生活、“5+X”“两会两票”、党员教育与学习、“45678”、村规民约等重点机制上下功夫，村级各项工作质量和效率明显提升。

【社会治安综合治理】 2019年，阿克切克力片区管委会进一步强化责任，严格按照“属地管理”“谁主管、谁负责”的原则，与各村签订了社会治安综合治理责任书，并严格实行社会治安综合治理“一票否决”和“黄牌”警告制度，强化“综治”工作意识。2019年片区党委先后召开了4次综治工作专题会议，制定了开展争创综治模范村活动方案，校园及周边治安环境集中整治方案以及开展建设“平安片区”活动等方面的内容。深化“扫黑除恶”专项斗争，设立“扫黑除恶”专项斗争工作领导小组，悬挂举报箱，公布举报电话，全年无涉黑涉恶案件。督促村级驻村工作队和村干部做好外来务工人员管理工作，每日对务工人员核查检查，尤其是圈定的不放心区域，作为重点检查对象，发现问题及时上报。

【社会保障】 2019年，阿克切克力片区管委会加强片区服务大厅窗口基础设施建设，提高窗口工作人员服务态度、强化办事效率，让前来办事群众“最多跑一趟”。通过宣传提高医疗保险参保率，做好低保、重残等人群的参保缴费，2019年片区群众参保率100%。在片区托格拉克买里村建设民族团结嵌入式示范居住区，解决群众住房问题的同时，推进民族团结事业的发展进步。嵌入式居民点于2019年5月1日开工建设，截至12月底19座房屋、围栏已建设好，三相电网已拉好，自来水已接通，11户已装修完毕，6户正在装修。

【计划生育】 2019年，阿克切克力片区管委会与各村签订了计生责任书，做到一级抓一级，层层抓落实。新办理“独生子女父母光荣证”5户，“计划生育父母光荣证”4户，累计办理“独生子女父母光荣证”137户，“计划生育父母光荣证”169户。摸底上报录入符合“国家少生快富奖”人员共122户，南疆地区农村计划生育家庭特殊奖励人员共75户，奖励扶助人员39人，各项奖励金合计362160元。2019年共组织各种宣传服务活动12次，举办学习培训班3次；2019年，药具应用率、有效率、随访率、知情满意率均达95%以上，药具业务购调存管理信息系统报表管理数据“零”误差，发放网点药具保障率100%。

【民族宗教】 2019年，阿克切克力片区管委会共开展民族团结集中学习15次，民族团结宣传教育50次，涉及群众8912人次。积极组织结对认亲帮扶活动，截至年底，片区共有结对认亲干部98人，结亲户数113户，结对认亲干部累计走访1596次，为各族群众办实事好事205件，捐款捐物价值45800余元，惠及群众652人。

【群众文体活动】 2019年，阿克切克力片区管委会草场村、古吉里尕尔村、托格拉克买里村村民活动中心建成并投入使用。针对返乡大学生开展篮球比赛 2 场;各村利用元旦、三八妇女节、劳动节、国庆节、中秋节等重大节日开展村民茶话会、拔河比赛、两人三足等群众喜闻乐见的文体娱乐活动;2019 年春节在阿瓦提县刀郎部落旅游景区参加社火表演;各村组织成立广场舞队、舞蹈队,30 人参加县广场舞比赛,片区内组织联合演出 5 次,与兄弟乡镇联合演出 3 次。

【劳务输出】 2019 年,阿克切克力片区管委会利用"冬季大培训"组织开展农业技术、农机修理、畜禽养殖等各类培训 21 个班次,8730 人次参加,积极创新培训方式方法,充分调动资源,邀请棉花种植专家到村进行理论知识培训,实地查看指导,有效拓宽了知识面。发放各类职业技能学习书籍、宣传资料 1500 余份,进行实地职业技能培训 20 余场次。组织农机服务小分队,进村入户开展义务农机修理培训,先后有 30 余名青年参加农机修理、电焊等实用技术培训就业。

【安全生产】 2019 年,阿克切克力片区管委会与 8 个行政村签订了安全生产责任书,明确了安全生产责任及安全生产任务,把安全生产责任通过责任书的形式予以明确,使安全责任层层落实。片区每月进行一次例行检查,遇有重大节日或关键时间节点组织干部不定时、全覆盖对片区进行安全生产方面的宣传和检查。开展安全隐患大排查 6 次,出动各级检查自查计 110 余次,共下达整改通知书 60 余份。对辖区中小幼共计 8 所学校的专项检查,针对消防措施不到位,安全用电有隐患的情况下达整改通知书 1 份,当场批评教育整改 2 次。管委会与县农机局执法人员协调配合,采取临时设卡、突击检查等形式检查车辆 300 余辆,下发整改通知书 10 余份,有效减少辖区了农机安全隐患。

【信访工作】 2019 年,阿克切克力片区管委会制定《阿克切克力片区矛盾纠纷调解工作条例》,建立管委会党委班子轮流接访制度,坚持每天两小时接待来访群众,帮助化解矛盾纠纷。每月召开一次分析研判会,调整充实信访专干队伍,组建管委会、村委会两级信访调解组织,发挥村级干部队伍力量,并与各村第一书记、村党支部书记签订信访工作责任书。全年共接待群众来访 98 次,处理信访案件 12 起,化解矛盾纠纷 220 起。

【党风廉政建设】 2019 年,阿克切克力片区管委会利用党风廉政建设反腐败教育、观看"永远在路上"以案训事警示和《党章》《准则》《中央八项规定》《中国共产党纪律处分条例》等学习方式,增强党员干部遵守纪律的自觉性、约束性,运用好监督执纪"四种形态",通过约谈、提醒等方式进行早教育早提醒。全年组织观看《蜕变》9 场次,观摩警示教育基地 2 次,受教育党员干部 250 余人次。

【民政抚优】 2019 年,阿克切克力片区管委会为辖区 54 名 80 岁以上的老人共计发放生活费 34070 元。截至年底,辖区的残疾人总数为 193 名,其中 1 级残疾人 25 名,2 级残疾人 61 名,三级残疾人 70 名,4 级残疾人 37 名。为 81 名持有一、二级残疾证的普通群众和低保户,发放残疾金 100800 元。为 3 名享受国家最低生活保障的三、四级残疾群众发放残疾金 2880 元。辖区内有"五保"户 2 户 2 人。为 3 人发放临时救助金 25000 元,发放面粉 2075 公斤,大米 800 公斤,食用油 440 公斤。为生活困难家庭、重大疾病患者、残疾人和五保户共 76 人次发放取暖煤 38 吨。享受低保人员共计 63 户 98 人,发放的城市低保金 38122 元,农村低保金 357776 元。

【纪检工作】 2019 年,阿克切

克力片区管委会共立案2件，其中党纪处分2人，组织处理86人，诫勉谈话1人。先后开展对作风不严的干部通报13起涉及干部13人。设立信访举报箱18个，来访群众信访举报线索2条。

【致富带头人】 2019年，阿克切克力片区管委会开展致富带头人培训会2场，邀请地区、县技术专家开展种植、养殖、灌溉、修剪、打药等相关知识培训，加强致富带头人的经验交流和领域合作，带动辖区村民致富增收。截至年底，辖区共有致富带头人9人，分别为种植大户、养殖大户、农机合作社、农资合作社带头人。

【思想建设】 2019年，阿克切克力片区管委会组织各工作队第一书记、村党支部书记、工作队联络员每周四参加片区管委会政治理论学习。全年组织政治理论学习77次，组织测试8次。利用走访住户、周一升国旗、每日一学、入户宣讲、民族团结一家亲、日常走访开展宣讲，并且从辖区挑选7名草根宣讲员宣讲，全年开展宣讲70场次，参加人员4000人次。组建心理咨询队伍8支，采取党委书记集体与第一书记谈心谈话，缓解第一书记在工作和生活中的压力。全年片区党委书记、分管领导同第一书记集体谈心谈话10次，派出单位主要领和第一书记同驻村工作队员谈心谈话49次。

丰收片区管委会

【概况】 丰收片区成立于2017年1月，阿瓦提县丰收片区在阿瓦提县以南30千米处，东西宽12千米，南北长17千米，西与新疆生产建设兵团一师接壤，东隔叶尔羌河于乌鲁却勒镇相望，南临沙漠与巴楚县及墨玉县相邻，北接阿依巴格乡，辖区总面积200平方千米，耕地面积30.4万亩。其中葡萄种植面积2500亩，红枣种植面积为4650亩，常住人口3239户（户籍人口2349户），11101人（户籍人数8569人）。2019年辖区共14个行政村，37个村民小组，总户数3239户，全片区有17个基层党组织，其中1个基层党委，16个基层党支部中片区机关党支部1个，私营企业协会党支部1个，农村党支部14个。主要农作物为棉花，特色农产品为葡萄、红枣，民族团结示范村为团结新村。

丰收片区海拔高度1023～1064米。土壤为盐化苦进土、腐殖质多，相当肥沃。全年日照时数2500～2800小时，无霜期200天左右，年平均降水量63毫米，适于多种农作物，特别是经济作物棉花的生长。

【粮棉生产】 2019年，丰收片区管委会种植棉花共272900亩18193.33公顷，总产量约为95515吨，辖区主要作物为棉花，没有其余产粮农作物。

【林果业】 2019年，丰收片区管委会葡萄种植面积166.67公顷，红枣种植面积为819.8公顷，香梨124.12公顷、苹果36.67公顷、核桃50.47公顷，总产量为13124.7吨，对部分核桃、红枣树完成了嫁接工作，基本上全部成活，完成了对1031.06公顷果树的浇水施肥和修剪工作。

【畜牧业】 2019年，丰收片区管委会家禽牲畜存栏155头牛，其中母牛84头；羊8647只，猪218头，家禽6900羽、骆驼1头，畜禽病检防病率100%，2019年家禽牲畜出栏牛12头，羊350只，猪34头，家禽6000羽。有3个大型养殖场，267户养殖户，部分用于肉食出售。

【农田水利建设】 2019年，丰收片区管委会整修田间灌排渠系，平整土地、扩大田块，使用大型农用机械进行耕种，解放了部分劳动力，改良低产土壤，丰收片区为团结新村兴修 3.23 千米防渗渠，合计 350 万元，同时清理现有水渠保证农田用水，开展义务植树，防止水土流失，保障了片区 30.5 万亩耕地的正常取水，用水。

【新农村建设】 2019 年，丰收片区管委会开展人居环境整治工作，对辖区 14 个行政村进行人居环境整治，先后 8 次大规模整治，同时动员工作队与村委会持续推动人居环境整治工作，拆除危房 7 户。在群众自愿、统筹规划的基础上，大力推进“厕所革命”，2019 年新建农村无害化卫生厕所 52 户，验收合格 2018 年农村无害化卫生厕所 282 户。

【抗震安居工程】 2019 年，丰收片区管委会抗震安居办培训乡村干部 9 人，全年富民安居工程新建 21 户，竣工 21 户，已全部入住，其中一般户 16 户，共发放补贴资金 28500 元，低保户 5 户，共发放补贴资金 44000 元。

【卫生建设】 2019 年，丰收片区管委会新建一栋卫生院综合楼，有在编医护人员 19 人，病床 25 张，全片区共有村级卫生室 8 个，2019 年全片区参加新型合作医疗 4589 人，参保率 98%，2019 参加新型合作医疗的住院人数 298 人，门诊就诊 1217 人，累计报销 55.14 万元。

【科学教育】 2019 年，丰收片区管委会共有学校 17 所，其中幼儿园 16 所，正常开放教学 6 所，有学生 652 人，中小学 1 所，为阿瓦提县第五中学，2019 年教职工在编 164 人，在编在岗 107 人，2019 年阿瓦提县第五中学共有学生 1559 人，2019 年新入学 184 名学生，毕业 194 名学生，2019 年阿瓦提县第五中学高中升学率 90%，职业高中升学率 5%，阿克苏地区第二高级中学升学率 19.4%。

【个体私营经济】 2019 年，丰收片区管委会共有个体工商户 326 户，从业人员 950 余人，私营企业 132 家，从业人员 1200 余人人均收入 14 万元，民营企业一家，在职员工 3000 余人，2019 年人均收入 6 万余元。

【基层组织建设】 2019 年，丰收片区管委会共有在册党员 453 人，全年新发展预备党员 47 名，培养 86 名入党积极分子，全年考察 3 名党支部书记后备人员，利用农村党员远程教育平台，宣传党员楷模，利用“七一”在乡镇层面评选 7 名优秀共产党员、2 名优秀党务工作者、4 个优秀基层党支部。

【社会治安综合治理】 2019 年，丰收片区管委会落实重点场所、重点部位领导带班制度和 24 小时值班制度，人防、物防、技防“三防措施”到位有效，切实做到警钟长鸣、警惕常在，同时管委会政法办不间断对各行政村、学校、加油加气站等 24 个重点部位值班备勤“八要素”落实情况进行监督检查，对发现的值班脱岗、睡岗现象进行通报，加强小旅馆、网吧等流动人口聚集区管理，由管委会政法办、派出所、工作队、社区组成联合检查组，突击开展夜查、清查，检查人员密集场所，未登记住宿、上网的人员和其他异常情况。

【社会保障】 2019 年，丰收片区管委会对辖区居民进行动员，鼓励居民主动缴纳医保和社保，全年片区临时救助 4 人，发放救助补贴 4000 元，对五保户人员 5 人进行慰问，解决困难，及时发放国家补助粮，生活费，共发放生活费 3000 元，对 34 名 80 岁以上老人发放生活费 25200 元。

【民政扶优】 2019 年，丰收片区管委会对 52 名国家低保户 1～2 级残疾人发放残疾金 83520 元，对 27 名非低保户残疾人发放残疾金 25920 元，2019 年对补助粮食范围内生活困难、享受国家最低生活保障金的家庭、五保户、重病和残疾人共计发放面粉1025公斤,大米450公斤,食用油225公斤。

【计划生育】 2019年,丰收片区管委会计划生育服务站有工作人员1人,由卫生院1名医生担任,2019年新生婴儿62人,人口出生率为0.7%,死亡18人,人口死亡率为0.2%;组织各类宣传活动576场次,培训108人次,领取“两证”的家庭为113户,符合“少生快富”家庭3户,南疆地区特殊奖励对象15户。

【群众文体活动】 2019年,丰收片区管委会结合节假日和民族团结活动共开展文体活动156场次,参与人数5600人次,培养各类文化艺术人才128人,100人参加2019年“五四”青年节活动广场舞表演,28人参加阿瓦提县第七届美食节夜市演出,并组织群众前去观看。

【就业培训和劳务引进】 2019年,丰收片区管委会开展“国家通用语言+就业观念”培训班,开展3期65人次的培训班,乡镇巴扎移动摊位新增50余户,推动闲散人员就近就业100余人;2019年丰收片区动员其他省市、疆内各地州富余劳动力来片区务工,人数17000余人,发挥了富余劳动力的作用。

【安全生产】 2019年,丰收片区管委会召集辖区各村党支部书记和第一书记召开动员大会,利用多种渠道对安全生产工作进行宣传,共计宣传624场次,参加11000余人,同时对片区1388台大中小型拖拉机进行年检,年检率达100%,确保辖区大型农机质检合格,防止发生安全事故,由工作队和村委会进行督促落实,全年未发生安全生产上的事故。

【信访工作】 2019年,丰收片区管委会各村坚持每日安排一名村干部负责接访,管委会每日安排一名领导负责接访和化解群众矛盾,并限时办理并加强信访人员管理,2019年收到党员、村干部违规违纪信访件3条,均已办结。

【党风廉政建设】 2019年,丰收片区管委会开展“敢于担当、反思整改、践行忠诚”专项活动中,主动交待问题16人,组织处理14人,免于处理2人;挖减铲专班移交线索2条,延长预备期一年党员1人,开除保安队伍1人。开展“四种形态”,对不正确履行工作职责、旅行工作责任不到位的情况进行排查,2019年查出问题线索23条,组织处理13人。

【普法工作】 22019年,丰收片区管委会司法所共开展2期业务技能培训,各村党支部书记、治保主任、妇女主任及各村调解委员会调解员18人参加了培训班,对普法宣传、人民调解、法律援助等各项工作的意义和方法进行了详细的讲解和指导,全年共计宣传318场次,共计3750余人。

【村务公开】 2019年,丰收片区管委会在14个行政村中建立村级阵地,增设84个新的村务公开栏,8个村级阵地投入使用,其中有5个新建阵地;发挥村务监督委员会作用,明确村务监督委员会职责,做好各项村级事务公开。

【扫黑除恶专项斗争】 2019年,丰收片区管委会召开6次专题会议,加强宣传教育,张贴公告250余张,悬挂横幅60条,墙体标语54条,入户张贴宣传单2500余份,设立举报箱15个,开展宣讲101场次,2019年受理举报线索22条,已全部办结。

上游水库片区管委会

【概况】 上游水库片区管理委员会位于阿瓦提县东南方向,东西南北交界北与卡尔敦监狱、第一师 16 团 2 连相邻、西与乌鲁却勒镇皇宫村、阔孜墩牧业队相邻、东乌鲁却勒镇牧业村 2 小队相邻、南与和田洛浦县相邻，距离县城 75 千米，辖区总面积 45 万亩；耕地面积 15 万亩。总户数 252 户，常住人口 1133 人；登记在册流动人口 2250 人；4 个行政村，14 个村民小组（网格）；全片区有 3 所幼儿园，1 个清真寺（主麻清真寺 1 个，一般清真寺 0 个），1 个宗教人士；5 个党支部，全片区共计党员 58 名（女性 10 名），入党积极分子 15 名，发展对象 7 名，预备党员 16 名，团员 87 名；乡镇干部 25，幼儿园 3 所，卫生室 3 所，村医 3 名，村干部 21 名（女性 4 名），后备干部 19 名，小组干部 19 名；联户轮值长 61 名；建档立卡贫困户 14 户 51 人。

【基层组织建设】 2019 年，上游水库片区管委会新发展党员 6 人，入党积极分子 11 人，发展对象 6 人；各级工作队充分利用周一升国旗，开展“三宣誓”，累计开展各类宣讲 130 余场次，受教群众 6132 人次。真心实意为百姓办实事办好事。累计发现问题线索、化解矛盾纠纷 133 起，解决问题 192 件。各工作队累计投入 13 万元，为群众办实事好事 90 余件，慰问困难群众 162 户。并举办党员发展对象和预备党员培训班，共 28 人参加学习。

【粮棉生产】 2019 年，上游水库片区管委会平均种植棉花 9360 公顷，棉花公顷产 6750 公斤，棉花总产量可达 51273 吨。全片区种植水稻 214 公顷，总产量 29731 吨。小麦种植 1.7 公顷，产量达 20000 公斤。

【纪检工作】 2019 年，上游水库片区管委会共计实施组织处理 31 人次，党纪处分 2 人，有效改变了基层干部存在的思想上“懒”、作风上“散”、工作上“拖”的不良现象。开展对 2000 年以来任职的村“两委”干部政治体检工作，结合问题线索，党纪处理 1 人。在党风廉政教育月活动中，组织片区 32 名党员干部参观廉政教育基地、观看警示教育片。

【民生工程】 2019 年，上游水库片区管委会争取水库移民后期资金扶持项目 1 个，修建 2.65 千米的防渗渠；人口与计划生育工作扎实开展，出生人口政策符合率、统计准确率均达 100%。组织开展计划生育宣讲 35 场次，受教群众 1400 余人。走访慰问辖区低保人员、贫困户，及时为辖区 9 户 18 人低保人员、6 名高龄老人、11 名困境儿童、19 名残疾人等发放补贴，弱势群体生活保障逐步改善。农村基础条件不断改善，新建防渗渠 9 千米，落实各项惠民补贴 6219.37 万元。团结带领辖区广大干部群众在叶尔羌河、阿克苏河、和田河险段筑造 9 条防洪坝，确保了沿岸周边农户生产生活安全。解决上游水库片区棉田灾后理赔、拾花工短缺、拾花费用高、银行卡冻结等群众反响强烈的问题 28 个，群众的满意度不断提升。

【安全生产管理】 2019 年，上游水库片区管委会各村共开展 96 次排查；开展地毯式清查 14 次；发挥村级交通劝导站作用，对超速、不戴头盔、补贴反光膜农机、三轮车、摩托车进行检查纠正。截至年底，各村共查找问题 92 条。

【医疗卫生】 2019 年，上游水库片区管委会新型农村合作医疗农牧民参保率 100%，16～59 岁 289 人已参保缴费，60 岁以上 29 人已办理养老保险卡并享受待遇。

【人口与计划生育】 2019 年，组织各类宣传活动 35 场次，培训 1400 余人次，领取“两证”的家庭共 28 户，南疆地区特殊奖励对象14户,计划生育扶持资金4.2万元。

【民政优抚】 2019年,上游水库片区管委会城镇低保6户12人,发放低保金2.1014万元,农村低保户43户94人发放低保金13.7323万元,全年为片区为80岁高龄老人发放生活津贴0.3万元,开展残疾人摸底调查登记4名残疾人发放0.3840万元护理补贴,为5名残疾人发放0.4800万元生活补贴。

【村务公开】 2019年,上游水库片区管委会发放棉花良种补贴1106.6339万元,农机深松作业补贴6.2340万元,农机购置补贴资金69.1790万元,耕地保护补贴4.5132万元。

【稳定工作】 2019年,上游水库片区管委会抓好流动人口管理,按照片区的流动人口分"班组"管理机制,确保了辖区全年"三稳定,三不出"。全年共组织各支力量深入128个偏远散居区域开展清查巡逻90余次,拆除偏远危旧房170余间,督促整改问题10余处,收缴"三非"物品70余件。

【司法工作】 2019年,上游水库片区管委会结合"法律六进"活动,共举办宣传活动63次,印发宣传资料580余份,悬挂宣传标语20余幅,受教育人数达1438人次,解答法律咨询超过650人次;民事调解2019年受理各类民事纠纷42起,调解42起,调处成功率达95%以上。

叶尔羌河南岸片区管理委员会

【概况】 阿瓦提县叶尔羌河南岸片区管理委员会(以下简称叶南管委会)位于阿瓦提县丰收三场以南,东北与阿克苏市接壤,西南与喀什地区巴楚县交界,西连喀什巴楚县和阿克苏柯坪县,南部与和田地区墨玉县、洛浦县相邻。东、西距离80千米,南、北距离200千米,总面积约12000平方千米,下辖4个行政村,4个村民委员会、12个村民小组。海拔1030米,距离阿瓦提县城48千米。

境内大部分地区属暖温带大陆性干旱气候,年平均气温10.4℃,无霜期211天。辖区总面积44.5万平方千米,胡杨林面积100万亩,耕地面积17.49万亩,是叶尔羌河的主要涵养区。2019年辖区农作物总播种面积13.48万亩,主要以棉花种植为主。

境内共有布歌拉家禽养殖农民专业合作社、叶河草畜联营农民专业合作社、叶尔羌河畜禽养殖农民专业合作社、吐鲁克阿勒吞肉羊养殖农民专业合作社、双河果业农民专业合作社、全顺农产品农民专业合作社等9家农民专业合作社和12家小商店。

【棉花种植】 2019年,叶南管委会粮棉种植面积11.7万亩,其中细绒棉8.9万亩,长绒棉2.8万亩,均采用滴灌灌溉。

【林果业】 2019年,叶南管委会林果业1851亩,其中红枣873亩,核桃390亩,杜梨540亩,桃子45亩;特色农作物118亩,其中打瓜342亩,油葵89亩;枸杞521亩,苜蓿233亩。

【畜牧养殖业】 2019年,叶南管委会共养殖特畜4721头。其中,饲养牛212头,饲养羊4509只。

【农田水利建设】 2019年,叶南管委会修建生态闸口1座,新挖渠道12.3千米,缓解群众耕地用水难题6万亩。

【农业机械化】 2019年,叶南管委会农业机械共计291台,集采棉种植面积4.9万亩;完成土地深松1.8万亩;废旧地膜回收项目2万亩。

【民生建设】 2019年,叶南管

委会开展机采棉种植技术培训15场、林果业种植技术培训14场、养殖业培训10场。兑现植棉补贴4452.87万元，冬麦补贴26.82万元，耕地地力补贴0.39万元，争取优劣牲畜补贴1.04万元，协调受灾农田理赔金额1509.48万元。

【科教文卫】 2019年，叶南管委会开展“冬季大培训”“冬季攻势”等活动，培训群众615人次；宣传全面健康免费体检、妇女“两癌”筛查15次。

【基层组织建设】 2019年，叶南管委会片区管委会下辖5个党支部在册党员45人，新发展党员6人，少数民族党员24人，女党员1人。

【社会治安综合治理】 2019年，叶南管委会细化应急预案，以管委会派出所、村警务室为支撑，研究细化应急预案，组织党政警兵民维稳力量开展好联合演练，提升维稳处突能力。全年管委会应急演练23次，村委会应急演练80次，划分24个联户单元落实联户轮值工作。

【社会保障】 2019年，叶南管委会重大节日前开展走访慰问活动4场，慰问群众32人次，发放慰问品(金)4500元。建制引进外来拾花工6000余人，为群众办实事好事162件。

【计划生育】 2019年，叶南管委会开展流动人口“三查一治”专项工作4场次，检查人数2500人次，全年辖区未发生计划外生育情况。

【群众文体活动】 2019年，叶南管委会组织开展“民族团结一家亲”联谊活动60场次，辖区流动人口集中宣讲165场次，发放惠民宣传手册400余册。

国能阿瓦提生物发电有限公司

【主要指标】 2019年，国能阿瓦提生物发电有限公司计划发电量为9400万千瓦时，实际完成发电量9026.86万千瓦时，完成全年计划值的96%，较年计划发电量欠发373.14万千瓦时；较上年同期完成发电量8901.94万千瓦时相比超发124.92万千瓦时，虽然未完成集团公司下达的年度发电任务，但创历年发电量新高。

全年上网电量计划值7888万千瓦时，实际完成8033.78万千瓦时，完成计划值的101.85%；综合厂用电率完成12.10%，较年度计划12.19%降低了0.09%，与上年同期12.25%相比降低了0.15%；发电原杆单耗完成1372.16克/千瓦时，比年度计划1241克/千瓦时，升高了131.16克/千瓦时。

【燃料收购】 2019年，国能阿瓦提生物发电有限公司燃料收购量累积完成15.82万吨(158247.82吨)，完成年度计划收购量的114.67%，比上年增加2.37万吨(23695.51吨)；燃料收购价格262.66元/吨，完成年度计划收购价格的117.26%，比上年升高26.59元/吨；燃料收购热值完成2598.36大卡/公斤，完成年度计划热值的100.71%，比上年降低40.80大卡/公斤；燃料收购热值单价0.091元/千大卡，完成年度计划热值单价的104.60%，比上年升高0.012元/千大卡。2019年全年人身、设备、燃料未发生任何不安全事件。

【生产管理】 2019年，国能阿瓦提生物发电有限公司在设备稳定可靠有保障的基础上，严把入炉燃料品质。执行防止上料系统堵料、蓬料的措施，控制运行参数的基本稳定，防止锅炉炉膛温度参数深度变化。主攻不同料种变化情况下的燃烧调整水平，按集团公司和发电公司的入炉燃料晾晒、掺配管理指导意见，以及机组运行季节性方式调整规定；结合料场燃料存储实际，加强入炉燃料的管理，确保锅炉燃烧稳定。

执行集团公司锅炉防磨防爆要求、专业指导意见、逢停必查等规定，完成全年机组设备的计划检修任务；严禁各专业错定、漏定甚至现场错用备品备件的情况发生和影响检修工期与设备健康。结合现场设备实际状况定期检查、维护、保养制度；摒弃过度依赖计划检修而忽视日常维护；梳理所有现场设备的台账，作为到期更换和备件准备、超前预控的依据。认真干好培训工作，结合项目公司实际情况，对检修人员进行培训工作，主要以现场理论及实际操作为主。运行值际技能业务培训工作效果不佳，在运行当班期间，切实有效地利用运行调整的机会对值际人员进行业务技能培训，并根据实际需要，联系协调各专业专责进行现场指导和培训。重点针对运行、检修人员以结合现场实际进行业务技能培训，进一步提高运、检修人员应急处理、维护技能；对新录取实习人员以生物发电基本流程与现场专业系统培训，使其尽快达到值班水平。

【燃料管理】 2019 年，国能阿瓦提生物发电有限公司第一季度发生因燃料入炉结构不匹配停机待料 6.5 天。壳类燃料受竞争因素影响比上年少收购 11655 吨，主燃料受质量管控因素比上年少收购 7865 吨，为了保障机组正常运行，申请收购远距离木片 8594 吨，为防止因本地资源竞争影响，加大了和田、阿克苏东四县区域的木片收购。对羊圈料进行了车车筛分，对加工型供应商源头的监督管理，燃料水分、灰分控制，执行分品种、按水分堆垛，料场配置专用消防车，消防救灾能力有所提升。

【经营管理】 2019 年，国能阿瓦提生物发电有限公司加强内部审计和财务监督力度，强化燃料成本的监督和成本三费的核算，按照要求核算燃料二次费用，杜绝乱挤乱摊现象，确认当期成本费用，完成了近三年财务资金安全自查及税务自查审计等工作；实现电费回收率 100%、增值税退税率 100%。

附 录

机构设置及负责人名录

县领导机构

阿瓦提县委常委

县委书记:李承刚

县委副书记:吾布力喀斯木·买吐送(维吾尔族)、桂美军、艾则孜·买买提(维吾尔族)、陈云伟(绍兴援疆干部)

常　委:杨永权(11 月任)、曹维建(11 月免)、代沂杰、陈听杰(绍兴援疆)、蔡赣(4 月任)、黄建霞(女)、付长山(9 月任)、华伟杰(9 月免)、库尔班·卡衣木(维吾尔族,1 月任)、惠涛、付昌奇、陈玉辉

阿瓦提县人民代表大会常务委员会

党组书记:桂美军

主任、党组副书记:阿不拉江·亚生(维吾尔族,11 月免)

副主任:李秀军、艾买尔江·艾买提(维吾尔族)、玉素甫江·吾休尔(维吾尔族)、黄艳红(回族,女,4 月任)、肖红(女,2 月免)

阿瓦提县人民政府

县　长:吾布力喀斯木·买吐送(维吾尔族)

副县长:代沂杰、陈听杰、付昌奇、帕坦木·艾沙(维吾尔族,女)、贺建、程建文、阿不力米提·阿不都热依木(1 月任)

中国人民政治协商会议阿瓦提县委员会

党组书记、副主席:陈刚(8 月任)、周刚(8 月免)

党组副书记、主席:艾尔肯·斯迪克(维吾尔族)

副主席:阿布都热合曼·依木热木孜(维吾尔族)、阿不都萨拉木·麦和木提(维吾尔族)、黄敏(7 月任)

中国共产党阿瓦提县纪律检查委员会(监察局)

书记、监察委主任:艾则孜·买买提(维吾尔族)

副书记、监察委副主任:刘新玉、吕希池

纪委常委、监察委委员:包卿选

纪委常委、监察委委员、巡察办主任:薛维怀

监察委委员:陈鹏(9 月任)、袁毅(9 月任)

巡察办主任:文昀炯

巡察办副主任:单祺(9 月任)

军事　法院　检察

阿瓦提县人民武装部

政　委:杨永权(11 月任)、曹维建(11 月免)

部　长:梁建龙

阿瓦提县人民法院

书记、副院长:戴群(7 月任)、石岚(女,7 月免)

副书记、院长:阿布都热依木·阿布都热合曼(维吾尔族)

党组成员、副院长:余强、屠建伟、吾买尔江·司马义(维吾尔族)

党组成员、政治部主任:肖兴刚(9 月任)

阿瓦提县人民检察院

书记、副检察长:刘洪(2 月任)、钟利民(2 月免)

副书记、检察长:赛买提·

奥斯曼(维吾尔族)

党组成员、副检察长:杨勇、马依拉·阿不拉(维吾尔族,女,5月任)

党组成员、副检察长、政治部部长:陈开平(5月任)

副检察长:木塔里甫·肉孜(维吾尔族)、郭丁涛

专职检察委员会委员:哈那依木·玉山(维吾尔族,女,5月任)、严如国(5月任)

监所检察科科长:艾尔肯·艾力(维吾尔族)

县委工作机构

县委办公室

主　任:(缺职)

副主任、保密委员会专职副主任:王维东(12月任)

副主任:邓彪(5月任)、陈杨(9月任)、陈焕荣(绍兴援疆干部)

信息综合室主任:刘金海(9月任)

档案馆馆长:申建军(3月任)

档案馆副馆长:董小红(女,4月任)

专用通信局局长:张春玲(女,12月任)

机要保密局

局　长:陈应忠(5月免)

副局长:王磊

组织部

部　长:黄建霞(女)

副部长:李曙亮(5月任)、陈刚(9月任)、帕孜来提·艾合买提(维吾尔族,女,5月任)、王阳武(绍兴援疆干部)

部委委员:王小明(5月任)、雷刚(5月任)

巡察专员:何军(4月任)

远程教育管理中心主任:黄春宇

宣传部

部长:(缺职)

副部长:郭超(1月任)、陈文春(浙江援疆干部)

副部长、融媒体中心主任:冉剑红(女,11月任)

社会科学界联合会主席:王忠茂

文联主席:王国纯(5月任)

宣传中心副主任:金旭(5月任)

政法委

书　记:桂美军

副书记:杨世飞、李扬、茆书鲁(挂职)

法学会秘书长:姚海洋

网格化服务中心副主任:艾尔肯江·阿不拉(维吾尔族)

统战部

部　长:库尔班·卡衣木(维吾尔族,1月任)

副部长:黄彦华、买买提·艾买尔(维吾尔族,1月任)

侨联主席:曾曦(女,5月任)

政治学校校长:尼加提·阿不拉(维吾尔族)

政治学校党支部书记:张卫东(5月任)

伊斯兰教协会专职副会长:木太利甫·毛拉(维吾尔族)

伊斯兰教协会秘书长:张建明(5月任)

编办

主　任:王艺(1月任)

副主任:李萍(女,4月任)、赵霞(女,11月任)

机关工委

机关工委书记:陈香(女,1月任)

机关工委副书记:尹锁明(4月任)

机关纪检监察工委书记、机关工委委员:开赛尔·热西提(维吾尔族,11月任)

史志办

主　任:陈应忠(5月任)、曾曦(女,5月免)

副主任:曾先成(9月任)、吴倪妮(女,9月任)

纪委(监察局)内设机构

信访室主任:茹先古丽·莫明(维吾尔族,女)

组宣部部长:聂云波(4月任)

党风政风监督室主任:马伟锋

案件审理室主任:王恒(12月任)

案件监督管理室主任:刘娟(女,12月任)

第一纪检监察室主任:刘强(9月任)

第二纪检监察室主任:金崇业

第三纪检监察室主任:麦合木提·卡斯木(维吾尔族,9月任)

第四纪检监察室主任:艾司卡尔·买买提依明(维吾尔族,9月任)

第五纪检监察室主任:刘海霞(女,9月任)

第一纪检监察组组长、组织部部务会成员:时吉庆(11月任)

第二纪检监察组组长:严纯珍(女,11月任)

第三纪检监察组组长、教科局党组成员:张文华(11月任)

第四纪检监察组组长、发改委党组成员:陶富生(11月任)

第五纪检监察组组长、农业农村局党组成员:魏文华(11月任)

第六纪检监察组组长:张国秀(女,11月任)

县委直属事业单位

党校

校　长:黄建霞

常务副校长、新疆农业广播电视学校阿瓦提分校校长:陈刚

副校长:唐羽(女,5月任)

人大内设机构

机关党组书记、办公室主任:吴洁(4月任)

机关党组成员、办公室副主任:张有学(1月任)

法制工作委员会主任:刘科雨

法制工作委员会副主任:艾买尔江·斯迪克(维吾尔族)

财政经济工作委员会副主任:邓辉

教科文卫工作委员会副主任:王兆宏(5月任)

机关党组成员、代表人事工作委员会主任:夏扎代木·阿吾特(维吾尔族,女,1月任)

代表人事工作委员会副主任:陆剑(5月任)

县政府工作机构

政府办

政府机关基层党组书记、主任:郑磊(5月任)

党组成员、副主任:王浩(4月任)赵芳(女,12月任)

党组成员、县电子政务管理办公室主任:董志安

机关事务管理办公室

副主任:帕坦木·卡迪尔(维吾尔族,女,5月任)

信访局

书记、副局长:崔巍啸(1月任)

副局长:开赛尔·多力坤(维吾尔族,1月任)

党组成员、副局长:殷金明(6月任)

群众工作部信访接待中心主任:敬艳(12月任)

司法局

司法局党组成员、副局长:刘新龙、阿娜古丽·买买提(维吾尔族,女)

人力资源和社会保障局

党组书记、副局长:盛继凯(1月任)

局长、党组副书记:艾斯卡尔·依地热斯(维吾尔族)

劳动监察大队大队长:刘勇刚(5月任)

劳动监察大队副大队长:木合塔尔江·艾买尔(维吾尔族,3月任)

公共就业服务局局长:艾合买提·依格木(维吾尔族)

党组成员、社会保险管理局局长:张在绪(12月任)

社会保险管理局副局长:刘锦(女,5月任)肖燕(女)

医疗保障局

医疗保障局党组书记、副局长:董耘光(1月任)

医疗保障局党组副书记、局长:李晓霞(女,5月任)

医疗保障局党组成员、副局长:王秀华(女,1月任)

发改委

党组书记、副主任:顾烜辉

党组副书记、主任:早热木·艾沙(维吾尔族,女)

党组成员、副主任:李治勇、姚志军(浙江援疆干部)

粮食稽查大队大队长:艾买尔江·买买提(维吾尔族)

退役军人事务局

党组书记、局长:郑磊

党组成员、副局长:阿力木·马木提(维吾尔族,1月任)

党组成员、副局长:宋云(1月任)

商务和工业信息化局

党组书记、副局长:张武宜

党组副书记、局长:王华锋

副局长:曹成明

党组成员、副主任:周高仁(浙江援疆干部)

园区管委会

副主任:李涛

应急管理局

党组书记、副局长:托合尼亚孜·买木吐拉(维吾尔族)

党组副书记、局长:赵磊

党组成员、副局长:高峰

党组成员:胡运武(5月任)

审计局

党组书记、局长:韩红艳(女)

党组成员、副局长:吐尔逊·吐尼亚孜(维吾尔族)

党组成员、副局长:马金元(5月任)

固定资产投资服务保障中心主任:刘世春(12月任)

统计局

党组书记、副局长:邵鲁江(女)

党组副书记、局长:迪里夏提·艾山(维吾尔族)

党组成员、副局长:孙伟红(女,11月任)

社会经济调查队队长:唐邵阳(9月任)

生态环境局

党组书记、副局长:黄振林(5月任)

党组副书记、局长:艾克拜尔·吐尔浑(维吾尔族)

财政局

党组书记、副局长:胡民志

党组副书记、局长:吐尔洪·吾司曼(维吾尔族)

党组成员、副局长:王丽娟(女)、陈彬(浙江援疆干部)

党组成员:赵延红(5月免)

国库支付中心主任:刘俊莲(满族,女,4月任)

乡镇财政管理局局长:阿斯木江·木沙(维吾尔族,11月任)

乡镇财政管理局副局长:闫超(3月免)

住房和城乡建设局

党组书记、副局长:田强

党组副书记、局长:阿不来提·阿巴斯(维吾尔族)

党组成员、副局长:何玉琴(女)

党组成员:王少雷

园林绿化服务中心主任:樊会林

园林绿化服务中心副主任:张玲(女)

城建管理监察大队大队长:努尔艾合买提·阿合尼亚孜(维吾尔族,5月任)

农业农村局

党组书记、副局长:刘彦龙(11月任)

党组副书记、局长:阿不都如苏力·卡迪尔(维吾尔族)

党组成员:邓昌明(4月任)、帕热扎提·艾则孜(维吾尔族,女)、邓继韬(4月任)、许修智(4月任)、宋建亮(5月任)

农业产业化服务办公室主任:张贻军

农广校副校长:月尔古丽·马木提(维吾尔族,女)

农技推广中心

主　任:王同仁

副主任:孙积贵

副站长:玉山·阿不拉(维吾尔族,11月任)

农业检测中心

副主任:牙生·麦提尼亚孜(维吾尔族)

种子站

书记、副站长:邢海业

副书记、站长:麦合木提江·阿合尼亚孜(维吾尔族,5月任)

农经局

书记、副局长:周生斌

副局长:艾尼瓦尔·阿布拉(维吾尔族)

农村经营管理局

副局长:热汗古丽·买特奴尔(维吾尔族,女)

防雹队

队　长:买合木提·毛拉买提(维吾尔族)

指导员:王吉祥(5月任)

副队长:阿布力米提·依米尔(维吾尔族,9月免)

动物卫生监督所

所　长:依明·艾山(维吾尔族)

副所长:辛冰

兽医站

副站长:张雄、阿里木江·艾尔肯(维吾尔族,5月任)

畜禽改良站

党支部书记、副站长:王峰(5月任)

站　长:冯利君(5月任)

副站长:依不拉依·阿不拉(维吾尔族)

林业和草原局

党组书记、副局长:杨宏波(5月任)

副书记、局长:阿地力·肉孜(维吾尔族)

副局长:赵统溪(4月任)

林管站

站　长:杨文平(5月任)

副站长:艾合塔木·阿合尼亚孜(维吾尔族)

胡杨林管理站

书记、副站长:张亚超(5月任)

站　长:买合木提江·库尔班(维吾尔族)

气象局

局　长:王仁春

台　长:李强

水利局

书记、副局长:宋建阁

副书记、局长:阿不都克然木·买买提(维吾尔族)

党组成员、副局长:李海彬

水管站

副站长:辛萍、刘金龙、塔来提·依麻木(维吾尔族)

农村饮水安全管理工作办公室

副主任:王霞

交通运输局

党组书记、局长:张华

运输局党组成员、副局长:王中赟、刘小龙(5月任)

生态环境局

党组成员、副局长:黄振林(5月任)

党组副书记、局长:艾克拜尔·吐尔浑(维吾尔族)

党组成员、副局长:王成利

自然资源局

党组书记、局长:纳买提江·玉苏甫(维吾尔族,3月任)

党组副书记、副局长:王福平(3月任)

党组成员、副局长:孙登海(3月任)

不动产登记中心副主任:阿力木江·图尼牙孜(维吾尔族,3月任)、刘毓(女,3月任)

教育和科学技术局

党组书记、副局长:闫战炜

党组副书记、局长:艾合买提·阿吾提(维吾尔族)

党组副书记、纪检组长:颉贵军(3月任)

党组成员、副局长:魏百庆

党组成员:段莉

教育督导室主任:佐然木·卡迪尔(女,维吾尔族,6月免)

教育督导室副主任:陈香(女,6月任)

文化体育广播电视和旅游局

党组书记、局长:宋宝林

党组成员、副局长:朱益新、阿孜古丽·马木提(维吾尔族,女,11月任)

党组成员:魏家福

广播电视台副台长:孙占强

党组成员、旅游质量监督检查所所长:武青霞(女,5月任)

党组成员、文物管理所所长:张蕾(女,5月任)

图书馆馆长:罗玉梅(女)

文化馆馆长:安淑华

刀郎歌舞团团长:阿娜尔古力·吐尔迪(维吾尔族,女)

卫生健康委员会

书记、副主任:孙旭升(5月任)

副书记、主任:古丽米热·阿不都热西提(维吾尔族,女,3月任)

党组成员、副主任:赵卫岗(11月任)

党组成员:魏东

卫生监督所所长:黄建华

卫生监督所副所长:阿木提·毛拉吾提(维吾尔族,9月任)

计划生育服务站

书记、副站长:热汗古丽·依孜木(维吾尔族,女)

副书记、站长:李晓慧(女)

副站长:王宇霞(女)

疾病预防控制中心

书记、副主任:艾买尔·艾拉(维吾尔族)

主　任:赵金龙

副主任:吴萍华(女,9月任)

妇幼保健院

副书记、副院长:余娟(女,5月任)

副院长:蒋崇赋、居里艾提·阿比提(维吾尔族)、魏海永(浙江援疆干部)

县人民医院

党委书记、副院长:热西旦·达依木(女,维吾尔族)

院长、党委副书记:赵金龙(4月任)、林小波(4月免)

维吾尔医院

副院长:吐尔洪·吐然克(维吾尔族)

供销社

党委书记、副主任:黄敏

党委委员、副主任:宋曾明(5月任)

民政局

党组书记、副局长:徐万军

副书记、局长:买合木提江·玉山(维吾尔族)

党组成员、副局长:艾买尔·依明(维吾尔族)

低保办主任:玛依尔江·牙生(维吾尔族)

政协内设机构

机关党组书记、政协秘书长:李风雷

党组成员、办公室主任:孙文秀(女)

党组成员、政协委员联络科科长:周召华(女,4月任)

经济环境委员会主任:王贯江(5月任)

社会和法制委员会主任:陈辉(6月任)

社会和法制委员会副主任:陈君(5月任)

教科文卫体委员会主任:艾尼瓦尔·孜牙吾冬(维吾尔族,9月任)

教科文卫体委员会副主任:陈艳娟(女,5月任)

群众团体

总工会

党组副书记、主席:王宇超

党组成员、副主席:王婷(女,9月免)

团县委

书　记:隆振欢(5月任)

妇联

党组书记、副主席:邓凌云(女)

副书记、主席:热沙来提·沙吾尔(维吾尔族,女)

科协

主　席:雍政

副主席:艾合买提·买提吐尔地(维吾尔族,9月任)

工商联

专职副主席:张顺新

残联

书记、副理事长:艾尼瓦尔·乌不力(维吾尔族)

副书记、理事长:崔诗栋

副理事长:刘在勇

红十字会

专职副会长:阿孜古力·吾斯曼(维吾尔族,女,11月任)

乡镇　农业　企业

阿瓦提镇

书　记:车小刚

副书记、镇长:图尔洪江·阿卜杜克日木(维吾尔族,5月任)

副书记、政法书记:王伟

副书记:蔡金兰(女,9月任)

党委委员、人大主席团主席:吐尔洪·吐来克(维吾尔族,11月任)

党委委员、纪检委书记、监察办主任:周新材

党委委员、副镇长:马哲

党委委员、统战干事:亚森·买买提(维吾尔族)

党委委员、宣传干事:阿力古丽·沙依木(维吾尔族,女,5月任)

党委委员、组织干事:吴远科(9月任)

党委委员、武装部长:甘伟(9月任)

副镇长:热娜古丽·肉孜(维吾尔族,女)、杨修仕(9月任)

乌鲁却勒镇

副县长、书记:程建文

副书记、镇长:玉苏甫江·吐然克(维吾尔族)

副书记:陈龙、宋兴年

副书记、政法书记:李万荣

副书记、组织干事:张刚

党委委员、人大主席团主席:瓦力斯江·吾休尔(维吾尔族,9月任)

党委委员、宣传干事:汗克孜·吾拉木(维吾尔族,女,5月任)

党委委员、副镇长:艾则孜·乌斯曼(维吾尔族,5月任)

党委委员、武装部部长:白云航

党委委员、纪检委书记、监察办公室主任:黎豪

副镇长:阿迪力江·赛麦提(维吾尔族)、唐雨(9月任)、李东(9月任)、黄登辉(11月任)

拜什艾日克镇

县常委、书记:蔡赣

副书记、镇长：艾合买提·托乎提（维吾尔族）

副书记、政法委书记：艾山江·吐尔逊（维吾尔族）

党委副书记：樊晓庆（11月任）

纪检专职副书记：阿不来提·吐尼牙孜（维吾尔族）

党委委员、人大主席团主席：阿布迪克然木·吾休尔（维吾尔族）

党委委员、组织干事：杨建烨

党委委员、副镇长：木合坦尔·阿布拉（维吾尔族）

党委委员、武装部部长：闫二可

党委委员、统战干事：艾力沙提江·依明（维吾尔族）

党委委员、副镇长、宣传干事：马涛

副镇长：热衣拉·阿不都克然木（维吾尔族，女）、买吾兰·阿不拉（维吾尔族）刘杨

英艾日克镇

书　记：张勇峰

副书记、镇长：艾沙江·吐来克（维吾尔族）

副书记、政法委书记：玉山江·买买提（维吾尔族）

副书记：何佳冀、唐冠林

党委委员、人大主席团主席：艾合麦提江·吐来克（维吾尔族）

党委委员、纪检委书记、监察办主任：孙凯（5月任）

纪检专职副书记：阿布都沙拉木·吐尼亚孜（6月任）

党委委员、组织干事：任强（3月任）

党委委员、宣传干事：艾力江·阿不拉（维吾尔族）

党委委员、统战干事：阿不拉江·克热木（维吾尔族）

党委委员、武装部部长：卢广勇

副镇长：姚彦荣、王超、古丽巴努·阿布拉（维吾尔族，女）、普拉提江·帕尔哈提（维吾尔族）

新渠片区党工委副书记、管委会主任：马万里

阿依巴格乡

书　记：张芳（女）

副书记、乡长：阿迪力·赛麦提（维吾尔族）

副书记、政法书记：王永东（5月任）

副书记、组织干事：刘五一（5月任）

党委委员、人大主席团主席：吐尔迪尼亚孜·努尔东（维吾尔族）

党委委员、纪检委书记、监察办主任：何磊（5月任）

党委委员、统战干事：莫合塔尔·热合曼（维吾尔族）

党委委员、副乡长：胡隆军（5月任）

党委委员、宣传干事：阿里艳·玉山（维吾尔族，女）

党委委员、副乡长：吴登科（11月任）

党委委员、武装部长：胡江

副乡长：吐逊江·赛买提（维吾尔族）、张亚鹏

塔木托格拉克镇

书　记：鲁建钢（11月任）

副书记、镇长：木哈拜提·买买提（维吾尔族）

副书记、政法委书记：吾买尔·玉山英（维吾尔族）

副书记：蒋康（9月任）

副书记、组织干事：刘鹏（9月任）

党委委员、纪检委书记、监察办主任：刘叶青

党委委员、人大主席团主席：麦合木提·如斯台木（维吾尔族）

党委委员、统战干事：亚森·司马义（维吾尔族）

党委委员、副镇长：陈刚

党委委员、武装部长：吕明杰

党委委员、宣传干事：茹先古·阿不都热木（维吾尔族，女）

副镇长：王福伟、古丽加乃提·赛买提（维吾尔族，女）、刘向云、魏志义

巴格托格拉克乡

党委书记：周军

副书记、乡长：迪丽拜尔·

艾山(维吾尔族,女)

副书记、政法书记:卡哈尔·伊明(维吾尔族)

副书记、组织干事:王栋(11 月任)

党委委员、人大主席团主席、统战干事:吐尔逊·艾亥提(维吾尔族)

党委委员、宣传干事:宰乃甫·吐尼亚孜(维吾尔族,女,5 月任)

党委委员、副乡长:范小龙

党委委员、武装部长:葛亮

党委委员、纪检委书记、监察办主任:阿不来提·托乎提

副乡长:玉素甫·阿合尼亚孜(维吾尔族,9 月任)、方治波(9 月任)、艾力卡木·艾买尔

纪检专职副书记:阿不都外力·阿不都热扎克(维吾尔族,6 月任)

多浪乡

党委书记:马宝山

副书记、乡长:阿不都卡得·买买提汉(维吾尔族)

副书记、政法书记:阿迪力江·阿不都艾尼(维吾尔族)

副书记、组织干事:常运飞

党委委员、人大主席团主席、统战干事:开赛尔·阿不都热依木(维吾尔族)

党委委员、纪检委书记、监察办主任:朱文明

党委委员、副乡长:司马义·阿不拉(维吾尔族)

党委委员、宣传干事:阿丽木尼沙·阿不拉(维吾尔族,女)

党委委员、武装部长:郭曜(5 月任)

副乡长:热孜艳古丽·达依木(维吾尔族,女)、库尔班江·艾依提(维吾尔族)、谷蒙恩(11 月任)

阿克切克力片区

党委书记、副主任:王忠华

副书记、主任:艾克拜尔江·艾则孜(维吾尔族)

党委委员、纪委书记:岳永成(5 月任)

党委委员、政法书记、副主任:阿迪力·帕尔哈提(维吾尔族,5 月任)

党委委员、副主任:艾买提江·莫拉吾提(维吾尔族)

丰收片区

党委书记、副主任:许滨

主　任:肖利洪

党委委员、纪委书记:塔依尔·哈斯木(维吾尔族,5 月任)

党委委员、政法书记、副主任:郭文正(5 月任)

党委委员、副主任:买合木提·牙生(维吾尔族)

上游水库片区

党委书记、副主任:姚歆

副书记、主任:阿不都热依木·阿布力提甫

党委委员、纪委书记:张磊(3 月任)

党委委员、政法书记、副主任:张江峰(3 月任)

党委委员、副主任:艾合麦提江·喀斯木(维吾尔族)

叶尔羌河南岸片区

党委书记、副主任:丁杰

党委委员、纪委书记:米涛(5 月任)

副主任:吾尔买提·库尔班(维吾尔族)、阿布拉江·尼牙孜(维吾尔族)

垂直管理部门

阿瓦提县公安局

党委书记、局长、督察长:陈玉辉

副书记、政委、副局长:卡斯木·买买提明(维吾尔族)

副书记、副局长:杨正

党委委员、副局长:胡伟、吐尔洪江·阿不都喀迪尔(维吾尔族)、胡华、朱福军(浙江援疆干部)

党委委员:艾克拜尔·黑米提、崔安新

副局长:张龙

网信党工委副书记、委网信办(县互联网信息办)主任:

吐鲁洪·艾尔肯(维吾尔族)

森林派出所所长:朱广申

森林派出所指导员:卡哈尔江·孜亚

武警中队

中队长:田希

公安消防大队

大队长:张长领

税务局

党委书记、局长:陈文车

党委委员、副局长:唐述明

党委委员、副局长:居来提·买买提(维吾尔族)、艾尔肯·阿布迪日木(维吾尔族)、曹国涛、王冠成、马杨杰、杜荣辉、周刚

市场监督管理局

党组书记、局长:吴建峰

党组成员、副局长:王迎宏、亚生·达吾提(维吾尔族)

邮政局

局　长:索继文

移动公司

经　理:齐海永

联通公司

经　理:刘成

副经理:危晏刚

电信公司

党支部书记、经理:杨攀

人民银行

行　长:王蕾

农村信用合作联社

党委书记、理事长:范志明

农发行

行　长:王晶(女)

副行长:刘建忠

农业银行

书记、行长:张成涛

副行长:单文强

工行

行　长:杨志刚、宗继有

副行长:姚祥

财险公司

经　理:周林

寿险公司

经　理:林森

电力公司

书记、经理:闫刚

副书记:赵戈鹏

烟草专卖局

局　长:曾友谊

国能阿瓦提生物发电有限公司

常务副总经理:岳红文

副总经理:申卫国

先进单位名录

阿瓦提县获国家、自治区、地区、县级先进单位统计表

表 5

获奖单位	荣誉称号	授奖单位	获奖日期
阿瓦提县市场监督管理局	全国市场监管系统优秀市场监管所	国家市场监管总局	2019 年 12 月
阿瓦提县教育和科学技术局	自治区教育系统先进集体	自治区党委教育工作委员会、自治区人力资源和社会保障厅、自治区教育厅	2019 年 9 月
阿瓦提县委政法委	文明单位	新疆维吾尔自治区党委宣传部	2019 年 11 月
乌鲁却勒镇纪委监察办公室	干部大练兵培训优秀组织奖	阿克苏地区乡镇(街道)纪检监察	2019 年 11 月
拜什艾日克镇第二中心小学	地区级教育工作先进集体	中共阿克苏地区委员会、阿克苏地区行政公署	2019 年 9 月
阿瓦提县委政法委	反恐维稳先进集体	中共阿克苏地委、阿克苏地区行署	2019 年
金桥超市便民警务站	反恐维稳先进集体	阿克苏地委行署	2019 年 1 月
国保大队	集体三等功	地区公安局	2019 年 1 月
阿依巴格派出所	集体三等功	地区公安局	2019 年 1 月
巴格托格拉克派出所	集体三等功	地区公安局	2019 年 1 月
农业局便民警务站	集体三等功	地区公安局	2019 年 1 月
拜什艾日克派出所	情报信息收集先进集体	地区公安局	2019 年 1 月
国内安全保卫大队	情报信息收集先进集体	地区公安局	2019 年 1 月
城镇派出所	先进基层党组织	阿瓦提县委	2019 年 6 月
县公安局	大比武荣获团体“第二名”	地区公安局	2019 年 11 月
国保大队	集体三等功	地区公安局	2019 年 12 月
综合技术侦察大队	集体三等功	地区公安局	2019 年 12 月
政治处	集体三等功	地区公安局	2019 年 12 月
东城派出所	集体三等功	地区公安局	2019 年 12 月
乌鲁却勒派出所	集体三等功	地区公安局	2019 年 12 月

续表5

获奖单位	荣誉称号	授奖单位	获奖日期
拜什艾日克派出所	集体三等功	地区公安局	2019年12月
上游水库派出所	集体三等功	地区公安局	2019年12月
英艾日克派出所	集体三等功	地区公安局	2019年12月
塔木托格拉克派出所	集体三等功	地区公安局	2019年12月
国内安全保卫大队	情报信息收集工作先进集体	地区公安局	2019年12月
看守所	情报信息收集工作先进集体	地区公安局	2019年12月
英艾日克派出所	情报信息收集工作先进	地区公安局	2019年12月
第二中学	先进基层党组织	县委	2019年7月
第一幼儿园	先进基层党组织	县委	2019年7月
拜什艾日克镇第二中心小学	先进基层党组织	县委	2019年7月
人影办党支部	先进基层党组织	县委	2019年7月

先进个人名录

阿瓦提县获国家、自治区、地区、县级先进个人统计表

表6

姓名	获奖者工作单位	荣誉称号	授奖单位	授奖日期
骆晓梅	阿瓦提镇团结村小学党支部书记	第六届自治区道德模范	新疆维吾尔自治区精神文明建设指导委员会	2019年6月
甄世源	县第二中学教师	自治区级优秀教师	自治区党委教育工作委员会、自治区人力资源和社会保障局自治区教育厅	2019年9月
闫战炜	教科局党组书记、副局长	阿克苏地区优秀教育工作者	中共阿克苏地区委员会、阿克苏地区行政公署	2019年9月
佐然木·卡迪	阿依巴格乡中学党支部书记	阿克苏地区优秀共产党员、阿克苏地区优秀教育工作者	阿克苏地区教育党工委	2019年7月
刘 刚	乌鲁却勒镇中学党支部书记	阿克苏地区优秀教育工作者	中共阿克苏地区委员会、阿克苏地区行政公署	2019年9月

续表6

姓名	获奖者工作单位	荣誉称号	授奖单位	授奖日期
周星园	县实验小学	地区级优秀教师	中共阿克苏地区委员会、阿克苏地区行政公署	2019年9月
陈希群	县实验小学	地区级优秀教师	中共阿克苏地区委员会、阿克苏地区行政公署	2019年9月
李丽梅	县鲁迅小学教师	地区级优秀教师	中共阿克苏地区委员会、阿克苏地区行政公署	2019年9月
叶　静	县第四小学教务主任	地区级优秀教师	中共阿克苏地区委员会、阿克苏地区行政公署	2019年9月
周　军	巴格托格拉克乡人民政府	反恐维稳先进个人	阿克苏地委	2019年
闫二可	消防支队	优秀消防队长	地区消防支队	2019年5月
杨世飞	政法委	“反恐维稳”先进个人	中共阿克苏地委阿克苏地区行署	2019年
茆书鲁	县委政法委	反恐维稳先进个人	中共阿克苏地委阿克苏地区行署	2019年
姚　歆	上游水库片区管理委员会	优秀党务工作者	阿克苏地委组织部	2019年
蒋先行	实验小学干部	优秀党务工作者	县委	2019年7月
冯雪茹	第七幼儿园党支部书记、园长	优秀党务工作者	县委	2019年7月
周　莉	教科局干部	优秀共产党员	县委	2019年7月
骆晓梅	阿瓦提镇团结村小学党支部书记	优秀共产党员	县委	2019年7月
任红兵	乌鲁却勒镇中学副校长	优秀共产党员	县委	2019年7月
古丽旦·巴海	英艾日克镇中心小学副校长	优秀共产党员	县委	2019年7月
殷新华	第三中学教师	优秀共产党员	县委	2019年7月
张咏梅	第四小学教师	优秀共产党员	县委	2019年7月
古伟林	第四中学教师	优秀共产党员	县委	2019年7月
张　丽	第一幼儿园教师	优秀共产党员	县委	2019年7月
张彦强	第一中学教师	优秀共产党员	县委	2019年7月
张文凤	实验小学教师	优秀共产党员	县委	2019年7月

续表 6

姓名	获奖者工作单位	荣誉称号	授奖单位	授奖日期
迪里拜尔·艾山	巴格托格拉克乡人民政府	“三仗一战”先进个人	阿瓦提县委、政府	2019 年
刘　伟	水利局	优秀共产党员	阿瓦提县委	2019 年 7 月
阿不都热依木·阿不力提甫	上游水库片区管理委员会	优秀共产党员	阿瓦提县委组织部	2019 年
陈玉辉	阿瓦提县公安局	个人二等功	县公安局	2019 年
莫合塔尔江·买买提	阿瓦提县公安局	忠诚卫士	县公安局	2019 年
吐鲁洪·艾尔肯	阿瓦提县公安局	忠诚卫士	县公安局	2019 年
胡西塔尔·阿布都克然木	阿瓦提县公安局	忠诚卫士	县公安局	2019 年
赵满宁	阿瓦提县公安局	忠诚卫士	县公安局	2019 年
艾尼瓦尔·热合曼	阿瓦提县公安局	忠诚卫士	县公安局	2019 年
胡　伟	阿瓦提县公安局	先进个人	县公安局	2019 年
卡哈尔·木沙	阿瓦提县公安局	先进个人	县公安局	2019 年
依力夏提·买合木提	阿瓦提县公安局	先进个人	县公安局	2019 年
胡　伟	阿瓦提县公安局	三等功	县公安局	2019 年
吐尔洪江·阿布都卡迪尔	阿瓦提县公安局	三等功	县公安局	2019 年
麦麦提·热依木	阿瓦提县公安局	三等功	县公安局	2019 年
李　杉	阿瓦提县公安局	三等功	县公安局	2019 年
董作振	阿瓦提县公安局	三等功	县公安局	2019 年
李　琳	阿瓦提县公安局	三等功	县公安局	2019 年
莫合德尔·买买提	阿瓦提县公安局	三等功	县公安局	2019 年
周江勇	阿瓦提县公安局	三等功	县公安局	2019 年
吾买尔江·如苏力	阿瓦提县公安局	三等功	县公安局	2019 年
王文祥	阿瓦提县公安局	三等功	县公安局	2019 年
胡　伟	阿瓦提县公安局	优秀党务工作者	县公安局	2019 年
钟冠辉	阿瓦提县公安局	优秀党员	县公安局	2019 年
朱福军	阿瓦提县公安局	个人三等功	县公安局	2019 年
西尔扎提·依明	阿瓦提县公安局	个人三等功	县公安局	2019 年

续表 6

姓名	获奖者工作单位	荣誉称号	授奖单位	授奖日期
陈　涛	阿瓦提县公安局	个人三等功	县公安局	2019 年
王文祥	阿瓦提县公安局	个人三等功	县公安局	2019 年
马勇闯	阿瓦提县公安局	个人三等功	县公安局	2019 年
麦麦提・热依木	阿瓦提县公安局	个人三等功	县公安局	2019 年
何志铮	阿瓦提县公安局	个人三等功	县公安局	2019 年
张旭光	阿瓦提县公安局	个人三等功	县公安局	2019 年
丁超明	阿瓦提县公安局	个人三等功	县公安局	2019 年
木台力甫・买买提	阿瓦提县公安局	个人三等功	县公安局	2019 年
任涛(刑侦)	阿瓦提县公安局	个人三等功	县公安局	2019 年
王鹏鹏	阿瓦提县公安局	个人三等功	县公安局	2019 年
吾休尔・麦麦提	阿瓦提县公安局	个人三等功	县公安局	2019 年
吾斯曼・拜克力	阿瓦提县公安局	个人三等功	县公安局	2019 年
阿不拉江・达吾提	阿瓦提县公安局	个人三等功	县公安局	2019 年
李　杉	阿瓦提县公安局	个人二等功	县公安局	2019 年
茹　超	阿瓦提县公安局	个人三等功	县公安局	2019 年
阿布都艾尼・努尔东	阿瓦提县公安局	个人三等功	县公安局	2019 年
阿布都尼亚孜・阿布都热合曼	阿瓦提县公安局	个人三等功	县公安局	2019 年

阿瓦提县 2019 年度高级专业技术人员一览表

表 7

工作单位	姓名	性别	族别	专业技术职务	专业
阿瓦提县第二中学	崔青丽	汉族	女	中小学教师高级教师	历史
阿瓦提县第二中学	胡云帆	汉族	女	中小学教师高级教师	语文
阿瓦提县第二中学	万煜华	汉族	女	中小学教师高级教师	物理
阿瓦提县第二中学	牛晓华	汉族	女	中小学教师高级教师	体育
阿瓦提县第二中学	杨美芹	汉族	女	中小学教师高级教师	语文
阿瓦提县第二中学	赵国丽	汉族	女	中小学教师高级教师	语文

续表 7

工作单位	姓名	性别	族别	专业技术职务	专业
阿瓦提县第三中学	武爱霞	汉族	女	中小学教师高级教师	语文
阿瓦提县第三中学	沈克伟	汉族	男	中小学教师高级教师	体育
阿瓦提县第四小学	张丽华	汉族	女	中小学教师高级教师	数学
阿瓦提县第四小学	吴荣华	汉族	女	中小学教师高级教师	语文
阿瓦提县第四小学	严雪萍	汉族	女	中小学教师高级教师	语文
阿瓦提县第四小学	杜勇霞	汉族	女	中小学教师高级教师	数学
阿瓦提县第五中学	白天福	汉族	男	中小学教师高级教师	体育
阿瓦提县第五中学	李爱芹	汉族	女	中小学教师高级教师	英语
阿瓦提县第五中学	魏晓兵	汉族	男	中小学教师高级教师	历史
阿瓦提县第五中学	王海红	汉族	女	中小学教师高级教师	英语
阿瓦提县第五中学	李向明	汉族	男	中小学教师高级教师	物理
阿瓦提县第五中学	景太金	汉族	女	中小学教师高级教师	语文
阿瓦提县第五中学	朱保林	汉族	男	中小学教师高级教师	数学
阿瓦提县第五中学	黄　兰	汉族	女	中小学教师高级教师	语文
阿瓦提县第五中学	潘文红	汉族	女	中小学教师高级教师	数学
阿瓦提县第五中学	陈晓梅	汉族	女	中小学教师高级教师	数学
阿瓦提县第五中学	吕登科	汉族	男	中小学教师高级教师	历史
阿瓦提县第五中学	李　丽	汉族	女	中小学教师高级教师	数学
阿瓦提县上海奉贤白玉兰小学	刘生泉	汉族	男	中小学教师高级教师	语文
新疆阿瓦提县实验小学	冉玉梅	汉族	女	中小学教师高级教师	语文
新疆阿瓦提县实验小学	马英西	回族	男	中小学教师高级教师	数学
新疆阿瓦提县实验小学	谢雪萍	汉族	女	中小学教师高级教师	数学
阿瓦提县第一中学	邸德明	汉族	男	中小学教师高级教师	数学
阿瓦提县第一中学	刘　蓉	汉族	女	中小学教师高级教师	化学
阿瓦提县英艾日克乡中学	莫甫吐拉·艾海提	维吾尔族	男	中小学教师高级教师	物理
阿瓦提县第三小学	冉春梅	汉族	女	中小学教师高级教师	语文

续表 7

工作单位	姓名	性别	族别	专业技术职务	专业
阿瓦提县塔木托拉克乡 赛克孜奥塔克村小学	杨珍娟	汉族	女	中小学教师高级教师	语文
阿瓦提县拜什艾日克镇小学	吴军山	汉族	男	中小学教师高级教师	思想品德
阿瓦提县鲁迅小学	郭铁生	汉族	男	中小学教师高级教师	语文
阿瓦提县鲁迅小学	韩　霞	汉族	女	中小学教师高级教师	语文
阿瓦提县鲁迅小学	张　霞	汉族	女	中小学教师高级教师	语文
阿瓦提县鲁迅小学	赵永希	汉族	女	中小学教师高级教师	语文
阿瓦提县鲁迅小学	孙文山	汉族	男	中小学教师高级教师	语文
阿瓦提县鲁迅小学	杜银丽	汉族	女	中小学教师高级教师	数学
阿瓦提县鲁迅小学	许世强	汉族	男	中小学教师高级教师	语文
阿瓦提县鲁迅小学	李丽梅	汉族	女	中小学教师高级教师	语文
阿瓦提县国语小学	樊国军	汉族	男	中小学教师高级教师	语文
阿瓦提县国语小学	党银莲	汉族	女	中小学教师高级教师	数学
阿瓦提县国语小学	袁雪玲	汉族	女	中小学教师高级教师	数学
新疆阿瓦提县实验小学	刘爱玲	汉族	女	中小学教师正高级教师	数学
阿瓦提县鲁迅小学	夏旭芳	汉族	女	中小学教师正高级教师	数学
中共阿瓦提县委党校	刘晓敏	汉族	女	党干校(中专体制)/ 高级讲师	
阿瓦提县幼教中心	龚杏梅	汉族	女	会计专业高级会计师	
阿瓦提县农业技术推广站	王同仁	汉族	男	农艺专业高级农艺师	植物保护
阿瓦提县农业技术推广站	阿布都热依木· 阿布都苏如力	维吾尔族	男	农艺专业高级农艺师	农业技术 推广与服务
新疆农业广播电视学校 阿瓦提县分校	阿依古 丽·吾斯曼	维吾尔族	女	农艺专业高级农艺师	园艺
阿瓦提县农业检验检测中心	柏超华	汉族	男	农艺专业高级农艺师	农产品检验
阿瓦提县农业农村局	董婉梅	汉族	女	农艺专业高级农艺师	农学
阿瓦提县农业技术推广站	徐金虹	汉族	女	农业技术推广研究员 专业研究员	植保
阿瓦提县农业技术推广站	王爱莲	汉族	女	农业技术推广研究员 专业研究员	土肥
新疆维吾尔自治区阿瓦提县 种子管法定代表人库尔班萨吾特	邢海业	汉族	男	农业技术推广研究员 专业研究员	农业技术推广
阿瓦提县畜牧兽医局	米热尼 沙·吐尔孙	维吾尔族	女	畜牧专业高级畜牧师	畜牧兽医
阿瓦提县胡杨林野生动植物 自然保护区管理站	王红艳	汉族	女	林业专业高级工程师	技术管理

续表 7

工作单位	姓名	性别	族别	专业技术职务	专业
阿瓦提县水管站	刘　伟	汉族	男	水利专业高级工程师	工程建设
新疆三河建设工程有限责任公司	赵　燕	汉族	女	水利专业高级工程师	工程建设
阿瓦提县人民医院	艾斯卡尔·买买提	维吾尔族	男	卫生健康专业主任医师	中医、中西医结合/中医内科
阿瓦提县人民医院	杨新军	汉族	男	卫生健康专业主任医师	医学影像/影像诊断
阿瓦提县计划生育服务站	纪冬莉	汉族	女	卫生健康专业主任医师	妇产科/妇产科
阿瓦提县维吾尔医医院	米尔古丽·司马义	维吾尔族	女	卫生健康专业主任医师	民族医、药学/维吾尔医内科
阿瓦提县维吾尔医医院	吐尔洪·吐然克	维吾尔族	男	卫生健康专业主任医师	民族医、药学/维吾尔医外科
阿瓦提县维吾尔医医院	吐尔洪阿依·库尔班	维吾尔族	女	卫生健康专业主任医师	民族医、药学/维吾尔医内科
阿瓦提县人民医院	滕志赟	俄罗斯族	女	卫生健康专业副主任医师	医学影像/影像诊断
阿瓦提县人民医院	古丽巴哈尔·吐尼牙孜	维吾尔族	女	卫生健康专业主任护师	护理/护理
阿瓦提县妇幼保健院	刘　华	汉族	女	卫生健康专业主任护师	护理/护理
阿瓦提县人民医院	余　娟	汉族	女	卫生健康专业副主任护师	护理/护理
阿瓦提县人民医院	阿曼古丽·艾沙	维吾尔族	女	卫生健康专业副主任护师	护理/护理
阿瓦提县人民医院	孙志宏	汉族	女	卫生健康专业副主任护师	护理/护理
阿瓦提县拜什艾日克镇卫生院	阿里木·塔力甫	维吾尔族	男	卫生健康专业(基层专用)副主任医师	外科/普通外科
阿瓦提县乌鲁却勒镇卫生院	姚军文	汉族	男	卫生健康专业(基层专用)副主任医师	内科/呼吸内科

阿瓦提县 2019 年度中级专业技术人员一览表

表 8

工作单位	姓名	性别	族别	专业技术职务	专业
阿瓦提县第二中学	武月玲	汉族	女	中小学教师一级教师	英语
阿瓦提县第二中学	杨战伟	汉族	男	中小学教师一级教师	政治
阿瓦提县第二中学	骆　瑞	汉族	女	中小学教师一级教师	数学
阿瓦提县第二中学	赖良菊	汉族	女	中小学教师一级教师	政治

续表 8

工作单位	姓名	性别	族别	专业技术职务	专业
阿瓦提县第二中学	许鹿璐	汉族	女	中小学教师一级教师	地理
阿瓦提县第二中学	陈佳丽	汉族	女	中小学教师一级教师	英语
阿瓦提县第二中学	姚建超	汉族	女	中小学教师一级教师	英语
阿瓦提县第二中学	沈燕玲	汉族	女	中小学教师一级教师	英语
阿瓦提县第二中学	王红梅	汉族	女	中小学教师一级教师	生物
阿瓦提县第二中学	马晓会	汉族	女	中小学教师一级教师	生物
阿瓦提县第二中学	吴巧玲	汉族	女	中小学教师一级教师	英语
阿瓦提县第二中学	姚桂玲	汉族	女	中小学教师一级教师	语文
阿瓦提县第二中学	王　亭	汉族	女	中小学教师一级教师	语文
阿瓦提县第二中学	张振兴	汉族	男	中小学教师一级教师	数学
阿瓦提县第二中学	孙　霞	汉族	女	中小学教师一级教师	数学
阿瓦提县第四中学	邱红娟	汉族	女	中小学教师一级教师	政治
阿瓦提县第四中学	王　慧	汉族	女	中小学教师一级教师	英语
阿瓦提县第四中学	周玉伟	汉族	男	中小学教师一级教师	信息技术
阿瓦提县第三中学	孙明珠	汉族	女	中小学教师一级教师	数学
阿瓦提县第三中学	赖绍荣	汉族	男	中小学教师一级教师	历史
阿瓦提县第四小学	骆小红	汉族	女	中小学教师一级教师	英语
阿瓦提县第四小学	马　花	汉族	女	中小学教师一级教师	语文
阿瓦提县第四小学	石春玲	汉族	女	中小学教师一级教师	语文
阿瓦提县第四小学	张　腾	汉族	男	中小学教师一级教师	信息技术
阿瓦提县第四小学	刘海燕	汉族	女	中小学教师一级教师	数学
阿瓦提县第四小学	贾新华	汉族	女	中小学教师一级教师	数学
阿瓦提县第四小学	李　荣	汉族	女	中小学教师一级教师	音乐
阿瓦提县第四小学	张秀梅	汉族	女	中小学教师一级教师	数学
阿瓦提县第四小学	赵　玲	汉族	女	中小学教师一级教师	语文
阿瓦提县第四小学	赵国芳	汉族	女	中小学教师一级教师	美术

续表 8

工作单位	姓名	性别	族别	专业技术职务	专业
阿瓦提县第四小学	李延珍	汉族	女	中小学教师一级教师	语文
阿瓦提县第四小学	陈　燕	汉族	女	中小学教师一级教师	语文
阿瓦提县第四小学	王　琴	汉族	女	中小学教师一级教师	语文
阿瓦提县第五中学	吴万松	汉族	男	中小学教师一级教师	语文
阿瓦提县第五中学	王　妮	汉族	女	中小学教师一级教师	英语
阿瓦提县第五中学	牛新虎	汉族	男	中小学教师一级教师	数学
阿瓦提县第五中学	何　玉	汉族	男	中小学教师一级教师	数学
阿瓦提县第五中学	许博利	汉族	女	中小学教师一级教师	数学
阿瓦提县第五中学	周文丽	汉族	女	中小学教师一级教师	语文
阿瓦提县第五中学	李杰平	汉族	男	中小学教师一级教师	数学
阿瓦提县第五中学	钱美玲	汉族	女	中小学教师一级教师	英语
阿瓦提县第五中学	郭　钢	汉族	男	中小学教师一级教师	英语
阿瓦提县第五中学	孙文涛	土家族	男	中小学教师一级教师	物理
阿瓦提县第五中学	聂　欢	汉族	女	中小学教师一级教师	政治
阿瓦提县第五中学	张　俊	汉族	男	中小学教师一级教师	物理
阿瓦提县第五中学	杨　峰	汉族	男	中小学教师一级教师	信息技术
阿瓦提县上海奉贤白玉兰小学	周妍妮	汉族	女	中小学教师一级教师	美术
阿瓦提县阿依巴格乡中学	王玉珍	汉族	女	中小学教师一级教师	语文
新疆阿瓦提县实验小学	员玉婷	汉族	女	中小学教师一级教师	语文
新疆阿瓦提县实验小学	刘川江	汉族	男	中小学教师一级教师	数学
新疆阿瓦提县实验小学	穆春阳	汉族	男	中小学教师一级教师	体育
新疆阿瓦提县实验小学	王艳丽	汉族	女	中小学教师一级教师	语文
新疆阿瓦提县实验小学	王　斌	汉族	男	中小学教师一级教师	数学
新疆阿瓦提县实验小学	陈　琴	汉族	女	中小学教师一级教师	数学
新疆阿瓦提县实验小学	张晓明	汉族	女	中小学教师一级教师	语文
新疆阿瓦提县实验小学	何法斌	汉族	男	中小学教师一级教师	信息技术

续表8

工作单位	姓名	性别	族别	专业技术职务	专业
新疆阿瓦提县实验小学	钟春兰	汉族	女	中小学教师一级教师	音乐
新疆阿瓦提县实验小学	杨华军	汉族	男	中小学教师一级教师	音乐
阿瓦提县第一中学	张　东	汉族	男	中小学教师一级教师	化学
阿瓦提县第一中学	刘炽群	汉族	女	中小学教师一级教师	化学
阿瓦提县第一中学	赵德伟	汉族	男	中小学教师一级教师	体育
阿瓦提县第一中学	唐丽娟	汉族	女	中小学教师一级教师	化学
阿瓦提县第一中学	牟文艳	汉族	女	中小学教师一级教师	英语
阿瓦提县第一中学	张顺芸	汉族	女	中小学教师一级教师	数学
阿瓦提县第一中学	梁海兵	汉族	男	中小学教师一级教师	英语
阿瓦提县第一中学	张惠琴	汉族	女	中小学教师一级教师	语文
阿瓦提县阿依巴格乡玉斯屯克库拉斯小学	李金娥	汉族	女	中小学教师一级教师	语文
阿瓦提县英艾日克乡巴扎中心小学	古丽阿依姆·艾山	维吾尔族	女	中小学教师一级教师	数学
阿瓦提县鲁迅小学	代　玲	汉族	女	中小学教师一级教师	语文
阿瓦提县鲁迅小学	何　婷	汉族	女	中小学教师一级教师	语文
阿瓦提县鲁迅小学	叶　花	汉族	女	中小学教师一级教师	体育
阿瓦提县鲁迅小学	杨艳霞	汉族	女	中小学教师一级教师	语文
阿瓦提县鲁迅小学	杨　阳	汉族	女	中小学教师一级教师	语文
阿瓦提县鲁迅小学	王岚云	汉族	女	中小学教师一级教师	数学
阿瓦提县鲁迅小学	薛胜利	汉族	男	中小学教师一级教师	政治
阿瓦提县鲁迅小学	伍旺科	汉族	女	中小学教师一级教师	数学
阿瓦提县鲁迅小学	郭长强	汉族	男	中小学教师一级教师	体育
阿瓦提县鲁迅小学	路春燕	汉族	女	中小学教师一级教师	数学
阿瓦提县国语小学	余媛媛	汉族	女	中小学教师一级教师	思想品德
中共阿瓦提县委党校	阿米那木·牙克甫	维吾尔族	女	党干校(中专体制)讲师	
中共阿瓦提县委党校	阿丽古丽·托合提	维吾尔族	女	党干校(中专体制)讲师	
阿瓦提县农业检验检测中心	阿热孜古丽·沙地	维吾尔族	女	农艺专业农艺师	农产品质量安全与质量提升

续表 8

工作单位	姓名	性别	族别	专业技术职务	专业
阿瓦提县农业农村局	阿地拉·依马木尼牙孜	维吾尔族	女	农艺专业农艺师	农学
阿瓦提县农业农村局	努尔加马力·吐拉克	维吾尔族	女	农艺专业农艺师	农业技术推广与服务
阿瓦提县英艾日克乡农业技术推广站	木塔力甫·麦麦提	维吾尔族	男	农艺专业农艺师	农学
阿瓦提县英艾日克乡农业技术推广站	阿提开木·玉斯甫	维吾尔族	女	农艺专业农艺师	农学
阿瓦提县英艾日克乡农业技术推广站	月尔尼萨·依明	维吾尔族	女	农艺专业农艺师	农业技术推广与服务
阿瓦提县塔木托格拉克镇人民政府	阿曼古丽·吐尼牙孜	维吾尔族	女	农艺专业农艺师	农业技术推广与服务
阿瓦提县塔木托格拉克镇人民政府	米日古丽·托合尼亚孜	维吾尔族	女	农艺专业农艺师	农业技术推广与服务
阿瓦提县塔木托格拉克镇人民政府	左热木·玉山	维吾尔族	女	农艺专业农艺师	农业技术推广与服务
阿瓦提县人民医院	肉孜·艾沙	维吾尔族	男	机械电子专业工程师	设备维修工程
阿瓦提县农牧业机械管理局	艾司卡尔·吐尔地	维吾尔族	男	机械电子专业工程师	农机工程
阿瓦提县农牧业机械管理局	阿依木尼沙托合提	维吾尔族	女	机械电子专业工程师	农机工程
阿瓦提县农牧业机械管理局	姚艳花	汉族	女	机械电子专业工程师	农机工程
阿瓦提县市场监督管理局	吾尼且木·艾孜木	维吾尔族	女	质量技术监督专业工程师	质量
阿瓦提县市场监督管理局	玛热亚木·萨迪克	维吾尔族	女	质量技术监督专业工程师	计量
阿瓦提县拜什艾日克镇人民政府	吐尼沙克孜·艾力	维吾尔族	女	兽医专业兽医师	兽医
阿瓦提县畜牧兽医局	阿布都喀迪尔·依米尔	维吾尔族	男	兽医专业兽医师	畜牧兽医
阿瓦提县畜牧兽医局	塔依尔江·阿布都热西提	维吾尔族	男	兽医专业兽医师	畜牧兽医
阿瓦提县畜牧兽医局	阿曼古丽·阿不都吾甫尔	维吾尔族	女	兽医专业兽医师	畜牧兽医
阿瓦提县畜牧兽医局	米丽克扎提·买买提	维吾尔族	女	兽医专业兽医师	动物检疫

续表8

工作单位	姓名	性别	族别	专业技术职务	专业
阿瓦提县畜牧兽医局	马黑兰木·依干巴提	维吾尔族	女	兽医专业兽医师	动物检疫
阿瓦提县畜牧兽医局	古丽巴合尔·艾尼瓦尔	维吾尔族	女	兽医专业兽医师	兽医
阿瓦提县畜牧兽医局	艾尔肯·阿力木	维吾尔族	男	兽医专业兽医师	兽医
阿瓦提县畜牧兽医局	陈和平	汉族	男	兽医专业兽医师	动物检疫
阿瓦提县塔木托格拉克镇人民政府	阿扎旦木·亚森	维吾尔族	女	兽医专业兽医师	兽医
阿瓦提县塔木托格拉克镇人民政府	艾尼瓦尔江·阿合尼牙孜	维吾尔族	男	兽医专业兽医师	畜牧兽医
阿瓦提县林管站	哈司叶提·艾木都拉	维吾尔族	女	林业专业工程师	技术管理
阿瓦提县林管站	阿力古丽·阿不都热合曼	维吾尔族	女	林业专业工程师	技术管理
阿瓦提县林管站	唐书玉	汉族	女	林业专业工程师	技术管理
阿瓦提县胡杨林野生动植物自然保护区管理站	肉孜江·阿布拉	维吾尔族	男	林业专业工程师	技术管理
阿瓦提县胡杨林管理站	许　琼	汉族	女	林业专业工程师	规划设计
阿瓦提县胡杨林管理站	孟　伟	汉族	女	林业专业工程师	技术管理
阿瓦提县胡杨林管理站	西热尼古丽·努尔东	维吾尔族	女	林业专业工程师	技术管理
阿瓦提县胡杨林管理站	张文强	汉族	男	林业专业工程师	规划设计
阿瓦提县胡杨林管理站	阿布都尼牙孜·吐逊	维吾尔族	男	林业专业工程师	技术管理
阿瓦提县胡杨林管理站	李　莎	汉族	女	林业专业工程师	技术管理
阿瓦提县塔木托格拉克镇人民政府	阿米娜·沙吾提	维吾尔族	女	林业专业工程师	技术管理
阿瓦提县水管站	毛吾兰·艾买尔	维吾尔族	男	水利专业工程师	工程建设
阿瓦提县水管站	黄浩麟	汉族	男	水利专业工程师	工程建设
阿瓦提县水管站	周　勇	汉族	男	水利专业工程师	生产运行与管理
阿瓦提县水利局	艾尼瓦尔·阿西木	维吾尔族	男	水利专业工程师	工程建设
新疆三河建设工程有限责任公司	于新军	汉族	男	水利专业工程师	工程建设
新疆三河建设工程有限责任公司	刘　辉	汉族	男	水利专业工程师	工程建设

续表 8

工作单位	姓名	性别	族别	专业技术职务	专业
阿瓦提县乌鲁却勒镇中学	余红丽	汉族	女	中小学教师一级教师	语文
阿瓦提县乌鲁却勒镇中学	米合热依·莫合塔尔	维吾尔族	女	中小学教师一级教师	美术
阿瓦提县乌鲁却勒镇中学	地力努尔·亚森	维吾尔族	女	中小学教师一级教师	物理
阿瓦提县乌鲁却勒镇中学	热汗古丽·买素吾特	维吾尔族	女	中小学教师一级教师	物理
阿瓦提县第四中学	依萨合江·达依木	维吾尔族	男	中小学教师一级教师	数学
阿瓦提县第四中学	谢　敏	汉族	女	中小学教师一级教师	数学
阿瓦提县第四中学	徐路东	汉族	男	中小学教师一级教师	物理
阿瓦提县第四中学	梁　冰	汉族	男	中小学教师一级教师	生物
阿瓦提县第四中学	杨晓珍	汉族	女	中小学教师一级教师	数学
阿瓦提县第四中学	阿丽古丽·马木提	维吾尔族	女	中小学教师一级教师	英语
阿瓦提县第四中学	麦尔旦·亚森	维吾尔族	男	中小学教师一级教师	信息技术
阿瓦提县第四中学	袁泽章	汉族	男	中小学教师一级教师	数学
阿瓦提县第四中学	张艳红	汉族	女	中小学教师一级教师	语文
阿瓦提县第四中学	党　盼	汉族	男	中小学教师一级教师	语文
阿瓦提县第四中学	杨文杰	汉族	女	中小学教师一级教师	生物
阿瓦提县第四中学	赵风鸣	汉族	男	中小学教师一级教师	美术
阿瓦提县第四中学	何剑峰	汉族	男	中小学教师一级教师	体育
阿瓦提县第四中学	柴宗荣	汉族	女	中小学教师一级教师	体育
阿瓦提县第四中学	古力博斯坦·托合尼牙孜	维吾尔族	女	中小学教师一级教师	生物
阿瓦提县第四中学	毛天菊	汉族	女	中小学教师一级教师	英语
阿瓦提县第四中学	阿丽古丽·木力曲尕	维吾尔族	女	中小学教师一级教师	数学
阿瓦提县第四中学	刘　琴	汉族	女	中小学教师一级教师	英语
阿瓦提县第四中学	刘玉杰	汉族	男	中小学教师一级教师	地理
阿瓦提县第四中学	孙泽慧	汉族	男	中小学教师一级教师	语文
阿瓦提县第四中学	苏兴斌	汉族	男	中小学教师一级教师	物理
阿瓦提县第四中学	魏　刚	汉族	男	中小学教师一级教师	体育
阿瓦提县第四中学	常金玉	汉族	女	中小学教师一级教师	数学

续表 8

工作单位	姓名	性别	族别	专业技术职务	专业
阿瓦提县第四中学	李正英	汉族	女	中小学教师一级教师	英语
阿瓦提县第四中学	艾麦提·阿布迪维力	维吾尔族	男	中小学教师一级教师	化学
阿瓦提县第四中学	陈晓梅	汉族	女	中小学教师一级教师	语文
阿瓦提县第四中学	如孜宛古丽·毛尼牙孜	维吾尔族	女	中小学教师/一级教师	生物
阿瓦提县第四中学	热比古力·阿布都尼亚孜	维吾尔族	女	中小学教师一级教师	政治
阿瓦提县第四中学	董 鹏	汉族	男	中小学教师一级教师	化学
阿瓦提县第四中学	关鹏伟	汉族	男	中小学教师一级教师	物理
阿瓦提县第四中学	张海强	汉族	男	中小学教师一级教师	生物
阿瓦提县拜什艾日克镇中学	海日古丽·艾海提	维吾尔族	女	中小学教师一级教师	地理
阿瓦提县第五中学	代 旭	汉族	女	中小学教师一级教师	语文
阿瓦提县第五中学	杨 凡	汉族	男	中小学教师一级教师	音乐
阿瓦提县第五中学	申金凤	汉族	女	中小学教师一级教师	地理
阿瓦提县阿依巴格乡中学	李文志	汉族	男	中小学教师一级教师	语文
阿瓦提县英艾日克镇中学	图然阿依·胡加	维吾尔族	女	中小学教师一级教师	化学
阿瓦提县英艾日克镇中学	巴哈古丽·伊米尔	维吾尔族	女	中小学教师一级教师	音乐
阿瓦提县英艾日克镇中学	张新杰	汉族	男	中小学教师一级教师	体育
阿瓦提县英艾日克镇中学	魏有辉	汉族	男	中小学教师一级教师	历史
阿瓦提县英艾日克镇第二中心小学	田华云	汉族	男	中小学教师一级教师	数学
阿瓦提县乌鲁却勒镇阿依库勒村小学	阿力米热·吐地	维吾尔族	女	中小学教师一级教师	化学
阿瓦提县乌鲁却勒镇玉斯屯克协海尔村小学	迪力胡马尔·吐尔浑	维吾尔族	女	中小学教师一级教师	科学
阿瓦提县乌鲁却勒镇柯坪村小学	古丽皮艳·艾买尔	维吾尔族	女	中小学教师一级教师	思想品德
阿瓦提县阿克切克力中心小学	佰合提亚尔·吾斯曼	维吾尔族	男	中小学教师一级教师	音乐
阿瓦提县阿克切克力中心小学	西热娜衣·库尔班	维吾尔族	女	中小学教师一级教师	数学
阿瓦提县阿克切克力中心小学	谢 盼	汉族	女	中小学教师一级教师	英语

续表 8

工作单位	姓名	性别	族别	专业技术职务	专业
阿瓦提县阿克切克力中心小学	杨　霞	汉族	女	中小学教师一级教师	数学
阿瓦提县阿克切克力中心小学	阿依努热木·阿布都热依木	维吾尔族	女	中小学教师一级教师	数学
阿瓦提县阿克切克力中心小学	韩强明	汉族	男	中小学教师一级教师	数学
阿瓦提县阿克切克力中心小学	钱德斐	藏族	女	中小学教师一级教师	数学
阿瓦提县阿克切克力中心小学	杜云霞	汉族	女	中小学教师一级教师	数学
阿瓦提县阿克切克力中心小学	王晓琴	汉族	女	中小学教师一级教师	语文
阿瓦提县阿克切克力中心小学	古丽拜克然木·买买提	维吾尔族	女	中小学教师一级教师	语文
阿瓦提县阿克切克力中心小学	刘世宏	汉族	男	中小学教师一级教师	数学
阿瓦提县拜什艾日克镇代热亚博依村小学	谢　静	汉族	女	中小学教师一级教师	语文
阿瓦提县英艾日克镇夏库尔村幼儿园	李　强	汉族	男	幼儿园教师一级教师	幼儿教育
阿瓦提县乌鲁却勒镇上海徐泾商会幼儿园	阿丽古丽·买买提	维吾尔族	女	幼儿园教师一级教师	幼儿教育
阿瓦提县农牧业机械管理局	阿布都开亥尔·艾则孜	维吾尔族	男	机械电子专业工程师	农机工程
阿瓦提县拜什艾日克镇中学	郭慧荣	汉族	女	中小学教师一级教师	思想品德
阿瓦提县畜牧兽医局	阿丽古丽·阿布都瓦依提	维吾尔族	女	畜牧专业畜牧师	草原

统计资料

阿瓦提县 2019 年国民经济主要指标表(一)

表 9

项目	单位	全年预计		
		2019 年	2018 年	比上年增长(±%)
一、生产总值	亿元	59.686	50.16	8.50
第一产业	亿元	18.156	16.94	5.90
第二产业	亿元	9.920	12.14	4.50
第三产业	亿元	31.610	21.08	11.00

说明:1. 2019 年数为初步计算数,供参考;实际数以地区统计局反馈数为准;

2. 增长速度以可比价计算

阿瓦提县 2019 年国民经济主要指标表(二)

表 10

项目	单位	全年预计		
		2019 年	2018 年	比上年增长(±%)
二、规模以上工业				
总产值(当年价)	亿元	7.62	7.50	5.75
增加值(现价)	亿元	2.67	2.47	8.30
工业产销率	%	99.95	102.46	-2.45
三、全社会固定资产投资	亿元	25.59	21.90	16.79
房地产投资	亿元	1.90	1.03	84.46
商品房销售面积	平方米	9320.00	10113.00	-7.84
四、社会商品零售总额	亿元	6.45	5.95	8.50
五、城镇居民人均可支配收入	元	31964.00	29633.00	7.90

说明:1. 工业增加值增速以可比价计算;

2. 价格指数增长以基期 100 计算

阿瓦提县2019年国民经济主要指标表(三)

表11

项目	单位	全年预计		
		2019年	2018年	比上年增长(±%)
六、财政金融税收保险				
财政收入	万元	35050	26532	32.10
其中:公共财政预算收入	万元	26805	23638	13.40
财政支出	万元	409916	345819	18.50
其中:公共财政预算支出	万元	384341	334886	14.80
年末各项存款余额	万元	753622	710549	6.06
其中:个人储蓄存款余额	万元	408639	417200	-2.05
年末各项贷款余额	万元	671690	554070	21.23
其中:农业贷款	万元	517323	434262	19.13
税收收入	万元	18663	14599	27.80
七、全社会固定资产投资总额	万元	255943	219148	16.79
八、全社会消费品零售总额	万元	64522	59468	8.50
九、农村经济				
农村经济总收入	万元	730247	665676	9.70
农牧民人均纯收入	元	17315	16032	7.90
十、招商引资额	万元	176000	147800	19.07
十一、交通运输邮电通信				
年末民用车拥有量	辆	50256	45487	10.48
其中:民用汽车拥有量	辆	28292	24565	15.17
邮政业务总量	万元	842	850	-0.94
电信业务总量	万元	13345	13164	1.37
固定电话用户	户	7932	3315	139.28
移动电话用户	户	212972	175886	21.09
互联网宽带接入用户	户	26753	18835	42.04

续表 11

项目	单位	全年预计		
		2019 年	2018 年	比上年增长(±%)
十二、个体、私营				
个体工商户	户	10970	8996	21.94
私营企业	个	832	749	11.08
十三、文教、卫生				
普通中学学校数	个	10	10	—
小学学校数	个	70	70	—
普通中学在校学生数	人	15656	14920	4.93
小学在校学生数	人	32061	32475	-1.27
职业高中学校数	个	1	1	—
职业高中学生数	人	3021	2353	28.39
医院、卫生院编制床位数	床	773	927	-16.61
医院、卫生院技术编制人员数	人	663	790	-16.00
其中:医生人数	人	267	265	0.75
十四、人民生活				
城镇从业人员年平均人数	人	16724	15490	7.97
城镇从业人员工资总额	万元	92532	80829	14.47
城镇居民人均可支配收入	元	31964	29633	7.90
社会福利院数	个	6	6	—
参加城镇基本养老保险的职工数	人	15435	14600	5.70
参加城乡基本医疗保险的人数	人	222118	217672	2.04

阿瓦提县基本情况表

表 12

项目	单位	全年预计		
		2019 年	2018 年	比上年增长(±%)
一、乡镇个数	个	8.00	8.00	—
管委会	个	4.00	4.00	—
村委会	个	159.00	159.00	—
二、从业人员				
年末单位从业人员	人	17856.00	17201.00	3.67
国有单位从业人员	人	13168.00	11987.00	8.97
城镇集体单位从业人员	人	163.00	47.00	71.17
其他经济类型单位从业人员	人	4525.00	5167.00	-12.40
三、年末实有耕地面积	万亩	144.22	144.22	—

阿瓦提县 2019 年法人单位、产业活动基本情况表

表 13

指标	法人单位数(个)			产业活动单位数(个)
		单产业法人	多产业法人	
合计	1481	1414	67	2068
一、按机构类型分组	1481	1414	67	2068
企业	650	627	23	961
事业单位	90	79	11	300
机关	59	26	33	123
社会团体	27	27	0	27
民办非企业单位	26	26	0	26
居委会	16	16	0	16
村委会	159	159	0	159
其他组织机构	118	118	0	120

续表13

指标	法人单位数(个)	单产业法人	多产业法人	产业活动单位数(个)
农民专业合作社	335	335	0	335
二、按行业门类分组	1481	1414	67	2068
农、林、牧、渔业	201	199	2	203
制造业	120	118	2	122
电力、燃气及水的生产和供应业	11	11	0	13
建筑业	39	35	4	44
批发和零售业	167	155	12	279
交通运输、仓储和邮政业	14	13	1	21
住宿和餐饮业	12	12	0	12
信息传输、计算机服务和软件业	6	6	0	21
金融业	3	2	1	35
房地产业	26	25	1	33
租赁和商务服务业	41	41	0	41
科学研究、技术服务和地质勘查业	13	13	0	15
水利、环境和公共设施管理业	10	8	2	21
居民服务和其他服务业	20	20	0	20
教育	40	32	8	83
文化、体育和娱乐业	16	16	0	25
卫生、社会保障和社会福利业	14	14	0	14
公共管理和社会组织	365	333	32	508

阿瓦提县2019年度人口指标

表14

<table>
<tr><th rowspan="3">指标
乡镇</th><th rowspan="3">年末总户数(户)</th><th colspan="5">年末总人口</th><th colspan="4">本年度人口变动</th></tr>
<tr><th rowspan="2">合计</th><th rowspan="2">城镇人口</th><th rowspan="2">乡村人口</th><th colspan="2">性别</th><th colspan="2">迁入</th><th colspan="2">迁出</th></tr>
<tr><th>男</th><th>女</th><th>省内迁入</th><th>省外迁入</th><th>迁往省内</th><th>迁往省外</th></tr>
<tr><td>阿瓦提县</td><td>67251</td><td>267928</td><td>53966</td><td>213692</td><td>136163</td><td>131765</td><td>827</td><td>1863</td><td>2605</td><td>711</td></tr>
<tr><td>阿瓦提镇</td><td>11991</td><td>38740</td><td>35478</td><td>3262</td><td>18757</td><td>19983</td><td>149</td><td>92</td><td>714</td><td>148</td></tr>
<tr><td>乌鲁却勒镇</td><td>11828</td><td>51281</td><td>1706</td><td>49575</td><td>26392</td><td>24889</td><td>74</td><td>34</td><td>230</td><td>12</td></tr>
<tr><td>拜什艾日克镇</td><td>9241</td><td>40608</td><td>2093</td><td>39515</td><td>21377</td><td>20231</td><td>71</td><td>36</td><td>419</td><td>14</td></tr>
<tr><td>多浪乡</td><td>1958</td><td>8881</td><td>0</td><td>8881</td><td>4475</td><td>4406</td><td>23</td><td>9</td><td>90</td><td>18</td></tr>
<tr><td>英艾日克镇</td><td>8117</td><td>38557</td><td>1947</td><td>36610</td><td>19806</td><td>18751</td><td>67</td><td>26</td><td>284</td><td>18</td></tr>
<tr><td>塔木托格拉克镇</td><td>5390</td><td>22031</td><td>1690</td><td>20341</td><td>11212</td><td>10819</td><td>38</td><td>23</td><td>124</td><td>6</td></tr>
<tr><td>巴格托拉克乡</td><td>892</td><td>3841</td><td>0</td><td>3841</td><td>1968</td><td>1873</td><td>8</td><td>1</td><td>17</td><td>1</td></tr>
<tr><td>阿依巴格乡</td><td>7075</td><td>30484</td><td>0</td><td>30484</td><td>15451</td><td>15033</td><td>34</td><td>9</td><td>118</td><td>17</td></tr>
<tr><td>阿克切克力片区</td><td>1610</td><td>6565</td><td>0</td><td>6565</td><td>3352</td><td>3213</td><td>22</td><td>18</td><td>107</td><td>22</td></tr>
<tr><td>丰收片区</td><td>2353</td><td>8544</td><td>0</td><td>8544</td><td>4417</td><td>4127</td><td>218</td><td>51</td><td>246</td><td>41</td></tr>
<tr><td>喀拉库勒(三团)</td><td>6796</td><td>17396</td><td>11052</td><td>6344</td><td>8956</td><td>8440</td><td>123</td><td>1564</td><td>256</td><td>414</td></tr>
</table>

阿瓦提县2019年农牧业主要指标

表15

<table>
<tr><th rowspan="2">项目</th><th rowspan="2">单位</th><th colspan="3">全年预计</th></tr>
<tr><th>2019年</th><th>2018年</th><th>比上年增长(±%)</th></tr>
<tr><td>粮食播种面积</td><td>万亩</td><td>36.84</td><td>27.99</td><td>31.60</td></tr>
<tr><td>小麦播种面积</td><td>万亩</td><td>19.97</td><td>16.10</td><td>24.00</td></tr>
<tr><td>玉米播种面积</td><td>万亩</td><td>15.34</td><td>11.30</td><td>35.70</td></tr>
<tr><td>蔬菜播种面积</td><td>万亩</td><td>3.45</td><td>2.12</td><td>63.20</td></tr>
<tr><td>瓜类播种面积</td><td>万亩</td><td>2.09</td><td>1.64</td><td>27.50</td></tr>
<tr><td>棉花播种面积</td><td>万亩</td><td>147.08</td><td>158.09</td><td>-7.00</td></tr>
</table>

续表 15

项目	单位	全年预计		
		2019 年	2018 年	比上年增长(±%)
年末实有耕地面积	万亩	144.22	144.22	0.00
正复播种面积	万亩	196.84	192.71	2.10
粮食	吨	172332.00	124628.00	38.30
棉花	吨	178800.00	187100.00	-4.40
水果	吨	185291.00	180670.00	2.56
肉产量	吨	26425.80	25284.20	4.35
羊毛	吨	618.61	618.10	0.08
牛皮	张	8470.00	8470.00	0.00
绵羊皮	张	221708.00	221466.00	0.11
山羊皮	张	27036.00	27019.00	0.06
水产品	吨	229.00	216.00	6.00
禽蛋	吨	4780.00	4415.00	8.30
牛奶	吨	12522.00	11624.00	7.70
化肥施用量(折纯量)	吨	51600.00	51665.00	-0.25
农用地膜使用量	吨	7080.00	7411.00	-4.46
农药	吨	188.91	190.18	-0.67
牲畜年末存栏头数	万头(只)	53.13	52.46	1.30
农业机械总动力	万千瓦	41.70	40.23	3.60
农村用电量	万瓦时	20150.00	18670.00	7.90
农用大中型拖拉机	台	9785.00	9980.00	-1.90
农用小型拖拉机	台	5052.00	4195.00	20.40

阿瓦提县2019年规模以上工业主要产品产量表

表16

项目	单位	全年预计		
		2019年	2018年	比上年增长(±%)
棉纱	吨	16587.80	15047.30	10.24
发电量	万千瓦小时	18533.00	16527.00	12.14
供热量	万吉焦	44.53	48.85	-8.84
小麦粉	吨	6675.00	7006.00	4.72
商品混凝土	万立方米	4.82	5.00	-3.62